남명학의 본질과 특색

남명학의 본질과 특색

최석기 지음

景仁文化社

머리말

나는 1989년 3월 경상대학교 한문학과 전임강사로 임용되었다. 총장께 인사를 하러 갔는데, 하시는 말씀이 하나는 진주로 이사를 오라는 것이었고, 하나는 남명학을 공부하라는 것이었다. 학연과 지연이 전혀 없는 낯선 곳에서 근무하는 것도 생소한 것이 많아 긴장하고 힘들었는데, 남명학을 공부하라고 하니 마음이 편치 않았다. 더구나 나는 조선후기 실학자 성호 이익을 공부하고 있었으니, 남명학에 대해 별 관심이 없었다.

그러나 어쩌랴. 하는 수밖에. 나는 당시 박사학위 논문을 집필 중이었는데 잠시 접어둘 수밖에 없었다. 그리고 생경한 『남명집』을 읽고 어렵사리 논문 1편을 쓰게 되었다. 그리고 학교에 남명학연구소가 창립되어 이런저런 일을 하다가 소장까지 맡아 몇 년 동안 여러 가지 일을 하였다. 그리고 어느덧 본교에 부임한 지 30년의 세월이 훌쩍 흘렀다.

지금 돌이켜 보니, 내가 낯선 고장에 와 반강제로 남명학을 하게 된 것은 우연이 아니라는 생각이 든다. 무슨 운명 같은 느낌이 있다. 나는 남명학을 공부하면서 한편으로는 여기저기 불려 다니며 남명학을 강의하였다. 그리고 또 여러 차례 학술회의에서 발표를 하였고, 남명 선생이 남긴 글을 공동으로 번역하기도 하였다. 그래서 10여 편 이상의 논문을 생산하였다.

그런데 정작 그보다 더 큰 소득이, 나 자신이 어느덧 남명을 흠모하고 닮아가려 노력하고 있었다는 것이다. 맹자는 자신의 정체성을 공자를 배우고자 하는 사람이라고 하였는데, 남명도 마찬가지로 자신을 공자를 배우고자 하는 사람이라고 하였다. 나 역시 이런 선현들의 말씀에 느낀 바가 있어 공자를 배우고자 하는 사람으로 살고 있는데, 남명을 만난 뒤로는 더욱 긴장감을 갖고 살고 있다. 언행을 함부로 하지 않으려 노력하고, 올바로 실천하려고 애를 쓰고 있다. 그리고 나도 모르게 어느덧 남명 전도사가 되어 남명과 남명학을 이야기하고 있다.

어찌 보면 내가 진주에서 30여 년을 살면서 가장 큰 소득은 남명선생을 만난 것이다. 이처럼 큰 스승을 만나 나도 그렇게 되고 싶었다. 그리고 조선시대를 관통하는 사대부의 정신을 남명을 통해 이해하게 되었고, 현실에 대해 인식과 시대의 질곡을 헤쳐 나가는 정신을 배웠다. 그러니 나에게는 남명선생보다 더 큰 스승은 없을 듯하다.

내가 이 책을 엮어 출판하게 된 것은 그동안 연구한 몇 편의 논문을 한데 모아 남명학의 본질과 특색을 말하고 싶었기 때문이다. 그 이유는 남명학에 대해 여러 사람들이 이런저런 주장을 하는데, 본질을 왜곡하거나 본질을 알지 못하고 지엽적인 문제를 끌어내 자신의 선입견에 의해 엉터리 주장을 하는 사람들이 많아졌기 때문이다.

이 책에는 내가 전에 쓴 논문을 수정 보완한 것과 남명학에 대한 이해를 돕기 위해 풀어쓰기 형식으로 쓴 글이 함께 실려 있다. 풀어쓰기 형식의 글은 논문형식과는 다르게 주석을 많이 달지 않고 논증을 하지 않았다. 대체로 이 책의 앞부분에 있는 글이 그런 형식의 글이다. 그리고 맨 앞에 '남명학 혹문'이라는 좀 색다른 글을 붙여놓았다. 주자가 사서(四書)를 주석하여 집주(集註)를 만들고서, 못 다한 말을 혹자의 질문에 답하는 형식으로 해설한 것이 사서혹문(四書或問)이라는 글이다. 그런 형식을 모방하여 남명학에 대해 혹자가 질문하고 내가 답하는 형식의 글을 맨 앞에 붙여 독자들의 이해를 돕도록 하였다.

　어려운 출판환경 속에서도 이 책을 흔쾌히 출판해 주신 경인문화사 한정희 사장님 및 직원분들에게 심심한 사의를 표한다. 이 책을 통해 남명학의 본질과 특색이 올바로 전달되기를 기원해 본다.

2019년 6월
경상대학교 남명학관 산해실에서 최석기가 씀.

차 례

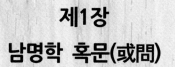

제1장
남명학 혹문(或問)

1. 혹문(或問)이란

1) 혹문이란 무엇인가? '혹문(或問)'은 글자 그대로 해석하면 '어떤 사람이 질문하다'라는 뜻인데, '어떤 사람이 질문하여 내가 그에 답하다'라는 의미로 쓰인다. 그러니까 '혹문'이라는 용어는 혹자가 묻고 내가 답한다는 의미가 함축되어 있지만, 실제로는 자신이 문제를 제기하고, 그 질문에 스스로 답하는 자문자답식의 자기 견해를 밝히는 글이다.

이 '혹문'이라는 어휘는 역사성이 있다. 송나라 때 주자(朱子 : 朱熹)는 일생의 정력을 사서(四書) 해석에 바쳤다고 해도 과언이 아닌 학자인데, 사서를 새롭게 주석하고 나서 주석에서 다 말하지 못한 내용을 '혹문'이라는 별도의 글을 지어 해설하였다. 그러니까 주자는 사서집주(四書集註) 외에 사서혹문(四書或問)이라는 별도의 해설서를 지어 보충 설명을 한 것이다.

나는 남명학을 30여 년 공부하면서 십 수 편의 논문을 썼는데, 논문이라는 형식의 글은 논지를 세워 주장을 하거나 의리를 발명하는 것이 우선이기 때문에 풀어서 설명하지 못한 점이 많다. 내가 이장의 제목을 '남명학 혹문'이라고 붙인 것은 사서혹문처럼 남명학을 공부하면서 미처 다 말하지 못한 내용이거나, 혹 세상 사람들이 주장하는 설과 다른 나의 견해가 있는 것을 혹자가 묻고 내가 답하는 형식으로 기술해 놓은 것이다.

이 장에서 내가 주장하는 것은 나의 견해가 모두 옳다는 것이 아니다. '나는 이렇게 생각한다.'는 관점에서 다른 사람의 설에 대해 나의 견해를 밝히는 것일 뿐이니, 오해가 없기를 바란다. 내가 이 글을 쓰게 된 동기는 그동안 남명학을 연구하면서 사소한 문제로 지나친 주장을 하거나, 지엽적인 문제를 두고 마치 대단한 무엇을 발명한 것처럼 논의를 확대하거나, 내 생각으로는 타당하지 않은데 많은 사람들이 무비판적으로 어떤 설을 무턱대고 추종하는 것이 있어서 의리를 명확하게 하는 것이 남명학의 발전에 도움이 된다고 판단했기 때문이다.

2) 현대 연구자들은 선인들처럼 융합적인 학문을 하지 않기 때문에 대체로 시각이 선인들에 비해 넓지 못하다. 자신이 공부하는 분야 외에는 인접 학문분야에 대해서도 엿보려고 하지 않는다. 그래서 자신이 알고 있는 한쪽 부분의 시각으로 전체를 재단하는 경우가 흔하다. 옛날 격언에 우물 안에서 하늘을 바라본다고 하는 격이다.

예컨대 철학분야에서는 문학이나 사학 등의 분야에 대해 관심을 주지 않기 때문에 기왕의 연구 성과를 전혀 참조하지 않는다. 문학이나 사학 분야에서도 마찬가지이다. 그러니 문·사·철을 제외한 그 외의 분야에 대해서는 말할 것도 없다. 또한 철학분야에서도 자신이 공부한 전문분야의 시각으로 재단을 하여 양명학을 공부한 사람은 남명학을 양명학이라 하고, 노장사상을 공부한 사람은 남명학에 노장사상이 있는 것처럼 주장한다. 그러나 이러한 주장은 지엽만 보고 숲을 보지 못한 것과 같다.

그래서 나는 남명학에 대해 우선 조선 성리학의 전개과정 속에서, 16세기의 역사적 상황 속에서 그 특징과 의미를 이해해고, 그 뒤에 동아시아 사상사 속에서 그 의미를 논의해야 한다고 주장해 왔다. 이처럼 역사성과 현실성을 도외시하고 부분적인 문자나 내용만을 가지고 이런저런 주장을 펴는 것은 본질을 왜곡할 소지가 대단히 크다. 그런 까닭에 남명과 남명학은 조선 성리학 속에서 이해해야 하고, 16세기 사화기라는 역사 속에서 이해해야 그 진면목을 접할 수 있다고 주장하는 것이다. 이점이 내가 '혹문'이라는 형식을 빌려 남명학의 본질을 말하고자 하는 근원적인 이유이다.

또 하나, 근래에 들어 남명학의 본질을 제대로 공부하지 않고서 제멋대로 남명사상이 어떠하다고 주장을 하는 사람들이 늘어나고 있다. 심히 우려되는 부분이다. 나처럼 한문원전을 읽을 수 있는 사람도 30여 년 공부를 하고 나서 겨우 '남명학은 이런 것이 정수구나.'라고 감이 온다. 그런데 한문원전을 읽을 능력도 되지 않고, 오랫동안 공력을 기울여 연구하지도 않은 사람이 순간 떠오르는 설익은 생각으로 이런저런 주장을 하거나, 전혀 다른 학문 분야의 시각으로 재단하여 함부로 설을 펴는 것은 결코 남명학의 발전에 도움이 되지 않는다. 우리는 19세기 말 남명의 후손이 원로의 견해를 수용하지 않고 젊은 학자를 동원하여 남명집을 새로 간행하면서 본래의 모습을 심하게 변개한 사건에 대해 알고 있다. 이런 일이 반복되면 남명학은 변질될 것이고, 사람들은 남명학에 의구심을 갖게 될 것이다.

우리는 언제나 공자가 사이비(似而非)를 그토록 냉엄하게 내친 이유가 무엇인지를 다시 생각해야 한다. 겉으로만 점잖은 체하고 내면은 진정성이 없는 사람은 결국 세상에 해악을 끼치기 때문이다. 학문의 세계에서는 가짜가 설치도록 내버려 두어서는 결코 안 된다. 스스로를 사이비라고 생각하는 학자는 한 명도 없겠지만, 마음속에 단 1%라도 사심이 숨어 있으면 그는 바로 사이비로 전락할 수 있다. 남들은 모르더라도 하늘은 알고 있으니, 하늘을 두려워하여 진정성을 확보하는 것이 남명학의 본질임을 다시 자각할 필요가 있다.

2. 남명 조식은 어떤 사람인가

1) 혹자가 묻기를 "남명(南冥)이라는 호는 무슨 뜻입니까?"라고 하여, 나는 이렇게 답하였다.

"남명이라는 호는 스스로 지은 자호(自號)라고 생각됩니다. 글자 그대로 풀이하자면 '남쪽 바닷가 문명이 미치지 않아 어두운 <미개한> 지역에 사는 사람'이라는 뜻으로 본인이 자처하여 붙인 별호로 보입니다. 남명은 후학들이 '산해선생(山海先生)'이라고도 불렀는데, 이는 김해에 은거할 적에 산해정(山海亭)에서 학문에 침잠했기 때문에 붙여진 호입니다."

혹자가 또 묻기를 "남명은 『장자』에 나오는 문자가 아닙니까?"라고 하여, 나는 이렇게 답하였다.

"그렇습니다. 『장자』「소요유(逍遙遊)」를 보면, 북쪽 바다[北冥]에 사는 곤(鯤)이라는 물고기가 붕새[鵬]로 변해 남쪽 바다[南冥]으로 옮겨간다는 내용이 있습니다. 붕새는 상상 속의 새로 거대한 정신지향을 의미합니다. 남명이 한양에 살다가 남쪽 바닷가인 김해로 이주하여 이런 거대한 정신을 지향한 것인지는 확인할 길이 없습니다만, 스스로 자신의 호를 지을 적에 이처럼 자신을 지나치게 드러내지 않는 것이 일반적인 사례입니다. 그렇다면 남명이 『장자』의 붕새를 자처한 것이라고 보는 것은 지나친 생각입니다. 남명이 한양에서 김해로 거처를 옮기면서 '나는 북쪽 바다에서 남쪽 바다로 옮겨가는 붕새이다.'라고 생각했다면, 남들이 어떻게 생각했겠습니까? 더구나 조선사회는 성리학을 이념으로 한 시대였으니, 남명이 굳이 『장자』의 이런 거대한 의미를 취해 자신의 호로 삼았다고는 생각되지 않습니다. 그러면 남들의 비웃음을 샀을 것입니다. 그래서 저는 '남쪽 바닷가에 사는 사람'이라는 의미로 남명이 스스로 자신을 겸손하게 낮추어 일컬은 호라고 봅니다.”

2) 혹자가 묻기를 “남명은 어떤 분입니까?”라고 하여, 나는 이렇게 답하였다.

“남명은 조선 전기 삼가(三嘉) 출신으로, 훈구세력과 신진사림이 충돌하여 사화(士禍)가 일어나던 16세기를 살면서 권력을 농단하던 훈구·외척 세력에 동조하지 않고 초야에서 학문을 하며 후진을 양성한 학자입니다.”

혹자가 또 묻기를 “역사 속에 그런 인물은 흔하지 않습니까? 남명을 이해하는 핵심적인 열쇠는 무엇입니까?”라고 하여, 나는 이렇게 답하였다.

“역사적인 인물을 이해하는 열쇠는 우선 그가 살던 시대상황을 이해하는 것이고, 그 다음 그런 사회분위기 속에서 그가 어떤 지향을 하고 어떤 선택을 하고 어떤 활동을 했는지를 살펴 그 의미를 찾는 것입니다. 그러니까 시간과 공간 속에서 그의 정신이 지향한 바가 어떤 의미가 있느냐는 것이지요.”

혹자가 또 묻기를 “그러면 남명이 살던 시대가 사화기였다는 사실은 남명을 이해하는 데 중요한 열쇠라는 것을 알 수 있습니다. 또 남명이 그런 사화기에 벼슬길에 나아가지 않은 것도 이해가 됩니다. 그런데 남명은 당시 훈구세력과 상대적인 입장에 있던 신진사림이라고 할 수 있습니까?”라고 하여, 나는 이렇게 답하였다.

“신진사림이란 새롭게 정계에 진출한 사림과 지식인을 의미합니다. 대체로 15세기 후반 성종·연산군 연간에 조선건국에 참여하여 공을 세운 공신의 후예들이 기득권 세력을 형성하였는데 이들을 훈구세력이라 하고, 과거를 통해 정계에 새로 진출한 개혁성향을 가진 젊은 관료들을 신진사림이라고 합니다. 이들은 모두 성리학적 이념을 가지고 있었지만, 신진사림은 사대부정치 시대에 성리학적 이념을 철저히 구현하여 새로운 사회를 건설하려고 했던 사람들입니다. 그러니까 이들은 송나라 때 정자(程子)·주자(朱子) 등이 보여준 사대부다운 정신을 조선이라는 나라에 그대로 구현하려고 했던 사람들입니다. 16세기로 들어와 이런 성향을 가진 사람들이 조정에 진출하여 도학정치를 펼치려 하다가, 1519년 기묘사화로 큰 화를 당했습니다. 이후 훈구·외척 세력과 정치적 이념을 달리하여 도덕과 윤리를 중시하는 사회를 건설하려고 했던 지식인들을 사림파라고 부릅니다. 남명의 조부는 벼슬을 하지 못했지만, 부친은 과거에 급제하여 새롭게 정계에 진출한 사림파의 일원이었습니다. 남명은 사림파 지식인으로서 그 누구보다 철저히 도덕과 윤리가 살아있는 세상을 만들고자 했던 분입니다. 그러므로 남명은 당연히 사림파 지식인이라고 할 수 있습니다."

혹자가 또 묻기를 "그러면 남명은 사림파의 맥을 계승했다고 볼 수 있습니까?"라고 하여, 나는 이렇게 답하였다.

"사림파는 15세기 후반 점필재(佔畢齋) 김종직(金宗直)과 그의 문인들에 의해 형성되었습니다. 김종직은 고려 말 정몽주(鄭夢周) - 길재(吉再) - 김숙자(金叔滋)로 이어진 도통을 계승한 인물입니다. 그리고 김종직의 문인 김굉필(金宏弼)과 정여창(鄭汝昌) 같은 분들을 소학군자(小學君子)라고 칭하는데, 이런 분들이 김종직의 도학을 이어받았고, 김굉필의 문인 조광조(趙光祖)가 본격적으로 도학정치를 실현하려다 기묘사화에 희생되었습니다. 그리고 그런 앞 시대의 영향으로 다음 시대 이언적(李彦迪)·서경덕(徐敬德)·성운(成運)·조식(曺植)·이황(李滉) 등 도학자들이 나오게 되는 것입니다. 이런 맥락에서 보면 남명은 비록 조광조에게 배우지는 않았지만, 앞 시대 이런 도학의 전통을 계승했다고 볼 수 있습니다."

혹자가 또 묻기를 "훈구·외척 세력이 권력을 농단할 적에 벼슬길에 나아가지 않고 초야에서 학문에 침잠하고 후학을 양성한 것이 그렇게 대단한 것입니까?"라고 하여, 나는 이렇게 답하였다.

"그렇습니다. 부도덕한 정권이 독재정치를 할 적에는 벼슬에 나아가지 않거나 벼슬을 하다가도 물러나는 것이 사대부가 취해야 할 태도입니다. 그러기 때문에 예로부터 벼슬길에 나아가느냐 나아가지 않고 초야에 처하느냐 하는 문제, 곧 출처(出處)의 문제가 크게 대두된 것입니다. 이는 지식인의 정체성을 드러내는 것이기 때문에 분명하고 단호하게 대처할 필요가 있는 것입니다. 무도한 정권에 나아가지 않는 것은 그들의 노선과 분명한 차별성을 보이는 것이며, 학문에 침잠하고 후진을 양성하는 일은 도덕성을 제고하고 사회의 윤리와 기강을 부지하는 길입니다. 그리고 이를 바탕으로 하여 부당한 권력에 저항하고 비판적 대안을 제시하는 것입니다. 그러니 이는 일반인이 자연인으로 은거하는 것과는 다른 의미가 있습니다."

3) 혹자가 묻기를 "남명은 초야에서 어떤 공부를 했습니까?"라고 하여, 나는 이렇게 답하였다.

"남명은 25세 혹은 26세경에 『성리대전』을 읽다가 크게 느낀 점이 있어 과거공부를 단념하고 성리학 공부를 하기 시작했습니다. 그러니까 25세경 학문의 대전환이 일어나기 전까지는 남들처럼 과거시험을 위한 공부를 하다가, 이후부터는 성리학 공부에 치중했다고 하겠습니다."

혹자가 또 묻기를 "성리학(性理學)은 어떤 학문입니까?"라고 하여, 나는 이렇게 답하였다.

　"성리학은 성정이기(性情理氣) 또는 성명이기(性命理氣)를 줄인 말이
라고 합니다. 중국에서는 송나라 때 정호(程顥)·정이(程頤) 등에 의해 형
성된 학문으로, 중국 사람들은 흔히 이학(理學)이라고 합니다. 이학이란
한 마디로 우주자연의 이치에 맞게 사유하는 학문이라는 뜻입니다. 달
리 말하자면, 당시까지 합리적 사유보다는 샤머니즘·토테미즘·애니미
즘과 같은 미신이 민간신앙으로 자리 잡고 있었습니다. 그런 미신적 사
유로부터 합리적 사유로 전환하는 인식이 싹트면서 형성된 학문이 바로
이학입니다. 우주자연의 이치, 세상의 이치, 삶의 이치 등 도리와 사리를
찾는 학문입니다."

　혹자가 또 묻기를 "성정(性情)·성명(性命)·이기(理氣)에 대해 묻습니
다."라고 하여 나는 이렇게 답하였다.

　"성정은 사람의 본성과 감정을 가리키는 말이고, 성명은 하늘로부터
부여받은 본성을 뜻하는 말이며, 이기는 이 세상을 형성하고 있는 근원
적인 이치와 형질을 리(理)와 기(氣)로 나누어 보는 말입니다. 사람은 마
음이 몸을 지배하는데, 마음은 다시 본성과 감정으로 구분해서 생각했
습니다. 그런데 그 본성은 하늘이 명하는 것으로 생각했습니다. 그래서
하늘이 명한 본성은 보편적인 리(理)로, 육신을 가진 사람의 마음에서
일어나는 감정은 기(氣)로 인식하게 되었습니다."

　혹자가 또 묻기를 "옛날 사람들은 하늘을 숭배했는데, 어째서 서양처
럼 하느님을 믿는 신앙이 되지 않았습니까?"라고 하여, 나는 이렇게 답
하였다.

　"옛날 사람들은 대체로 하늘[天]을 숭배하였는데, 하늘은 '하느님' 같
은 천신(天神)으로 이 세상을 만든 조물주나 창조주라고도 생각했습니
다. 그런데 그런 조물주를 인격신으로 믿는 신앙이 생겨나기도 하고, 그

냥 천신이나 조물주라고 여기기도 했습니다. 동양에서는 하느님 또는 천신으로 여기는 정도여서 신앙으로 발전하지는 않았습니다. 대신 늘 경건히 우러러 숭배하는 대상으로 삼았습니다. 그리고 이 세상 모든 만물을 낳았기 때문에 이 세상 만물의 근원으로 인식했습니다. 그래서 하늘은 우주자연의 근원, 이 세상의 본원, 나의 근원으로 생각하였습니다. 예로부터 하늘과 사람을 상대적으로 자주 일컫는데, 사람과 하늘과의 관계를 어떻게 설정하느냐에 따라 종교가 되기도 하고, 사상이 되기도 하였습니다. 동양에서는 '하늘이 모든 생명체에게 명한 것을 성(性)이라 한다.'고 하여, 사람이 태어날 때 본연적으로 부여받은 것을 본성으로 보았습니다. 그리고 그 본성을 거역하지 않고 순응하며 사늘 것을 인간의 길[人道]로 보았습니다. 그래서 인간답게 사는 길은 바로 이 인도를 따라가는 것이며, 그러기 위해서는 천리(天理)를 잊지 말고 마음에 늘 보존해야 하며, 육신을 통해 일어나는 인욕(人欲)을 늘 절제하고 삼가야 한다고 가르쳤습니다. 남명이 초야에서 평생 공부한 것이 바로 천리를 늘 보존하고 인욕을 늘 절제하여 도덕성을 드높이고 그것을 몸으로 실천하는 공부였습니다."

혹자가 또 묻기를 "인도(人道)에 대해 한 말씀 해 주십시오."라고 하여, 나는 이렇게 답하였다.

"인도는 글자 그대로 '사람이 마땅히 가야 할 길'이라는 뜻입니다. 도(道)는 본래 길입니다. 길은 사람이 많이 다녀서 만들어진 것입니다. 그것은 오랜 시행착오를 거쳐 여러 사람이 공유할 수 있는 합리적이고 객관적인 도리를 뜻합니다. 예컨대 우리는 길을 따라 가면 안전하게 목적지에 도달할 수 있지만, 한눈을 팔다가 길에서 벗어나면 구렁텅이에 빠질 수도 있습니다. 차가 차도를 따라가야지 차도에서 벗어나면 사고가 나는 것과 같습니다. 그런데 우는 산업사회로 접어들면서 편리성만을 추구하여 차도는 많이 만들면서 인도는 만들지 많이 만들지 않았습니다. 시골에 가 보면 왕복 2차선의 차도만 있고, 사람이 걸어 다닐 인도는 없는 것이 현실입니다. 이것이 바로 우리사회의 민낯이라고 생각합니다. 우리 선조들은 사람이 사람답게 사는 길을 만드는 데 엄청난 노력과 정력을 기울였습니다. 그런데 우리는 지금 그런 인도를 닦는 일을 너무 소홀히 하고 있습니다. 인도가 파괴되어 길이 끊어졌는데도 말입니다."

4) 혹자가 묻기를 "남명을 실천유학자라고 하는데 그 이유는 무엇입니까?"라고 하여, 나는 이렇게 답하였다.

"유학은 현실세계에서 자신을 수양하는 것[修己]을 근본으로 하기 때문에 그 자체로서 실천적인 학문입니다. 그런데 굳이 남명을 실천유학자라고 하는 것은 시대정신을 담보하고 있기 때문입니다. 남명은 조선이라는 사대부 사회에서, 16세기라는 사화가 극성하던 시기를 살면서 그 누구보다 도덕을 몸소 실천했기 때문에 실천유학자라고 하는 것입니다."

혹자가 또 묻기를 "실천이란 무엇을 말하는 것입니까?"라고 하여, 나는 이렇게 답하였다.

"실천은 말 그대로 몸으로 직접 실행한다는 뜻입니다. 그러니까 배우고 익힌 진리를 머릿속에서 지식으로만 간직하고 있는 것이 아니고, 자기의 몸으로 직접 행하는 것을 말합니다. 요즘 실천이라고 하면 사회적으로 지식을 확산시키는 것을 의미하는 말로 받아들입니다. 그러나 실천이라는 말에는 두 가지 의미가 있습니다. 진리를 탐구하여 터득한 올바른 지식을 우선 내 몸으로 실천하여 진리와 내가 하나가 되도록 하는 것은 자기실천이고, 그렇게 하고 난 뒤에 그 덕을 주변 사람들에게까지 펴나가는 것은 사회적 실천입니다. 『대학』 팔조목의 논리로 보면 이렇습니다. 사물의 이치를 궁구하여 진리를 터득하고[格物致知], 그것을 내 것으로 만들기 위해 성의(誠意)·정심(正心)·수신(修身)을 하는 것은 자기 실천입니다. 즉 진리를 탐구하여 터득하는 것은 지(知)이고, 성의·정심·수신을 통해 그 진리를 자기화하는 것은 행(行)입니다. 그래서 학문은 지행합일(知行合一)을 중시하였습니다. 이런 것이 확립되고 난 뒤에 남에게 그 덕을 미치는 제가(齊家)·치국(治國)·평천하(平天下)가 사회적 실천에 해당하는 추행(推行)입니다. 오늘날에는 추행을 실천이라고 하는데, 그보다 먼저 자기실천이 전제가 되어야 합니다. 자기실천을 통한 도덕성 확립이 안 된 상태에서 사회적 실천을 우선시하면 하루아침에 무너질 수 있습니다.”

혹자가 또 묻기를 “성의·정심·수신과 제가·치국·평천하에 대해 말씀해 주십시오.”라고 하여, 나는 이렇게 답하였다.

“성의는 마음속에서 갓 싹트는 생각을 선으로 가득 채운다는 뜻이고, 정심은 마음속에서 일어나는 분노·공포·호감·걱정 등의 감정이 머물러 있거나 일어날 적에 그런 감정을 억제하고 절제하여 생각을 바르게 하는 것이며, 수신은 다른 사람과의 관계 속에서 일어나는 친애하는 마음, 미워하는 마음, 경외하는 마음, 긍휼히 여기는 마음, 업신여기는 마음 등에 구애되지 않도록 성찰하여 물리치는 것입니다. 제가는 집안을 다스린다는 말이 아니고, 성의·정심·수신을 통해 이룩한 덕으로 집안사람들을 공평하게 대한다는 뜻입니다. 치국은 나라를 다스린다는 뜻이 아니고, 나라사람들에게 집안사람들을 공평하게 대하던 교화를 미루어 펴나간다는 뜻입니다. 평천하는 천하를 평정한다는 뜻이 아니고, 내 마음의 공정한 원칙을 기준으로 세상 사람들의 마음을 헤아려 모두가 편안히 살 수 있도록 배려한다는 뜻입니다."

혹자가 또 묻기를 "치국·평천하는 임금이 하는 일인데, 지식인이 무슨 수로 그런 일을 할 수 있단 말입니까?"라고 하여, 나는 이렇게 답하였다.

"치국·평천하는 성인의 덕을 가진 임금이 할 수 있는 일입니다. 그러나 임금이 혼자 나라를 다스릴 수 없기 때문에 임금을 보좌하는 정치인들도 그런 마음을 가지고 정치를 하지 않아서는 안 됩니다. 또한 이는 단순히 통치행위만을 뜻하는 것이 아니고, 지식인이 공부해야 할 내용을 말하는 것이기 때문에 치국·평천하할 수 있는 도덕과 경륜을 지식인이라면 함께 배우고 실천해야 합니다."

혹자가 또 묻기를 "남명을 실천유학자라고 하는 것에 대해 아직 이해가 잘 되지 않습니다."라고 하여, 나는 이렇게 답하였다.

"남명이 살던 시대는 사화기입니다. 젊은 개혁성향의 지식인들이 세상을 바꾸려 하다가 화를 당한 시기입니다. 1519년 이후 사회분위기는 살벌했습니다. 그래서 지식인들은 입을 다물고 눈치나 보면서 움츠렸습니다. 그런 무도한 권력이 지배하는 사회에 올바른 지식을 자기 몸을 통해 세상에 표현하였기 때문에 실천유학자라고 말하는 것입니다. 요컨대 사화기에 조정에서 벼슬이 내려고 끝까지 나아가지 않은 것, 재야에서 도덕성을 높이는 공부를 몸소 실천하여 지식층의 지지를 받은 것, 조정에 쓴 소리를 마다하지 않으며 직언을 한 것 등이 모두 실천유학자로 이름을 얻게 된 것입니다."

5) 혹자가 묻기를 "남명은 선비입니까?"라고 하여, 나는 이렇게 답하였다.

"선비입니다. 선비라는 말은 순수한 우리말인데, 역사성이 있습니다.

그러니까 이 말은 학자들에 따라 어원을 다르게 보기도 합니다만, 저는 경상도에서 올라온 김종직 문하의 젊은 관료들이 한양에서 벼슬할 적에 함께 모여 학문을 논하고 시사를 논하였는데, 이들을 중앙조정에 있는 원로들이 '경상도선배당(慶尙道先輩黨)'이라 불렀다고 합니다. 여기서 '선배'는 지금 우리가 쓰는 선배와는 조금 다른 뜻으로, 과거시험에 같은 해 합격한 사람들을 '선배'라고 불렀습니다. 그러니까 이 '선배'라는 말은 새롭게 진출한 신진관료를 의미하는 말로 쓰인 듯합니다. 즉 경상도에서 올라온 신진관료들의 모임이라는 의미로 볼 수 있는데, 이 선배라는 말이 차츰 특징한 성향을 가진 젊은 지식인을 의미하는 말로 보편화되면서 그런 인물을 선비라고 부르게 된 것입니다. 남명이 비록 김종직 문하의 신진관료는 아니지만, 그들과 같은 성향을 가졌고, 또 다음 시대 더 무도한 권력이 정치를 농단할 적에 그들과 반대편에서 가장 선명한 자기 색깔을 보여준 지식인이기 때문에 그 시대를 대표하는 선비라고 말할 수 있습니다."

혹자가 또 묻기를 "그러면 선비라는 말은 아무에게나 붙인 것이 아닙니까?"라고 하여, 나는 이렇게 답하였다.

"그렇습니다. 적어도 16세기까지 선비라는 말은 특정한 사람, 즉 김굉필·정여창 같은 인물이거나 다음 시대 이언적·조식·이황 같은 분들에게만 붙인 용어라고 할 수 있습니다. 그러다 조선후기로 접어들면서 벼슬하지 않은 사람들을 모두 선비라고 부르게 된 것입니다. 그러나 선비는 지식인으로서 도덕성과 지조를 겸비하고 투철한 시대정신으로 실천하는 지식인을 선비라고 하는 것이 옳습니다. 이런 분들에 의해 품격 높은 조선의 사대부문화가 만들어진 것입니다."

6) 혹자가 묻기를 "남명은 벼슬길에 한 번도 나아가지 않았다고 하는데, 도대체 벼슬이 몇 차례나 내린 것입니까?"라고 하여, 나는 이렇게 답하였다.

"남명은 38세 때 이언적 등의 천거로 처음 벼슬이 내려졌는데, 사양하고 나아가지 않았습니다. 이후 명종 때인 1548년부터 여러 차례 벼슬이 내려졌고, 1555년에는 파격적으로 6품직인 단성현감에 제수되었으나 사직소를 올리고 나아가지 않았으며, 선조 때인 1569년에는 정4품직인 종친부 전첨에까지 제수되었으나 역시 나아가지 않았습니다. 또한 몇 차례 임금이 부르는 소명(召命)이 있었으나 나아가지 않았습니다. 다만 66세 때인 1566년 종5품직인 상서원 판관에 제수되었을 때 상경하여 대궐에 나아가 사은숙배하고 명종을 만났는데 취임하지 않고 바로 사임하고 내려왔습니다."

혹자가 또 묻기를 "조정에서 그렇게 여러 번 벼슬을 내린 이유는 무엇입니까?"라고 하여, 나는 이렇게 답하였다.

"두 가지로 나누어 생각해 볼 수 있습니다. 하나는 남명의 학덕이 훌륭하다고 소문이 났기 때문이고, 하나는 윤원형이 실권을 휘두른 명종시대에는 정권이 불안하여 재야에 현인을 조정으로 불러들여 민심을 무마하지 않을 수 없었기 때문입니다. 학덕이 높은 데도 벼슬길에 나아가지 못한 사람을 유일(遺逸)이라고 불렀습니다. 그래서 조정에서는 각지의 관찰사에게 그런 사람을 추천해 올리라고 하였는데, 경상도에서는 남명이 여러 차례 천거를 받아 벼슬이 제수된 것입니다. 명종조처럼 도덕적으로 취약한 정권에서는 유일을 불러들임으로써 재야의 현인을 자기편으로 끌어들여 민심을 안정시키는 수단으로 활용했기 때문에 여러 차례 천거를 받은 것입니다."

혹자가 또 묻기를 "그러면 남명처럼 천거를 받은 다른 사람들은 어떻게 처신했습니까?"라고 하여, 나는 이렇게 답하였다.

"조선시대는 벼슬자리가 많지 않기 때문에 벼슬이 내려지면 감지덕지하고 그것을 받았습니다. 사대부 시대에는 벼슬을 하지 않으면 행세를 할 수 없기 때문에 문중을 지키기 위해서는 벼슬을 사양할 수가 없었던 것이지요. 그래서 대부분의 사람들은 벼슬길에 나아갔습니다. 남명은 현실정치의 문제점과 정권의 의도를 간파하고 있었고, 또 자신의 확고한 지조가 있었기에 나아가지 않은 것이지요. 또한 벼슬길에 나아가봤자, 민생을 위한 개혁정치를 할 수 없다고 판단해 나아가지 않은 것입니다."

혹자가 또 묻기를 "남명은 벼슬길에 나아가고 나아가지 않는 출처(出處)에 있어 큰 절개를 보였다고 하는데, 무슨 의미입니까?"라고 하여, 나는 이렇게 답하였다.

"앞에서 말했듯이, 벼슬길에 나아가는 것을 대단히 중요하게 생각하여 자신의 정치적 포부를 충분히 펼 수 있는 세상이 아니면 함부로 나아가지 않는 것을 말합니다. 예전에는 어진 덕과 정치적 경륜을 갖춘 현인이 자신을 알아주는 성왕을 만나지 않으면 벼슬길에 나아가지 않고 초야에서 일생을 보냈습니다. 그것을 불우(不遇)라고 합니다. 현인이 성왕을 만나지 못했다는 말입니다. 그것은 벼슬길에 나아가야 정치적 이상을 실현할 수 없기 때문입니다. 조선시대 정치사에서 남명이 보여준 출처에 대한 인식은 그 누구보다도 엄정했기 때문에 조선의 선비 중에서 출처의 대절을 보여준 대표적인 인물이 바로 남명이라고 할 수 있습니다."

혹자가 또 묻기를 "남명이 벼슬길에 나아가지 않은 근본적인 이유는 무엇입니까?"라고 하여, 나는 이렇게 답하였다.

"남명은 19세 때 기묘사화를 직접 목격하였습니다. 그리고 1545년 을 사사화가 일어났고, 1547년 양재역벽서사건이 일어났습니다. 이 을사사화와 양재역 벽서사건 때 남명의 벗들 중에 화를 당한 인물이 많았습니다. 이 두 사건은 명종의 외숙인 윤원형(尹元衡)이 권력을 잡는 과정에서 일으킨 피비린내 사는 사화였습니다. 요컨대 외척 윤원형이 집권하고 있는 정권에 나아가봤자, 자신의 포부를 실현할 수 없는 것이 자명했기 때문에 남명은 벼슬길에 나아가지 않은 것입니다."

3. 왜 남명학인가

1) 혹자가 묻기를 "남명학은 왜 그동안 조명되지 않았습니까?"라고 하여, 나는 이렇게 답하였다.

"남명학파는 광해군 대에 북인(北人) 정권의 일원으로 정치권에 전면적으로 등장하였습니다. 그러다 1623년 인조반정으로 서인(西人)이 집권한 뒤에는 정치적 탄압을 받아 학맥이 제대로 이어지지 못하였습니다. 그 후예들이 개별적으로 남명학을 계승하였지만, 정치적으로는 다시 기사회생하지 못하고 몰락하여 와해되었습니다. 또 18세기 이후로는 서인 중에서 노론(老論)이 계속 집권하고, 19세기로 들어서서는 노론 중에서 벌열(閥閱) 가문에서 정권을 독차지하여 정치적으로 소외되었습니다. 그리고 일제강점기를 거쳐 광복이 된 후에도 정치사회적 영향력이 약하여 남명은 물론 남명학파, 더 나아가 경상우도 지역 학자들에 대해 중앙학계에서 관심을 가지지 않았습니다. 그런데다 우리나라 현대 학문은 일제식민지사관을 극복하기 위해 민족주의사관을 정립할 수밖에 없었고, 그런 맥락에서 조선후기 실학자들에 시선을 돌리게 됨으로써 조선시대

성리학자들은 관심의 대상 밖으로 밀려났던 것입니다. 이런저런 이유로 남명학은 조명을 받지 못한 것입니다."

2) 혹자가 묻기를 "왜 오늘날 남명학을 다시 조명하는 것입니까?"라고 하여, 나는 이렇게 답하였다.

"남명학은 한 마디로 도덕적 양심을 함양하고 사회적 정의를 이룩하는 데 있습니다. 개인으로 보면 도덕적 인격을 기르는 것이 대단히 중요합니다. 도덕성을 기르지 않으면 나와 부모와의 관계, 형제와의 관계, 가족과의 관계, 친족과의 관계, 이웃과의 관계, 벗과의 관계, 직장 동료들과의 관계 등 모두 인간관계가 원만하게 형성될 수 없습니다. 또 사회적 정의는 이런 도덕적 인격을 바탕으로 사익보다는 공익을, 나 혼자보다는 우리 모두가 함께 하는 세상을 만들 수 있습니다. 바로 이런 점 때문에 남명학, 남명정신이 오늘날 우리사회에 다시 조명되는 것일 것입니다. 남명의 도덕성은 하늘을 우러러 한 점 부끄러움도 없이 하는 것이고, 남명이 외친 정의는 사사로움보다 공공의 질서를 확립하는 것입니다. 이 도덕과 정의는 오늘날에도 여전히 절실히 요구되는 것이기 때문에 남명학을 다시 조명하는 것입니다."

혹자가 또 묻기를 "오늘날 세상에 도덕적 양심과 사회적 정의를 부르짖어봤자 누가 알아주겠습니까?"라고 하여, 나는 이렇게 답하였다.

"세상이 무도하고 혼란스러울수록 도덕과 정의를 실천하는 사람이 필요합니다. 그런 시대에 그런 사람이 있으면 사람들이 그에게 마음을 주게 될 것이고, 사람들의 마음을 얻으면 세상을 바꾸는 데 기여할 수 있습니다. 만약 이런 사람이 없다면 그 사회 그 국가는 회생하기가 어려울 것입니다. 인간세상의 도덕과 정의를 지키는 일은 하늘이 무너지지 않게 떠받치고 있는 큰 산과 같은 것입니다. 그래서 예전에는 큰 산을 큰 덕을 지닌 이에 비유하여 지주(支柱)라고 하였습니다. 지주가 무너지면 하늘을 지탱할 것이 없으니, 혼란스런 무도한 세상이 되고 말 것입니다."

혹자가 또 묻기를 "도덕적 양심과 사회적 정의를 어떻게 확보할 수 있습니까?"라고 하여, 나는 이렇게 답하였다.

"도덕적 양심은 자신의 마음속에서 일어나는 생각을 늘 주목하고 관찰하여 사심이나 사욕, 나쁜 생각이나 어리석은 생각이 일어날 때 즉석에서 물리쳐 선한 마음을 유지하는 노력을 해야 생깁니다. 그런데 하루아침에 생기는 것이 아니고 아주 오랜 시간 마음을 빼앗기지 않고 끊임없이 길러나가야 그런 힘이 생기게 됩니다. 사회적 정의는 이런 도덕성을 바탕으로 하여 생기는 것인데, 그냥 생기는 것이 아니고 세상에 대한 깊은 통찰력을 필요로 합니다. 세상이 돌아가는 이치의 근원을 꿰뚫어볼 수 있는 안목이 있어야 합니다. 흔히 현실인식이라고 하는 것을 통해 문제의 본질이 무엇인지, 어떻게 하는 것이 도리와 사리에 맞는지를 사유할 수 있어야 사회적 정의를 실천할 수 있습니다."

3) 혹자가 묻기를 "어떤 사람들은 남명을 도학자라고 하는데, 어떻게 생각하십니까?"라고 하여, 나는 이렇게 답하였다.

"남명은 도학자입니다. 우리나라 도학의 도통을 말할 적에는 일반적으로 정몽주로부터 시작하여 길재 – 김숙자 – 김종직으로 도학의 전통이 이어졌다고 합니다. 그리고 어떤 사람들은 조광조로부터 시작되었다고 말하는 사람도 있습니다. 그러나 16세기 김성일(金誠一)은 '퇴계와 남명 두 선생은 한 세상에 나란히 출생하여 도학을 창도해 밝혀 인심을 선하게 하고 인간사회의 기강을 부지하였다.'라고 하여 남명과 퇴계를 진정한 도학자로 보았습니다. 또 17세기 송시열(宋時烈)도 '도학자로는 퇴계·남명과 한강(寒岡;鄭逑)·율곡(栗谷 : 李珥) 등이 있다.'고 하여, 퇴계와 남명을 본격적인 도학자로 보았습니다. 또 18세기 이익(李瀷)은 '우리나라의 문명이 퇴계와 남명에 이르러 극에 달했다.'고 하였습니다. 이런 선현들의 말씀을 종합해 보면, 우리나라의 진정한 도학은 남명과 퇴계로부터 비롯되었고, 이 두 분이 조선을 대표하는 도학자라고 할 수 있습니다."

혹자가 또 묻기를 "도학자로 보는 기준은 무엇입니까?"라고 하여, 나는 이렇게 답하였다.

"위의 인용문에서 김성일이 말했듯이, '인심을 선하게 하고 인륜의 기강을 부지하였다.'는 점이 가장 큰 기준이라고 생각합니다. 도덕을 성취해 몸소 실천해 보여줌으로써 사람들이 본받고 따르게 만든 것입니다. 요즘 말로 롤모델이 된 것이지요. 인심을 선하게 한다는 것은 덕화가 여러 사람들에게 미쳐 사람들의 마음을 변화시켰다는 것이니, 이는 성인의 일입니다. 인륜의 기강을 부지했다는 것은 원칙이 무너져 폭력과 혼란이 난무하는 사회에 인간답게 사는 질서를 다시 일으켜 세웠다는 뜻입니다."

4) 혹자가 묻기를 "도학이란 무엇입니까?"라고 하여, 나는 이렇게 답하였다.

"도학이란 송나라 때 주자와 그의 문인들이 추구하던 학문을 지칭하던 말입니다. 그러니까 한 마디로 주자가 추구하던 학문을 도학이라고 할 수 있습니다. 도학은 대체로 두 가지 측면에서 말합니다. 하나는 사물의 이치를 탐구하여 진리를 밝히는 것으로 이를 명도(明道)라고 합니다. 하나는 이러한 진리를 몸소 실천해 인륜의 기강을 바로세우는 것으로 이를 행도(行道)라고 합니다. 도를 밝히고, 도를 실천하는 일은 이 세상에서 그 무엇보다 중요한 일입니다. 도는 인간이 마땅히 행해야 할 원칙이니, 한 점 부끄러움도 없는 도덕적 양심을 기르고, 그것을 생활 속에서 그대로 실천하여 사회적 정의를 확보해 나가는 것입니다. 퇴계와 남명은 모두 명도와 행도의 두 측면을 아우른 분들입니다. 그런데 굳이 그 분들의 성향을 특징적으로 말하자면, 퇴계는 명도의 측면에 더 장점이 있고, 남명은 행도의 측면에 더 뛰어났다고 하겠습니다."

혹자가 또 묻기를 "왜 퇴계는 명도의 측면에서 남명은 행도의 측면에서 장점이 있다고 말하는 것입니까?"라고 하여, 나는 이렇게 답하였다.

"두 분 다 진리를 탐구하여 도를 밝히고, 그것을 몸소 실천한 측면에서 조금도 흠이 없습니다. 그러나 남명은 사화로 인해 질서가 무너진 사회에 도를 실천해 도덕적 양심을 키우는 일을 누구보다 더 철저히 실천했습니다. 그래서 남명은 공자·주렴계·정명도·주자 네 분의 초상을 그려놓고 매일 예를 올렸으며, 경의검이라는 칼을 몸에 지니고 다니며 마음속에서 사욕이 발동하면 바로 극복해 물리치려 하였으며, 성성자라는 방울을 차고 다니며 마음이 혼몽한 상태로 빠지지 않도록 경계하였습니다. 이런 점이 바로 행도의 측면에서 그 누구에게서도 찾아볼 수 없는 점이기 때문에 가장 뛰어나다고 하는 것입니다. 퇴계는 주자의 설을 수용하면서 이를 더 발전시켜 '사단(四端)은 리(理)가 발하여 기(氣)가 따르는 것이고, 칠정(七情)은 기가 발하여 리가 타는 것이다.'라고 하였으니, 이것이 바로 명도의 측면에서 새로운 의리를 밝힌 것입니다."

혹자가 또 묻기를 "퇴계와 남명 이후로 대표적인 도학자는 누구입니까?"라고 하여, 나는 이렇게 답하였다.

"이 두 분 이후로 뚜렷한 족적을 남긴 성리학자는 무수히 많습니다.

그러나 이 두 분 위에 올릴 만한 도학자는 없습니다. 도학이 이 두 분에 이르러 정점에 이른 것이라고 봅니다. 실학자 이익은 이 두 분이 살던 시대에 태어나 그분들에게 가르침을 받지 못한 것을 안타깝게 생각하였으니, 이런 점을 간접적으로 알 수 있습니다."

4. 남명의 현실인식과 정신지향

1) 혹자가 묻기를 "남명이 살던 16세기는 한 마디로 사화기입니다. 이런 시대를 살면서 남명은 현실을 어떻게 인식했습니까?"라고 하여, 나는 이렇게 답하였다.

"남명은 어려서 한양으로 올라가 그곳에서 20대 중반까지 생활했습니다. 그러니까 유치원서부터 대학원까지 수도에서 교육과정을 이수한 것입니다. 남명은 19세 때 기묘사화를 목격했는데, 그 전까지는 그야말로 도학정치가 막 피어나는 희망이 보이는 시기였습니다. 그러다 하루아침에 도학정치를 주도하던 조광조 등이 화를 당하는 사건이 발생한 것입니다. 그러니 그 당시 젊은 학자들은 그야말로 하늘이 무너지는 느낌이었을 것입니다. 그러나 남명은 겨우 19세의 꿈 많은 청년이었기에 과거를 포기할 생각은 엄두도 내지 못했을 것입니다. 그리하여 그 이듬해 과거에 응시하였는데 낙방하고 말았습니다. 남명은 과거에 낙방한 뒤 근교의 절간에서 계속 과거공부를 하고 있었습니다. 그렇지만 감수성이 예민한 청년기의 남명은 현실에 눈을 감을 수 없었을 것입니다. 그래서 아마도 독서를 하면서 한편으로는 '과거에 합격하여 벼슬길에 나아간다고 하더라도 권력을 잡은 훈구파와 생각이 다르니 나의 뜻을 펼 수 없을

것이다. 나는 죽어도 저들 밑에 들어가 저들이 시키는 대로 하는 벼슬아치
는 되고 싶지 않다.'는 투의 생각을 하며 갈등하였을 것으로 짐작됩니다."

혹자가 또 묻기를 "남명은 과거시험에 떨어진 뒤 어떻게 공부했습니
까?"라고 하여, 나는 이렇게 답하였다.

"남명은 21세 때 문과 회시에 응시했다가 낙방한 뒤, 그 이듬 해 혼인
을 하였습니다. 그리고 과거공부를 계속하고 있었습니다. 집에서 공부가
잘 되지 않아 도성 인근의 절에 가서 공부를 하였는데, 자신이 추구하던
고문(古文)이 당시 유행하던 송대 성리학적 글쓰기와 맞지 않는다는 점
을 반성한 듯합니다. 김해에 은거하던 시기 규암(圭菴) 송인수(宋麟壽)가
『대학』을 선물로 보내오자 그 책의 겉표지에 쓴 「서규암소증대학책의
하(書圭菴所贈大學册衣下)」에서 '나의 문장이 과거시험 문체에 맞지 않
는다고 생각하여 평이하고 간결하고 내용이 있는 책을 구해 처음으로『성
리대전』을 가져다 읽었다.'라고 한 것을 보면 이런 점을 알 수 있습니다.
남명은 25세 때 비로소『성리대전』을 읽기 시작했는데,『성리대전』은
명나라 호광(胡廣) 등이 편찬하여 세종 연간 국내에 유입된 책으로 송·
원대 1백여 명 학자들의 사상을 정리해 놓은 책입니다. 이 책은 워낙 방
대하여 다 읽고 이해하기가 쉽지 않았기 때문에 전에는 주로『근사록
(近思錄)』등을 통해 송대 성리학을 접하였는데, 이 시기에 이르러 본격
적으로『성리대전』을 통독하기 시작하였습니다.『성리대전』에는 주돈
이(周敦頤)의「태극도(太極圖)」·『통서(通書)』, 장재(張載)의『서명(西銘)』·
『정몽(正蒙)』, 소옹(邵雍)의『황극경세서(皇極經世書)』, 주희(朱熹)의『역
학계몽(易學啓蒙)』·『가례(家禮)』·『율려신서(律呂新書)』, 채침(蔡沈)의『홍
범황극내편(洪範皇極內篇)』등이 수록되어 있으며, 성리학을 주제별로
분류하여 이기(理氣)·귀신(鬼神)·성리(性理)·도통(道統)·성현(聖賢)·제유

(諸儒) 등 13개의 주제별로 기술하고 있습니다. 요컨대 남명은 『성리대전』을 통해 송대 성리학자들의 학문과 사상은 물론 글쓰기까지 읽히려 했던 것으로 보입니다."

2) 혹자가 묻기를 "남명은 산사에서 『성리대전』을 읽다가 크게 깨달은 점이 있어서 과거공부에 뜻을 두지 않고 성인이 되는 성학(聖學)에 마음을 두기 시작했다고 하는데, 그것이 정말입니까?"라고 하여, 나는 이렇게 답하였다.

"그렇습니다. 이 시점이 바로 남명에게 가장 큰 변화가 일어난 때입니다. 즉 학문의 대전환이 일어난 것입니다. 이 시점은 남명의 일생에서 가장 큰 전환점으로 보아야 합니다. 그래서 저는 이 시점을 남명이 도학의 길로 들어선 첫 걸음이라 생각합니다."

혹자가 또 묻기를 "어떤 분은 남명이 31세 이후에 과거에 뜻을 두지 않고 도학을 한 것으로 보는데, 어느 해에 생각이 바뀐 것입니까?"라고 하여, 나는 이렇게 답하였다.

"남명이 학문을 전환한 시기에 대해, 문인 김우옹(金宇顯)이 지은 「행장(行狀)」에는 25세 때의 일이라 하였고, 문인 정인홍(鄭仁弘)이 지은 행장에는 26세 때의 일이라 하였습니다. 이 두 사람은 모두 남명에게 가장 오랫동안 배운 제자로서 그 누구보다 남명의 생애를 잘 알고 있던 인물입니다. 그런데 1년이라는 시간적 차이가 납니다. 이는 아마도 이들이 남명으로부터 전해들은 것을 남명 사후에 기록하다 보니 오랜 시간이 지난 터라 기억에 착오가 있었던 듯합니다. 현대의 연구자 중에 「서규암소증대학책의하」에 있는 내용에 의거하여 학문의 전환이 일어난 시기를 31세 때로 보는 설이 제기되었는데, 저는 그렇게 생각하지 않습니다.

먼저 정인홍과 김우옹은 남명을 가장 가까이서 오랫동안 모신 제자들입니다. 이들의 기록이 비록 1년의 차이가 나지만 그것은 기억의 착오일 수 있으니, 25세 또는 26세 때의 일로 보는 것이 맞을 듯합니다. 또한 「서규암소증대학책의하」은 남명이 직접 기록한 것이니, 남의 말보다는 남명의 말을 더 신뢰할 수 있다고 하는데, 저는 이 부분의 해석에 의견이 다릅니다."

혹자가 또 묻기를 "도대체 어떤 내용을 두고 그렇게 말하는 것입니까?"라고 하여, 나는 이렇게 답하였다.

"「서규암소증대학책의하」을 정밀히 분석하면 '연이삼십여의(年已三十餘矣)'는 앞 문장의 서술구에 해당하니 '혹 시험에 합격하기도 하고 떨어지기도 하다가 나이가 이미 30세가 넘었다.'라고 끊어 읽어야 합니다. 그리고 그 다음 문장은 이와는 별개의 내용으로 시작하여 앞에 '또[又]'라는 말로 시작하고 있습니다. 그 뒤의 문장은 '또 글 짓는 것이 과문(科文)의 형식에 맞지 않는다고 생각하여 다시 평이하고 간결하고 내용이 있는 책을 구해보았는데, 그때 비로소 『성리대전』을 취해 읽었다.'라는 내용입니다. 이 문장은 앞에서 과거시험에 연연하다가 30세가 지났다는 내용이 아닙니다. 과거시험을 준비하는 기간에 자신의 문장을 반성하다가 『성리대전』을 읽게 되었다는 점을 말한 것입니다. 이 두 문장은 분리해 보아야 합니다. 그렇지 않고 '연이삼십여의(年已三十餘矣)'를 뒤의 문장과 연결해 보아서 이런 오해가 생긴 것입니다."

3) 혹자가 묻기를 "남명은 『성리대전』을 읽다가 크게 깨달은 바가 있다고 하는데, 어떤 글을 읽고 그렇게 깨달은 것입니까?"라고 하여, 나는 이렇게 답하였다.

　"남명이 학문의 대전환을 하게 된 구절은『성리대전』권50 맨 뒤에 실려 있는 원나라 때 학자 허형(許衡)이 '<학자는> 이윤(伊尹)의 지향에 목표를 두거나 안자(顔子)의 학문을 배워서 벼슬길에 나아가면 큰일을 이룩함이 있고, 벼슬길에 나아가지 않으면 자신을 지키는 것이 있어야 한다. 대장부는 마땅히 이와 같이 해야 한다. 벼슬길에 나아가서 큰일을 이룩함이 없고, 초야에 은거하면서 자신을 지키는 것이 없으면 목표로 하고 학문을 한 것을 어디다 쓰겠는가.'라고 말입니다."

　혹자가 또 묻기를 "이 문구에서 남명이 깨달은 것은 무엇입니까?"라고 하여, 나는 이렇게 답하였다.

　"이윤은 상(商)나라 탕(湯)임금을 보필하여 태평시대를 연 뛰어난 정치가이고, 안자는 공자의 제자 안회(顔回)로 벼슬길에 나아가지 않고 학문을 하여 성인의 경지까지 거의 올라간 인물입니다. 그러니까 이윤은 현실정치를 잘한 대표적 인물이고, 안회는 성인이 되는 학문을 한 대표적인 인물입니다. 남명은 바로 허형의 말 중에서 이윤의 길을 갈 것인가, 안회의 길을 갈 것인가를 대장부는 선택해야 한다는 점을 깨달은 것입니다."

　혹자가 또 묻기를 "그래서 남명은 어느 쪽을 택했습니까?"라고 하여, 나는 이렇게 답하였다.

　"남명은 안회의 길을 택했습니다. 그것은 현실적으로 이윤의 길을 갈 수 없었기 때문입니다. 이윤의 길은 탕임금 같은 성왕을 만날 때 가능한 것입니다. 그런데 당시는 기묘사화로 훈구세력이 집권을 하던 시기입니다. 그러니 벼슬길에 나아가도 이윤처럼 태평시대를 이룩할 수가 없었을 것입니다. 명종을 탕임금과 비교해 보고, 또 그 시대 상황을 보면 너무도 당연한 판단이겠지요."

4) 혹자가 묻기를 "남명이 안회의 길을 택했다면 안회는 도대체 어떤 학문을 한 인물입니까?"라고 하여, 나는 이렇게 답하였다.

"안회의 학문은 한 마디로 극기복례(克己復禮)라 할 수 있습니다. 극기복례는 『논어』에 나오는 말로 인(仁)를 행하는 방법으로 공자가 안회에게 일러준 말입니다. 극기복례란 자기의 사욕을 극복하여 예로 돌아간다는 뜻인데, 여기서 말하는 예는 작용에 해당하는 예절이 아니라, 본체에 해당하는 인의예지(仁義禮智)의 예, 즉 본성에 중점을 두고 한 말입니다. 요컨대 극기복례는 순간순간 마음에서 일어나는 사욕을 극복해 물리쳐 마음을 본연의 순수한 상태로 되돌린다는 뜻입니다. 이는 마음을 다스리는 공부로 공부 중에서 제일 중요한 것입니다. 안회는 이런 공부를 평생 해서 석 달 동안 인을 한 번도 어기지 않을 수 있는 경지에 이르렀습니다. 공자는 또 이 극기복례의 구체적인 실천조목으로 예가 아니면 보지도[視] 말고 듣지도[聽] 말고 말하지도[言] 말고 행동하지도 [動] 말라는 사물(四勿)을 일러주었습니다. 보고 듣고 말하고 행동하는 것은 우리가 일상에서 감각하고 지각하는 행위입니다. 이런 일상의 순간순간의 행위를 할 적에 모두 본성에 어긋나지 않도록 하는 것이 극기복례입니다."

혹자가 또 묻기를 "남명이 안회의 길을 택하여 극기복례의 공부를 했다는 것은 어디에서 확인할 수 있습니까?"라고 하여, 나는 이렇게 답하였다.

"그것은 「신명사도(神明舍圖)」와 「역서학용어맹일도도(易書學庸語孟一道圖)」를 통해 확인할 수 있습니다. 「신명사도」에는 세 관문의 깃발을 '대장기(大壯旗)'라고 표기해 놓았으며, 「역서학용어맹일도도」에는 하단의 원 속에 '뇌천 대장 무망(雷天大壯无妄)'이라고 표기해 놓았다. 여기

서 말하는 '대장(大壯)'은 『주역』 64괘의 하나인 「대장괘(大壯卦)」를 말
하는데, 이 「대장괘」는 상괘(上卦)가 뇌(雷 ☳)이고 하괘(下卦)가 천(天
☰)입니다. 그래서 '뇌천 대장'이라고 합니다. 이 「대장괘」의 상사(象辭)
에 '군자는 이 괘로써 예가 아니면 실천하지 않는다.[君子以 非禮弗履]'
는 말이 있는데, 송나라 때 정자(程子)의 정전(程傳)에는 '군자의 대장(大
壯)은 극기복례만 한 것이 없다.[君子之大壯者 莫若克己復禮]'라고 하였
으며, 또 '극기복례에 대해서는 군자의 대장(大壯)이 아니면 불가능하
다.[至於克己復禮 則非君子之大壯 不可能也]'라고 하였습니다. 이를 보면
「대장괘」은 곧 극기복례를 말한 것을 알 수 있습니다. 남명은 바로 여기
서 뜻을 취해 「대장괘」을 자신의 공부의 토대로 삼은 것입니다. 그리고
이런 「대장괘」의 극기복례의 공부를 통해 마음에 한 점 부끄러움도 없
는 깨끗한 경지를 이룩하는 것이 바로 도학자들이 목표로 하는 성(誠)입
니다. 성(誠)은 진실무망(眞實无妄)이라고 해석합니다. 이 말은 참된 마
음으로 가득 차서 마음에 망령된 생각이 완전히 없어진 경지를 말합니
다. 요컨대 극기복례를 통해 도달하는 지점이 바로 성입니다. 「역서학용
어맹일도도」의 '무망(无妄)'은 바로 이 성(誠)을 가리키는데, 이는 『주역』
으로 보면 뇌천(雷天) 「대장괘(大壯卦)」의 공부를 통해 천뢰(天雷) 「무망
괘(无妄卦)」에 이르는 것을 말합니다. 이것이 남명의 공부의 핵심입니
다. 그래서 저는 뇌천 대장을 통해 극기복례를 하여 천뢰 무망의 천인합
일의 경지에 이르려고 한 것이 남명학의 핵심이라고 생각합니다."

5) 혹자가 묻기를 "남명이 안회의 길을 걷기로 결심하였을 때의 일화
를 들려주십시오."라고 하여, 나는 이렇게 답하였다.

"남명은 25세 또는 26세 무렵 학문의 대전환을 맞이한 뒤로 갈등을 매

우 많이 하였을 것입니다. 그런데 26세 되던 해 3월 부친상을 당하여 삼
년 동안 고향 삼가로 내려가 시묘살이를 하고 28세 되던 해 6월 삼년상
을 마쳤습니다. 그리고 다시 한양으로 올라가지 않고 벗과 함께 지리산
을 유람하였고, 이듬해 정월부터 의령 자굴산 암자에 들어가 독서하였
습니다. 한양으로 가지 않은 것은 이미 안회의 길을 걷기로 마음을 굳혔
다는 것을 간접적으로 시사합니다. 그렇지 않으면 한양으로 올라가 다
시 과거시험 준비를 했을 것입니다. 그러다 30세 때 처가가 있는 김해로
이주하여 산해정사를 짓고 은거하였습니다. 그때 한양의 벗들이 그의
지향을 높이 여겨 책을 보내 격려해주었는데, 이준경(李浚慶)은 1531년
당시 한창 유행하던 『심경(心經)』을 보냈고, 1532년 송인수(宋麟壽)는 『대
학』을 선물로 주었고, 이림(李霖)은 『심경』을 선물로 주었으며, 성우(成
遇)는 『동국사략(東國史略)』을 선물로 주었습니다. 1530년 김해 산해정
에 정착한 뒤 벗들이 이런 책들을 보내온 것을 보면 남명의 정신지향이
이 시기에 확고해진 것을 알 수 있습니다.”

혹자가 또 묻기를 “남명은 이런 책을 선물 받고 심경을 어떻게 표현
했습니까?”라고 하여, 나는 이렇게 답하였다.

“남명은 이준경·송인수·성우·이림의 선물을 받고 그 책의 표지에다
자신의 감회를 적어 놓았는데, 이림이 보낸 『심경』에는 당시 『심경』을
불온서적으로 취급하여 학자들이 멀리 하고 있다는 사회적 분위기를 기
록해 놓았고, 이준경이 보내준 『심경』에는 ‘마음을 잃어버리고 몸뚱이
만 돌아다니면 짐승이 아니고 무엇이겠는가.’라는 말이 있으며, 또 ‘이
책은 마음을 죽지 않게 하는 약이다.……안회가 되는 길이 이 책 속에
있다.’라고 적어놓았습니다. 여기서 우리는 당시 남명의 정신지향을 분
명히 확인할 수 있습니다. 즉 안회의 길을 걷기로 확고히 마음먹고 있었

다는 것입니다."

5. 남명학의 본질은 무엇인가

1) 혹자가 묻기를 "남명학의 본질은 무엇입니까?"라고 하여, 나는 이렇게 답하였다.

"우리는 흔히 남명학이라고 하면 경의(敬義)를 떠올립니다. 그래서 '남명학은 경의학이다'라는 것을 너무도 당연하게 받아들입니다. 그런데 그 경의학이라는 것이 어떤 것인지에 대해서는 잘 모릅니다. 그러니까 그 실체를 스스로 들여다보지 않고 예전부터 사람들이 경의학이라고 하는 말을 전해 듣고서 그대로 따라 말하는 것입니다. 경의는 남명학의 핵심적인 내용이며, 남명이 공부의 두 축으로 삼은 것입니다. 그것은 공부의 핵심이지 학문의 본질은 아닙니다. 그렇다면 남명학의 본질은 무엇일까요? 우리는 이 점을 다시 생각해 보아야 합니다.

혹자가 또 묻기를 "그러면 남명학의 본질은 무엇입니까?"라고 하여, 나는 이렇게 답하였다.

"남명학의 본질은 남명이 안회(顔回)의 길을 선택한 뒤 안회처럼 되고자 한 데에서 찾아야 합니다. 안회처럼 된다는 말은 성인이 되는 학문에 뜻을 두었다는 말입니다. 안회는 어떤 인물입니까? 앞에서 말씀드렸듯이 안회의 학문은 한 마디로 극기복례라고 할 수 있습니다. 그는 극기복례를 통해 석 달 동안 인(仁)을 어기지 않는 경지에 이르렀습니다. 인(仁)은 본성을 대표하는 것으로, 인을 어기지 않는다는 것은 본성을 거스르지 않고 순응해 산다는 말이며, 『중용』에 보이듯 희로애락의 감정

이 발하여 모두 중도에 맞는 삶을 산다는 뜻입니다. 그러니 남명학의 본
질은 성인을 지향한 데서 찾아야 합니다. 『학기류편』에 실린 「성도(誠
圖)」를 보면 '성(誠)'을 중앙에 표기하고 사방에 이 성(誠)을 추구하는 중
요한 공부를 열거하였습니다. 이 성(誠)은 『중용』의 핵심으로 인간이 마
음을 진실로 가득 채워 한 점의 사욕도 망동하지 않는 경지에 도달한 이
른바 천인합일(天人合一)의 경지를 말합니다. 이 경지에 오른 이가 바로
성인입니다. 이를 보면 남명학의 본질은 자신을 수양하여 성인이 되는
데 있습니다. 그리고 그 경지에 이르면 그 덕화를 온 세상에 널리 미쳐
모든 생명체가 제자리에서 편안하게 살 수 있는 세상을 만들게 됩니다.
이것이 바로 『중용』에서 말하는 '중화(中和)를 극진히 하면 천지가 제자
리를 잡고, 만물이 그 안에서 생육된다.'고 하는 것입니다. 남명은 무도
한 시대에 안회처럼 공부하여 바로 그런 세상을 열고 싶었던 것입니다."

　혹자가 또 묻기를 "그러면 남명이 성인이 되는 공부를 하면서 중시한
것들은 무엇입니까?"라고 하여, 나는 이렇게 답하였다.

　"남명은 『주역』에서 깨달은 것이 많았습니다. 예컨대 산천재(山天齋)
라는 이름이 『주역』 산천(山☶ 天☰) 「대축괘(大畜卦)」의 의미를 취한
것에서 그런 것을 단적으로 확인할 수 있습니다. 「편년」에 의하면 남명
은 『주역』 「건괘(乾卦)」 구삼효(九三爻)와 「곤괘(坤卦)」 육이효(六二爻)
에서 깨달은 것이 많았다고 합니다. 「건괘」 구삼효의 문언(文言)에 '떳
떳한 말을 신뢰하고 떳떳한 행실을 삼가 사악한 마음을 막고 진실한 마
음을 보존하라.'고 하였으며, 또 '군자는 덕을 진전시키고 학업을 닦아야
하니, 충신(忠信)은 덕을 진전시키는 방법이고, 말을 할 적에는 그 진실
을 드러내야 한다.'고 하였습니다. 이는 모두 마음가짐과 언행에 관한 실
천적인 공부입니다. 또 「곤괘」 육이효의 문언에 '직(直)은 정직한 것이

며, 방(方)은 올바른 것이니, 군자는 경(敬)으로써 내면을 정직하게 하고, 의(義)로써 외면을 방정하게 해야 한다.'고 하였습니다. 이는 내적인 마음가짐과 외적인 일처리를 경의로써 해야 한다는 말인데, 모두 성(誠)을 추구하기 위함입니다. 그런데 이 모두 성(誠)을 확보하기 위한 실천적인 공부에 해당하니, 남명학의 본질은 성(誠)을 구하는 데 있다는 것을 알 수 있습니다."

2) 혹자가 묻기를 "남명학의 본질에 대해서는 잘 들었습니다. 그런데 왜 '남명학은 경의학이다.'라고 말하는 것입니까?"라고 하여, 나는 이렇게 답하였다.

"그것은 『주역』의 '경이직내(敬以直內) 의이방외(義以方外)'를 남명이 재해석하여 경의검이라고 하는 칼자루에다 '안으로 마음을 밝게 하는 것은 경이고, 밖으로 일을 처리할 적에는 의이다.[內明者敬 外斷者義]'라고 새겨 자신을 수양하는 척도로 삼았기 때문에 후세사람들이 가장 특징적인 것을 일컬어 경의학이라고 말한 것입니다."

혹자가 또 묻기를 "그러면 남명이 성인이 되는 공부를 하면서 중시한 것으로 어떤 것들이 있는지 더 말씀해 주십시오."라고 하여, 나는 이렇게 답하였다.

"남명은 『주역』의 '경이직내 의이방외'에서 깨달음을 얻어 그 내용을 자기 것으로 만들어 '내명자경 외단자의'라고 재해석하였습니다. 이처럼 남명은 성현들의 말씀에서 깨달아 그 요지를 자기화하여 일상의 규범으로 삼거나 주변 사람들에게 말씀한 것이 많습니다. 그 가운데 가장 대표적인 것이 「신명사도(神明舍圖)」를 그려 걸어놓고 매일 눈으로 보며 그 정신을 한시도 잃지 않으려 한 것과 공자·주렴계·정명도·주자의 초상을 그려 걸어 놓고 매일 예를 올린 것입니다."

혹자가 또 묻기를 "「신명사도」에 대해 말씀해 주십시오."라고 하여, 나는 이렇게 답하였다.

"「신명사도」는 한 마디로 남명이 마음을 다스리는 핵심적인 내용을 한 장의 도표로 그린 그림입니다. 이 그림은 남명이 자기의 사상을 가장 단적으로 잘 드러낸 남명사상의 정수라고 할 수 있습니다. 이 그림은 개인이 마음을 다스리는 것을 임금이 나라를 다스리는 것에 비유하여 그린 것으로, 임금이 사직에서 죽을 각오로 나라를 지켜야 하듯이, 사람도 목숨을 걸고 마음을 기르고 살펴 사악한 데로 빠지지 않도록 해서 지선(至善)의 경지를 늘 유지해야 한다는 내용입니다."

혹자가 다시 묻기를 "「신명사도」의 그림을 좀 더 구체적으로 설명해 주십시오."라고 하여, 나는 이렇게 답하였다.

"신명사는 한 나라를 다스리는 임금이 거주하는 집입니다. 그것을 개인에 비유하면 마음이 머무는 집이라 할 수 있습니다. 임금이 나라를 잘 다스리기 위해서는 훌륭한 덕을 가진 신하를 등용하여 함께 국정을 운영해야 하는데, 개인이 자신의 삶을 영위할 적에는 내면을 밝혀 덕을 쌓지 않으면 안 되기 때문에 총재의 이름을 경(敬)이라고 한 것입니다. 이는 조선시대 도학자들이 다 중시한 것입니다. 그 다음 임금이 거주하는 궁궐에는 사람이 드나드는 성문이 있습니다. 「신명사도」를 보면 좌우와 정면에 성문이 세 개 있는데, 그 성문의 이름을 목관(目關)·이관(耳關)·구관(口關)이라 하였습니다. 이 세 관문은 사람이 외부의 사물을 인식하는 눈과 귀와 입을 말합니다. 사람은 눈으로 인식하거나 지각하는 것이 80%를 넘는다고 합니다. 또 구관은 말을 출입하는 관문이기 때문에 일상에서 행실만큼이나 중요한 기관입니다. 사람이 수양을 할 적에는 이 세 관문으로 드나드는 마음을 잘 성찰하여 악으로 빠지지 않도록 해야 하는데, 남명은 이런 성찰을 적당히 하지 않고 100% 완전하게 하기 위해『주역』「대장괘」의 뜻을 취해 펄럭이는 깃발을 그려 넣었습니다. 「대장괘」에는 극기복례를 한다는 내용이 있는데, 그냥 적당히 하지 말고 성대하고 장엄한 기상으로 하라는 뜻입니다. 이렇게 하면 내면의 마음이 진실해져 망령된 생각이 일어나지 않게 됩니다. 그리고 이 세 관문을 지키다가 사욕이 발동하는 기미를 발견하면 즉석에서 이를 물리쳐 본래의 상태로 되돌려 놓아야 합니다. 이는 성리학에서 마음이 발동하기 전에는 마음을 보존하고 기르며, 마음이 발동하고 나면 그 기미를 잘 살펴 악으로 빠지지 않도록 하며, 악으로 흐르는 기미가 발견되면 즉시 물리쳐야 한다는 존양(存養) - 성찰(省察) - 극치(克治)의 삼단계 수양론입니다. 이렇게 해서 도달하는 경지가『대학』에 보이는 지선(至善)의 경지입니다. 그것이「신명사도」하단에 그려져 있는데 '지(止)' 자는 지어지선(止於至善)을 의미합니다. 이 지어지선은 지선의 경지에 이르러 추락하지 않고 계속해서 머물러 있다는 뜻이니, 지선을 잠시도 잊지 않고 지속하는 것을 말합니다. 이 지선(至善)의 경지는 곧 진실무망한 성(誠)이라고 할 수 있습니다.”

3) 혹자가 묻기를 “남명이 사성현초상(四聖賢肖像)을 그려 놓고 매일 예를 표했다고 하는데, 언제부터 그렇게 했습니까?”라고 하여, 나는 이렇게 답하였다.

“「편년」에는 남명의 나이 25세 때 허형(許衡)의 글을 보고 크게 깨달아 위기지학을 하기로 결심하고 나서 공자·주렴계(周濂溪 : 周敦頤)·정명도(程明道 : 程顥)·주자의 초상을 그려 감실에 모셔놓고 매일 아침 우러러 보며 절을 하였다고 하였습니다. 남명은 이런 일과를 늙어서 임종할 때까지 계속하였습니다. 한 번 생각해 보십시오. 이 네 성현의 초상을 매일 아침 우러르며 절을 한다는 것이 무엇일까요? 나도 당신들처럼 그런 사람이 되고 싶습니다. 이런 마음이 아니겠습니까. 그러니까 남명은 이 네 분을 롤모델로 삼아 그와 같은 덕을 이룩하여 도덕과 인륜이 무너지는 세상을 떠받치고 싶었던 것이지요. 여기에 바로 남명이 백대의 스승다운 모습이 있습니다. 세상이 무도하고 어려울 때 그 세상이 무너지지 않고 유지하도록 하기 위해서는 우선 나부터 도덕적 인격을 추구해야 합니다. 그리고 불의와 맞서 올바른 길과 마땅한 원칙을 환기시켜야 합니다. 그것이 세상에 근본을 확립하는 길입니다."

혹자가 또 묻기를 "공자와 주자는 일반적으로 널리 알려진 인물이지만 주렴계와 정명도는 어떤 사람인지 잘 모르겠습니다."라고 하여, 나는 이렇게 답하였다.

"주렴계는 북송 시대 정명도·정이천의 스승입니다. 그는 「태극도설(太極圖說)」이라는 글을 지어 우주의 근원인 태극으로부터 만물이 발생하는 이치를 설명하였습니다. 대체로 원시유학은 일상생활 속에서 사람이 행해야 할 윤리와 도덕을 말하고 있습니다. 그러다 보니 존재의 근원에 해당하는 우주론이 제대로 갖추어져 있지 않습니다. 또한 공자는 형이상학적인 천(天)이나 성(性) 등에 대해 학자들에게 자주 말씀하지 않았습니다. 그런데 이른바 신유학이라고 불리는 송나라 때 성리학은 본격적으로 이 문제를 학문의 영역으로 끌어들였습니다. 그 대표적인 글이 바로 「태극도설」인 것입니다. 그래서 송나라 때 이학(理學)을 말하면서 주렴계를 빼놓을 수 없게 된 것입니다. 주렴계의 벗 황정견(黃庭堅)은 주렴계의 인품에 대해 '광풍제월(光風霽月)'로 표현하였습니다. 맑게 갠 날 푸른 들녘에 바람이 불면 빛이 나듯이, 맑게 갠 밤하늘에 한 점 구름도 없듯이, 그렇게 깨끗하고 밝은 정신세계를 가졌던 사람이 바로 주렴계입니다. 그래서 후대에는 가장 정화된 인격을 구현한 상징적인 인물로 주렴계를 일컫습니다. 퇴계는 주돈이를 '주정무욕 광풍제월(主靜無欲 光風霽月)'로 표현하였고, 정명도에 대해서는 '음롱귀래 양휴산립(吟弄歸來 揚休山立)'이라 하였고, 주자에 대해서는 '박약양지 연원정맥(博約兩至 淵源正脈)'이라 평하였다. 주정무욕은 주렴계가 직접 한 말인데, 고요한 마음을 주로 하여 인욕(人欲)이 없는 경지를 말합니다. '음롱귀래'는 정명도가 주렴계를 만난 뒤 공자의 제자 증점(曾點)처럼 자연의 이치에 순응하는 삶을 지향하겠다는 뜻으로 한 말이고, '양휴산립'은 주희가 쓴 「육선생화상찬(六先生畫像讚)」 중 정명도를 상징한 말로 '봄기운처럼 따뜻하고 산처럼 우뚝하다.'라는 뜻입니다. '박약양지'는 『논어』의 '박문약례(博文約禮)', 즉 지(知)와 행(行)을 모두 지극하게 했다는 뜻입니다. 이러한 내용으로 미루어볼 때, 남명이 지향한 학문정신은 박문약례의 학문을 통해 광풍제월의 흉금으로 양휴산립의 기절(氣節)을 추구한 것이라 할 수 있다. 이런 점을 모두 갖춘 인물이 바로 성인 공자입니다."

6. 남명학과 퇴계학

1) 혹자가 묻기를 "언론 매체에서는 남명과 퇴계를 라이벌로 그려내고 있습니다. 남명과 퇴계는 생각이 서로 다르고 색깔도 서로 다르고 학문도 서로 달랐습니까?"라고 하여, 나는 이렇게 답하였다.

"세상 사람들의 이목을 끌기 위해서는 무엇인가 서로 경쟁하고 서로 다른 점을 부각시켜야 합니다. 그런 시각 때문에 퇴계와 남명을 라이벌로 그려낸 듯합니다. 그러나 우리는 서로 다른 점을 보면 서로 같은 점은 무엇일까를 생각해야 합니다. 이 세상에는 음양(陰陽)이나 이기(理氣)처럼 서로 성질이 다른 대립적인 것이 있습니다. 그러나 음양과 이기가 서로 다른 성질이라고 해서 늘 대립하고 있는 것은 아닙니다. 이 두 요소는 서로를 필요로 할 때도 있습니다. 실제로 자연의 이치가 운행하고 만물이 태어났다가 죽어가는 과정을 보면 상호 보완적인 작용에 의해 이루어집니다. 그래서 세상의 이치를 이해할 적에는 대립적인 면도 보고, 서로를 필요로 하는 대대적(對待的)인 면도 보아야 합니다. 남명과 퇴계 두 선생에 대해 우리는 서로 같은 점도 있고 서로 다른 점도 있다는 점을 모두 보아야 합니다."

혹자가 또 묻기를 "그렇다면 같은 점은 무엇입니까?"라고 하여, 나는 이렇게 답하였다.

"남명과 퇴계는 모두 진정한 학자라는 점이 같으며, 모두 도학자라는 점이 같습니다. 실학자 이익(李瀷)이 말했듯이, 이 두 분에 의해 우리나라 문명이 절정에 도달하였습니다. 그러니까 우리나라 정신문화를 세계 최고의 수준으로 끌어올린 분이라고 할 수 있습니다. 구한말의 곽종석(郭鍾錫)은 이 두 분에 대해 나이도 같고, 덕도 같고, 학문도 같다고 하였으며, 모두 공자와 주자의 연원에 닿아있다고 하였습니다. 또 진정으로 국가와 사회를 걱정하고 백성들의 삶을 걱정한 점에 있어서도 다르지 않습니다."

혹자가 또 묻기를 "그렇다면 다른 점은 무엇입니까?"라고 하여, 나는 이렇게 답하였다.

"같은 부모 슬하에서 태어난 자식이라도 얼굴이 다르고 성격도 다르듯이, 동시대를 함께 살았더라도 각기 개성이 다를 수 있습니다. 우선 남명과 퇴계는 성장배경이 다릅니다. 남명은 어려서 한양으로 올라가 수도에서 교육을 받고 수도의 문물을 보고 익혔습니다. 그런데 퇴계는 안동 위에 있는 예안현에서 출생하여 34세까지 그곳에서 살았습니다. 예컨대 남명은 19세 때 기묘사화를 직접 보고 충격을 받았겠지만, 퇴계는 나중에 그 소식을 전해 들었을 것입니다. 그러니 현실인식이 다를 수밖에 없었을 것입니다. 또 성격이나 기질도 퇴계는 온유돈후(溫柔敦厚)로 일컬어지는 반면, 남명은 추상열일(秋霜烈日)로 일컬어집니다. 저는 두 분의 학문성향이 달라진 가장 큰 이유는 현실인식이 달랐던 데 있었다고 봅니다. 예컨대 퇴계는 조정에서 벼슬할 적에 왜구에 대한 대처방안을 논의하면서 그들도 사람이니까 교화를 시켜 침략하지 못하게 해야 한다는 온건책을 제시하였습니다. 반면 남명은 세종 때 대마도를 정벌하여 악의 근원을 없앴듯이 무력으로 왜구를 물리쳐 다시는 침략하지 못하게 해야 한다고 생각하였습니다."

혹자가 또 묻기를 "남명과 퇴계의 다른 점을 구체적으로 몇 가지 말씀해 주십시오."라고 하여, 나는 이렇게 답하였다.

"남명은 30세에 한양을 떠나 김해로 은거한 반면, 퇴계는 34세에 문과에 급제하여 한양으로 올라갑니다. 30대 초반에 생각이 전혀 다른 점을 확인할 수 있는 지점입니다. 남명은 사화기에 학자가 무엇을 하는 것이 가장 의미 있는지를 고민하여 도를 몸소 실천하여 기강을 부지하는 행도(行道)에 뜻을 두었다면, 퇴계는 성리학을 깊이 연구하여 발전시키는 지도(知道)에 뜻을 두고 경서를 주석하고 성리설을 제기하였습니다. 굳이 다른 점을 말하자면 퇴계는 벼슬을 했고 남명은 벼슬을 하지 않았으며, 남명은 시를 짓는 것을 지향을 빼앗기는 것으로 보아 시를 많이 짓지 않은 반면, 퇴계는 시의 효용성을 인정하여 수백 편의 시를 지었습니다."

2) 혹자가 묻기를 "1567년 명종이 죽고 선조가 즉위하여 원로들에게 구언(求言)을 하였을 적에 퇴계는 「성학십도(聖學十圖)」를 만들어 올렸는데, 남명은 「무진봉사(戊辰封事)」를 올렸습니다. 이를 두고 두 분의 학문성향이 서로 다르다고 하는데, 어떻습니까?"라고 하여, 나는 이렇게 답하였다.

"정확한 말씀입니다. 이는 두 선생이 시대를 인식하는 방법과 구제책, 그리고 학문성향이 서로 다른 점을 극명하게 보여줍니다. 「성학십도」는 성인이 되는 학문을 하는 데 꼭 필요한 10가지를 뽑아 그 요점을 간추려 도표화한 것입니다. 제1도는 주돈이(周敦頤)의 「태극도(太極圖)」이고, 제2도는 장재(張載)의 「서명도(西銘圖)」인데 이는 우주로부터 만물이 생성되어 나오는 것을 나타낸 것으로 본체론에 해당됩니다. 제3도는 「소학도(小學圖)」이고 제4도는 「대학도(大學圖)」인데, 이는 주자학의 토대에 해당하는 것입니다. 제5도는 「백록동학규도(白鹿洞學規圖)」로 주자가 백록동서원에서 서원교육을 다시 일으킬 적에 제시한 학칙입니다. 제6도는 「심통성정도(心統性情圖)」이고, 제7도는 「인설도(仁說圖)」이고, 제8도는 「심학도(心學圖)」인데 이는 모두 마음을 다스리는 공부를 도식화한 것입니다. 제9도는 「경재잠도(敬齋箴圖)」이고, 제10도는 「숙흥야매잠도(夙興夜寐箴圖)」인데 이는 일상에서 몸과 마음을 다스리는 내용을 도표화한 것입니다. 그러니까 퇴계는 성리학의 핵심을 체계적으로 잘 조직화하여 임금에게 성인이 되는 학문을 하라고 권한 것입니다. 이에 비해 남명이 올린 「무진봉사」는 『중용』의 핵심 중 하나인 명선(明善)과 성신(誠身)을 언급하면서 임금이 먼저 이런 공부를 하여 진실무망(眞實无妄)한 마음을 갖기를 간곡히 권하는 내용입니다."

혹자가 또 묻기를 "「성학십도」와 「무진봉사」의 차이는 무어라고 생각하십니까?"라고 하여, 나는 이렇게 답하였다.

"「성학십도」는 성학에 대해 체계적이고 이론적으로 정리한 한 편의 글이라 할 수 있습니다. 말하자면 잘 만든 프레젠테이션이라 할 수 있습니다. 반면 「무진봉사」는 현실을 바탕에 두고 임금이 먼저 선악과 시비를 명확히 구별할 수 있는 안목을 갖추고, 자신의 마음에 한 점 부끄럼도 없이 사심을 제거하고 공정한 마음을 확보하여야 나라를 잘 다스릴 수 있다는 것입니다. 이는 노숙한 할아버지가 손자에게 이야기를 들려주는 것과 같다고 할 수 있습니다. 전달하는 방식이 달랐던 것이지요. '어떻게 하면 선조의 마음을 움직일 수 있을까'를 생각하지 않았을 리 없는데, 서로 그 방법을 달리한 것이지요. 둘 다 모두 선조의 마음에 감동을 주었을 것인데, 남명의 「무진봉사」는 성학의 핵심을 한 마디 말로 압축해 전달했다고 할 수 있습니다."

3) 혹자가 묻기를 "남명과 퇴계는 편지만 주고받았을 뿐, 평생 한 번도 만나지 않았습니다. 왜 그랬을까요?"라고 하여, 나는 이렇게 답하였다.

"먼저 편지에 대해 말씀드리겠습니다. 퇴계는 남명에게 3통의 편지를 보냈고, 남명은 퇴계에게 2통의 편지를 보냈습니다. 1553년 조정에서는 전생서 주부(典牲署主簿)라는 6품직을 내렸는데, 남명은 사양하였습니다. 이에 성균관 대사성으로 있던 퇴계가 남명에게 편지를 보내 '당신을 알아주지 않기 때문인가?' 아니면 '벼슬할 때가 아니라고 생각해서인가?'라고 물었습니다. 이에 남명은 눈이 흐려 사물을 제대로 인식하지 못하니 발운산(撥雲散)을 보내달라고 하였습니다. 발운산은 사물을 명확히 볼 수 있는 안약입니다. 그 편지를 받은 퇴계는 남명이 결코 벼슬길에 나오지 않으리라는 것을 알았습니다. 그리하여 남명에게 당귀(當歸)라는 말로 응수했습니다. 당귀는 약초의 한 가지인데, 어휘가 '마땅히 돌아가리'라는 뜻입니다. 즉 퇴계 자신도 벼슬을 버리고 돌아가야겠다는 마음을 드러낸 것입니다."

혹자가 또 묻기를 "남명이 퇴계에게 보낸 편지는 어떤 내용입니까?"라고 하여, 나는 이렇게 답하였다.

"남명이 퇴계에게 먼저 보낸 편지에는 두 가지 내용이 담겨 있습니다. 하나는 정신적으로만 교유하고 한 번도 만나지 못한 것에 대한 한스러움을 표한 것이고, 하나는 초학자들이 형이상학적인 고원한 이치나 담론하면서 일상에서의 실천을 등한시하니 타이르라는 것입니다. 이 편지는 퇴계가 벼슬에서 물러나 도산에 은거할 때 보낸 것으로 보이는데, 학문이 성리설을 담론하는 쪽으로 경도되는 것을 우려한 것입니다."

혹자가 다시 묻기를 "두 선생이 결국 얼굴을 마주하지 못했는데, 결정적인 이유는 무어라고 생각하십니까?"라고 하여, 나는 이렇게 답하였다.

"젊어서는 거주하는 공간이 워낙 멀어서 쉽게 만날 수 없었습니다. 사람이 사귈 적에는 공간적으로 가까워야 하고, 나이가 젊어야 이런저런 격식을 따지지 않고 쉽게 접할 수 있습니다. 그런데 이 두 분은 젊어서 공간적으로 멀리 떨어져 있었기 때문에 만날 기회를 놓친 것이지요. 그리고 나이가 들고 명성이 높아진 뒤에는 서로 찾아가기가 쉽지 않은 것입니다. 그것도 일부러 말입니다. 그러니 만날 수 없었던 것입니다. 요즘처럼 만나자 말자 나이가 같으니까 말을 트자고 하는 식의 만남을 예전 선비들은 하지 않았습니다. 도덕을 갖춘 인격체로서 만나기 때문에 절차와 예절이 필요했던 것입니다."

4) 혹자가 묻기를 "퇴계는 소백산의 정기를 받아 태어나고, 남명은 지
리산의 정기를 받아 태어났다고 하는데, 맞습니까?"라고 하여, 나는 이
렇게 답하였다.

"이익이 퇴계는 소백산 밑에서 태어나고, 남명은 두류산(지리산) 동쪽
에서 태어났다고 하였습니다. 소백산과 지리산은 백두대간의 남쪽에서
가장 큰 산이니 우리 역사상 가장 위대한 두 선생이 그런 큰 산의 정기
를 받고 태어났다고 생각하는 것은 의미가 있다고 봅니다. 공자가 태산
밑에서 태어나 태산을 우러르며 높은 정신지향을 한 것처럼, 이 두 선생
도 큰 산을 바라보며 하늘과 닿은 천인합일의 경지를 평생 성취할 목표
로 했을 것이라는 점에서 소백산과 지리산을 퇴계와 남명이라는 우리나
라를 대표하는 대학자에 비유하는 것은 매우 좋은 발상이라고 생각됩니
다. 그래서 저는 남명을 두류혈통(頭流血統)이라고 합니다. 지리산을 두
류산이라고도 하니 백두대간의 남쪽 큰 산인 두류산의 정기를 받아 태
어나신 분이라는 뜻입니다."

7. 남명학의 현대적 의미

1) 혹자가 묻기를 "오늘날은 제4차산업혁명의 시기라고 합니다. 이런
변화된 시대에 왜 남명을 거론하는 것입니까?"라고 하여, 나는 이렇게
답하였다.

"바로 산업화 시대에 인간성을 다시 돌아보아야 한다는 반성 때문에

남명 선생을 다시 떠올리는 것입니다. 우리는 도덕적으로 매우 해이해
졌습니다. 그래서 도덕적 양심을 말하는 이가 적습니다. 예전에는 사람
이 되라고 가르쳤는데, 지금은 가정이나 학교에서 사람이 되라는 말을
들을 수 없습니다. 그저 좋은 대학, 취직 잘되는 학과에 가서 돈 잘 버는
사람이 되기를 희망하고 있습니다. 그러니 돈밖에 모르는 가치관을 형
성하게 되었습니다. 사람이 일생을 살면서 돈에만 가치를 둔다면 결코
행복해질 수 없습니다. 행복은 돈으로부터 자유로워질 때 다가옵니다.
안빈낙도(安貧樂道)라는 말이 있지 않습니까. 가난한 경제적 여건을 편
안히 받아들이는 마음이 생길 때 비로소 인생의 길을 즐길 수 있다는 말
입니다. 돈에 연연하면 진정한 행복, 참된 인생길이 보이지 않습니다. 그
저 돈만 보고 따라갈 뿐입니다. 남명 선생은 무도한 정권이 권력을 농단
하는 시대에 가장 먼저 자신의 도덕성을 드높이는 일에 열중했습니다.
그래서 사람들이 따르고 우러러 본 것입니다. 그러니 오늘날 다시 남명
이 했던 것을 본받지 않고서는 우리 사회의 도덕성을 제고할 수 없습니
다. 역사 속에서 롤모델를 찾다 보니, 남명 선생이 우리를 비추어 볼 수
있는 거울로 등장한 것입니다. 그래서 다시 남명을 기억하고 떠올리는
것입니다.”

2) 혹자가 묻기를 “남명학은 경의학(敬義學)이라고 합니다. 남명의 경
의학을 현대적으로 해석하여 우리에게 와 닿게 한다면 어떻게 말할 수
있습니까?”라고 하여, 나는 이렇게 답하였다.

“경의(敬義)는 도덕적 양심과 사회적 정의라고 할 수 있습니다. 경(敬)
은 외경(畏敬)이라는 뜻으로, 하늘은 우리를 내려다보고 우리 마음속까
지 다 꿰뚫어보고 있으니 공경하고 긴장하라는 말입니다. 경(敬)은 이런

긴장감을 한 순간도 해이하게 하지 않고 유지하는 것입니다. 이런 마음
을 갖게 되면 잘못을 저지르지 않고, 무도한 짓을 하지 않게 됩니다. 의
(義)는 의리와 정의를 말합니다. 의리는 올바른 이치라는 뜻이니, 합리적
이고 객관적인 도리나 사리를 말합니다. 또 정의는 이런 의리를 바로 세
우는 것이니, 곧 실천적인 의미를 갖습니다. 남명 선생은 내적으로는 긴
장감을 늦추지 않는 공경심을 유지하면서, 외적으로 어떤 일을 할 적에
는 의리에 맞게 실천할 것을 주문하였습니다. 남명학의 핵심은 바로 마
음이 움직여 어떤 일을 행할 적에 사(私)를 배제하고 공(公)을 따라 정의
롭게 실천하는 것에 특징이 있습니다. 앞에서 말씀드린 성찰과 극치를
통한 극기복례가 그것입니다. 우리는 정치사회적으로 민주화를 이루었
고 정의로운 나라를 만들고자 노력하고 있습니다. 그런데 이 정의로운
나라, 정의로운 세상은 정치적 정의, 사회적 정의를 넘어서 경제적 정의,
신분적 정의, 도덕적 정의 등을 이루어야 하고, 더 나아가 모든 분야에
서 차별이 없는 평등하고 정의로운 세상을 만들어야 합니다. 그렇게 하
는 데 가장 기본적인 정신이 바로 남명의 경의사상이라 하겠습니다."

3) 혹자가 묻기를 "남명처럼 도덕적 양심을 회복하고, 사회적 정의를
이루기 위해 우리는 어떻게 해야 할까요?"라고 하여, 나는 이렇게 답하
였다.

"먼저 나 자신의 도덕적 양심을 기르는 일에 관심을 두어야 합니다.
우리는 지금 외국어, 기능, 기술 등 도구적인 지식을 쌓는 일에 치중해
있습니다. 그래서 그보다 더 본질적인 어떻게 생각하고, 어떻게 말하고,
어떻게 행동할 것인가에 대해 배우지 않습니다. 예전 교육은 바로 올바
르게 생각하기, 올바르게 말하기, 올바르게 행동하기에 집중되어 있습니
다. 그렇게 해야 남들과 어울려 사는 세상에서 예절을 지킬 줄 알고, 남

을 배려할 줄 알고, 함께 살아가는 방식을 깨우치게 됩니다. 그런데 지금은 그런 것에 관심을 두는 이가 적습니다. 남명은 도덕적 양심을 회복하기 위해 성현의 초상을 그려놓고 매일 예를 올렸습니다. 그러니 그 마음가짐이 하루 종일 공경했을 것입니다. 또 경의검이라는 칼을 몸에 지니고 다니며 자신의 마음속에서 사심이 일어나면 그 자리에서 베어 없앴습니다. 그러니 나쁜 마음이 마음속에서 자랄 수가 없었을 것입니다. 또 성성자라는 방울을 차고 다니며 마음이 흐릿할 때면 그 소리를 듣고 얼른 정신을 차렸습니다. 그러니 항시 흐리멍덩한 정신 상태에 빠지지 않았을 것입니다. 바로 이런 자세를 갖는 것입니다."

4) 혹자가 묻기를 "남명정신을 현대적으로 계승하기 위한 좋은 방법이 있다면 일러주십시오."라고 하여, 나는 이렇게 답하였다.

"오늘날 우리가 남명처럼 성현의 초상을 그려놓고 매일 절을 할 수도 없고, 경의검을 지니고 다닐 수도 없고, 성성자를 차고 다닐 수도 없습니다. 그러나 우리 마음속에 남명의 경의검을 한 자루씩 품고 살면서, 마음이 해이해지거나 나쁜 생각이 들거나 탐욕이 생기거나 울분이 일어날 때 마음속에 경의검이 있다는 사실을 떠올려 그 생각을 도려내는 것입니다. 처음에는 어색할지 모르지만 자꾸 하게 되면 저절로 나쁜 생각이 일어날 때 '이러면 안 되지'하는 생각이 들게 됩니다. 이런 습관을 일상화하게 되면 자신도 모르게 어느 순간 맑고 깨끗한 마음을 갖게 되고, 불의나 부정에 대해 얼른 피하려는 마음이 일어나게 될 것입니다. 그 다음 남을 만날 때마다 빠뜨리지 말고 남명 선생을 만난 것처럼 공경한 마음으로 예를 표하는 것입니다. 즉 만나는 모든 사람을 남명 선생이라고 생각하는 것입니다."

5) 혹자가 묻기를 "남명정신을 현대적으로 계승하기 위해 유림(儒林)들은 어떻게 해야 한다고 생각하십니까?"라고 하여, 나는 이렇게 답하였다.

"오늘날 유림은 껍데기만 있고 알맹이는 없습니다. 그래서 지리멸렬하기 짝이 없습니다. 국가로부터 돈을 받아 충효 교육이나 시키려고 하면서, 정작 자신들은 성현의 글을 읽고 그 것을 따라 실천하려고 하는 사람이 거의 없습니다. 옷만 입고 갓만 쓰면 유학자가 되는 것이 아닙니다. 마음속에 온전하지는 않지만 어느 정도 학문과 덕성이 있어야 유학자라 할 수 있습니다. 예전 유학자들은 공자처럼 한편으로는 학문하기를 싫어하지 않고, 한편으로는 가르치기를 게을리 하지 않았습니다. 그런데 오늘날 유림이라고 하는 사람들은 이 두 가지 모두 제대로 하는 이가 거의 없습니다. 학자라고 할 수 있는 사람은 극히 드물고, 가르치는 것도 시대정신에 부합하지 않습니다. 그러니 사람들로부터 외면을 받고 시대에 뒤떨어진 생각을 하는 것입니다. 남명을 추숭하는 오늘날 유림이 다시 부흥하는 길은 하나입니다. 어른행세를 하려 하지 말고 자신의 학문과 덕성이 턱없이 부족하다는 것을 깨달아 겸손한 마음으로 공부를 하며 바른 자세로 남들에게 모범을 보이는 생활을 하는 것입니다. 옛날 선인들의 말씀을 들먹이며 어른행세를 하거나 가르치려 해서는 안 됩니다. 가르침은 배움을 통해 깨달음이 있어야 할 수 있습니다. 그리고 시대정신이 있어야 가르칠 수 있습니다. 시대에 뒤떨어진 사고를 하면서 어떻게 젊은 사람들을 가르칠 수 있겠습니다."

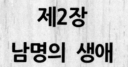

제2장
남명의 생애

1. 남명의 생애를 이해하는 몇 국면

한 사람의 일생을 이해하는 데 있어서 가장 주목할 만한 점이 삶이 전환되는 국면이다. 삶이 전환되는 국면은 거주지를 옮기는 경우도 있고, 지향(志向)을 달리하는 경우도 있고, 새로운 사람을 만나는 경우도 있고, 벼슬길에 나아가는 경우도 있다.

사람은 태어나서 일정시간 수학하는 기간을 거친다. 요즘으로 치면 유치원에 입학하여 초등학교, 중학교, 고등학교, 대학교의 교육과정을 이수하는 시기이다. 이런 시기를 대체로 수학기로 본다. 또 어느 정도 기본적인 교육을 받고 나면 그 다음에 자신의 진로를 모색하고 선택하듯이, 예전에도 기초교육을 받고 나면 그 다음에는 과거공부를 하던가, 문장공부를 하던가, 학문의 길로 들어서든가 선택을 하게 된다. 이 시기는 대체로 20대 중반부터 30대 중반에 이르는 시기이다.

그리고 다시 과거에 합격한 사람들은 벼슬살이를 하게 되고, 그렇지 못한 사람은 과거공부를 접고 학문의 길로 다시 들어서기도 하고, 혹 학문을 성취하여 교육자의 길을 걷기도 한다. 그러면서 그가 살고 있는 지역사회에서 나름의 역할을 하게 된다. 이른바 사대부 시대에 지식인의 역할 중 하나인 향촌을 교화하고, 인재를 육성하는 일이다.

이런 일반적인 일생 중에서 어떤 인물을 제대로 이해하기 위해서는 정신적 지향이 전환되는 국면을 주목할 필요가 있다. 그 지점이 그의 삶이 달라지는 지점이기 때문이다. 남명은 이처럼 삶이 전환되는 국면에 매우 뚜렷하게 나타난다. 정신지향이 전환되어 삶의 방식을 바꾼 경우

도 있고, 거주지를 이전하여 새로운 의지를 다지기도 한다. 남명은 이런
삶의 전환국면에서 뚜렷한 흔적을 남겼는데, 그것이 바로 그의 거주지
에 내건 이름표이다. 예전 사람들은 자신의 정신적 지향을 서재의 이름
이나 방의 이름에 드러냈는데, 남명은 그 이름에 자신의 지향을 분명히
표출해 놓은 것이다.

　이 장에서는 남명의 생애를 이처럼 삶이 전환되는 국면에 초점을 맞
추어 그의 일생을 몇 가지 국면으로 나누어 이해하고자 한다. 그리고 편
의상 그가 살던 집의 이름에서 취하여 일정한 시기를 '산해정 시대', '뇌
룡정 시대', '산천재 시대' 등으로 명명하였다.

2. 출생 및 유아기

　남명은 1501년(연산군 7) 음력 6월 26일 진시(辰時 : 07~09시)에 경상도
삼가현(三嘉縣 : 현 경상남도 합천군 삼가면) 토동(兎洞 : 외토리) 외가에
서 태어났다. 아버지는 조언형(曺彦亨)이고, 어머니는 인천 이씨(仁川李
氏 : 충순위 李菊의 딸)이다. 남명이 태어날 때 집 앞에 있던 우물 팔각
정(八角井)에서 무지개 기운이 뻗어 나와 산실에 찬란한 빛이 가득했다
고 한다.

　남명은 이름이 식(植)이고, 본관은 창녕(昌寧)이다. 성인이 되어 자(字)
를 건중(楗仲)이라 했으며, 호는 남명이다. 배우는 학생들이 산해선생(山
海先生)이라 불렀다. 또 만년에 지리산에 은거하여 방장산인(方丈山人)
이라고도 하였다. 방장산은 지리산의 다른 이름이다.

　남명은 대략 6세경에 한양으로 아버지를 따라 올라간 듯하다. 아버지

가 문과에 급제하여 벼슬길에 나아갔기 때문이다. 한양에 처음 살던 곳은 현 종로 4가 인근 지역으로 추정된다. 뒤에 현 효자동으로 이주하여 그곳에서 살았다.

남명은 7세 때부터 가정에서 아버지에게 교육을 받기 시작하였다. 그 뒤 누구에게 수학하였는지에 대해서는 전하는 기록이 없다.

남명은 9세 때 병에 걸려 위독했는데 어머니가 걱정을 하시자, "하늘이 사람을 태어나게 한 것이 어찌 우연이겠습니까? 지금 제가 다행히 남자로 태어났으니, 하늘이 반드시 부여한 바가 있어 어떤 일을 하게 할 것입니다. 그러니 오늘 갑자기 요절하게 될까 어찌 걱정하겠습니까."라고 하면서 어머니를 위로했다고 한다.

3. 한양에서의 수학

남명이 어려서 누구에게 무엇을 배웠는지에 대해서는 전하는 것이 없다. 그러나 어려서 가정에서 기초교육을 받은 뒤 인근에 있던 학자에게 배웠을 가능성이 높다. 처음에는 이준경(李浚慶) 형제와 이웃하여 살았으니, 그들과 함께 인근 학자에게 배웠을 가능성을 점칠 수 있다. 또 장의동(壯義洞 : 현 효자동)으로 이주를 한 뒤에는 성운(成運)과 이웃하여 살았으니, 교유관계를 추정해 볼 수 있다.

18세 때 아버지가 단천군수(端川郡守)에 제수되어 아버지를 따라 함경도 단천까지 갔다가 돌아왔다. 그리고 19세 때 산사(山寺)에서 『주역』을 읽었다고 하였으니, 아마 십대 후반기에는 기초적인 교육을 다 받고 오경을 혼자 읽고 있었던 듯하다.

　남명은 1519년 11월 남곤(南袞)·홍경주(洪景舟) 등 훈구세력이 조광조(趙光祖) 등 신진사류에게 화를 끼친 기묘사화가 일어났다. 당시 남명은 이 사건을 한양에서 생생하게 보았을 것이다. 그러니 감수성이 예민한 청년기의 남명에게 기묘사화는 엄청난 충격으로 다가왔을 것이다. 얼마 뒤 남명은 조광조가 사사되었다는 소식을 듣고 애통해 하기를 기치지 않았다고 하니, 자신이 꿈꾸었던 세상이 무너지는 느낌이었을 것이다.

　1520년 남명은 별시(別試)에 응시하여 생원진사과 및 문과 초시(初試 : 1차 시험)에 모두 합격하였다. 그리고 이듬해인 1521년 생원진사과의 회시(會試 : 2차 시험)에는 나아가지 않고, 곧장 문과 회시에 나아갔다. 그러나 문과 회시에는 낙방하고 말았다. 생원진사과는 사마시(司馬試)라고도 하는데, 회시에 합격해야 생원이나 진사가 된다. 또 문과시험도 2차 시험인 회시에 합격해야 최종 합격이 된다.

　남명은 22세 때 충순위(忠順衛) 조수(曺琇)의 딸과 혼인하였다. 혼인한 뒤에서 산사 등에서 과거공부를 계속하고 있었다.

　남명은 25세가 되던 1525년 산사에서 『성리대전』을 읽다가 원나라 때 유학자 허형(許衡)이 "<학자는> 이윤(伊尹)의 지향에 마음을 두든지, 안회(顔回)의 학문을 배우든지 해야 한다. 그래서 벼슬길에 나아가면 큰일을 함이 있고, 초야에 은거하면 자신을 지키는 것이 있어야 한다. 대장부는 마땅히 이와 같이 해야 한다. 벼슬길에 나아가 큰일을 하는 것이 없고, 초야에 은거하여 살면서 자신을 지키는 것이 없으면 지향을 한 것과 배운 것을 어디에 쓰겠는가."라고 한 문구를 읽고서 크게 깨달은 바가 있었다.

　남명은 이 글을 보고서 충격을 받은 듯하다. 그것은 기묘사화 이후 계속되는 의문이 한 순간 환하게 열린 순간이라 할 수 있다. 즉 남명은 기묘사화 이후 벼슬을 해야 하나, 말아야 하나를 계속 고민했을 것이다. 그러나 부모의 허락 없이 과거공부를 마음대로 접을 수 있는 것도 아니었으니, 과거공부를 하면서도 현실문제에 대해 끊임없이 갈등을 하지 않을 수 없었을 것이다. 이런 시기에 그에게 새로운 빛이 보인 것이다. 이때의 마음을 「편년(編年)」에는 "환히 깨닫고서 강개한 마음으로 성인을 배우고자 하였다."라고 기록해 놓았다. 성인을 배우겠다는 것은 과거공부를 접겠다는 말이며, 그것은 성인의 경지에 이르는 학문을 하겠다는 뜻이다.

이는 학문의 대전환이 이루어지는 지점이다. 그래서 남명의 생애에 있어서 가장 눈여겨보아야 할 대목이다. 남명은 이후에도 어머니의 청에 의해 몇 차례 과거시험에 나갔지만, 그것은 형식적으로 시험에 응시한 것일 뿐이니, 이 시점에서 남명의 지향이 학자의 길로 전환하였다고 보는 것이 옳다. 남명은 이러한 깨달음을 얻은 뒤 동료들에게 하직인사를 하고 산사에서 내려왔다고 한다. 즉 과거공부를 접겠다는 의사표명을 한 것이다.

그리고 그 이듬해 3월 부친이 별세하였다. 그리하여 부친의 영구를 모시고 고향 삼가로 돌아와 장례를 치르고 삼년 동안 시묘살이를 하였다. 삼년상은 대체로 26개월이 지나면 끝이 나 탈상을 한다. 그러니까 1년이 되면 소상(小祥)을 치르고, 2년이 되면 대상(大祥)을 치르며, 2개월 뒤 마지막으로 담제(禫祭)를 지낸다. 그러니 만 26개월이 지나면 상기(喪期)가 끝나는 것이다.

남명은 28세가 되던 1528년 음력 6월 상복을 벗었다. 그 해 가을 남명은 벗 성우(成遇)와 함께 지리산을 유람하였다. 지리산은 삼신산의 하나인 방장산(方丈山)이라고도 하며, 또 백두산에서 뻗어 내려 반도 남쪽에 웅장하게 서린 산이라 하여 두류산(頭流山)이라고도 한다. 이는 백두산에서 흘러내려 형성된 산이라는 뜻으로, 백두대간을 염두에 두고 붙인 이름이다. 조선시대 지식인들은 이 '두류산'이라는 명칭을 가장 선호했다. 그것은 우리 국토의 뼈대에 대한 인식이 확고하게 정립되었기 때문이며, 지리산을 현실세계 속의 백두산처럼 인식했기 때문이다. 그래서 두류산은 임금과 같은 존재이고, 성인과 같은 존재이고, 도덕군자와 같은 존재로 늘 우러러보며 숭배하는 대상이었다. 그러므로 지리산은 지식인들에게 꼭 한 번 유람해보고 싶은 산이었다.

남명은 지리산에서 가까운 삼가현이 고향이기 때문에 이런 생각을 한양에 있을 적에도 했을 것이다. 또한 그는 과거공부에 미련을 버리고 안회(顔回)처럼 살기로 마음을 먹은 뒤부터 은거지를 물색하고 있었는데, 은거지로서 지리산을 떠올렸던 듯하다.

남명인 28세 때 지리산을 유람하였는데, 그 코스가 어떠했는지를 전하는 기록이 없어 알 수가 없다. 그러나 남명이 지은 「유두류록(遊頭流錄)」을 보면, 신응사(神凝寺)에서 묵으면서 "옛날 성중려(成仲慮 : 成遇)와 함께 상봉에서 이 절에 찾아온 적이 있으니, 그것이 거의 30년 전의 일이다."라고 하였다. 남명이 여러 벗들과 함께 쌍계사·신응사 등지를 유람한 것이 1558년 58세 때이니, 딱 30년 전 28세 때 천왕봉에서 주능선을 따라 대성동 계곡으로 내려와 신응사로 유람한 것을 짐작할 수 있다. 성우는 성운(成運)의 형으로 어려서부터 벗하며 사귄 인물로 을사사화 때 죽임을 당한 인물이다.

또 남명은 「유두류록」에서 "그 뒤 하중려(河仲礪 : 河天瑞)와 함께 이 절에 와서 여름 한 철을 보낸 적이 있으니, 그것도 20년의 세월이 넘는다."라고 하였으니, 그 시기는 대략 1538년경으로 남명이 김해 산해정에 머물 때의 일이다.

남명은 29세 때인 1529년 정월부터 의령 자굴산(闍崛山) 명경대(明鏡臺)라는 작은 암자에서 혼자 독서를 하고 있었다. 그때 단성(丹城)에 살던 벗 이원(李源)이 찾아와 경전을 강론하였다. 남명이 부친의 삼년상을 마치고서 한양으로 올라가지 않고 지방에 머문 것을 보면, 과거공부에 뜻을 접고 성인이 되는 학문을 하기로 마음먹은 것을 실행한 것으로 여겨진다. 따라서 이 당시에 암자에서 과거공부를 한 것 같지는 않다.

4. 산해정 시대

남명은 30세 때 처가가 있는 김해 신어산(神魚山) 아래 탄동(炭洞)으로 이사를 하였다. 당시 남명은 슬하에 자식이 없었으니, 홀어머니만을 모시고 이주를 한 것이다. 처가는 살림이 넉넉했던 듯하다. 예나지금이나 처가살이라는 것이 쉽지 않았을 것인데, 과거공부를 접고 안회처럼 안빈낙도하는 태도로 독서나 하는 사위를 처가에서 그렇게 달갑게 여기지 않았을 것이다.

남명은 처가에서 조금 떨어진 산 밑에 터를 잡고 정사(精舍)를 지은 뒤 산해정(山海亭)이라고 이름을 붙였다. 그리고 방의 이름을 계명실(繼明室)이라고 했다. 계명실은 『주역』「이괘(離卦)」 상사(象辭)에 "대인(大人)이 이 괘의 의미를 가지고서 명덕을 이어 밝혀 사방에 비춘다.[大人以 繼明 照于四方]"에서 취한 것으로, 성현의 학문을 통해 자신의 명덕을 밝게 해서 그 덕을 사방에 비춘다는 뜻이다. 즉 자신의 도덕성을 한껏 드높여 그 덕을 가지고 무도한 세상에 빛이 되겠다는 말이다. 여기서 우리는 남명이 성인이 되는 공부를 하기로 마음먹은 것을 알 수 있다.

또 남명은 계명실에 「좌우명」을 써 붙였는데, 그 「좌우명」에 "항상 언행을 신실(信實)하게 하고 삼가서, 사악한 마음을 막고 진실한 마음을 보존하라. 산처럼 우뚝하게 서고 연못처럼 깊숙하면, 환하게 빛나 봄날처럼 영화로우리라.[庸信庸謹 閑邪存誠 岳立淵沖 燁燁春榮]"라고 하였다. 우리는 여기서 남명이 거처를 옮기고 어떤 정신적 지향을 했는지를 유추해 볼 수 있다.

우선 산해정이라고 이름을 붙인 의도를 짐작할 수 있다. 「좌우명」의 제3구에 '산처럼 우뚝하게 서고, 연못처럼 깊숙하게 잠기다.[岳立淵沖]'라는 말이 있는데, 이것이 바로 산처럼 높고 바다처럼 깊은 정신세계를 이룩하고자 한 남명의 정신을 드러낸 말이다. 연(淵)은 연못 같은 작은 웅덩이를 가리키는 말이 아니다. 이 연은 바다를 가리키는 뜻이다. 그리고 악(岳)은 산을 가리키는 말이니, 바로 '태산처럼 우뚝하게 바다처럼 깊숙하게'라는 슬로건으로 볼 수 있다. 그러니까 산해정이라는 명칭의 뜻은, 자신의 덕을 삼가고 닦아서 한 점 부끄러움도 없는 진실성[誠]을 늘 보존하여 자신의 덕을 높은 산처럼 깊은 바다처럼 만들겠다는 것이다.

산해정과 계명실이라는 이름을 통해 우리는 당시 남명이 지향했던 정신세계를 위와 같이 엿볼 수 있다. 이를 달리 말하자면 성인이 되는 공부를 하여 그 덕화를 성인처럼 세상에 펴보겠다는 것이다.

남명이 산해정에 새 거처를 마련하고서 은거하여 학문에 침잠하자 여러 벗들이 축하를 해주었다. 한양에서 사귄 벗들은 책을 보내주었고, 가까이 경상도에 살던 벗들은 직접 찾아왔다. 1530년 남명이 산해정을 세우고 새로운 다짐을 하며 독서하고 있을 때 절친한 벗들이 찾아왔다. 남명이 한양에 살 때 이웃집에 살면서 누구보다 절친했던 성운(成運,

1497~1579)이 산해정까지 찾아온 것이다. 아마 성운이 내려온다고 하니, 경상도에 살던 벗들도 함께 산해정으로 찾아간 듯하다. 그때 경상도 단성에 살던 이원(李源, 1501~1568), 밀양에 살던 신계성(申季誠, 1499~1562), 초계에 살던 이희안(李希顏, 1504~1559) 등이 산해정에 모였다.

당시 이들은 모두 각지에서 명성이 나기 시작한 30대 초반 또는 20대 후반의 학자들이었는데, 이들이 일시에 남명을 찾아가니 사람들의 주목을 받을 수밖에 없었을 것이다. 그래서 당시 사람들이 "덕성(德星)이 산해정에 모였다."라고 말을 했다.

1531년 어릴 적 사귄 벗 이준경(李浚慶)이 『심경부주(心經附註)』를 보내왔고, 이림(李霖)도 같은 책을 선물로 보내주었다. 『심경부주』는 송나라 때 진덕수(眞德秀)가 여러 경전에서 마음을 다스리는 요지를 뽑아 만든 『심경』에 명나라 때 정민정(程敏政)이 관련 자료를 대폭 보충하여 만든 책이다. 이 책은 16세기 전반 사림파 학자들 사이에서 크게 유행하였다.

남명은 이준경이 보내준 『심경부주』에 "이 책은 마음을 죽지 않게 하는 약이다. 안자(顏子 : 顏回)처럼 되는 길이 이 책 속에 있다."라고 써 놓았다. 이를 보면 남명이 당시 안회처럼 되기를 간절히 희망하면서 성인이 되는 학문에 매진할 의지를 불태우고 있었음을 알 수 있다. 남명이 김해 산해정에 은거하자 한양의 벗들이 책을 보내왔는데, 송인수(宋麟壽)는 『대학』을 보냈고, 성우(成遇)는 『동국사략(東國史略)』을 보냈다.

이처럼 남명은 산해정에서 성인이 되는 학문에 목표를 두고 독서를 하고 있었다. 그러나 남명의 모친은 과거시험에 응시하여 벼슬길에 나아가길 원하였다. 그리하여 남명은 모친의 명을 거역할 수 없어 1533년 향시에 응시하여 합격하였고, 그 이듬해 회시(會試)에 응시했으나 낙방하였다.

남명은 혼인을 한 뒤 자식을 두지 못하였는데, 1536년 비로소 첫 아들 차산(次山)을 낳았다. 이해 가을 다시 향시에 응시하여 합격했는데, 이듬해 회시에는 응시하지 않았다. 모친을 설득하여 과거에 더 이상 응시하지 않겠다는 말씀을 드린 것이다.

1537년 남명의 자형 정운(鄭雲)의 아들 정지린(鄭之麟)이 찾아와 배웠다. 1538년 이언적(李彦迪)과 이림(李霖)의 천거로 헌릉참봉(獻陵參奉)에 제수되었으나 사양하고 나아가지 않았다.

1539년 여러 문생들을 데리고 지리산 화개동 신응사(神凝寺)에 가서 여름 한 철 독서하였다. 1542년 함양에 사는 정복현(鄭復顯)이 찾아와 배웠다.

1543년 경상도 관찰사 이언적이 편지를 보내 만나자고 하였는데, 벼슬에서 물러나면 댁으로 찾아뵙겠다고 하면서 정중히 사절하였다.

1544년 아들 차산이 요절하였다. 남명은 아들을 잃고서 "집도 없고 자식도 없는 내 신세 중과 흡사하고, 뿌리도 없고 꼭지도 없는 내 처지 구름과 같구나. 일생을 살면서 내가 어찌할 수 없는 일, 남은 삶을 돌아보니 눈 내리듯 어지럽도다."[1]라고 슬픈 감정을 노래하였다.

1544년 도구(陶丘) 이제신(李濟臣)이 찾아와 배웠고, 1545년 권문임(權文任)·노흠(盧欽) 및 청강(淸江) 이제신(李濟臣)이 찾아와 배웠다. 곽순(郭珣)과 함께 청도로 가서 김대유(金大有)와 박하담(朴河淡)을 방문하였다. 이 해 10월 을사사화로 벗 이림(李霖)·성우(成遇)·곽순·이치(李致) 등이 화를 당하였다. 그리고 11월 모친 인천 이씨가 별세하였다. 남명은 모친의 영구를 모시고 고향 삼가로 돌아와 장례를 치르고 삼년 동안 시묘살이를 하였다.

---

1) 曹植,『남명집』권1,「喪子」.

1547년 양재역벽서사건으로 벗 송인수(宋麟壽)가 처형되었다. 남명은 48세가 되던 1548년 2월 모친의 삼년상을 마쳤다. 그리고 오래지 않아 전생서 주부(典牲署主簿)에 제수되었으나 사양하고 나아가지 않았다.

5. 뇌룡정 시대

남명은 1548년 모친의 삼년상을 마친 뒤 처가가 있는 산해정으로 돌아가지 않고 고향 삼가에 계부당(鷄伏堂)과 뇌룡정(雷龍亭)을 짓고 거주지를 옮겼다. 거주지를 옮긴 데에는 여러 가지 이유가 있겠지만, 남명이 내적으로 새로운 정신지향을 한 점이 제일 중요할 것이다.

거주공간의 이름을 계부당이라 하고, 강학공간의 이름을 뇌룡정이라고 붙인 데서 당시 남명의 마음을 읽을 수 있다. 계부당은 닭이 알을 품고 부화하는 집으로, 부(伏) 자는 알을 깐다는 뜻이다. 그러니까 계부당이라고 이름을 지은 것은 닭이 부화를 할 때의 지극정성처럼 이 집에서 지극한 정성으로 학문을 하겠다는 말이다.

뇌룡정이라는 이름은 『장자』「재유(在宥)」에 나오는 '시거이용현(尸居而龍見) 연묵이뇌성(淵默而雷聲)'에서 취한 것인데, 시동(尸童)처럼 가만히 있다가도 용처럼 신비하게 나타나고, 연못처럼 고요히 있다가도 뇌성처럼 크게 울린다는 뜻이다. 세상 사람들은 이 뇌룡정이라는 이름이 『장자』에서 나온 것이기 때문에 남명의 사상을 노장사상과 연관 지어 파악하려고 한다. 그러나 이는 너무 편협한 생각이다. 출전의 문제가 아니라, 그 뜻을 취한 남명의 마음이 무엇인지를 읽는 것이 더 중요하다.

뇌룡정이라는 이름에는 두 가지 의미가 숨어 있다. 하나는 앞에 나오는 '시거(尸居)'와 '연묵(淵默)'이 의미하는 것이고, 하나는 뒤에 나오는 '용현(龍見)'과 '뇌성(雷聲)'이 의미하는 바이다. 옛날에는 제사를 지낼 적에 돌아가신 할아버지의 신위(神位)에 손자를 앉혔다고 한다. 그러니까 시동은 할아버지 제사를 지낼 때 할아버지의 신위 자리에 앉아 있는 손자를 가리키는데, 엄숙히 제사를 지낼 때 시체처럼 미동도 하지 않고 가만히 앉아 모습이 시동이다. 이는 정적(靜的)이다. 또 연묵은 전혀 움직임이 없는 깊은 연못을 말하니, 역시 정적이다. 따라서 시동과 연묵은 정(靜)을 의미한다. 그리고 용현과 뇌성은 부언할 필요도 없이 매우 동적(動的)인 모습이다. 그렇다면 이는 정(靜)을 바탕으로 하되 때로는 동(動)한다는 의미이다. 요컨대 평소에는 고요하고 깊숙이 학문에 침잠하지만 때로는 용처럼 또는 우레처럼 존재감을 드러낸다는 말이다. 그러니 뇌룡정은 기본적으로 정중동(靜中動)의 정신을 표현한 것이다.

그렇다면 이런 정중동의 정신은 구체적으로 어떤 형태로 나타나는 것일까? 그것은 남명이 뇌룡정 시대에 보여준 몇 가지 언행을 통해서 확인할 수 있다. 남명은 49세 때 감악산 포연(鋪淵)에서 목욕을 하고 쓴 시에 "온 몸에 사십 년 동안 쌓인 티끌, 천 섬 맑은 연못에 깨끗이 씻어냈네. 티끌이 만약 다시 내 오장육부 속에 생기면, 즉석에서 배를 갈라 흐르는 물에 떠 보내리."[2]라고 노래했다.

이 시는 심성수양을 한 순간도 느슨하게 하지 않으려 한 남명의 정신을 단적으로 보여준다. 평상시 계부당과 뇌룡정에 들어앉아 고요히 자신의 마음을 함양하였는데, 우연히 시내에서 목욕하다 느낌이 있어서 이처럼 우레 치는 소리를 낸 것이다. 이것이 바로 정중동의 정신이 발현한 것이다.

---

2) 曺植, 『남명집』 권1, 「浴川」.

또 남명은 1555년 파격적으로 정6품직인 단성현감에 제수되었는데, 이를 사직하는 상소를 올리면서 나라가 곧 망할 지경에 이르렀다는 직언을 서슴지 않았다. 이 상소가 그 유명한 '단성현감사직소'라고도 불리는「을묘사직소」이다. 남명은 이 상소문에서 명종을 고아라 칭하고, 문정왕후를 과부라고 일컬어 큰 파문이 일었는데, 나라와 백성을 위하는 마음으로 쓴소리를 한 것이다. 이와 같은 상소 역시 정적인 침묵 속에서 용처럼 나타나 우레처럼 소리를 친 것이니, 정중동의 정신을 드러낸 것이다.

남명의 뇌룡정 시대는 두 가지 측면에서 시대적인 의미를 부여할 수 있다. 하나는 윤원형이 집권하여 정치를 농단할 적에 재야 학자로서 부도덕한 정권에 정면으로 저항하는 선비의 정신을 거리낌 없이 드러냈다는 것이고, 다른 하나는 재야에서 신진사류들을 가르치면서 시대정신을 일깨웠다는 점이다.

남명은 뇌룡정에 살던 50대에 은진 송씨를 부실(副室)로 맞이하여 아들 셋을 두었으니, 52세 때 차석(次石)이 태어났고, 57세 때 차마(次磨)가 태어나고, 60세 때 차정(次矴)이 태어났다. 그러니 이 시기는 가정적으로 보면 안정되고 별 근심이 없는 시기라 할 수 있다.

남명이 뇌룡정에서 강할 때 인근에서 젊은이들이 몰려들어 배움을 청하였다. 그것은 억압의 시대에 젊은 사류들이 지식의 목마름이 있었기 때문에 더욱 그러했을 것이다. 예전에는 가정이나 동네에서 기초적인 교육을 다 받고 나서 20대에 큰 선생을 찾아가 학문을 질정하고 사제관계를 맺게 되는데, 당시 20대 내지 30대의 학자들이 남명에게 찾아와 어떻게 시대의 질곡을 뚫고 나갈 수 있는지, 이런 시대에는 어떻게 공부를 해야 하는지 하는 문제들을 질문했을 것이다.

1550년에는 단성의 이광우(李光友)·이광곤(李光坤) 및 진주의 문익성
(文益成)이 찾아와 배웠고, 1551년에는 산청의 오건(吳健)이 찾아와 배웠
고, 1554년에는 함양의 강익(姜翼) 및 함안의 오운(吳澐)이 찾아와 배웠
고, 1555년에는 함안의 박제현(朴齊賢)·박제인(朴齊仁) 및 진주의 하응도
(河應圖)가 찾아와 배웠고, 1556년에는 진주의 하락(河洛)·하항(河沆)이
찾아와 배웠고, 1559년에는 단성의 조종도(趙宗道) 및 함안의 이정(李瀞)
이 찾아와 배웠고, 1560년에는 단성의 이천경(李天慶)과 고령의 김면(金
沔)이 찾아와 배웠다. 이 외에도 정인홍(鄭仁弘)·김우옹(金宇顒)·정구(鄭
逑) 등 여러 학자들이 찾아와 배웠을 것이다.

남명은 이 시기 여러 차례 관직에 제수되었는데, 한 번도 나아가지 않
고 모두 사양하였다. 1551년 종부시 주부(宗簿寺主簿)에 제수되었고,
1552년 전생서 주부(典牲署主簿)에 제수되었고, 1553년 사도시 주부(司䆃
寺主簿)에 제수되었고, 다시 예빈시 주부(禮賓寺主簿)에 제수되었으며,
1555년 단성현감에 제수되었고, 1559년에는 조지서 사지(造紙署司紙)에
제수되었다.

또 남명은 이 시기 활발한 활동을 하였는데, 1551년에는 함양의 선비
노진(盧禛)·강익(姜翼) 등과 안의(安義) 화림동(花林洞)을 유람하였고,
1557년 보은 속리산 밑에 은거하던 절친 성운(成運)을 방문하였으며,
1558년 4월 진주목사 및 여러 벗들과 쌍계사 등지를 유람하였으며, 동년
8월 해인사로 가서 성제원(成悌元)을 만났다. 또 1559년에는 성주로 가서
김희삼(金希參)을 방문했다.

6. 산천재 시대

남명은 1561년 회갑의 나이에 삼가 뇌룡정 생활을 마감하고 진주 덕산으로 이주를 하였다. 지금의 행정구역으로는 산청군 시천면 사리지만 예전에는 지리산 천왕봉 동남쪽 골짜기가 모두 진주 땅이었다. 당시 삼가 토동에 있던 논밭 등을 모두 아우 조환(曺桓)에게 주었다고 한다.

남명이 덕산으로 이주를 한 것은 그곳에 집터를 잡고 지은 아래와 같은 「덕산복거」를 통해 짐작할 수 있다.

봄 산 어느 곳엔들 향기로운 풀이 없겠는가마는,	春山底處無芳草
<내가 이곳에 터를 잡은 이유는>	
단지 천왕봉이 상제 사는 하늘에 가까운 것 사랑하기 때문.	只愛天王近帝居
맨 손으로 들어왔으니 무엇을 먹고 사나,	白手歸來何物食
은하 같은 저 십리의 물 마셔도 오히려 남겠네.	銀河十里喫猶餘[3]

이 시는 지금 산천재의 주련(柱聯)으로 걸려 있다. 이 시를 보면 남명의 마음을 알 수 있다. 남명은 천왕봉을 도반으로 삼아 자신의 덕성과 정신을 천일합일의 경지로 끌어올리려 한 것이다. 사람은 눈을 통해 사물을 인식하고 지각하는 것이 80%가 훨씬 넘는다고 한다. 그러니까 눈길이 닿는 곳에 경구(驚句)를 써서 붙여 놓고 마음을 성찰하는 방법처럼 매일 눈을 뜨면 바라보이는 하늘에 닿은 듯한 천왕봉을 통해 자신의 정신을 하늘까지 끌어올리려 한 것이다.

하늘[天]은 자연의 우주공간이지만 예전 사람들에게는 모든 생명체를

---

3) 曺植,『남명집』권1,「德山卜居」.

낳는 근원, 즉 주재자로 생각했다. 그래서 『중용』 첫머리에 "하늘이 모든 생명체에게 부여한 것을 성(性)이라 한다.[天命之謂性]"고 하여, 하늘로부터 인물(人物)이 본성을 부여받는다고 하였다. 이런 사유체계 속에서 사람이 사람답게 사는 가장 이상적인 목표는 성인이 되는 것이고, 성인은 공자 같은 특정한 사람을 가리키는 것이 아니라, 하늘이 명한 본성을 거역하지 않고 순응하며 천인합일을 이룩한 사람을 성인이라고 보았다. 그러니까 본성을 거스르지 않고 살면 누구나 공자 같은 성인이 될 수 있다는 논리이다. 그리고 그런 삶을 가장 이상적인 것으로 보았다. 여기서 다시 생각해 보면, 남명은 성인이 되고 싶었던 것을 알 수 있다.

이렇듯 남명은 뇌룡정 시대의 안일함에 안주하지 않고 다시 자신의 지향을 위해 의지를 다진 것이다. 그래서 지리산에 은거하려 오랫동안 꿈꾸었던 것을 실행한 것이다. 「유두류록」 말미에 보면 남명은 산수를 탐해서가 아니라 은거지를 택하기 위해 여러 차례 지리산을 유람하였는데, 덕산동·청학동·신응동·용유동·백운동·장항동 등을 두루 찾아다녔다. 그러다가 이때에 이르러 천왕봉이 보이는 덕산에 자리를 잡은 것이다.

남명이 61세에 덕산에 산천재를 짓고 이주한 데에는 큰 의미가 있다. 옛날 61세는 회갑으로 노인에 해당한다. 평균연령이 그에 훨씬 미치지 못하던 시대였으니, 이 나이가 되면 원로이고 어르신이다. 그리고 남명은 삼가가 선대의 선영이 있는 고향이기 때문에 지리산 골짜기로 굳이 들어갈 하등의 이유가 없다. 그런데 그는 이런 안정된 생활을 접고 산속으로 들어간 것이다. 또 그 나이가 되면 대체로 공부는 하지 않고 가르치려고 하는 것이 일반적인 사람들의 속성이다. 그런데 남명은 교육을 게을리 한 것은 아니지만, 자신의 공부를 완성하고자 하는 의욕을 다시 새롭게 하기 위해 이사를 한 것이다. 나는 남명에 대해 처음 공부하다가

이 대목에 이르러 모골이 송연해짐을 맛보았다. 그래서 진정한 학자는 죽을 때까지 공부를 게을리 하지 않는다는 점을 깨달았다. 공자가 선비는 죽은 뒤에야 끝나기 때문에 임무가 무겁다고 한 말씀이 무슨 뜻인지 체감하였다.

남명의 이런 마음은 집의 이름을 산천재(山天齋)라고 붙인 데에서 다시 확인할 수 있다. 이 이름은 『주역』 산천(山天) 「대축괘(大畜卦)」에서 취한 것이다. 대축괘는 외괘가 산(山 ☶)이고 내괘가 천(天 ☰)인데, 괘사(卦辭)에 "<자신의 마음을> 강간하고 독실하고 빛나게 하여 날마다 자신의 덕을 새롭게 한다.[剛健篤實輝光 日新其德]"라고 하였는데, 남명은 바로 이 말에 마음이 있었던 것이다. 그러니까 61세 된 노인이 자신의 학덕을 날마다 더 향상시키기를 새롭게 다짐한 것이다.

우리는 흔히 일상적인 것에 아무런 의미를 찾지 못하고 매너리즘에 빠지는 경우가 많다. 이럴 때는 기분전환을 위해 운동이나 여행을 하거나 거주공간의 환경을 바꾸는 것이 중요하다. 남명은 전국적으로 명성이 나고 수많은 제자들이 가르침을 청하며 찾아오는 상황 속에서 자신이 어른 행세나 하고 교육이나 하면서 오히려 자신을 위한 학문을 게을리 할까 두려웠을 것이다. 예나 지금이나 명사가 되면 강의 청탁이 많고 찾아오는 사람이 많다. 그러니 자신을 위한 공부는 저절로 뒷전이 될 수밖에 없다.

이런 환경이 주어졌을 때 대부분의 사람들은 그런 시류에 휩쓸리게 된다. 이때 자신을 돌아보고 다시 중도의 마음을 갖는 것은 성현의 경지에 오른 사람이 아니면 어려운 일이다. 남명이 스승으로 추앙을 받은 것은 바로 이러한 데에 있다.

요즘에도 61세쯤 되면 어느 사회에서나 일정한 지위에 오른다. 학교로 치면 교감이나 교장이 되고, 회사로 치면 부장이나 이사가 되고, 공직으로 말하자면 국장쯤의 지위에 이른다. 이쯤 되면 일반적으로 나타나는 현상이 남의 말을 잘 듣지 않고 자신의 견해를 강조하기도 하고, 더 배우고 알려 하지 않고 가르치려 한다. 자신을 성찰하여 문제점을 발견하고 고치거나 자신을 위한 공부에는 관심이 거의 없고, 남에게 훈계하고 자신의 생각을 불변의 진리처럼 여겨 강요한다.

61세에, 아니 요즘으로 치면 71세에 자신을 더 향상시키는 공부를 하겠다고 산속으로 이사를 하여 매일 경건한 마음으로 학문을 하는 사람이 얼마나 되겠는가. 이런 사람이 바로 진정한 우리의 스승인 것이다. 공자는 선비는 죽고 나야 짐을 벗을 수 있기 때문에 임무가 무겁다고 했다. 이 세상의 도리를 하나라도 더 밝혀 세상을 밝게 할 책임을 갖고 있기 때문이다.

남명의 산천재 시대는 바로 이런 마음으로 자신의 생을 마무리한 기간이다. 남명은 산천재 뒤쪽에 살림집을 마련하여 살면서 산천재로 나와 공부를 하며 찾아오는 제자들과 학문을 강론하였다.

산천재는 서북쪽으로 천왕봉이 바라보인다. 천왕봉은 지리산의 주봉으로 산천재에서 바라보면 하늘에 닿아 있다. 남명은 자신이 서 있는 곳에서 하늘에 닿은 천왕봉으로 이어지는 산 능선을 매일 바라보면서 그 능선을 따라 올라 천왕봉에 오르려 한 것이다.

송나라 때 정자(程子)와 주자(朱子)는 산에 오르는 것은 과정이지만, 산 정상에 서고 나면 더 이상 과정이 아니고 하늘과 하나가 되는 것이라고 했다. 즉 그 목적지는 하늘이지만, 산의 정상이 하늘과 닿아 있기에 산의 정상은 곧 하늘이라고 생각한 것이다. 그래서 그런 경지를 천인합일의 경지로 생각하여 가장 근원적이고 한 점 티끌도 없는 순일(純一)한 곳으로 생각했다. 그런 경지가 바로 천(天)이고, 천도(天道)이고, 진실무망(眞實无妄)한 성(誠)이다.

남명은 산천재에서 천왕봉을 통해 바로 천도인 성(誠)의 경지에 도달하려 한 것이다. 이는 곧 성인이 되고자 한 것이다. 이 성(誠)은 사람이 자신의 마음을 존양(存養)하고 성찰(省察)하며 극기복례(克己復禮)하여 항상 진실한 마음을 보존함으로써 얻어지는 것이다.

남명은 그러기 위해 산천재의 벽에 자신이 마음을 수양하는 비법으로 삼은 경(敬)과 의(義)를 크게 써서 붙여놓고, 또 자신이 마음을 성찰하고 극기복례하기 위해 요점을 정리해 그린 「신명사도(神明舍圖)」를 걸어놓고 늘 그런 정신자세를 한 순간도 잃어버리지 않으려 하였다.

그리고 일상생활 속에서도 그런 정신자세를 잃어버리지 않기 위해 산천재 중간 방 벽에 공자·주렴계·정명도·주자 네 성현의 초상을 그려 병풍으로 만들어 안치해 놓고서 매일 예배를 올렸다. 그리고 또 그것으로도 부족하다 여겨 움직일 때 그 정신자세를 잃어버리지 않기 위해 '내명자경(內明者敬) 외단자의(外斷者義)'라고 새긴 짧막한 칼을 몸에 지니고 다녔고, 정신상태가 흐릿해 질 때 자신을 경각시키기 위해 성성자(惺惺子)라는 쇠방울을 만들어 가지고 허리춤에 차고 다녔다. 이것이 한 순간도 자신의 마음을 빼앗기지 않으려 한 수행방법이다.

이런 수행방법은 인류 역사상 그 유래를 찾아볼 수 없는 독특한 것일 뿐만 아니라, 그 누구도 그렇게까지 존양·성찰·극치를 철저하게 했던 사람은 없다. 그러니 자신의 본성을 기르고 감정을 살피면서 사욕이 일어나면 즉석에서 물리쳐 늘 본성을 해치지 않고 순응하며 산 사람으로는 이 세상에 남명만한 어른이 없을 것이다. 공자 제자 안회(顔回)도 남명처럼 공부하여 석 달 동안 인(仁)을 한 번도 어기지 않는 경지까지 올랐다고 하는데, 남명도 그런 경지에 올랐을 것이다.

산천재 시대에는 여러 이름난 제자들이 찾아와 학문을 강론하였다. 그전부터 배운 이제신(李濟臣)·오건(吳健)·정인홍(鄭仁弘)·김우옹(金宇顒)·정복현(鄭復顯)·강익(姜翼) 등은 물론 새로 찾아오는 제자들도 상당히 많았다. 그 가운데는 퇴계에게 배운 젊은 선비들도 있었다. 산천재 시대 찾아와 제자가 된 대표적인 인물들로는 정탁(鄭琢)·조원(趙瑗)·이조(李晁)·이대기(李大期)·이정(李楨)·이로(李魯)·최영경(崔永慶)·김효원(金孝元)·정구(鄭逑)·곽재우(郭再祐)·성여신(成汝信) 등이 있다.

이 가운데 몇 사람은 특별히 주목해 볼 만하다. 우선 정탁은 청주 정씨이며, 경북 예천 출신으로 17세에 퇴계의 문하에 들어가 수학하였고, 33세에 문과에 급제하여 1561년 진주교수로 부임한 사람이다. 그는 후에 좌의정에까지 오른 인물인데, 진주에 오자마자 산천재로 남명을 찾아가 가르침을 구하였다. 그때 남명은 정탁과 헤어질 적에 소 한 마리를 끌고 와 타고 가라 하였다. 영문을 모른 정탁이 의아해 하자, 남명은 그에게 "그대는 말이 너무 빠르니, 느리고 더디더라도 멀리까지 갈 수 있는 것만 못하네."라고 하였다 한다. 이 일화는 비록 짧은 에피소드 같지만, 깊은 의미가 들어 있다. 배우는 사람의 자질에 따라 그에 맞는 맞춤교육을 하였다는 것이고, 또 성리설에 관한 이론적 강론이 아니라 인격 도야를 위한 실질적 가르침이었다는 것이다.

또 문인이자 외손서인 김우옹이 찾아왔을 적에는 "그대는 역량이 얕고 엷으니, 모름지기 다른 사람이 어떤 것을 한 번에 능히 하면 자네는 백번이라도 해서 잘할 수 있도록 하는 공부를 해야 거의 따라갈 수 있을 것일세."라고 하였다. 이 말은 『중용』에서 취한 것으로 백 번 천 번을 해서라도 능할 수 있을 때까지 익숙하게 하라는 말이다. 또 남명은 그에게

"처신하기를 금이나 옥처럼 하여 조그마한 티끌도 받아들이지 않도록 해야 하며, 거동을 태산처럼 무겁게 만 길 절벽처럼 우뚝하게 해야 한다."고 가르쳤으며, 성성자라는 쇠방울을 주었고, 자신이 극기복례의 공부로 삼은 『주역』「대장괘(大壯卦)」의 뜻을 취하여 '뇌천(雷天)' 두 글자를 써서 주었다.

김우옹은 남명에게서 이런 가르침을 받아 훗날 문과에 급제하여 조정에 들어가 임금을 보필할 적에 "스승은 구방심(求放心)으로 근본을 삼았으며, 주경(主敬)으로 구방심의 요령을 삼았습니다."라고 말하였다.

또 사람됨이 신중했던 오건(吳健)이 문과에 급제하여 조정에서 벼슬을 하고 있었는데, 남명은 그에게 편지를 보내 출처에 대해 논하였는데, 오건은 자신의 일기에 "선생께서 나의 편지에 답하시면서 의리를 보는 안목이 높지 못하다고 질책하셨으니, 혼미하고 나태한 나를 깨우쳐주심이 지극하다."고 술회하였다. 오건은 1565년 잠시 고향 산청으로 내려와 있었는데, 지곡사(智谷寺) 등지에서 남명을 모시고 동학들과 학문을 강론하였다. 그리고 다시 관직에 제수되어 한양으로 올라갈 적에 남명은 산천재에서 10리밖에 있는 송객정(送客亭 : 현 삼장면 덕교마을 앞)까지 나아가 전별을 하였고, 전별주를 따라주며 대의를 말하였다.

그때 오건은 남명이 따라주는 전별주를 마시고 취한 채 노새에 올라 밤머리재를 경유해 산청으로 향했다. 그러다 대원사로 갈라지는 마을에 이르러 그만 술에 취해 노새에서 떨어져 이마에 상처가 났다. 이러한 고사로 인해 이 마을은 면상촌(面傷村)이 되었다. 그런데 지금은 안타깝게도 이런 고사를 아는 사람이 없고, 음이 와전되어 명상마을로 바뀌었다. 문화가 단절되어 기억이 없어진 것이니, 안타까울 따름이다.

19세기 말 경상우도 남명학파에 속한 학자들은 대원사(大源寺)를 찾아 피서도 하고, 수세(守歲)도 하고, 독서도 하고, 문집 교정도 하였다. 그리고 이들이 '도의 근원이 하늘에서 나온다.'는 고인의 말에 따라 대원사 계곡을 도의 근원이 흘러나오는 곳으로 인식하여 평생 한번은 꼭 유람을 하고자 한 곳이었다.

이들은 송객정을 지나면서, 면상촌을 지나면서 그 옛날 남명과 제자 오건의 일을 떠올리며 자신도 그 시대에 태어나 남명이 따라주는 전별주를 마시고 말에서 떨어져 이마를 갈았으면 좋겠다는 푸념을 하였다. 큰 선생의 덕화를 직접 입지 못한 한스러움을 그렇게 표현한 것이다.

1565년 한양에서 가장 명성이 높던 젊은 학자 최영경(崔永慶)이 산천재로 남명을 찾아왔다. 그의 나이 37세 때이다. 최영경은 사람들이 '겨드랑이에서 청풍이 난다.'고 말할 정도로 한양 최고의 선비였다. 명종 말년 그 누구보다 부도덕한 권력에 저항하는 마음을 가지고 있었던 듯하다. 사실 최영경은 당시 율곡 이이보다 명성이 나 있던 인물이다. 그런 그가 남명을 찾아서 천리 길을 멀다 않고 산천재로 온 것이다.

이 사건은 우리나라 교육사에서 주목할 만한 큰일이다. 전통시대 학문은 언제나 수도가 중심이었다. 그러나 송나라 사대부 시대에 이르러 수도의 학문보다 재야 학자가 더 존중을 받는 학문의 지방화시대가 열렸다. 조선시대도 사대부 시대였는데, 남명과 퇴계 이전까지는 한양이 학문의 중심지였다. 그런데 남명과 퇴계에 지방에 은거하여 큰 학문을 이룩하자 전국에서 찾아가 배우게 되었다. 그래서 이 두 선생에 의해 우리나라 학문의 지방화시대가 열린 것이다. 이 점은 비단 교육사적으로 주목할 만한 일일 뿐만 아니라, 정치사회사적으로도 크게 주목할 만한 일이다. 그런데 한양 최고의 선비가 지리산 밑으로 남명을 찾아왔으니, 이는 한 마디로 놀랄 만한 사건이라 하겠다.

남명이 산천재에 살 때 문생들과 단속사(斷俗寺)·지곡사(智谷寺) 등지에서 학문을 강론하였고, 또 함양으로 가서 정여창(鄭汝昌)을 모신 남계서원에 가서 사당에 배알하였고, 안의에 살던 임훈(林薰)의 여막에 나아가 조문하였고, 문인들과 안의 화림동을 유람하였다.

또 이 시기에 명성이 조정에까지 알려져 여러 차례 관직에 제수되었는데, 한 번도 부임하지 않고 사양하였다. 1566년 음력 8월 명종은 상서원 판관(尙瑞院判官)에 제수하고 교지를 내려 남명을 불렀다. 이에 음력 10월 3일 한양으로 올라가 대궐에 나아가서 명종에게 사은숙배하고 입대(入對)한 뒤 바로 사임하고 돌아왔다. 1565년 문정왕후가 죽고 윤원형이 실각하자 명종은 국정을 쇄신하고자 하여 남명을 부른 것이다.

명종은 1567년 음력 6월에 세상을 떠났다. 그리고 선조가 즉위하였다. 선조는 나라를 새롭게 일신하기 위해 교서를 내려 원로들을 불렀다. 남명도 부름을 받았지만 나아가지 않았다. 그때 퇴계는 「성학십도(聖學十圖)」를 만들어 올렸는데, 이는 성인이 되기 위한 학문을 10개의 도표로 정리한 글이다.

1567년 선조는 다시 남명에서 교지를 내려 불렀으나, 남명은 나아가지 않고 '구급(救急)'이라는 두 글자를 대신 올렸다. 이 '구급'이라는 두 글자는 윤형원이 20여 년 동안 국정을 농단하여 국가와 백성이 위급한 상황에 처했으니, 비상한 마음으로 급한 불부터 끄라는 주문이다. 남명은 1568년 5월 선조가 교지를 내려 부르자 「무진봉사」를 올렸는데, 이 글은 『중용』의 명선(明善)과 성신(誠身)을 주제어로 삼아 임금이 성학(聖學)을 하여 근본을 확립하라는 내용이다.

1569년 남명은 종친부 전첨(宗親府典籤)에 제수되었는데, 병으로 사양하고 나아가지 않았다. 1570년에도 두 차례 소명(召命)이 있었는데 사양

하였다. 1571년 선조는 경상도 관찰사에게 명하여 음식을 하사하게 하였
는데, 남명은 상소를 올려 사은하였다.

남명은 1571년 12월 병을 얻어 이듬해인 1572년 2월 8일 덕산 본가에
서 생을 마감하였다. 그해 조정에서 사간원 대사간에 추증하였고, 임금
이 예관을 보내 제사하였다. 그리고 4월 덕산 본가 뒷산 임좌(壬坐) 언덕
에 안장하였다.

1576년 최영경 등이 덕산서원(德山書院)을 건립하여 제사를 지냈다.
1609년 덕천서원·용암서원·신산서원이 사액(賜額)되었다. 1615년 의정
부 영의정에 추증되었고, 문정(文貞)이란 시호가 내렸다. 1617년부터 각
지의 유생들이 문묘(文廟)에 상소하기를 청하였으나 끝내 문묘에 종사
되지 못하였다.

7. 후학들의 남명에 대한 기억

한 사람의 일생을 기록하는 글은 다양하다. 고인의 일생을 익히 아는
집안사람이거나 문인이 고인의 생애를 시대별로 유형별로 정리한 글을
가장(家狀)이라고 한다. 이 가장을 가지고 학덕으로 명망이 있는 사람을
찾아가 일생을 기술해 달라고 청하여 제3자의 입장에서 고인의 생애를
기록한 글이 행장(行狀)이다. 이 행장을 바탕으로 하여 묘비문(墓碑文 :
墓碣·墓表 등)과 묘지명(墓誌銘)을 짓고, 신도비문(神道碑文)과 시장(諡
狀) 등을 짓는다.

대체로 학덕으로 명망이 있거나 벼슬을 하여 공적이 있는 분들은 행
장·묘갈명·묘지명·신도비명 등이 있다. 이런 글은 후인들이 고인의 생

애와 학문과 공적을 객관적 차원에서 기록한 것이다. 그리고 사람이 세상을 뜨면 평소 알고 지내던 사람들이 고인을 기리는 만장(挽章)을 짓고, 제사를 지내면서 제문(祭文)을 짓는다. 또한 조정에서 학덕과 공적이 있는 사람에게 관리를 보내 제사를 지내면서 내리는 사제문(賜祭文)이 있다. 이런 글들은 모두 고인을 기억하고 회상하는 내용으로 채워져 있다. 여기서는 이런 글을 중심으로 후인들이 남명을 어떻게 기억하고 평하는지를 간결하게 살펴보고자 한다.

『선조실록』과『선조수정실록』에는 남명이 별세한 것에 대한 기록이 있는데,『선조수정실록』에는 "조식의 학문은 마음으로 터득하는 것을 귀중히 여겼고, 치용(致用)과 실천(實踐)을 급무로 여겼다. 강론하거나 변석(辨釋)하는 말을 하는 것을 좋아하지 않아 학생들을 위해 경서를 담론하거나 해설한 적이 없었으며, 단지 자신에게 돌이켜 구해 스스로 그 뜻을 터득하게 하였다. 그 정신과 기풍이 사람을 격동시키는 점이 있었다. 그러므로 그를 따라 배우는 자들은 계발하는 바가 많았다."4)라고 하여 교육에 초점을 맞추어 논평하였다. 한편『선조실록』에는 인품에 대해 논하면서 "조식은 타고난 자질이 맑고 높았다. 두 눈에는 빛이 형형하여 바라보면 세속의 사람이 아님을 알 수 있었다. 말을 영특하게 하여 우레가 치고 바람이 일어나는 듯이 했다. 그리하여 사람들로 하여금 자신도 모르게 이익과 욕망을 향하는 마음이 사라지게 하였다. 평소에는 하루 종일 단정히 앉아 게으른 모습을 보인 적이 없었다."5)라고 하였다.

---

4) 『선조수정실록』권6, 선조 5년(1572) 1월 1일(무오). "植之爲學, 以得之於心爲貴, 致用踐實爲急, 而不喜爲講論辯釋之言, 未嘗爲學徒談經說書, 只令反求而自得之. 其精神風力, 有竦動人處, 故從學者多所啓發."

5) 『선조실록』권6, 선조 5년(1572) 2월 8일(을미). "植氣宇淸高, 兩目炯燿, 望之, 知非塵世間人. 言論英發, 雷厲風起, 使人不自覺其潛消利慾之心也. 燕居,

이 두 기사에 의하면 남명은 어떤 인물이고, 어떻게 처신하고, 어떻게 사람들을 가르치고, 어떻게 자신을 단속했는지를 알 수가 있다.

임금이 내린 사제문은 3편이 있는데, 하나는 선조(宣祖)가 1572년에 내린 것이고, 하나는 광해군(光海君)이 1615년에 내린 것이고, 하나는 정조(正祖)가 1796년에 내린 것이다. 선조의 사제문에는 "우뚝하고 우뚝한 공자와 안자(顏子)의 경지에 도달하고자 기약하였네."6)라고 하여 남명이 성인이 되고자 한 공부를 높이 여겼다. 광해군이 내린 사제문에는 "늠름한 높은 풍도는 모진 자를 청렴하게 하고 나약한 자를 일으키게 하였으며, 큰 덕과 두터운 어짊은 도를 전해 받은 유래가 있도다. 사직이 이에 의해 보존되었고, 강상(綱常)에 이에 의해 추락하지 않았네. 실낱같은 나라 운명을 부지한 것은 실로 공의 가르침 덕분이었네."7)라고 하여 공덕을 높이 추숭하였다. 또 정조가 내린 사제문에는 "제갈량도 대수롭지 않게 여겼고, 원하는 것은 이윤(伊尹)처럼 하는 것이었소. 세상사를 어찌 과감하게 잊었겠소, 세상을 걱정하여 밤중에 남몰래 눈물을 흘렸다오."8)라고 하여, 남명이 현실을 등지지 않았음을 말하였다.

이런 사제문을 보면 후대 국가에서 남명을 어떻게 평하였는지를 짐작할 수 있다.

문인 김우옹(金宇顒)이 지은 「행장」에는 남명에 대해 이렇게 묘사해 놓았다.

終日危坐, 未嘗有惰容."
6) 曹植,『남명집』권3, 附錄, 祭文. "嗟嗟孔顏, 是造是期."
7) 上同. "凜然高風, 頑廉懦立. 碩德厖賢, 傳道有自. 社稷是賴, 綱常不墜. 一緒扶鼎, 寔由誘掖."
8) 上同. "小哉諸葛, 願則伊尹. 志豈果忘, 有涕野隖."

아! 선생은 세상에 보기 드문 영특하고 호걸스런 인물이라 할 수 있다. 눈과 달처럼 희고 밝은 마음과 강과 호수처럼 맑은 성품과 기질로 만물의 바깥에 우뚝 섰고, 한 시대를 위에서 내려다보았다. 높고 원대한 식견은 타고난 자질에서 나왔다. 어떤 계기에 맞추어 일을 논하는 것이 일반인들의 생각보다 앞섰고, 시대를 걱정하고 세상사에 대해 분개하여 충성심이 격분하고 의리가 드러났다. ─중략─ 천성이 강개하여 세속에 비위를 맞추려 하지 않았다. 학자나 사대부들과 이야기를 나누다가 정치의 잘잘못이나 백성의 고통에 미치게 되면 한 손으로 다른 한 쪽 팔을 잡고 부르르 떨면서 흐느껴 목이 메지 않은 적이 없었다. 간혹 눈물을 흘리기까지 하였는데, 듣는 사람들이 이 때문에 주의를 기울여 들었다.[9]

이를 보면 남명은 그 누구보다 현실을 직시하고 현실에 적극적으로 대처한 현실주의자임을 알 수 있다.

문인 정인홍(鄭仁弘)이 지은 「행장」에는 남명을 이렇게 평하였다.

아! 한 쪽에 치우쳐 있고 문명이 없는 우리나라가 말세가 되어 도학(道學)을 창도하는 사람이 없었는데, 선생이 우뚝하게 떨쳐 일어나셨다. 스승이 전해주는 것에 의지하지 않고 능히 스스로 학문을 높이 빼어나서 홀로 앞서 나아가셨다. 대체로 이처럼 잘 하시는 분이 세상에 드문 지 오래 되었다. 이 말은 내가 좋아한다고 아첨하는 말이 아니다.[10]

---

9) 曺植,『남명집』권4, 補遺, 金宇顒 撰「行狀」. "嗚呼, 先生可謂間世之英豪矣. 雪月襟懷, 江湖性氣. 特立萬物之表, 俯視一世之上. 高識遠見, 出於天資. 臨機論事, 發人意表, 而憂時憤世. ─중략─ 天性忼慨, 未嘗俯仰於人. 常與學士大夫, 語及時政闕失, 生靈困悴, 未嘗不扼腕哽咽, 或至流涕, 聞者爲之竦聽."

10) 曺植,『남명집』卷頭, 鄭仁弘 撰「行狀」. "嗚呼, 偏荒晚世, 道學未唱, 而先生傑然奮起, 不由師傅, 能自樹立, 逈發獨往, 蓋亦民鮮能久矣. 我非阿所好之言也."

정인홍은 문명이 말살된 시대에 홀로 앞장서서 도학을 창도해 일으켜 세웠다는 점을 높이 여긴 것이다.

누구보다 남명을 잘 알고 절친했던 성운(成運)은 묘비문을 지었는데, 이 글에는 다음과 같은 말이 있다.

공은 지혜가 밝고 식견이 높아 벼슬에 나아가고 물러나는 기미를 잘 살폈다. 세상은 쇠미하고 도는 없어져 사람들의 마음이 이미 어긋났고, 풍속이 각박해져 큰 가르침이 이미 해이해진 것을 보았다. 그런데다 어진이가 처신하기 어렵고, 사화가 느닷없이 일어나는 시대에 있어서랴. 이런 시대를 만나 공은 비록 세상을 교화하여 바로잡을 뜻이 있었지만, 도가 때를 만나지 못했으므로 자신이 배운 바를 끝내 실행할 수 없을 줄 알았다. 이런 까닭에 과거에 응시하지 않고 벼슬을 구하지도 않은 채 자신을 숨겨 산야(山野)로 물러나 살았다.11)

성운은 남명의 재주와 포부 및 시대상을 거론하면서 남명이 은거한 마음을 드러내 보여주고 있다. 성운은 이 묘비문 말미에 또 이렇게 적었다.

하늘이 공에게 덕을 부여하여 어질고 또 정직했네. 이 덕을 몸에 간직하여 스스로 쓰기에 풍족했네. 남들에게 그 덕을 베풀지 못하여 은택이 널리 미치지 못했네. 시대 탓인가, 운명이란 말인가. 슬프구나! 우리 백성들 복도 없음이여.12)

---

11) 上同, 成運 撰「墓碑文」. "公智明識高, 審於進退之機. 嘗自見世道衰喪, 人心已訛, 風漓俗薄, 大敎廢弛, 又況賢路崎嶇, 禍機潛發. 當是時, 雖有志於挽回陶化, 然道不遇時, 終未必行吾所學. 是故, 不就試, 不求仕, 卷懷退居山野."

12) 上同. "天與之德, 旣仁且直. 斂之在身, 自用則足. 不施于人, 澤靡普及. 時耶命耶, 悼民無祿."

이 명(銘)을 읽으면 눈물이 난다. 큰 덕을 가진 현인이 그 덕화를 온 세상에 퍼지 못하여 백성들이 그 덕화를 입지 못한 것을 이렇게 눈물 나게 탄식하였다.

문인 정인홍이 지은 신도비명에는 "아! 선생이시여, 어두운 길의 해와 달과 같은 존재이셨네."[13]라고 하였으니, 이 한 마디 말이 남명을 가장 잘 드러낸 것이라 할 수 있다.

허목(許穆)이 지은 신도비명에는 "고결함을 스스로 지키셨고, 은거하여 의리를 행하셨네."[14]라고 하였으며, 송시열(宋時烈)은 신도비명에서 "마음을 각성시키고 인욕을 씻어내며, 늘 상제를 대하는 마음으로, 낮에는 굳세게 밤에는 두려워했네. -중략- 진덕(進德)하고 수업(修業)하는 용기, 호랑이와 용을 포박할 듯했는데, 늙을수록 더욱 독실했네."[15]라고 하였다. 허목은 고결함과 의리에 주목했고, 송시열은 심성을 수양한 점에 주목했다.

한편 19세기 곽종석(郭鍾錫)은 남명의 묘지명(墓誌銘)에서 "빛나도다, 신명(神明)이여, 태극의 영령(英靈)이로다. 만고에 드리운 경의(敬義)여, 일월(日月)처럼 밝구나."[16]라고 하였다.

이 외에도 제문과 만장을 보면 문인과 지인들이 남명을 어떻게 기억하고 추숭하였는지를 익히 짐작할 수 있다. 그 가운데 문인 정구(鄭逑)의 제문에는 "저의 안목으로 보건대, 선생은 우리나라에 지금까지 없었

---

13) 鄭仁弘, 『來庵集』 권13, 「南冥先生神道碑銘幷序」. "於乎先生, 冥道日月."
14) 許穆, 『記言』 권39, 「南冥曺先生神道碑銘」. "高潔自守, 隱居行義."
15) 허권수 편역, 『남명, 그 위대한 일생』, 154~155면, 宋時烈 撰 「南冥曺先生神道碑銘」. "喚醒洗濯, 對越上帝, 日乾夕惕. -중략- 進修之勇, 捕龍縛虎, 老而彌篤."
16) 上同, 178면, 郭鍾錫 撰 「南冥曺先生墓誌銘幷序」. "有赫神明, 太極之靈. 敬義萬古, 日月之晶."

던 호걸이십니다."17)라고 하였다.

---

17) 曹植,『남명집』권3, 부록, 鄭逑 撰「祭文」. "自我而觀之, 宜其爲振東方未有
之人豪矣."

제3장
부(賦)를 통해 본 근본중시 사상

1. 머리말

남명은 「원천부(原泉賦)」·「민암부(民巖賦)」·「군법행주부(軍法行酒賦)」 등 3편의 부를 남기고 있다. 부(賦)는 시(詩)와 문(文)의 요소를 다 갖추고 있는 문체로, 과거시험에 들어있는 글쓰기의 한 종류였기 때문에 사인(士人)들은 부(賦)를 짓지 않을 수 없었다. 부는 몇 가지 특징이 있는데, 시로써 다 표현하기 부족할 경우 부를 지어 자신의 의도를 다 펼쳤다. 특히 표현방식이 서술적이기 때문에 어떤 일을 펼쳐 진술하거나 물정(物情)을 펴서 드러내기도 하였다. 그러므로 부에는 작가의 사상이나 의식이 깊이 투영되어 있다.

한(漢)나라 때 성행한 부는 수사를 아름답게 하고 어떤 대상을 찬미하거나 풍유(諷諭)하거나 탄상(歎賞)하는 것이 많아 왕실이나 귀족에게 비위를 맞추는 귀족문학이라고 혹평을 받기도 했다. 그러나 조선시대 사인들의 문집에 들어 있는 부를 보면, 그런 성향보다는 사의식이 잘 드러나 있는 경우가 많다. 즉, 젊은 시절 작가의 포부나 이상적 세계를 그리는 내용이 들어 있어 작가의 사상적 기저를 엿볼 수 있다.

남명이 남긴 세 편의 부는 모두 남명의 사상이 잘 투영되어 있어 이 부를 분석하면 남명의 사상적 토대를 발견할 수 있을 것이다. 남명이 지은 3편의 부 가운데 「민암부」를 제외고하는 아직까지 연구가 없다.[1] 그러므로 남명의 부 3편을 분석하는 것은 남명학연구의 지평을 넓히는 일이 될 것이다.

---

1) 李相弼, 「남명의 <민암부>에 대하여」, 『한문학논집』 제8집, 단국한문학회, 1990.

2. 남명사상의 근원인 「원천부(原泉賦)」

일본 학자 시마다 겐지[島田虔次]가 "명대 초기에는 사상계가 극단적으로 활기를 잃고 있었다. 이미 주자학 일색이 되어서 진리는 일찍이 주자에 의해서 궁구되었으므로 남은 것은 실천뿐이라는 경향이 지배적이었다."라고 지적한 것[2]처럼, 조선 전기의 학풍은 명대 초기의 학풍과 유사했다. 그런데다 우리 내부의 정치적 상황이 수양론 위주로 더 치우치게 한 측면도 무시할 수 없다. 즉 훈구파와 사림파가 대립하는 당시의 정치적 상황 속에서 보다 선명한 도덕성을 제고하기 위해 사림파 학자들은 경공부(敬工夫)를 극구 강조하였다. 특히 여러 차례의 사화를 겪으면서 이런 논의는 도학자들 사이에서 활발하게 전개되었다. 심지어 남명은 '정자와 주자 이후로는 저술을 할 필요가 없다.[程朱以後不必著書][3]라고까지 하여, 학문의 방향을 수양론 위주로 잡았다. 이처럼 16세기 전반기의 학풍은 수양론이 주류를 이루었다.

남명은 자신을 진실무망한 성(誠)의 경지로 끌어올리기 위해 경(敬)·의(義)를 학문의 두 축으로 내세우며 존양(存養) - 성찰(省察) - 극치(克治)의 삼단계 수양론을 확립하였고, 자신의 심성을 함양하고 성찰해 한 점 티끌도 용납하지 않는 삼엄한 극기복례의 정신을 실천적 지표로 내세웠다.

남명의 「원천부」은 남명사상의 근원에 해당하는 글이다. 남명학의 요체가 경·의라면, 이 「원천부」은 그 근원에 해당한다. '원천(原泉)'은 '근

---

2) 시마다 겐지 著, 김석근·이근우 譯, 『주자학과 양명학』(도서출판 까치, 1990) 144면 참조.
3) 鄭蘊, 「學記跋」, 『南冥先生文集』(아세아문화사 영인본) 권4, 135면.

원이 있는 샘물'을 뜻하는 말이니, 이 「원천부」은 학문에 근본이 있어야 함을 강조한 것이다.

남명은 이 부에서 '근본'을 수차 언급하며 강조하였고, 그 근본에 대해 다양한 예를 들었다. 예컨대, 『노자』의 곡신(谷神 : 玄牝을 말함)과 『장자』의 기모(氣母), 제사를 지내는 것은 근본에 보답하는 것, 공자가 흐르는 물을 보고 탄식한 것 등을 거론하였는데, 이는 모두 근본을 말하는 것이다.

그리고 남명은 학문의 경우로 범위를 좁혀, 하학인사(下學人事)가 상달천리(上達天理)의 근본이 되고, 온갖 이치는 본성에 갖추어져 있으니 본성이 근본이 되고, 만 가지 다양함은 한 가지 이치에 귀결되니 한 가지 이치가 근본이 된다고 하였다.

남명은 이처럼 학문의 근본을 중시한 뒤, 마지막으로 다음과 같이 결어를 맺고 있다.

경계하노니,	戒曰
마음이 사물에 응접할 때,	心以應事
온갖 감정이 흔들고 부추기네.	百感搖挑
학문을 하여 근본을 세우면,	學以爲本
온갖 감정이 흔들지 못하리.	感罔能擾
감정에 빠질 수 있는 것은 근본이 없기 때문이고,	可汨則無本
감정에 흔들릴 수 있는 것은 마음 씀이 없기 때문.	可擾則用熄
경공부를 통해 근원을 함양하고,	敬以涵養
하늘의 법칙에 근본 하라.	本乎天則4)

이는 「원천부」의 결어이다. 이 결어를 읽어보면 남명이 앞에서 세상

---

4) 『南冥集』 권1, 「原泉賦」.

만사의 근본을 나열한 이유를 알 수 있다. 즉 나 개인의 마음에서 일어나는 감정을 통제하고 절제하는 것이 인격을 도야하는 길이고, 그렇게 하기 위해서는 마음에 근본이 있어야 하며, 경(敬)을 통해 근본을 함양하지 않으면 도덕적 인격을 구할 수 없다는 것이다.

이는 학문에 있어 근본을 세우는 요점을 제시한 것으로, 그 핵심이 마음을 수양하는 문제에 있다. 주자학에서 심(心)은 성(性)과 정(情)을 통섭하고 주재한다. 성·정은 심의 미발(未發)과 이발(已發)로 구분되는데, 성(性)은 물의 본성처럼 맑은 것이고, 정(情)은 물이 흘러가면서 맑은 물도 있게 되고 탁한 물도 있게 되는 것처럼 선·불선이 있게 된다고 본다. 즉 정(情) 중에 리(理)가 발한 사단(四端)은 선하지만, 기(氣)가 발한 칠정(七情)은 절도에 맞으면[中節] 선하게 되고 절도에 맞지 않으면[不中節] 악하게 된다.[5]

위 인용문에서 '백감(百感)'은 희로애락애오욕의 칠정과 같은 감정들을 의미한다. 이런 감정은 절도에 맞지 않으면 악하게 된다. 따라서 학문을 하여 근본을 세워야 이런 감정에 마음을 빼앗기지 않을 수 있다. 그런데 그 학문의 내용은 무엇인가? 바로 경공부(敬工夫)이다. 이 경공부를 통해 마음을 함양하여 하늘의 법칙, 즉 천리·천도에 근본 하게 하는 것이 학자의 본분이다. 우리는 여기서 남명이 앞에서 수차 강조한 '근본'이 무엇을 가리키는지를 알게 된다.

남명은 「신명사도」에서 태일군(太一君) 앞에 천덕(天德)과 왕도(王道)라는 두 목표를 제시해 놓았다. 천덕은 하늘이 부여한 본성을 터득해 체

---

5) 오하마 아키라[大濱晧] 지음, 이형성 옮김, 『범주로 보는 주자학』(예문서원, 1997), 「제4장 性」 참조. 남명의 『學記類編』 제11도 「心統性情」에도 이런 내용이 보인다.

득하는 것이다. 덕(德)이란 글자는 '얻는다[得]'는 뜻이다. 얻는다는 말은
하늘이 부여한 본성을 터득한다는 것이고, 또 지식이나 진리를 내 몸으
로 체득(體得)한다는 말이다.

3. 정치적 근본을 논한 「민암부(民巖賦)」

「원천부」를 통해 살펴본 것처럼 남명사상의 기저에는 근본을 중시하
는 사유가 자리하고 있다. 이런 사유가 인간의 마음에 국한하지 않고 그
외연이 확대될 때 학문적 근본, 사회적 근본, 정치적 근본, 나라의 근본
등으로 나타난다.

남명의 「민암부」은 바로 이런 차원에서 정치적 근본을 논한 글이다.
'민암(民巖)'이란 『서경』「소고(召誥)」의 '왕께서는 공경한 덕을 감히 뒷
전으로 여기지 마셔서 백성이 암험(巖險)하다는 것을 돌아보고 두려워
하소서.[王不敢後 用顧畏于民喦]'라는 말에서 따온 것으로, '백성은 우뚝
한 바위처럼 위험한 존재'라는 뜻이다. 이에 대해 송나라 때 소식(蘇軾)
은 "백성은 물과 같다. 물은 배를 띄울 수도 있고, 전복시킬 수도 있다.
사물 중에 백성보다 더 암험한 것은 없다."[6]라고 해설하였다.

남명은 이런 데서 소재를 취하여 이 「민암부」을 지었다. 그런데 그 속
에는 맹자가 말한 '백성들이 보는 것은 우리 하늘이 보는 것을 말미암는
다.[民視自我天視]'[7] 말을 빌어, 민험(民險)＝천험(天險)의 논리를 세우

---

6) "民猶水也 水能載舟 亦能覆舟 物無險於民者矣"(『書傳大全』「召誥」細註
    蘇氏曰……)
7) 『서경』「泰誓 中」에 "天視自我民視 民聽自我天聽"이라 하였다. 『맹자』「萬
    章 上」에도 보인다.

고,8) 백성이 암험하게 되는 근원을 임금 한 사람에게서 찾았다.9) 즉 이 「민암부」는 나라의 근본은 백성에 있고, 정치적 근본은 임금에게 있다는 것을 드러낸 글이다.

남명은 백성들이 성난 물처럼 배를 전복시키는 것은 그 근본을 헤아려보면 임금이 잘못하기 때문이라고 보았다. 그는 세상의 모든 어려움은 임금에게서 그 원인을 찾을 수 있다는 관점에서 이렇게 말하였다.

그 암험함의 근원을 찾아보면,	究厥巖之所自
진실로 임금 한 사람에게서 벗어나지 않는다.	亶不外乎一人
한 사람의 불량함에 말미암아,	由一人之不良
여기서 위험이 가장 크게 된다네.	危於是而甲仍
궁실이 넓고 큼은,	宮室廣大
암험함의 시작이요,	巖之興也
여알(女謁)이 성행함은,	女謁盛行
암험의 계단이요,	巖之階也
세금을 끝없이 거두어들임은,	稅斂無藝
암험함을 쌓음이요,	巖之積也
도에 넘치는 사치는,	奢侈無度
암험함을 일으켜 세움이요,	巖之立也
부극(掊克)이 자리를 차지함은,	掊克在位
암험으로 치닫는 길이요,	巖之道也
형벌을 자행(恣行)함은,	刑戮恣行
암험을 돌이킬 수 없게 함이다.	巖之固也

---

8) 「민암부」에 "然昭格之無他 天視聽之在此 民所欲而必從 寔父母之於子 始雖 微於一念一婦 終責報於皇皇上帝 其誰敢敵我上帝 實天險之難濟 …… 是大 權之何在 只在乎吾民之手兮"라 하였다.

9) 「민암부」에 "究厥巖之所自 亶不外乎一人"이라 하였다.

백성들이 정권에 등을 돌리게 되는 근원을 남명이 이렇게 노래했다. 그리고 그 요점은 임금 한 사람의 선량하지 못한 나쁜 마음에서 비롯된다는 것이다. '여알(女謁)'은 임금의 총애를 틈 타 비빈(妃嬪)이나 궁녀(宮女)가 정치에 참여하는 것을 말하며, '부극(掊克)'은 백성의 재물을 수탈하는 데 혈안이 된 탐관오리를 말한다.

4. 예의법도를 강조한 「군법행주부(軍法行酒賦)」

남명의 「군법행주부(軍法行酒賦)」는 전한 혜제(惠帝) 때 외척 여씨(呂氏)들이 정권을 농단하자 한 고조(漢高祖)의 손자 유장(劉章)이 연회 석상에서 군법으로 술을 돌리다 범법한 자를 즉석에서 처단하여 기강을 세운 고사를 두고서 정치적 근본을 말한 것이다. 이 부를 일별하면 군법(軍法)을 적용해 기강을 확립하고 왕권을 되찾은 혜제를 칭찬하는 듯하지만, 자세히 음미하면 군법보다는 예의(禮義)로 나라를 다스려야 오래 지속될 수 있다는 왕도정치사상을 은근히 드러내고 있다.

남명은 이 부에서 여씨들이 권력을 농단하게 된 근원을 한 고조가 무예만을 좋아하여 예의(왕실의 법도)를 세우지 않았기 때문이라 보았다. 군법 즉 무력보다는 예의로 제압하는 것이 더 낫고, 천험(天險)을 체득한 것으로는 예의만한 것이 없으며, 예의가 없으면 나라가 망한다는 점을 강조하였다.[10] 결국 이 부에서 남명이 말하고자 한 바는, 나라를 다

---

10) 曹植, 『남명집』 권1, 「軍法行酒賦」. "曾乃祖之好武, 慢禮義而不先.……獨惜夫漢家之無法, 以軍法而爲制. 王庭非流血之地, 刀鉅異鍾鼓之聲, 曷若制之以禮. 君君臣臣, 分如天淵.……體天險者無如禮矣, 人孰勝夫天哉.……重歎夫無禮則國亡."

스리는 데는 그 근본인 예의법도를 세워야 한다는 것이다.

이 「군법행주부」에는 군법을 적용해 외척을 물리치고 기강을 확립한 혜제를 다음과 같이 칭송하였다.

> "유장(劉章)은 가장 두려워할 만한 사람이니,   劉氏章者最可畏
> 우리는 삼가 피할 따름이다."고 했다.   吾等謹避而已
> 예전엔 이리처럼 날뛰고 범처럼 고함치더니,   昔也狼戾而虎嘷
> 이제는 머리를 조아리고 주검에 나아가네.   今焉稽首而就屍
> 여태후가 죽을 때까지 아무도 그를 어쩌지 못했으니,   終呂氏而莫敢誰何
> 이는 실로 그날 술자리에서의 사건 때문이었다.   實由於今日之酒使之
> 우뚝하게 한 시대의 견고한 요새를 진압하였으니,   屹然鎮一代金湯之險
> 저 예의나 익힌 숙손통(叔孫通)과 견주어 보면   視綿蕝其何似
> 어떠한가?
> 여기서 알 수 있으니, 사람은 의기(義氣)가   是知人不可無義氣
> 없을 수 없고,
> 의기가 없는 남자는 남의 미끼밖에 되지   無義氣男子可餌
> 않는다는 것을.

이 글을 보면 의기를 떨쳐 기강을 확립한 혜제를 높이 칭송한 것을 부인할 수 없다. 그런데 남명은 여기서 그치지 않고 무력을 통한 패도보다는 예의를 통한 왕도가 더 근본임을 역설하면서, 혜제는 안타깝게도 예의가 없었으니, 예의가 없으면 나라가 망한다는 점을 다음과 같이 노래했다.

> 다만 안타깝게도 저 한나라 왕실엔 법도가 없어서,   獨惜夫漢家之無法
> 군법(軍法)으로 그 일을 해내었도다.   以軍法而爲俑
> 제왕의 궁정은 피 흘릴 곳이 아니거니와,   王庭非流血之地

칼과 톱은 음악 소리와는 어울리지 않는다.	刀鋸異鍾皷之聲
예의로 제압하는 것보다 더 나은 방법이 어디 있으랴!	曷若制之以禮
군신은 하늘과 땅처럼 그 분수가 다르잖은가!	君君臣臣 分如天淵
이부자리도 오히려 어지럽혀서는 안 되거늘,	衽席之猶不可亂
하물며 지엄하신 천자 앞에 있어서랴!	而況於穆穆天子之前
하늘의 험함을 체득케 하는 데는 예의만한 것이 없나니,	體天險者無如禮矣
사람 중에 그 누가 하늘을 이기겠는가?	人孰勝夫天哉
한 고조의 한 외로운 손자여,	一介孤孫
얻으면 유씨 천하요, 잃으면 여씨 천하이니,	得之則劉 失之則呂
아마도 이 또한 필부의 행실인가 하노라.	蓋亦匹夫之行矣
거듭 탄식하거니와, 예의가 없으면 나라가 망하나니,	重歎夫無禮則國亡
유씨 천하가 여씨 천하로 되지 않았음이 요행이로다.	劉不呂者幸矣

5. 맺음말

이상에서 살펴본 것처럼 남명의 부에는 그의 근본을 중시하는 사상이 도사리고 있다. 이를 몇 가지 특징으로 정리하면 다음과 같다.

첫째, 남명은 근본을 중시하는 사유를 하고 있다. 둘째, 남명은 내적으로 도덕적 완성을 추구하는 사상을 드러내고 있다. 셋째, 남명은 존양-성찰-극치를 통해 자신의 심성을 함양하여 근본을 확립하여 천덕을 바탕으로 해야 함을 강조하고 있다. 넷째, 남명은 천덕을 바탕으로 한 왕도정치의 이상을 이면에 드러내고 있다.

제4장
기(記)를 통해 본 도(道)를 자임하는 의식

1. 머리말

   남명은 3편의 기(記)를 남겼으니, 「행단기(杏壇記)」·「누항기(陋巷記)」·「영모당기(永慕堂記)」이다. 기문에는 서화(書畫)·기물(器物)의 예술적 특징이나 내력을 기록한 것이 있고, 산수 유람을 하고 난 뒤에 쓴 유기(遊記)가 있고, 정자나 누대 등 건축물의 내력을 기록한 것이 있다.

   남명이 남긴 3편의 기문 가운데 「영모당기」는 자형 이공량(李公亮)이 진주 가방(嘉坊)에 지은 당(堂)의 내력을 기록한 것이다. 이 「영모당기」는 이공량의 인품과 지취 및 집안 이야기를 기술하고 있어 남명의 사상이나 정신지향을 찾아볼 수 없다. 그러므로 이 「영모당기」는 제외하고, 나머지 「행단기」와 「누항기」를 통해 남명이 지향하는 바가 무엇인지를 살펴보기로 한다.

2. 「행단기(杏壇記)」의 내용과 주제

   「행단기」는 행단(杏壇)에 대한 내력과 의미를 기록한 글이다. 행단은 『장자(莊子)』 「어부(漁父)」에 처음 보이는데, "공자가 치유(緇帷)라는 숲에서 노닐다가 행단(杏壇) 위에 앉아 휴식을 하였다. 제자들은 독서를 하고, 공자는 현가(絃歌)를 하며 거문고를 연주하였다."[1]라고 하였다. 여기서 유래하여 행단은 공자가 강학하던 곳을 의미하는 말로 쓰이게 되

---

1) 『莊子』, 「漁父」. "孔子游於緇帷之林 休坐乎杏壇之上 弟子讀書 孔子絃歌鼓琴"

었다.

행단은 현 중국 산동성 곡부(曲阜) 대성전(大成殿) 앞으로 추정되는데, 중국 사람들은 살구나무 밑의 단으로 인식하고 있다. 행(杏)은 은행나무도 되고 살구나무도 되는데, 우리나라 사람들은 대체로 은행나무라 여기고, 중국 산동성 곡부 지역 사람들은 살구나무로 생각하고 있다.

「행단기」는 행단이라는 장소의 내력에 대해 공자의 제자 안회(顔回)가 공자로부터 설명을 듣고 기록하는 형식을 취하고 있다. 그러니까 남명이 안회의 입장이 되어 행단에 대해 의미를 부여한 글이다. 이 글은 앞부분에 공자가 제자들과 치유림(緇帷林)에서 노닐다가 행단에서 쉬면서 행단의 유래에 대해 제자들에게 들려준 이야기를 기록하고, 뒷부분에는 안회가 지은 기문을 기록하여 이중구조를 지니고 있다.

「행단기」는 노(魯)나라 도성 동쪽 궐리(闕里)와 가까운 곳에 있는 행단에 대해 노나라 대부 장문중(臧文仲)이 그 이름을 붙인 것이라고 하면서 시작하고 있다. 행단이 장문중이 처음 이름을 붙인 것인지에 대해서는 확인할 길이 없다. 그러나 「행단기」에서는 공자의 왕도(王道)를 드러내기 위해 패도(覇道)를 행한 장문중을 상대적으로 등장시킨 듯하다.

장문중은 공자보다 약 1백 년 정도 앞 시대 사람으로 노 희공(魯僖公) 때 주로 활동한 노나라의 대부이다. 『논어』에도 두 군데 장문중에 관한 공자의 언급이 있는데, 하나는 유하혜(柳下惠)가 어진 것을 알면서도 적극적으로 그를 조정에 불러들이지 않은 점에 대해 벼슬자리를 훔친 자라고 혹평을 한 것이고,2) 하나는 장문중이 대부의 신분으로 점을 치는 용도의 거북을 호화로운 집에 기르고 있으니 지혜롭지 못하다는 내용이다.3) 이 두 기사에 의하면, 장문중은 공자로부터 결코 어진 대부로 인정

---

2) 『논어』, 「公冶長」. "子曰 臧文仲 其竊位者與 知柳下惠之賢而不與立也"

받지 못한 인물임을 알 수 있다.

「행단기」의 앞부분에는 공자가 행단을 장문중이 이름 붙인 것이라고 하면서 제자들에게 행단을 설치한 이유를 알려주고 있다. 바로 장문중이 이 단을 쌓은 이유가 중원의 제후들과 회맹(會盟)하기 위해서라는 것이다. 공자가 살던 시대는 춘추시대라고 한다. 춘추시대의 특징은 제후들이 천자의 나라인 주(周)나라를 형식적으로나마 추앙하여 주나라를 존중하고 오랑캐를 물리친다는 존주양이(尊周攘夷)의 기치를 내세우던 시기이다. 즉 덕화를 펴서 세상을 다스리는 왕도정치 시대가 아니고, 무력으로 세상의 질서를 유지하는 패도(覇道)의 시대였다. 회맹은 바로 그런 패도 정치의 상징물이라 할 수 있다.

공자의 말을 들은 안회(顔回)는 기문을 지으면서, 노나라의 훌륭한 대부로 알려진 장문중이 행단에서 제후들을 모아 맹약한 내용이 무엇인지 모르겠다고 의문을 제기하는 데로부터 시작하고 있다. 그리고 장문중이 어진 유하혜를 조정에 불러들이지 않은 것과 점치는 거북을 사가에서 기른 것에 대해 의문을 제기하고 있다.

이어 안회는 장문중이 행단에서 맹약을 주재하고 제후들을 연합한 것이 주공(周公)의 위엄을 빙자하여 제후들을 속인 것이라고 결론짓는다. 그리고 공자를 등장시켜 장문중은 주나라 왕실의 위엄이 허물어지기 전에 살면서 구원하지 못했는데, 공자는 주나라 왕실이 어지러워진 뒤에 태어나 이를 바로잡고자 하였다는 점을 거론하였다. 바로 장문중은 왕도를 회복할 수 있을 때 패도를 시행했고, 공자는 패도가 난무하는 시대에 왕도를 다시 일깨웠다는 것이다.

「행단기」의 핵심은 그 다음에 있는데, 이렇게 기술하고 있다.

---

3) 『논어』, 「衛靈公」. "子曰 臧文仲 居蔡 山節藻梲 何如其知"

　　장문중은 이 단에서 희생을 잡아놓고 이곳에서 무력을 맹약하여 동맹
국의 대중들에게 위엄을 보였지만 동주(東周)의 운수를 돌리지 못했고, 오
랑캐들의 침략을 누그러뜨리지 못했다. 그런데 선생(공자)께서는 이 단에
서 도학을 강론하고 이곳에서 의리를 창도하여 천리(天理)의 공정함을 밝
혀 왕실은 업신여길 수 없고 중원의 나라는 오랑캐와 다르다는 점을 사람
들이 알았다. 이 단에서 무력을 강구한 사람은 장문중으로 한 나라의 대부
에 불과하였는데, 규구(葵丘)에 제후들을 불러 모아 맹약을 한 제(齊)나라
관중(管仲)에 도리어 부끄러운 점이 있다. 이 단에서 도학을 강론한 분은
우리 선생으로 천하의 성인이 되셨으니, 서백(西伯 : 周文王)이 추구한 왕
업(王業)에 공이 있는 것이 아니겠는가? 선생과 장문중은 모두 이 단에서
일을 주선하였는데, 의리와 이익을 추구한 서로 다른 점이 하늘과 땅만큼
이나 차이가 있다. 후세에 의리를 실천할 사인(士人)들은 의당 어느 쪽을
본받아야 하겠는가? 장문중이 패도를 행한 것을 본받아야 하겠는가? 아니
면 선생께서 도학을 창도한 것을 본받아야 하겠는가?4)

　　안회는 행단의 역사적 의미를 장문중의 패도와 공자의 왕도로 구분해
서 패도가 아닌 왕도를 다시 일깨우고 있다. 이 글의 작자는 안회인데,
그것은 바로 안회처럼 살고자 한 남명 자신이다. 그러니 이 「행단기」는
한 마디로 남명의 왕도정치사상을 안회의 말을 빌려 기술한 것이라 하
겠다. 그리고 그것은 바로 공자의 사상을 다시 천명한 것이다. 또한 남
명은 현실세계에 왕도를 펼 수는 없지만, 안회처럼 그 도를 간직하기를
자임한 것을 알 수 있다.

---

　4) 曹植,『南冥集』, 권2,「杏壇記」. "文仲 刑馬于是 矢兵于是 威與國之衆 而不
　　能回東周之轍 弛諸戎之猾 夫子 講道於是 倡義於是 明天理之正 而人知王
　　室之不可陵 中國之異於夷狄 則構兵於是壇者 臧大夫也 而不過爲一邦之大
　　夫 反有愧於葵丘之盟 講道於是壇者 吾夫子也 而不失爲天下之聖人 豈非
　　有功於西伯之業乎 從事於一壇之上 而義利之不相侔者 霄壤之分矣 後之行
　　義之士 宜何所法焉 其以臧氏之法乎 夫子之學乎"

3. 「누항기(陋巷記)」의 내용과 주제

남명은 「행단기」를 이어 또 「누항기(陋巷記)」를 지었다. 이 「누항기」는 안회가 별세한 뒤 공자가 제자들과 안회가 살던 누항(陋巷)을 지나며 탄식한 것을 소재로 증삼(曾參)이 동문 안회에 대해 기록하는 형식을 취하고 있다. 그러니까 이 글은 증삼의 입장에서 남명이 지은 것이다.

이 「누항기」는 공자가 안회가 살던 누항을 지나며 탄식을 하자, 증삼이 "비록 안회는 떠나갔지만, 오히려 그 도는 남아 있습니다. 죽지 않은 것이 남아 있는데, 어찌 그의 죽음에 대해 그다지도 근심하십니까?"[5]라는 말로 글을 열고 있다. 공자의 도를 계승할 안회는 죽었지만 그 도는 남아 있다는 말 속에 도를 자임하고 지켜나가려 하는 증삼의 의식이 엿보인다.

이 「누항기」는 증삼이 안회의 도를 드러내는 데 중점을 두고 있다. 「행단기」와 마찬가지로 도를 중시하는 남명의 정신을 드러낸 글이다. 작자는 안회의 도를 다음과 같이 형용하고 있다.

> 천자는 천하(天下)로써 자신의 영토를 삼지만, 안자(顏子 : 顏回)는 만고(萬古)로써 자신의 영토를 삼았다. 따라서 누항(陋巷)이 그의 영토는 아닌 것이다. 천자는 만승(萬乘)으로써 자신의 지위를 삼지만, 안자는 도덕(道德)으로써 자신의 지위를 삼았다. 따라서 곡굉(曲肱)이 그의 지위는 아닌 것이다. 그러니 그 영토가 넓지 않은가? 그 지위가 크지 않은가?[6]

---

5) 曹植, 『남명집』 권2, 「陋巷記」. "雖回之去 猶道之在 不死者存 何死之憂乎"
6) 曹植, 『남명집』 권2, 「陋巷記」. "天子以天下爲土 而顏子以萬古爲土 陋巷非其土也 天子以萬乘爲位 而顏子以道德爲位 曲肱非其位也 其爲土 不亦廣乎 其爲位 不亦大乎"

천자는 천하의 땅을 모두 소유하고 만승의 군대를 거느린 한 시대의 지배자이다. 그런데 작자는 누항에서 빈한하게 살며 도를 추구한 안회를 천자와 비교해 논하고 있다. 천하의 영토와 만고의 역사, 만승의 군대와 영원히 전해질 도덕으로 두 사람을 비교하여, 안회의 영토는 천자의 영토보다 넓고, 안회의 지위는 천자의 지위보다 크다고 결론을 내리고 있다. 한 시대의 정치적 권력보다 만고에 드리울 도덕을 더 중시하는 사고이다.

이처럼 도를 자임하는 의식은 무도한 시대에 도덕적 양심을 지닌 지식인이 시대를 부지하는 정신이다. 남명의 문인 하항(河沆)은 남명이 요순으로부터 전해 내려온 이러한 도를 계승하여 자임하는 의식이 있었다고 보았는데, 그것을 단적으로 표현한 것이 "내 손안의 명월은 요순으로부터 전해 내려온 것[手中明月 傳自唐虞]"[7]이라는 말이다. 이처럼 「누항기」에도 남명의 도를 자임하는 의식이 투영되어 있다.

4. 맺음말

이상에서 「행단기」와 「누항기」를 살펴보았는데, 「행단기」는 안회를 통해 패도가 아닌 왕도를 보위하고자 하는 정신을 드러낸 것이고, 「누항기」는 증삼을 통해 도를 자임하는 의식을 드러낸 것이다. 안회는 남명이 과거공부를 접고 공자를 배우는 공부를 하기로 학문의 전환을 한 뒤로 내건 롤모델이 된 인물이다. 남명은 25세 이후 평생 안회처럼 살고자 하였으니, 안회처럼 공자의 도를 자신의 몸을 통해 전하고자 한 것이다.

---

7) 成汝信, 『晉陽續志』 권3, 「叢談」.

또 중삼은 안회가 죽은 뒤 공자의 도를 전해 받은 인물이다. 「누항기」는 중삼이 안회의 도를 논한 것이니, 곧 남명의 마음이 그렇게 표출된 것이라 하겠다.

이 2편의 「행단기」와 「누항기」는 모두 패도가 아닌 왕도를 세상 사람들에게 다시 일깨운 점, 그리고 안회와 중삼처럼 공자의 도를 세상에 없어지지 않고 지켜나가고자 하는 도를 자임하는 의식이 저변에 깔려 있다. 이것이 바로 남명의 출처관으로 나타나고 도학을 실천하는 실천정신으로 승화되어 나타난 것이다.

제5장
「엄광론」을 통해 본 출처관

1. 머리말

남명은 논(論)을 1편 남겼는데, 그 제목이 「엄광론(嚴光論)」이다. 엄광(嚴光)이라는 사람에 대해 인물평을 한 것인데, 그 속에는 자신의 지절(志節)을 은근히 드러내고 있다.

엄광은 후한(後漢)을 다시 일으킨 광무제(光武帝)와 동문수학한 벗이다. 엄광의 자가 자릉(子陵)이기 때문에 흔히 엄자릉으로 불린다. 그는 절강성 회계(會稽) 출신이다. 젊어서부터 명성이 높았다. 광무제가 즉위하자 엄광은 성명을 바꾸고 은거하여 나타나지 않았다. 광무제는 엄광을 어진 사람이라고 여겨 전국에 명을 내려 찾았다. 어렵사리 엄광을 찾아 조정으로 초빙하여 간의대부(諫議大夫)에 제수하였으나, 엄광은 지조를 굽히지 않고 절강성 부춘산(富春山)으로 돌아가 농사를 짓고, 낚시를 하며 살았다.

엄광이 벼슬길에 나아가지 않은 것을 두고, 세상에서는 이런저런 평이 있었다. 어떤 사람은 광무제가 왕도정치를 행할 만한 그릇이 아니었기 때문에 나아가지 않은 것이라 하고, 어떤 사람은 어려서부터 광무제와 사귀면서 그의 인품을 잘 알기 때문에 나아가지 않은 것이라고 하였다. 이처럼 엄광이 벼슬길에 나아가지 않은 것에 대해 후대에는 여러 논평이 있을 수밖에 없었다. 이에 대해 남명은 자신의 견해를 제시한 것이다.

엄광은 광무제의 부름에 응하지 않고 부춘산 동강(桐江) 가에 은거하여 낚시질을 하고 농사를 지으며 살았기 때문에 후대 세상에 나아가지 않고 지조를 지키며 산 처사(處士)의 상징적인 존재가 되었다. 그리하여 고려 최씨 정권 때 개성에서 지리산 부춘동(富春洞)으로 내려와 은거한 한유한(韓惟漢)과 같은 사람을 엄광에 비유하기도 하였다. 그리고 엄광이 살던 부춘산 동강의 이름이 그대로 은거하는 사람의 은거지 이름으로 정착하여 부춘동·동강 등의 이름이 생겨나기도 하였다.

남명이 「엄광론」을 지은 것은 자신을 엄광에 비의(比擬)하여 세상에 나아가 벼슬하지 않고 지절(志節)을 지키겠다는 의지를 드러내는 동시에 자신의 출처관(出處觀)을 분명히 보여준 것이다. 그런데 그 속에는 자신의 정신적 지향을 드러내고 있어, 출처의 대절을 지키고자 한 것이 그의 정신지향 때문임을 암시하고 있다. 여기서는 「엄광론」을 통해 남명의 이런 출처관과 정신지향을 살펴보기로 한다.

2. 「엄광론(嚴光論)」의 내용

「엄광론」은 다음과 같이 시작하고 있다.

> 광무 황제 27년(서기 52년) 처사 엄광(嚴光)을 불러서 간의대부(諫議大夫)에 제수했다. 그러나 엄광은 끝내 뜻을 굽히지 않고 부춘산으로 돌아가서 낚시질을 하다가 생을 마쳤다. 나는 엄자릉(嚴子陵 : 嚴光)이 성인의 도를 추구한 인물이라고 생각한다.[1]

남명은 엄광이 간의대부를 마다하고 고향으로 돌아가 은거한 사실을 간략히 기술하고 있다. 여기서 눈여겨 볼 것이 엄광을 '처사'로 지칭한 점과 '성인의 도를 추구한 인물'로 본 것이다.

---

1) 경상대 남명학연구소 옮김, 『남명집』, 한길사, 2008, 333면 참조.

남명은 엄광을 이처럼 두 가지 키워드로 그 성격을 드러낸 뒤, 자신이 그렇게 논평하는 이유를 그 아래에 논의하고 있다. 그 중에 선비가 천자나 제후에게 신하노릇을 하지 않는 사람이 있는 것은 그들의 포부가 크기 때문이라고 하였다. 그러면서 "용을 잡는 기술을 가진 사람은 희생을 잡는 부엌에 들어가지 않고, 왕도정치를 보좌할 수 있는 사람은 패도정치를 하는 나라에 들어가지 않는 법이다."[2]라고 하여, 엄광은 포부가 크기 때문에 벼슬하지 않고 물러난 것이라고 보았다.

남명은 또 엄광에 대해 "또 자릉의 언론과 기풍을 상고하건대, 뜻이 높아 세상을 깔보고, 영원히 세상에서 떠나가서 돌아보지도 않는 사람은 아니다. 특히 이윤(伊尹)이나 부열(傅說)과 같은 부류인데, 때를 만나지 못한 사람이다."라고 평하였다. 이는 두 가지 점을 드러낸 것이다. 세상 사람들이 엄광을 나쁘게 평하여 세상을 깔보아 세상사에 관심을 끊고 숨은 사람이라고 하는 시각을 불식시키고, 또 엄광을 이윤이나 부열 같은 성왕을 보좌하여 태평시대를 이룩할 재주를 가진 사람인데 때를 만나지 못해 처사로 살았다는 것이다. 이러한 언설은 기실 자신의 마음을 드러낸 것이기도 하다.

남명은 이 글의 말미에서 엄광을 비판적으로 보는 사람들의 비평에 대해 논하면서 "후세에 평하는 사람들이 패도정치를 실현하려는 관점에서 자릉을 본다면 광무제에게 자기의 뜻을 굽히지 않았음을 지나쳤다고 할 것이다. 그러나 왕도정치를 실현할 수 있는 역량을 가진 사람이라는 관점에서 자릉을 평한다면, 그가 광무제를 위해 뜻을 굽히지 않았음을 마땅한 것이다."[3]라고 하였다. 그리고 자신은 그와 같은 관점에서 '엄광

---

2) 上同, 334면 참조.
3) 上同, 335~6면 참조.

은 성인의 도를 추구한 사람'이라고 논하였다.

이 「엄광론」의 핵심은 엄광이 은자가 아니고, 세상을 깔본 사람도 아니며, 왕도정치를 행할 수 없어서 세상에 나아가지 않고 물러나 살았다는 것이다. 그래서 성인의 도를 추구한 인물로 시종 논의를 이끌어가고 있다.

3. 엄광과 남명의 정체성

이 「엄광론」은 남명이 벼슬길에 끝까지 나아가지 않는 이유와 자신의 포부를 아울러 밝힌 글로, 엄광을 빌어 자신의 뜻을 드러낸 것이다. 요컨대 자신은 왕도정치의 이상을 가지고 있는데, 현실정치는 전혀 그렇지 못하다는 것과 자신은 세상을 깔보아 현실에 눈을 감고 숨어사는 사람이 아니라는 것이다.

그런데 배신(裵紳, 1520~1573)이 지은 「행록(行錄)」에는 다음과 같은 일화가 있다.

> 어떤 사람이 남명에게 "당신은 엄광과 비교해, 누가 더 낫다고 생각하느냐?"라고 하자, 남명은 "아! 엄자릉의 기절(氣節)을 내가 어찌 따라갈 수 있겠는가? 그러나 엄자릉은 나와 도를 함께 하는 사람이 아니다. 나는 이 세상을 잊지 못한 자로, 공자를 배우고자 하는 사람이다."라고 하였다.4)

---

4) 曺植, 『남명집』(아세아문화사 영인본) 142면, 裵紳 撰, 「行錄」. "又有問者曰, 先生孰與嚴子陵. 曰, 惡, 子陵氣節, 其可跂歟. 然子陵與吾不同道, 余未忘斯世者也. 所願學孔子也."

　여기서 우리는 중요한 단서를 발견하게 된다. 즉 남명은 엄광과 다른 정체성을 가지고 있다고 분별한 것이다. 앞에서 언급했듯이, 엄광은 왕도정치를 추구한 사람으로 성인의 도를 배우려 한 사람이다. 그래서 패도정치를 하는 집단 속에는 끝내 나아가기를 거부하였다. 이것이 바로 엄광의 정체성이다. 이런 점에서 남명은 엄광과 뜻을 같이 한다.

　그런데 남명은 '엄자릉은 나와 도를 함께 하는 사람이 아니다.'라고 변별하였다. 또 자신은 '세상을 잊지 못하는 자'라고 하면서 '공자를 배우고자 하는 사람'이라고 하였다. 바로 이점이 엄광과 다른 자신의 정체성을 드러내 보여준 것이다. 즉 성인의 도를 배우고 왕도정치를 이상으로 하는 점은 같다. 그러나 남명은 성인 중에서도 공자를 배우고자 하는 지향을 하는 사람이고, 또 공자처럼 세상사를 등지고 잊지 못해 늘 현실에 마음을 두고 있는 사람이라는 것이다. 흔히 은거하면 현실을 등진 사람으로 인식하는 데 남명은 은거하여 살지만 절대로 현실세계에 눈을 감고 귀를 막고 사는 사람이 아니라는 점을 분명히 한 것이다. 이것이 바로 남명의 정체성이다.

　남명은 한 마디로 현실주의자이다. 현실주의자는 현실세계에 시선을 두고 현실세계의 부조리와 불합리를 자신의 이상적인 가치관에 의해 평가하여 비판하고 저항하고 바른 목소리를 내는 사람이다. 남명이 상소문에서 현실정치를 가감 없이 비판하며 직언을 한 것은 바로 이런 사상적 토대에서 나온 것이다. 또 남명이 연꽃을 사랑한 것도 현실세계에 발을 딛고 있으면서도 자신의 고결한 지취(志趣)를 잃지 않으려고 한 것이다.

　남명의 생각은 이렇게 정리할 수 있다. 자신은 엄광처럼 세상에 나아가지 않고 물러나 살지만, 그렇다고 현실세계를 등지고 사는 사람은 아니며, 오히려 현실을 잊지 못해 늘 근심하고 있는 사람이라는 것이다.

사대부 정치 시대의 사(士)는 현실정치에서 물러났다고 하여 현실권과 동떨어진 삶을 지향하지 않으며, 여전히 현실정치에 대해 치열한 인식을 보인다. 남명은 엄광이 부춘산에 은거하여 낚시질이나 하며 현실을 등진 것과는 달리, 세상사를 잊지 못해 나라를 걱정하고 백성을 애달파 하였다. 이러한 그의 마음을 가장 잘 안 성운(成運)은 「묘비문」에 다음과 같이 썼다.

> 그는 세상사를 잊을 수 없어 나라를 걱정하고 백성에 대해 상심하였다. 매번 밝은 달이 뜬 맑은 밤하늘을 바라보며 혼자 앉아 슬피 노래를 부르다가, 노래가 끝나면 눈물을 흘렸다. 곁에 있는 사람들도 전혀 그의 마음을 알 수 없었다.[5]

성운의 이 기록은 남명이 엄광과 다른 삶을 산 것, 즉 그의 정신적 지향을 극명하게 보여준다. 이것이 바로 은일의식과 구별되는 사(士)의 처의식(處意識)이며, 남명의 정체성이다.

4. 남명의 출처관

널리 알려져 있다시피, 남명은 출처(出處)에 대해 매우 엄정한 인식을 하였다. 그래서 임금이 불러도 나아가지 않았다. 그 때문에 그는 우리나라에서 출처의 문제에 있어서 대절(大節)을 보인 인물로 일컬어진다.

남명은 출처에 대한 인식이 확고하였기에 역사적 인물에 대한 평도

---

5) 曺植, 『남명집』 卷頭, 成運 撰 「墓碣文」. "不能忘世, 憂國傷民. 每値淸宵皓月, 獨坐悲歌, 歌竟涕下, 傍人殊不能知之也."

이런 관점에서 종래의 일반적인 견해와는 상당히 다른 면모를 보이고 있다. 예컨대 제갈량(諸葛亮)이 출사한 것에 대해, 남명은 매우 부정적인 시각으로 보았다. 그는 제갈량이 사세가 불가한 시기에 나아가 일을 하려다 작게 쓰이는 유감스러움을 면치 못하고 말았다고 낮게 평가하였다.6) 남명은 명종을 만났을 적에도 이 문제를 거론하면서 제갈량이 출사해서는 안 되는 시기에 출사하였다고 평하였다.7)

남명은 또 고려 말 정몽주(鄭夢周)의 출처에 대해서도 "우왕(禑王)·창왕(昌王)이 신씨(辛氏)로서 왕을 한 것은 변설할 필요도 없다. 그 때는 신돈(辛旽)이 조정을 어지럽히고, 최영(崔瑩)이 상국을 침범하려 했으니, 군자가 벼슬할 시기가 아니었다. 그런데도 오히려 조정에서 떠나지 않았으니, 이점이 매우 의심할 만하다."8)라고 하여, 부정적인 시각을 드러내었다.

남명의 출처에 대한 인식은 「엄광론」을 통해 분명히 드러냈다고 할 수 있는데, 남명은 엄광처럼 성인의 도를 추구하는 인물로서 왕도정치를 이상으로 하기 때문에 벼슬길에 나아가지 않았다. 그런데 이러한 인식은 기본적인 관점이다. 남명은 이런 관점을 바탕으로 하면서 공자처럼 현실에 왕도정치를 펼 수 없어도 현실을 등지지 않고 현실세계에 늘 시선을 두어 국가와 민생을 걱정하는 유학자로서의 자기 위상을 분명히

---

6) 「言行總錄」에 "先生嘗謂, 諸葛孔明爲昭烈三顧而出, 欲爲於不可爲之時, 未免有小用之憾."라고 하였다.

7) 『명종실록』21년조 10월 갑자일조에 "諸葛亮, 英雄也, 料事, 亦豈偶然, 而一顧不起者, 必有時勢然也. 然與劉備共圖興復, 幾近三十餘年之久, 不能恢復天下, 則其出未可知也."라고 하였다.

8) 曹植, 『남명선생별집』권2, 「言行總錄」. "先生嘗論圃隱出處曰, 禑昌之是辛是王, 不容辨說, 其時, 辛旽穢亂朝家, 崔瑩侵犯上國, 非君子仕宦之時, 而猶不去, 是甚可疑."

드러냈다.

따라서 남명은 허유(許由)·소보(巢父)처럼 현실정치를 외면한 은일의 부류와는 처음부터 그 성향을 달리한다고 하겠으며, 또 도연명(陶淵明)과 같은 은일(隱逸)의 유형도 아니라고 하겠다. 남명은 엄광처럼 처사(處士)의 지절(志節)을 분명히 드러내면서도 공자처럼 현실세계에 늘 발을 딛고 시선을 두고 있었던 유학자라 하겠다.

이를 맹자의 설을 빌어 논하자면, 남명은 성지청자(聖之淸者)인 백이(伯夷)처럼 현실정치에 등을 돌린 것도 아니고, 성지화자(聖之和者)인 유하혜(柳下惠)처럼 아무 때나 출사한 것도 아니며, 성지시자(聖之時者)인 공자를 배우고자 하여 자신을 지절을 지키면서 현실을 잊지 않은 인물이라 하겠다.

제6장
상소문에 나타난 현실인식과 사상

1. 머리말

지금 전하는 『남명집』에는 1555년 단성현감(丹城縣監)」에 제수되었을 때 올린 을묘사직소(乙卯辭職疏)」, 1567년 선조가 즉위하여 교서(敎書)를 내려 불렀을 때 사양하며 올린 「정묘사직정승정원장(丁卯辭職呈承政院狀)」, 1568년 교지를 내려 불렀을 때 사양하며 올린 「무진봉사(戊辰封事)」, 1571년 음식물을 하사하자 사례하며 올린 「사선사식물소(謝宣賜食物疏)」 등 4편이 전한다. 이 외에도 벼슬이 내렸을 때 올린 상소문이 여러 편 더 있을 것인데, 문집에는 모두 수록하지 못하였다.

이 4편의 상소문에는 남명의 현실인식과 정치사회적 사상이 잘 드러나 있다. 여기서는 이 상소문을 통해 남명의 현실인식에 대해 살펴보고자 한다. 이 4편의 상소문에는 모두 남명이 임금에게 하고 싶은 말을 한 것, 요즘 말로 하면 키워드 같은 것이 있다. 그런데 세상에서는 그런 핵심 주제어보다는 자극적인 문정왕후를 '과부'라 칭하고, 명종을 '고아'라 칭한 것과 같은 것을 더 주목하였다. 남명의 이러한 언사는 기실 불필요한 것으로 지존의 권력을 자극하기에 충분하여 자기 목소리를 전달하는 데 비효과적이었다고 할 수 있다.

여기서는 남명의 4편 상소문에 나타난 핵심적인 주제어를 찾아 남명이 무슨 말을 하려고 했는지를 살펴보되, 남명이 그런 말을 하게 된 현실인식과 시대정신을 파악하는 데 주안점을 두고자 한다.

2. 「을묘사직소」에 나타난 현실인식

1555년에 올린 「을묘사직소」는 일명 「단성현감사직소」라고도 한다. 남명은 이 상소문에서 자신이 벼슬길에 나아가기 어려운 두 가지 이유를 중심으로 말하였다. 하나는 자신이 세상을 경륜할 만한 능력을 가진 사람이 전혀 아니라는 것이고, 또 하나는 현실적으로 나라가 거의 망할 지경에 이르렀는데 임금 이하 관료들은 이런 상황을 제대로 직시하지 못하고 있기 때문에 정치권에 나아가더라도 어떻게 해볼 수 없다는 것이다. 남명은 이런 두 가지 이유를 열거한 뒤 이어서 정치현실과 관리들의 안일한 대처를 지적하였다. 그리고 임금이 이런 상황에 대처하는 방법은 학문에 힘써 덕을 밝히고 백성을 새롭게 하는 방도를 찾아야 함을 역설하였다. 그리고 맨 마지막에 자신이 이상으로 하는 왕도정치의 법을 세워야 난국을 타개할 수 있다고 진언하였다.

「을묘사직소」는 나라를 걱정하고 백성을 안타깝게 여기는 재야의 지식인이 현실인식을 바탕으로 정치적 개혁을 요구한 것이다. 이 상소문의 핵심은 현실을 올바로 인식하고 정치적 모순을 빨리 개혁하며, 임금이 앞장서서 왕도정치를 펴라는 것이다. 남명은 자신의 정치적 이상인 왕도정치를 이렇게 말하였다.

그런데 불통이 튄 것은 이런 세 가지 문제가 아니었다. 자신이 나아갈 수 없는 두 번째 이유를 말하면서 "자전(慈殿 : 문정왕후)께서는 생각이 깊으시기는 하지만 깊숙한 궁궐에 사시는 한 과부에 지나지 않고, 전하(殿下 ; 명종)께서는 어리시어 선왕이 남기신 한 고아일 뿐입니다."라고 한 것이었다. 이런 언급은 기실 그 다음에 말한 천재(天災)가 닥치고, 민심이 이반되어 수습할 수 있는 난국을 물정을 모르는 명종과 문정왕후가 해결하기 어렵다는 것을 더 강조하기 위해 그렇게 말한 것이다. 요컨 대 '과부'와 '고아'라는 표현은 현실을 제대로 모르고 계시다는 것을 드 러내기 위한 수사에 불과하다. 그런데 세상에서는 이런 것을 가지고 직 언(直言)을 한 것이라 호들갑을 떨고 있다. 이는 문제의 본질을 잘못 짚 은 것이다.

「을묘사직소」의 핵심은 위에서 열거한 현실인식, 정치개혁, 왕도정치 이렇게 세 가지인데, 그 중에서 현실인식에 관한 부분이 가장 핍진하고 극렬하여 세상 사람들의 주목을 받은 것이다. 그 내용은 이렇다.

> 또 전하의 나라 일이 이미 그릇되어서 나라의 근본이 이미 망했고, 하 늘의 뜻도 떠나가 버렸으며, 인심도 이미 떠났습니다. 비유하자면, 백 년 동안 벌레가 그 속을 갉아먹어 진액이 이미 말라 버린 큰 나무가 있는데 회오리바람과 사나운 비가 언제 닥칠 지 까마득히 모르고 있는 것과 같습 니다. 나라꼴이 이 지경에 이른 지 오래되었습니다. 조정에 있는 벼슬아치 가운데 충성스럽고 의지가 있는 신하가 없지 않고, 초야에는 일찍 일어나 밤늦도록 공부하는 선비가 없지 않습니다. 그러나 이미 나라의 형세가 극 도에 달하여 지탱할 수 없고 사방을 둘러보아도 손쓸 곳이 없다는 것을 알면서도, 낮은 벼슬아치들은 아래에서 시시덕거리면서 주색만을 즐기고, 높은 벼슬아치들은 위에서 어름어름하면서 재물만을 늘리고 있으니, 물고 기의 배가 썩어 들어가는 것 같은데도 그것을 바로잡으려 하지 않고 있습 니다.[1]

이것이 남명이 느낀 현실에 대한 인식이다. 남명은 나라의 근본이 망 했다고 하였고, 하늘의 명이 떠났다고 했으며, 민심도 떠났다고 하였다. 이는 나라가 망했다는 말이나 다름이 없다. 근본·천명·민심은 나라가

---

1) 경상대학교 남명학연구소 옮김, 『남명집』, 한길사, 2008, 313면 참조.

유지되는 근본적인 요소들인데 이런 것들이 이미 다 없어졌다는 것이다. 이 상소문의 핵심은 현실을 이렇게 진단한 데 있으며, 임금에게 이처럼 직설적으로 현실을 이야기한 데 있다. 예나 지금이나 최고의 권력에게 누가 이처럼 서슬이 시퍼런 말을 할 수 있겠는가.

현실에 대한 남명의 이러한 진단은 현실을 비판하고 인식하는 데서 그치는 것이 아니다. 그렇게 현실을 직시하여 나라와 백성을 구제하기 위해 근본을 확립하라는 것이다. 그래서 남명은 이 상소문 후반부에 이를 극복하기 위한 대안으로 임금이 덕을 밝혀 백성을 새롭게 하길 진언하였고, 그 방도는 결국 왕도정치를 해야 한다는 것으로 끝을 맺었다.

정치를 하는 사람들은 민심을 늘 자기에게 맞추어 이해해 아전인수격으로 해석한다. 그래서 민심의 향배에는 관심도 없이 자신이 민심을 대변하고 있다고 말한다. 그러나 진정으로 백성을 위하고 진정으로 나라를 걱정하는 사람이라면 그렇게 하지 않는다. 민심이 원하는 것이 무엇인지를 세심하게 살펴 그들의 삶에 부정적인 요소들을 개혁하려 할 것이다. 그것이 현실인식이다.

「을묘사직소」의 후반부에 남명이 임금에게 권한 것은 임금이 먼저 수신(修身)을 하라는 것이다. 남명은 "더구나 정치를 하는 것은 사람에게 달려 있으니, 사람을 쓸 적에는 임금이 수신을 한 몸으로 해야 하며, 수신을 할 적에는 도로써 해야 합니다."[2]라고 하였다. 이 말은 『중용』에 보이는 말로, 공자가 노나라 임금 애공(哀公)에게 한 말이다. 그러니까 이 상소문의 핵심은 난국을 수습하는 길은 임금의 수신으로부터 비롯되어야 한다는 말을 한 것에 있다.

---

2) 上同, 317면 참조.

3. 「정묘사직정승정원장」에 나타난 현실인식

1567년에 올린 「정묘사직정승정원장(丁卯辭職呈承政院狀)」에도 남명의 현실인식이 잘 나타나 있다. 선조 즉위 초에 선조에게 현실을 있는 그대로 진달하면서 그에 대한 타개책을 제시한 것이다.

남명은 이 상소에서 "주상께서 늙은 저를 부르시는 의도는 보잘것없는 늙은 이 몸을 보고자 하심이 아니고, 한 마디 말이라도 들어서 임금의 덕화에 만에 하나라도 보탬이 되기를 바라서일 것입니다. 그러므로 '구급(救急)' 두 자를 올려 나라를 부흥시키는 한 마디 말로 삼아 미천한 신이 몸을 바치는 것에 대신하기를 청합니다."[3]라고 하였다.

이 상소는 흥미롭다. '구급' 두 자를 자신의 몸을 대신하여 올린다는 발상도 재미있고, '구급'이라는 용어로 흥미롭다. '구급'을 말하면 누구나 먼저 구급차를 떠올릴 것이고, 구급차가 울리는 경적소리를 떠올릴 것이다. 이런 점에서 상당히 시각적이며 청각적인 효과를 나타내고 있다. 물론 남명 시대에는 구급차가 없었을 것이다. 하지만 급한 불을 끌 때처럼 촌각을 다투는 장면을 연상시키기에 충분하다.

'구급'은 '급한 불을 끄라.'는 말과 다름이 없다. 나라가 불이 난 것처럼 다급하다는 표현이다. 불경 중 『법화경』은 비유로 유명한데, 그 중에는 집안에서 철모르는 아이들이 놀고 있는데 집에 불이 났을 때 어떻게 아이들을 안전하게 구출할까를 언급한 대목이 있다. 아이들은 모르지만 이 사람은 집에 불이 난 것을 알고 있다. 남명의 이 상소는 일반 백성들은 모르지만, 아니 임금도 모르겠지만, 남명은 집에 불이 난 것과 같은 화급한 상황을 인식한 것이다. 그래서 '급한 불을 끄세요.'라는 말로 자

---

3) 上同, 318~9면 참조.

신의 몸을 대신해서 두 글자를 올린다고 하였다.

　남명이 바라본 '불이 나서 집이 타들어가는 상황'은 어떤 것일까? 남명은 그것을 이렇게 그려내고 있다.

　　엎드려 보건대, 나라의 근본은 쪼개지고 무너져서 물이 끓는 것과 같고 불이 타오르는 것과 같습니다. 그런데 신하들은 아무것도 모르고서 시동(尸童)처럼 가만히 있고 허수아비처럼 멍하니 있습니다. 기강(紀綱)은 씻어버린 듯이 없어졌고, 원기(元氣)는 온통 축 늘어졌으며, 예의(禮義)는 모두 쓸어버린 듯하고, 형정(刑政)은 다 어지러워졌으며, 선비의 습속은 모두 허물어졌고, 공공의 도리는 다 없어졌으며, 사람을 쓰고 내치는 도리는 모두 혼란스럽고, 기근이 닥치는 것은 때를 가리지 않으며, 창고의 곡식은 다 고갈되었고, 제사를 지내는 것은 모두 더럽혀졌으며, 세금과 공물은 멋대로 거두어들이고, 변경의 방어는 모두 텅 비었으며, 뇌물을 주고받음은 온통 극도에 달했고, 세금을 착취하는 것은 극에 달했습니다. 백성들의 원통함은 극에 달했는데, 부호가의 사치도 극도에 달했으며, 지방의 공물 바치는 일이 통하지 않고, 이적(夷狄)이 업신여겨 쳐들어오고 있습니다. 온갖 병폐가 급하게 되어 하늘의 뜻과 사람의 일도 예측할 수 없게 되었습니다. 이러한 폐단을 내버려두고 구제하지 않으면서 한갓 헛된 이름만 일삼고, 의론만 독실한 사람을 따르고 있습니다. 아울러 산야에 버려진 사람을 찾아 어진 이를 구한다는 미명만을 얻으려 하니, 헛된 명성만으로는 실제적인 어려움을 구제할 수 없습니다. 이는 마치 그림의 떡으로 굶주림을 구제하지 못하는 것과 같으니, 발등에 떨어진 급한 일을 구제하는 데에는 전혀 보탬이 안 됩니다.

　이 상소 역서 「을묘사직소」에서 언급한 것처럼 현실을 예리하게 진단하고 그 실상을 조금의 가감도 없이 솔직하게 진달하고 있다. 이 상소에는 17개의 '진(盡)' 자를 써서 당시의 상황이 매우 피폐하다는 점을 극언하고 있다.

위의 인용문에 보이듯이, 이 상소문은 대주제가 '구급'이다. 그리고 그 급한 불에 해당하는 것이 열아홉 가지의 현실이다. 그 가운데 앞부분에 열거한 몇 가지를 간추려 보면, 근본(根本)·기강(紀綱)·원기(元氣)·예의(禮義)·형정(刑政)·사습(士習)·공도(公道)·용사(用捨) 등이다. 이런 것들이 무너진 사회, 그 사회는 분명 불난 집과 다름이 없다. 그래서 이 상소는 옛 성현의 말씀을 멋있는 말로 꾸며 올린 상소와는 다른 맛을 느끼게 한다.

4. 「무진봉사」에 나타난 개혁사상

1568년에 올린 「무진봉사」는 일반 상소와는 달리 봉사(封事)로 올린 것이다. 봉사는 상소문을 다른 사람들이 보지 못하도록 밀봉하여 올리는 글이다. 문관은 6품 이상, 무관은 4품 이상에 오른 현직 또는 전직 관료에게 시정(時政)의 득실(得失)과 백성의 폐단에 대해 의견을 아뢰게 하여, 왕이 친히 보고서 실천할 수 있는 조목을 지적하여 의정부에 내려 의논을 하며, 의정부에서는 그 조목을 헤아려 해당 관청에 보내 입법 절차를 밟게 함으로써 백성의 목소리를 반영해 국정을 바르게 운영하기 위해 만든 제도이다.

선조가 즉위한 뒤 몇 차례 교서를 내려 남명을 불렀는데, 남명은 나아가지 않고 상소문을 올렸는데, 이 「무진봉사」는 1568년 5월에 올린 것이다. 남명은 이 상소에서 백성을 다스리는 요점은 임금이 『중용』의 명선(明善)과 성신(誠身)을 통해 군덕(君德)을 확립하여 왕도(王道)를 펴는 데 있음을 역설한 글이다.

　남명은 이를 위해 우선 경(敬)을 위주로 하여 마음을 항상 정제엄숙(整齊嚴肅)하게 하고 상성성(常惺惺)하게 할 것을 주문하였다. 그리고 경(敬)으로 자신을 수양하여 천덕(天德)에 통하고 왕도를 행하여 지선(至善)의 경지에 머물러야 한다고 하였다. 즉 나라를 잘 다스리기 위해서는 임금의 수신(修身)이 제일 시급함을 말한 것이다.

　그리고 남명은 이런 토대 위에서 왕의 학문에 대해 열거하였는데,『중용』의 구경(九經)을 실천하는 것과『주역』의 시의(時宜)에 따르는 것이 가장 중요하다고 하였다. 또 사람을 등용하는 용인(用人)의 문제, 권신(權臣)·외척(外戚)·환관·서리 등이 국정을 농단하지 못하도록 해야 한다는 점을 피력하였는데, 특히 서리가 나라를 망하게 한다는 서리망국론을 구체적으로 지적하며 역설하였다. 그리고 정치를 잘 하기 위해서는 기강을 확립하고 형정(刑政)을 바르게 시행할 것을 권하였다.

　남명은 이 상소문 말미에서 다음과 같이 자신의 마음을 임금에게 고하였다.

　　신은 홀로 깊은 산중에 살면서 아래로 민생을 살피고 위로 하늘을 우러르며 탄식하고 울먹이다 잇달아 눈물을 흘린 적이 자주 있습니다. 신은 전하게 조금도 임금과 신하로서의 긴밀한 의를 맺은 적이 없는데, 무슨 은택에 감격해서 탄식하며 눈물 흘리기를 그치지 못했겠습니까? 사귐은 얕은데 말이 심각하여 실로 죄가 있습니다. 다만 생각하건대, 이 땅의 곡식을 먹은 지 여러 대째 된 백성이고, 더구나 세 조정의 징사(徵士)가 되었습니다. 따라서 신은 자신의 처지를 잊고 나라를 걱정한 주나라 과부에 비견되니, 소명이 내려진 오늘 어찌 한 말도 올리지 않겠습니까?4)

---

4) 上同, 328면 참조.

남명의 이 「무진봉사」는 칠십 세가 다 된 노학자가 갓 즉위한 20대 초반의 선조에게 나라를 다스리는 요점을 자상하면서도 완곡하게 진달한 것으로 평가된다. 동시대 퇴계가 선조에게 「성학십도(聖學十圖)」를 올려 성인이 되는 학문을 체계적으로 학술적으로 진달한 것과는 대조가 되는 상소문이다. 퇴계의 「성학십도」는 학문의 대체와 본령을 일목요연하게 정리하여 올린 교과서적인 글이라면, 남명의 「성학십도」는 그중에서 핵심적인 내용을 중심으로 아뢰되 현실문제를 거론하여 위기극복방안을 아울러 제시했다는 점에서 현실적이고 실천적이라 하겠다.

5. 「사선사식물소(謝宣賜食物疏)」에 나타난 정치사상

1571년에 올린 음식물을 내려준 은혜에 사례하는 상소문 역시 남명의 현실인식과 정치사상을 잘 보여주고 있다. 그는 단순히 은혜에 감사하는 말만을 하지 않았다. 그는 곧바로 "엎드려 살펴보건대, 전하의 나라 일이 이미 어긋나 한 가닥도 손을 댈 곳이 없는데, 관원들은 둘러서서 보기만 하고 구원하지 않습니다. 이이 어떻게 할 수 없음을 알고, 어떻게 할까를 생각하지 않은 지가 오래되었습니다."[5]라고 하여, 현실문제를 심각하게 우려하는 시각을 드러내었다. 그리고 이런 위기를 극복하기 위해 임금이 은혜와 위엄을 보여 기강을 확립할 것을 몇 차례 진언하였는데, 시행된다는 말을 들어보지 못하였다고 책망하였다.

남명은 이 상소의 마지막에서 다음과 같이 말하고 있다.

---

5) 上同, 331면 참조.

위엄을 내리고 복을 주는 권한이 자신에게 있건마는 친히 거두어 살펴
보지 아니하시고, 오히려 신하가 강하다는 말씀만 내리시어, 임금께 과감
하게 말씀드리지 못하도록 했습니다. 그리하여 여러 신하가 해이하여 아
무 근심 걱정 없이 지내므로, 나라가 마침내 기강을 잃어서 지금에 이르렀
습니다. 늙은 저는 한갓 우로(雨露)와 같은 은택을 입는 것에 감사드릴 뿐
이요, 전하의 성덕이 부족함을 보필할 길이 없어, 삼가 '군의(君義)' 두 글
자를 바치니, 몸을 닦고 나라를 정돈하는 근본으로 삼으시길 바라옵니다.
엎드려 바라옵건대, 잘 살펴시옵소서.6)

이 상소는 임금이 은혜와 위엄을 보여 기강을 확립하라는 것으로, 그
큰 주제는 '임금은 의로워야 한다.'는 '군의(君義)'이다. 의(義)는 남명학
의 핵심 중 핵심에 해당하는 글자이다. 의(義)는 세상의 이치로 보면 의
리(義理)이고, 그것을 현실사회에 구현하는 측면에서 보면 정의(正義)이
다.『정의란 무엇인가』라는 책이 한 동안 우리 사회 지식층에게 널리 읽
힌 적이 있다. 정의는 정치적 정의, 사회적 정의, 경제적 정의 등 다양한
분야에서 이룩해야 할 지고한 가치이다. 우리는 '정의롭게 자유로운 세
상'을 만들기 위해 불의와 맞서 싸워왔다. 그런데 이 정의는 개개인의
양심적 정의를 바탕으로 해야 한다. 그렇지 않으면 도덕성이 결여되어
헛된 구호로 그칠 수 있다. 그래서 남명의 말처럼 경(敬)으로 수신을 하
여 임금 개인이 먼저 정의로움을 확보하고서, 그것을 세상에 펴서 정치
적으로, 사회적으로, 경제적으로 정의를 이룩하도록 해야 한다. 이것이
남명이 내세운 수신을 통해 천덕을 얻고, 그것을 바탕으로 왕도를 행하
는 논리라 하겠다.

남명의 상소문을 보면 남명정신이 잘 나타나 있다. 「을묘사직소」의

---

6) 上同, 331면 참조.

수신(修身), 1567년에 올린 사직소의 구급(救急), 「무진봉사」의 '군덕(君德)', 그리고 1571년에 올린 상소의 '군의(君義)' 이런 키워드를 중심으로 보면, 남명이 임금에게 무슨 말을 하고 싶었는지 쉽게 이해할 수 있을 것이다. 예나 지금이나 누군가는 이런 목소리를 최고의 권력자에게 전달해야 한다. 그래서 늘 수신을 하고, 급을 불을 끄고 자신의 덕을 닦고, 의로운 선택을 하도록 해야 한다. 그런데 안타깝게도 우리 현대 정치사를 보면 최고통치자의 개인적인 철학에 의해 국민들이 너무 많이 휘둘리고 있다. 그래서 좌우로 심하게 흔들리는 고속정을 타고 심한 뱃멀미를 하는 느낌이다. 이제 좌우로 심하게 흔들리는 요동치는 파도를 넘어 잔잔한 물결 위를 항해하는 배를 타고 싶다.

제7장
남명의 성학과정과 학문정신

1. 성학과정(成學過程)

여기서는 남명의 생애 가운데 학문을 성취하는 과정에 초점을 맞추어 어떻게 공부를 했고, 누구의 영향을 받았고, 어떻게 현실을 인식하고 시대정신을 키워나갔으며, 자신이 살고 있는 시간과 공간 속에서 학자로서 어떤 정신을 지향했는지를 중점적으로 논의하고자 한다.

1) 초학과정(初學過程)

기존의 연구에서 남명의 생애와 수학과정을 어느 정도 밝혀놓았지만,[1] 대체로 1897년에 만들어진 「남명선생편년(南冥先生編年)」(이하 '「編年」'이라 칭함)의 내용에서 크게 벗어나지 않는다. 좀 심하게 얘기하자면, 「편년」의 내용에 살을 붙여 자의적으로 시기구분을 해 놓은 데에 불과하다. 이 글은 이런 편년체의 기술방식에서 탈피하여 시기를 구분해 각 시기의 성격을 드러내며 특징적인 삶의 국면에 초점을 맞추어 재조명해 볼 것이다.

남명은 1501년(연산군 7) 음력 6월 26일 경상도 삼가현(三嘉縣 : 현 합천군 삼가면) 토동(兎洞 : 외토리) 외가에서 태어났다. 유아기를 시골에서 보내다가 언제 서울로 이주하였는지는 명확하지 않다. 그러나 부친

---

1) 기존의 연구에서 남명의 생애와 수학과정에 대해 가장 자세하게 언급하고 있는 논문은 김충렬 교수의 「생애를 통해서 본 남명의 위인」(『대동문화연구』 제17집, 성균관대학교 대동문화연구원)이다.

조언형(曺彦亨)이 1504년(연산군 10) 4월 식년시 문과시험에 병과로 급제하여 벼슬길에 나아간 뒤일 것으로 간주된다.[2]

『편년』에 의하면 남명은 7세 때 가정에서 수학하기 시작하였다고 되어 있을 뿐, 18세 전까지의 수학과정에 대해서는 기록이 없다. 따라서 정확히 언제 누구에게 수업을 받았는지는 알 길이 없다. 그러나 친하게 지냈던 몇 사람들의 행적을 통해 그 가능성을 추정해 볼 수 있다.

남명은 어려서 이윤경(李潤慶, 1498~1562)·이준경(李浚慶, 1499~1572) 형제와 이웃에 살며 친하게 지냈는데, 『덕천사우연원록(德川師友淵源錄)』이준경 조에 보면 "선생은 어려서부터 공과 친하게 지내며 서판(書版)을 나란히 하고 함께 서산(栖山)에서 독서하였다."라는 기록이 보인다.[3] 여기서 '서산(栖山)'이 어디인지는 정확히 알 수 없으나, 이윤경이 한양 동부(東部) 연화방(蓮花坊 : 현 종로4·5가)에서 태어났다는 기록이 있는[4] 것으로 보아, 이준경의 집에서 가까운 한양 동부 근방의 작은 산

---

2) 김충렬 교수는 위의 논문에서 "남명은 다섯 살 때 아버지가 문과에 장원하여 벼슬길에 나아감에 시골에서 서울로 이사해 살기 시작하였다."라고 하였는데, 이는 남명이 쓴 부친의 묘지명(「先考通訓大夫承文院判校府君墓碣銘幷序」)에 '始由廷試壯元 授承文院正字'라는 문구를 잘못 해석한 결과이다. 여기서 '廷試'는 文科 殿試가 아니고 나라에 경사가 있을 때 대궐에서 임시로 보이는 과거의 일종이다. 『조선왕조실록』 연산군 10년 정월 임오일 조에 의하면 '試藝에서 장원한 생원 조언형을 殿試에 直赴하라.'는 전교가 있고, 『국조문과방목』에 의하면 조언형은 생원으로서 갑자년(1504) 4월에 시행된 별시 문과 전시에서 병과로 급제했다는 기록이 있다. 이런 자료를 종합해 볼 때, 남명의 나이 5세 때 부친 조언형이 문과에 급제한 것이 아니고 4세 되던 해 4월에 급제했으며, 또 장원으로 급제한 것이 아니고 병과로 급제한 사실을 확인할 수 있다.

3) 河禹善 主編, 『德川師友淵源錄』, 李浚慶 條.

4) 盧守愼, 『蘇齋集』 권9, 「有明朝鮮國資憲大夫兵曹判書李公神道碑銘幷序」 참조.

이름일 가능성이 크다. 이 자료를 통해 볼 때, 남명의 집도 처음에는 이준경의 집이 있는 연화방에 있었던 것으로 추정된다.

이준경의 문집인 『동고유고(東皐遺稿)』에 의하면, 이준경은 어려서 황효헌(黃孝獻, 1491~1532)에게 『소학』을 배우고, 조금 커서 종형 이연경(李延慶, 1484~1552)에게 배워서 17,8세경에 행실이 완성되고 덕이 확립되었다는 내용이 보인다.5) 이에 의하면 이준경은 황효헌 및 이연경과 이웃하고 살았음을 짐작할 수 있다. 황효헌은 1514년(중종 9) 별시 문과에 을과로 합격하여 벼슬길에 나아갔고, 이연경은 1507년(중종 2) 생원시에 합격하였고, 1514년(중종 9)에 대부인을 받들고 북촌으로 은거했다가 1519년(중종 14) 현량과에 합격하여 벼슬길에 나아갔다.6) 이러한 사실로 미루어볼 때, 이준경 형제는 갑자사화 때 괴산으로 유배되었다가 1506년(중종 1)에 풀려났는데, 이때부터 황효헌에게 『소학』을 배우고, 10여 세가 지나서 이연경에게 본격적으로 수학했을 가능성이 높다.

이런 기록들을 종합해 볼 때, 남명은 한양으로 이사해 이준경의 집이 있는 동부 연화방에서 살았으며, 7세 때부터 가정에서 수학하기 시작하여 8, 9세 때 큰 병을 앓고, 10여 세부터는 이준경 형제와 함께 이연경에게 유가의 기본경전을 배웠을 것으로 추정된다.7)

「편년」 정덕(正德) 13년 무인년(18세, 1518년) 조에 "이에 앞서 판교공(判校公 : 남명의 부친)이 서울 안의 장의동(壯義洞)으로 이거했다."라는

---

5) 李浚慶, 『東皐遺稿』, 「年譜」 및 「行狀」 참조.
6) 盧守愼, 『蘇齋集』 권9, 「有明朝鮮國弘文館校理李灘叟先生墓誌銘幷序」.
7) 金忠烈 교수는 「編年」에 공백기로 되어 있는 10년간 이준경 형제와 함께 黃孝獻을 師事했을 것으로 보았는데, 이준경 형제의 수학과정을 참고로 해 볼 때, 황효헌에게 배웠을 가능성보다는 10여 세 이후부터 이들과 함께 李延慶에게 배웠을 가능성이 더 큰 것으로 보인다.

기록이 있는 것으로 보아, 남명의 나이 18세가 되기 전에 연화방에서 북부(北部) 장의동(현 종로구 효자동)으로 이사하였다는 것을 알 수 있다. 남명은 장의동으로 이사를 가고 난 뒤에도 이준경과 함께 산사에서 공부하였는데,[8] 동부의 서산(栖山)에 있던 절일 것으로 추정해 본다. 남명은 장의동으로 이사를 간 뒤 이웃에 사는 성운(成運, 1497~1579)을 만나 절친한 벗이 되는데, 대체로 남명의 나이 20세 전후인 것으로 여겨진다.

또 「연보」에 의하면 남명은 18세 때 아버지를 모시고 단천(端川)에서 돌아왔다고 되어 있다. 남명이 언제 아버지의 임지인 단천으로 갔는지는 알 수 없으나, 조언형이 남명의 나이 17세 때인 1517년 4월 정5품직인 사헌부 지평으로 있었던 것을 보면,[9] 그 이후인 것으로 간주된다. 또 1520년(중종 15) 6월 29일 대사간 서지(徐祉)가 "단천군수 조언형을 앞서의 정사 때에 지평에 의망(擬望)하였으나, 지금 한창 농사를 지을 때 올라오게 되면 폐단이 있을 것이니, 이 뒤로는 주의(注擬)하지 마십시오." 라고 아뢴 것을 보면, 조언형은 이때까지 단천군수로 재직하고 있었다는 것을 알 수 있다. 조언형은 1523년(중종 18) 정월에 종3품직인 사헌부 집의에 제수되었는데, 당시 수령의 임기가 5년이었던 점으로 미루어보아 1518년(중종 13)부터 1522년(중종 17)까지 단천군수로 재직하였을 것으로 추정된다.[10]

---

8) 河禹善 주편, 『德川師友淵源錄』, 李浚慶 條에 보임.
9) 實錄廳, 『朝鮮王朝實錄』 中宗 12年 4月 辛亥日 條 참조.
10) 李肯翊, 『燃藜室記述』 권9, 中宗朝 故事本末 曹彦亨 조에, 조언형이 丁卯·戊辰 年間 단천군수로 있을 적에 감사로 순시 나온 친구 姜渾을 꾸짖고 이튿날 벼슬을 버리고 돌아갔다고 되어 있는데, '丁卯·戊辰'은 己卯(1519)·庚辰(1520)의 잘못인 듯하고, 또 상관인 친구의 행실이 나쁘다고 하여 벼슬을 버리고 갔다는 것은 좀 과장된 얘기인 듯하다. 공적인 임금의 명을 사적인 이유 때문에 헌신짝처럼 버린다는 것은 신빙하기 어려운 말이다. 설령 이 기록을 액면 그대로 받아들인다

이런 자료를 종합해 볼 때, 남명이 언제부터 언제까지 아버지 임지인 단천에 다녀왔는지 정확히 추정할 수는 없지만, 아마도 아버지가 단천 군수에 제수되었을 때 따라갔다가 돌아왔다고 보는 것이 옳을 듯하다. 따라서 「연보」의 ‘배판교공자단천귀경제(陪判校公自端川歸京第)’도 ‘아 버지 판교공을 모시고 단천에 갔다가 단천에서 한양의 집으로 돌아왔 다.’라는 뜻으로 보는 것이 타당할 것이다. 「편년」에서도 성운(成運)의 제문을 인용하여 18세 때 서울에 있었던 것이 분명하다고 하면서 이 기 록을 의심하였으니, 앞에서 언급한 18세 때 이준경과 한양 서산에서 공 부했다는 기록과 참조해 보건대, 아버지를 모시고 단천으로 갔다가 바 로 돌아와 한양에서 공부하고 있었던 것으로 보는 것이 옳을 것이다.[11]

「편년」에 의하면, 18세를 전후한 시기에 남명은 경(經)·사(史)·자(子) 를 두루 섭렵하여 융회관통하고, 천문(天文)·지지(地志)·의방(醫方)·수학 (數學)·궁마(弓馬)·항진(行陣)·관방(關防)·진수(鎭戍) 등에도 뜻을 두고 궁구하여 세상에 응하는 쓰임을 삼았으며, 문장(文章)과 공업(功業)을 자 부하여 한 시대를 뛰어넘고 천고를 지나칠 뜻이 있었다고 되어 있고, 또 19세 때 산사에서 『주역』을 읽었다고 되어 있다.

「편년」이 후세에 만들어진 책이고, 또 다른 서책에 전하는 기록을 모 아 붙여놓은 것이기 때문에 꼭 그 당시의 실제적인 일이라고 믿기는 어 렵다. 그러나 우리가 여기서 중시하고 넘어가야 할 점은, 대체로 남명은 20세를 전후한 시기에 경·사·자의 기본적인 필독서를 다 읽고, 현실세 계에 실용적으로 쓸 수 있는 학문에도 관심을 두면서 공업과 문장에 대

고 하더라도 위의 자료를 종합해 볼 때, 己卯·庚辰 年間에는 단천군수로 재직하 고 있었다는 사실이 입증된다.
11) 김충렬 교수는 위의 논문에서 17,8세 때 단천에 있으면서 독학하던 시기로 보았 는데, 이는 맞지 않는 듯하다.

해 대단한 자부를 가지고 있었다는 사실이다. 바꾸어 말하면 성리학적인 학문의 세계로 깊이 침잠해 들어가지 않고, 성현의 학문을 통해 자신의 자세를 확립하는 동시에 실용적인 학문을 연마해 현실을 태평성세로 만들겠다는 원대한 포부를 불태우던 시기라고 할 수 있다.

뒷날 그가 초야에 묻혀 세상에 나아가려 하지 않으면서도 현실에 눈을 감지 않고 항상 우국애민의 뜨거운 마음으로 눈물을 흘리며, 상소문에서 정치현실의 모순을 구체적으로 들어 직언한 것도 그가 젊은 시절에 꿈꾸던 이런 경세적인 학문정신이나 이상 정치를 실현하고자 한 젊었을 때의 포부와 긴밀한 연관이 있을 것으로 보인다.

또한 남명은 어려서부터 글짓기를 좋아하여 기이하고 고아한 문장을 이루려고 힘썼는데, 특히 『춘추좌씨전(春秋左氏傳)』과 유종원(柳宗元)의 문장을 좋아하여 탐독하면서 그것을 본뜨려고 하였다. 스스로도 문장에 대한 자부심이 대단하여 과거를 보면 쉽게 합격하리라고 생각하였다. 남명은 유종원의 고문(古文)을 가장 좋아하여 자신도 그런 문장을 성취하려고 노력하였는데, 다음 글을 보면 그의 어렸을 적 문장공부에 대한 경향이 어떠했는지를 알 수 있다.

> 선생은 젊었을 적에 문장가를 배우는 데 크게 분발하였다. 유종원의 문장 읽기를 가장 좋아하여 그것을 본받으려고 노력하였다. 비록 뜻을 굽혀 과거장에 나아가기는 하였으나, 또한 우리나라 사람들의 속된 문자를 잠시라도 보려고 하지 않았다. 시를 지을 적에도 애써 고풍을 본받으려고 하였다. 만년에 말씀하시기를 "나는 고문을 배우고자 하였지만 성취하지 못하였다. 퇴계(退溪)의 문장은 본디 금문(今文)이다. 그러나 도리어 성취를 하였다. 비유컨대, 나는 비단을 짜다가 천을 완성하지 못했으니 세상에 쓰이기 어렵고, 그는 명주를 짜서 천을 완성하였으니 세상에 쓰일 만하다." 라고 하였다.[12]

이 글에서 우리는 남명이 어려서 고문에 큰 뜻을 두고 있었다는 사실을 알 수 있다. 남명은 젊어서 『춘추좌씨전』이나 유종원의 문장을 본받아 기고(奇古)한 글을 즐겨 지었다. 이는 구양수(歐陽脩)나 증공(曾鞏) 같은 송대 고문가들의 순정(醇正)한 고문과는 다른 선진고문(先秦古文)에 가까운 문장을 추구한 것이다. 유종원의 문장을 가장 좋아한 데에서도 남명의 문장에 대한 취향을 알 수 있다. 유종원 당송팔대가의 한 사람으로 기문(記文)을 잘 지었는데, 순정하기보다는 기고한 맛이 느껴진다.

이처럼 남명은 고문에 대한 나름대로의 자부심을 가지고 있었는데, 이런 자부심 때문에 그는 문장을 통하여 발신을 꿈꾸었다. 우리는 남명의 초기 학문경향을 고찰하는 데 있어 이점을 중시하지 않으면 안 된다. 비단을 짜려고 했는데 성취하지 못했다는 말은 고문을 추구했다는 말이고, 『춘추좌씨전』을 좋아했다는 말은 선진고문을 추구했다는 말이다. 금문(수文)은 당시의 문장을 뜻하는 말이니, 송·명대의 문장을 지칭한다고 하겠다.

이처럼 남명은 공업과 문장을 이루겠다는 큰 포부를 갖고 산사에서 공부를 하고 있었는데, 남명의 나이 19세 되던 해 12월 기묘사화가 일어나 조광조 등 도학정치를 내세우던 신진사림들이 대거 화를 당하였다. 당시 남명은 한양에 있었기에 그 참혹한 화를 직접 보고 들었을 것이다. 감수성이 예민한 청년의 눈에 비친 현실에 남명은 적지 않게 갈등하였을 것으로 추정된다.

그러나 공업과 문장에 대해 나름대로 자부하고 있던 남명은 좌절하지

---

12) 曺植, 『南冥集』 권4, 金宇顒 撰 「行錄」. "少時, 大奮業文章家, 最喜讀柳文, 而力慕效之. 雖俯就場屋, 亦不肯暫看東人俗下文字. 其爲詩, 亦刻意慕古, 晚歲嘗自言吾學古文而不能成, 退溪之文, 本是今文, 然却成就, 譬之, 我織錦而未成匹, 難於世用, 渠織絹成匹而可用也."

않고 더욱 학업에 매진하며 발신을 꿈꾸었다. 또한 19세의 청년이 정치적 폭거에 대해 할 수 있는 일은 없었으며, 그 나이에 과거공부를 포기하는 것도 마음대로 할 수 있는 일이 아니었을 것이다. 그리하여 남명은 다시 마음을 추스르고 과거공부에 매진하여 20세 때 생원·진사 시험의 초시에 모두 합격하고, 문과 시험의 초시에도 합격하였다. 그리고 다음 해에 생원·진사 시험의 2차 시험인 회시(會試)에는 나아가지 않고, 곧바로 문과 회시에 나아갔다가 낙방하고 말았다.

남명은 이후 25세 까지 주로 서울 인근의 산사에서 과거에 뜻을 두고 글을 읽으며 문장수업에 치중했던 것으로 보인다. 요컨대 25세 전까지의 남명은 공업과 문장을 성취하겠다는 원대한 포부를 갖고 작문연습과 독서에 매진하고 있었다고 보아야 할 것이다.

2) 학문의 대전환

이처럼 남명은 20대 초반까지 원대한 포부를 갖고 산사에서 발신을 위한 공부에 정진하고 있었다. 스스로도 자신의 재주에 대한 자부심이 대단하여 과거를 보면 손쉽게 합격하리라고 생각하였는데, 뜻하지 않게 문과 회시에 실패한 뒤로 자신의 문장에 대해 자각적 반성을 하게 된다. 당시의 사정을 남명은 다음과 같이 말하고 있다.

> 또 문장을 짓는 것이 격식[程式]에 맞지 않는다고 생각하여 다시 평이(平易)하고 간결하고 내실이 있는 책을 구해 처음으로 『성리대전』을 취해 읽었다.13)

---

13) 曺植, 『南冥集』 권2, 「書圭菴所贈大學冊衣下」. "又慮爲文不中程式, 更求平易簡實之書, 觀之, 始取性理大全, 讀之."

남명은 21세 때 문과에 낙방한 이후 상당히 실의에 빠져 있던 것으로 예상 된다. 그러다 심기일전하여 자신의 문장에 대한 반성을 하고, 자신의 기굴(奇崛)한 문체를 평이하고 간결하고 내실 있는 문장으로 바꾸어야겠다는 생각을 하게 되었다. 즉 선진(先秦)의 기고(奇古)한 문체에서 송대의 평이간실(平易簡實)한 순정고문으로 선회하게 된 것이다. 이 때 비로소 그는 『성리대전』을 구해 읽게 되었는데, 이 책을 읽게 된 것이 남명의 학문에 있어 가장 큰 전환점이 되었던 것이다.

남명은 이 시기 이전까지 성리학에 별다른 관심을 가지고 있지 않았다고 볼 수 있다. 공업을 이루겠다는 원대한 포부와 문장에 대한 남다른 자부심을 가지고 경·사·자의 글을 폭넓게 섭렵하는 방향으로 공부를 계속하였지, 송대의 성리학에 대해 깊이 침잠하겠다는 뜻을 가지고 있었던 것은 아닌 듯하다. 즉 문장을 통하여 발신하려고 했던 것이다.

이때 그는 『성리대전』을 읽다가 허형(許衡, 1209~1281)의 설을 보고 크게 깨달아 이제까지의 자신의 공부에 대해 반성을 하게 되었다.

> 선생은 25세 되던 해 친구와 함께 산사에서 과거공부를 하다가 『성리대전』을 읽었는데, 허노재(許魯齋 : 許衡)의 "이윤(伊尹)의 지향에 뜻을 두고 안자(顏子 : 顏回)의 학문을 배워서, 벼슬길에 나아가면 큰일을 이룩함이 있고, 초야에 숨어 살면 자신을 지키는 것이 있어야 한다. 대장부는 마땅히 이와 같이 해야 한다."라는 말에 이르러, 이에 척연히 경계하는 마음을 일으키고 망연히 자신을 잃어 비로소 종전에 지향한 바가 잘못되고, 고인이 이른바 위기지학(爲己之學)이라고 한 것이 대체로 이와 같다는 것을 깨달았다. 드디어 깊이 탄식을 하고 발분하는 마음을 일으켜 밤새도록 잠자리에 들지 않다가 이른 새벽에 친구에게 작별을 하고 집으로 돌아갔다.[14]

---

14) 曺植, 『南冥集』권4, 金宇顒 撰 「行狀」. "年二十五, 偕友人肄擧業於山寺, 讀

이 시기가 정확히 언제인지는 자세치 않다. 문인 김우옹(金宇顒)이 지은 「행장(行狀)」에는 25세 때의 일이라고 하였고,[15] 「편년(編年)」에도 25세 때의 일로 기록되어 있는데, 문인 정인홍(鄭仁弘)이 지은 「행장」에는 26세 때라고 하였다.[16] 1년의 차이가 나는 것은 이들이 이 말은 들은 지 오랜 시간이 지난 뒤에 기록하다 보니 착오를 일으킨 것이 아닐까 싶다.

남명은 과거공부를 하는 과정에서 자신의 문장에 대한 반성을 하게 되었고, 이를 계기로 읽게 된 성리서를 통해서 뜻하지 않게 자신의 학문에 대한 근본적인 의문을 제기하게 되어 비로소 위기지학에 대한 욕구가 싹튼 것이다. 그리하여 남명은 출세지향적인 과거공부에 대해 회의하기 시작했고, 드디어 성인의 학문에 전심해야겠다는 생각을 갖게 된 것이다. 이때의 심정을 남명은 다음과 같이 술회하였다.

> 어려서 부모를 잃고 돌아갈 곳을 모르다가, 어느 날 아침 갑자기 자애로운 어머니의 얼굴을 보고 하도 기뻐서 자신도 모르게 손발이 덩실덩실 춤을 추는 것과 같았다.[17]

이때부터 남명은 지엽적인 공부를 떨쳐버리고 발분하여 오로지 육경·사서 및 주돈이(周敦頤)·정호(程顥)·정이(程頤)·장재(張載)·주희(朱熹)의 글에 밤낮으로 마음을 기울이고 정신을 쏟았다.

性理大全, 至魯齋許氏語有曰志伊尹之志, 學顔子之學, 出則有爲, 處則有守, 丈夫當如此, 先生於是, 惕然警發惘然自失, 始悟從前所趣之非, 而古人所謂爲己之學者, 盖如此也. 遂喟然發憤, 竟夜不就席, 遲明揖友人而歸."

15) 曺植, 『南冥集』권4, 金又顒 撰「行狀」참조.
16) 曺植, 『南冥集』권두 鄭仁弘 撰「行狀」참조.
17) 曺植, 『南冥集』권2, 「書圭菴所贈大學册衣下」. "政如弱喪而不知歸, 一朝忽見慈母之顔, 不知手足之蹈舞."

이처럼 새롭게 수기공부(修己工夫)를 시작하던 시기에 아버지 판교공이 돌아가셨다. 남명이 26세 되던 해 3월에 아버지가 한양의 자택에서 돌아가서 고향인 삼가현 관동(冠洞)에 있는 선영으로 모시고 내려와 장례를 치르고 삼년 동안 시묘살이를 하였다.

3) 성리학에로의 침잠

남명은 28세 되던 해 6월 부친상을 마치고 가을에 벗 성우(成遇)와 함께 지리산을 유람하였다. 지리산 어느 방면으로 유람했는지는 알 수가 없으나, 「유두류록(遊頭流錄)」에 의하면 상봉에 올랐다가 내려와 신응사에 들렀다고 하였으니, 아마도 천왕봉에 올랐다가 주능선을 따라 세석으로 와서 대성동 계곡을 통해 의신마을로 내려온 듯하다. 그리고 29세 되던 해에는 의령(宜寧) 자굴산(闍崛山)에 있는 암자에 머물며 독서했다. 이때 남명은 성리학으로 깊이 침잠해 들어가기 시작하였는데, 「편년」에는 당시 학문에 몰두하는 모습을 다음과 같이 기록하고 있다.

> 그 절에 사는 승려가 말하기를 "그가 거처하는 방은 하루 종일 아무 소리도 들리지 않고 적막하였다. 매번 깊은 밤이 되었을 때, 손가락으로 책상을 가볍게 두드리는 소리가 들려 그가 아직도 글을 읽고 있는 줄 알았다."라고 하였다.[18]

이런 자세로 남명은 책상 앞에 조용히 앉아 밤낮으로 성현의 글을 완미하였는데, 매우 견고한 의지를 갖고 경서와 성리서에 깊이 잠심해 들

---

18) 「南冥先生編年」, 嘉靖八年 己丑年 條. "寺僧言其所處之室, 終日寂然無聲, 每夜深時, 聞以手指微打書案, 因知其尙讀書也."

어가기 시작했던 것 같다. 남명은 20대 초반 한양에서 발신을 위해 공부
할 적에도 학문하는 자세가 조금도 흐트러지지 않았다. 그의 절친한 친
구 성운(成運)은 남명이 한양에서 공부할 때의 모습을 다음과 같이 기술
하고 있다.

> 항상 깊숙한 방에 들어앉아 있으면서 문밖으로 발을 내딛지 않아 비록
> 지붕을 맞대고 사는 사람일지라도 그의 얼굴을 보기가 드물었다. 새벽닭
> 이 울면 일어나 의관을 정제하고 시동(尸童)처럼 똑바로 앉아 있었는데,
> 반듯이 꼿꼿하게 앉아 있어 멀리서 보면 마치 그림이나 조각물과 같았
> 다.19)

이런 기록을 보면 남명은 젊어서부터 매우 철저하고 강인한 성품을
지니고 있었음을 알 수 있다. 이처럼 남명은 평소 흐트러지지 않는 자세
로 학업에 매진하였는데, 특히 성리학으로 침잠해 들어가기 시작하여
주일무적(主一無適)의 경공부(敬工夫)와 극기복례(克己復禮)의 공부를
한 뒤로부터는 더욱 똑바른 자세를 견지했던 것 같다.

정인홍과 김우옹이 쓴 「행장」에 의하면, 공부하는 사람은 처자식과
함께 뒤섞여 거처해서는 안 된다고 하였고, 한밤중의 공부가 매우 많으
니 잠을 많이 자서는 안 된다고 하였다.20) 특히 사색공부는 밤에 더욱
전일하다고 하며, 잠을 많이 자는 것을 경계하였다. 이와 같이 철저하고
엄격한 남명의 학문자세에는 그의 천인벽립(千仞壁立)·추상열일(秋霜烈
日)의 기상이 그대로 나타나 있다.

---

19) 『南冥集』 권두, 成運 撰 「墓碑文」. "常潛居幽室, 足不攝門墻之外, 雖連棟而居
    者, 罕得見其面. 聽鷄晨興, 冠頂帶腰, 正席尸坐, 肩背竦直, 望之若圖形刻像."
20) 曺植, 『南冥集』 권두, 鄭仁弘 撰 「行狀」 및 권4 金宇顒 撰 「行狀」 참조.

남명은 30세 되던 해 처가집이 있는 김해 신어산(神魚山) 밑의 탄동(炭洞)으로 이사하였다. 이때부터 그는 집근처에 산해정사(山海精舍)를 지어 놓고 계명실(繼明室)에 들어 앉아 성리학에 침잠하였는데, 예전에 보았던 경전과 성리서를 다시 익히고 연역해 들어가기 시작하였다. 이 당시 남명은 자신의 마음을 성(誠)되게 하기 위한 경공부(敬工夫)에 주력하였던 것 같다. 즉 성리학에 침잠하여 내적함양에 힘쓰던 시기로 보인다. 스스로를 경계하기 위해 쓴 「좌우명」에 "항상 신실(信實)하고 항상 삼가서 사악한 마음을 막고 성심을 보존하라. 산처럼 우뚝하게 서고 연못처럼 깊숙하게 잠기면 환하게 빛나 봄날처럼 영화로우리라."[21]라고 한 것을 보면, 당시 남명의 학문적 의지를 엿볼 수 있다. 남명은 이 「좌우명」을 계명실 벽에 걸어놓고 늘 자신을 경계하였다.

이 당시 한양에서 사귄 절친한 벗 성운(成運), 경상도에 살던 이원(李源, 1501~1547)·신계성(申季誠, 1499~1562)·이희안(李希顔, 1504~1559) 등이 찾아와 여러 날 학문을 강론하고 토론하니, 당시 사람들이 덕성(德星)이 모여든다고 하였다. 문명이 없던 바닷가 고을이 남명에 의해 문명화되는 모습을 보여준다.

31세 되던 해 10월에 옛 친구 이준경(李浚慶)이 『심경』을 보내왔는데, 남명은 친구에게 감사하는 마음으로 다음과 같이 마음을 다스리는 공부에 전력할 것을 스스로 다짐하였다.

마음을 잃어버리고 몸뚱이만 돌아다니면 금수가 아니고 무엇이겠는가. 그렇다면 이군(李君)을 저버리는 것이 아니면 이 책을 저버리는 것이고, 이 책을 저버리는 것이 아니면 내 마음을 저버리는 것이니, 슬픔 중에 자기의 마음이 죽는 것보다 더 큰 것이 없다. 죽지 않는 약을 구했으면 먹기

---

21) 曺植, 『南冥集』 권1, 「左右銘」. "庸信庸謹, 閑邪存誠, 岳立淵沖, 燁燁春榮."

를 급급히 해야 할 것이다. 이 책은 마음을 죽지 않게 하는 약이로다. 반
드시 먹어서 그 맛을 알고, 좋아하여 그 즐거움을 알게 되면 오래갈 수 있
고 편안할 수 있어서 아침저녁으로 날마다 써도 스스로 그만둘 수 없게
될 것이다. 노력하여 게을리 하지 말라. 안연(顏淵)처럼 되는 것이 여기에
있다.[22]

성리학에서 마음은 일신을 주재하는 주재자로 성(性)·정(情)을 통솔하
는 것이다. 따라서 이 마음이 자신에게 보존되어 있지 못하면 금수와 다
름이 없게 된다. 남명은 『심경』을 마음을 죽지 않게 하는 약에 비유하면서
이에 침잠해 심성수양을 위한 공부에 전념할 것을 굳게 다짐하고 있다.

이 시기에 남명은 한때 어머니의 간청에 못 이겨 향시(鄕試)에 나아가
기도 하였으나, 회시(會試)에 낙방하였다. 그러다 37세 되던 해 세도가
날로 잘못돼 가는 것을 보고서 드디어 어머니에게 말씀드리고 과거에서
완전히 손을 떼었다. 그러니까 25세 이후 과거시험에 응한 것은 모친의
권유를 거절하기 어려워서 나아간 것이다. 남명은 학문의 대전환을 하
고 난 뒤에 과거에 마음을 두지 않았으니, 과거공부에 치중하지 않았을
것이다. 따라서 37세 때 비로소 과거에 미련을 끊었다는 하는 것은 실제
와 부합되지 않는다.

남명은 허형(許衡)의 글을 읽다가 깨달은 뒤로 어렸을 적에 꿈꾸었던
공업(功業)에 대한 생각을 끊고 성현의 도를 구하겠다는 이상을 갖게 되
었는데, 특히 공자와 안회의 경지에 나아가기를 기약하였다. 이준경이
보내준 『심경』을 받고 '안연처럼 되는 것이 바로 이 책에 있다'고 하였

---

22) 曺植, 『南冥集』 권2, 「書李君原吉所贈心經後」. "心喪而肉行, 非禽獸而何.
然則非負李君, 則負是書, 非負是書, 卽負吾心, 哀莫大於心死. 求不死之藥,
惟食爲急. 是書者, 其惟不死之藥乎. 必食而知其味, 好而知其樂, 可久可安,
朝夕日用而不自已也. 努力無怠, 希顔在是."

듯이, 남명은 도를 구하겠다는 원대한 포부를 갖게 된 것이다.

이처럼 30세부터 45세까지 김해에 살던 시절 오로지 위기지학을 하겠다는 일념으로 성리학에 깊이 잠심하였는데, 강인한 의지와 철저한 자세로 조금도 흐트러짐이 없었다. 30세 후반이 되자 학문이 널리 알려져 정지린(鄭之麟) 등이 와서 배우기 시작하였으며, 조정에 천거되기도 하였다.

45세 때 어머니가 돌아가셔서 삼가의 선영으로 모시고 가 장례를 치르고 삼년 동안 시묘살이를 하였다. 그 다음 해 선배 송인수(宋麟壽)에게 부탁해 모친의 묘갈명을 지었는데, 그중에 다음과 같은 말이 있다.

선생(남명을 가리킴)이 과거에 미련을 깨끗이 끊고 성인을 배우고자 하여 바로 과거를 포기하고 경(敬)과 의(義)에 힘을 쏟았다. 견고한 자세로 의지를 굳게 정하여 한때의 추향으로 진퇴를 삼지 않고 자신을 닦는 경지를 궁구하였으니, 이는 대체로 부모의 가르침이 그러했기 때문이다.[23]

이 글이 비록 남명의 어머니의 덕을 칭송하기 위해 쓴 글이지만, 남명이 과거를 포기하고 성인을 배우고자 하여 자신을 닦는 학문에 힘쓴 내용과 그 학문정신이 경·의에 있었다는 것을 알 수 있다. 즉 남명은 김해의 산해정사에 우거하던 시절 자신을 닦는 학문에 전념했다는 사실을 알 수 있음은 물론, 그때부터 경·의를 학문의 요체로 삼고 있었다는 사실도 확인이 된 셈이다. 따라서 우리는 이 시기를 남명이 성리학에 잠심하여 위기지학에 힘쓴 시기로, 특히 경공부에 주력한 시기로 보는 것이 타당할 듯하다.

---

23) 「南冥先生編年」 嘉靖二十五年 條. "先生脫然欲學聖人, 便罷試擧, 用力敬義, 堅把得定, 不以一時趨向爲進退, 究其自修之地, 蓋父母之敎然也."

4) 내적 함양을 통한 외적 발현

남명은 48세 되던 해 2월 어머니 상을 마치고 삼가 토동으로 이주하였다. 이때 공부하러 찾아오는 학생들이 더욱 늘어나 어려운 살림에도 불구하고 계부당(鷄伏堂)과 뇌룡정(雷龍亭)을 신축하여 강학의 장소로 삼았다. 계복당은 거주공간이고, 뇌룡정은 강학공간이다. 계부당이라는 이름은 닭이 알을 품고 새로운 생명을 부화하듯이 고요히 잠심하여 자신의 덕성을 함양한다는 뜻이다. 뇌룡정은 『장자』「재유(在宥)」에 나오는 '시거이용현(尸居而龍見) 연묵이뇌성(淵默而雷聲)'에서 취한 말로, 시동(尸童)처럼 가만히 있다가도 용처럼 신비하게 나타나고, 연못처럼 고요히 있다가도 뇌성처럼 크게 울린다는 뜻이다.

이 계복당과 뇌룡정이란 명칭을 두고 논자에 따라 지나치게 의미를 부여하여, 남명이 이 시기에 노장사상에 심취하기라도 한 듯이 확대해석을 하기도 한다. 심지어 혹자는 '계부(鷄伏)'란 말에 대해서조차 『노자』에 나오는 "닭과 개의 울음소리가 들리는 거리인데 사람들이 늙어 죽을 지경에 이르러 서로 왕래하지 않는다.[鷄犬之音相聞 民至老死 不相往來]"라는 구절에 갖다 붙여 해석하려고 하는데, 이는 의미가 전혀 맞지 않는다. '계부'란 닭이 알을 품고 있다는 뜻으로, 묵묵히 들어 앉아 자신의 내적 수양에 힘쓴다는 의미이다. 이는 경공부를 지칭한 말이다. 『노자』・『장자』를 아무리 찾아봐도 이런 말이 없다.

또한 '뇌룡'이란 말이 『장자』에서 취한 것이라 하여, 남명의 사상을 노장에다 끌어대는 것은 지나친 해석이다. 우리는 남명이 이 말을 취한 근본취지를 이해하려고 해야 한다. 참고로 『장자』의 이 구절에 대해 몇 사람의 주석을 제시해 보기로 한다.

＊郭象 : 出處語默 常無其心 而付之自然
＊呂惠鄕 : 尸居龍見 其見出于無爲 淵默雷聲 其聲出于不言
＊林希逸 : 尸居者 其居如尸 然卽曲禮所謂坐如尸也 龍 文彩也 尸居無
　　爲 以威儀可則 自然有文 故 曰尸居而龍見 淵 深也靜也 默 不言也
　　雷聲 感動人也 禪家所謂是雖不言而德聲如雷也 故曰 淵默而雷聲
＊王先謙 : 不動而如神 不言而名章

　이런 주석을 감안하면서 남명이 왜 이런 뜻을 따다 강학하는 정사의
이름으로 삼았을까를 생각해 보자. '시거(尸居)'는 '시동처럼 단정히 앉
아있다.'는 뜻으로 세상에 나아가지 않고 깊숙이 들어 앉아 학문에 깊이
정진한다는 의미를 지니고, '용현(龍見)'은 용처럼 신비한 조화가 드러난
다는 뜻으로 도덕이 있는 사람의 교화가 신묘하게 나타난다는 의미를
갖는다. '연묵(淵默)'은 말하지 않고 고요히 있다는 뜻이고, '뇌성(雷聲)'
은 사람의 마음을 움직이게 한다는 뜻으로 덕을 갖춘 사람이 세상에 나
아가지 않고 말없이 묵묵히 있어도 그 덕의 교화가 사람들을 감동시킨
다는 의미를 갖는다.
　이렇게 볼 때, 뇌룡정이라고 이름을 붙인 것은 초야에 은거하면서 도
를 추구하겠다는 의지를 새롭게 다짐하는 의미에서 붙여진 것임을 알
수 있다. 남명은 성현의 학문에 뜻을 둔 후 특히 안연을 흠모하였는데,
「누항기(陋巷記)」를 보면 안연처럼 세상에 나아가지 않고 도를 구하고
자 하는 마음이 짙게 깔려 있다. 젊어서 공업과 문장으로 이름을 드날리
려는 포부를 가졌다가 25세 때 성현의 학문으로 뜻을 돌린 후 성리학에
잠심하며 도를 추구하였는데, 이때 와서 세상에 나아가 공업을 이룩하
는 것보다 도를 구하여 세상을 교화하는 것이 더 중요하다는 것을 인식
하고 자신의 의지를 새삼 굳게 다짐하는 의미에서 이런 이름을 붙인 것
이다.

남명이 이런 의지를 새롭게 한 데에는 당시의 시대적 상황이 중요한 의미를 가진다. 남명의 나이 45세가 되던 1545년 인종(仁宗)이 죽고 명종(明宗)이 즉위하자 외척인 윤원형(尹元衡)이 집권하여 사림에 무참한 화를 끼쳤다. 이때 남명의 절친한 친구 이림(李霖)·성우(成遇)·곽순(郭珣) 등이 화를 당했다. 남명이 47세 되던 1547년에 또 윤원형 일파가 이른바 양재역벽서사건을 일으켜 사림을 말살하려 하였는데, 이때 남명과 절친했던 선배 송인수가 연루되어 사약을 받았다. 이런 일련의 사화를 목격한 남명은 세상에 나아가 자신이 배운 학문을 펼치려는 생각을 아예 끊고, 오로지 도를 구하여 그 덕화를 세상에 퍼겠다는 생각을 확고히 하였을 것이다. 남명이 계복당·뇌룡정이라고 이름을 붙인 의미도 이와 같은 역사적 상황과 밀접한 연관이 있다.

우리는 남명사상을 이야기하면서 '남명'이란 호가 『장자』에서 나왔다, 「신명사도」의 '태일(太一)'이 『장자』에서 나왔다, '뇌룡(雷龍)'이 『장자』에서 나왔다, 시문에 『장자』의 문자가 산견된다, 『참동계(參同契)』를 즐겨 읽었다, 일찍이 퇴계가 남명을 노장으로 지목했다는 등의 매우 피상적인 말만 가지고 남명사상을 노장사상과 연관시켜 논하려고 한다. 젊은 시절 박람(博覽)을 추구하던 남명이 노장의 책을 보지 않았을 리 없다. 김우옹이 지은 「행장」에도 "심지어 음양·지리·의약·도류(道流)의 말에 그 대략을 섭렵하지 않음이 없었다."[24]라고 하였다. 특히 젊은 시절 문장에 자부심을 갖고 문장공부에 열중하였던 남명으로서는 『장자』에 매료되었을 법하다. 그러나 이 정도의 단편적이고 피상적인 자료만 가지고 남명이 노장학에 깊이 빠져 있었다고 얘기하는 것은 사리에 맞

---

24) 曹植, 『南冥集』 권4, 金宇顒 撰 「行狀」. "至於陰陽地理醫藥道流之言, 無不涉其梗槪."

지 않는다.

여기서 우리는 16세기의 학문 분위기를 살펴볼 필요가 있다. 일찍이 이익(李瀷)은 자기 시대의 학풍이 전시대에 비해 매우 경직된 모습을 보이고 있는 점에 대해 다음과 같이 말하고 있다.

> 우리나라의 학문은 노망한 풍습을 면하기 어렵다. 중세에 있어서 이회재(李晦齋 : 李彦迪)는『대학장구』를 고치고 바꾸어 놓은 보유서(補遺書)가 있고, 이율곡(李栗谷 : 李珥)도『중용장구』의 '기이성형이역부(氣已成形理亦賦)'라는 구절이 이치에 맞지 않는다 하여『성학집요(聖學輯要)』에서 말하였는데, 이 모두 간행되어 경연에서 진강하기도 하였다. 그렇다면 유문(儒門)의 금망(禁網)은 후대로 내려오면서 더 심해지게 된 것이다.25)

이 글에서 알 수 있듯이, 16세기에는 비교적 학문과 사상의 자유가 보장되어 성리학을 공부하는 학자들이 주희의 장구(章句 : 주석)에 대해서도 감히 다른 설을 제기 할 수 있는 분위기였다. 바꾸어 말하면 "한 글자라도 의심스럽게 여기면 망령된 것이고, 이것저것 상고하여 대조하면 죄를 짓는 것이다."라는 성호의 말처럼 17,8세기의 정주학 이외의 다른 학문을 하면 사문난적으로 몰아 탄압하는 분위기와는 사뭇 다른 상황이었다.

16세기의 이런 비교적 자유로운 학문풍토 속에서 호방불기(豪放不羈)한 성격을 가졌던 인물이나 문장학에 힘을 기울이고 있던 사람들이 노장의 책을 탐독한 것은 어쩌면 당연한 일인지도 모른다. 또한 이 시기에

---

25) 李瀷,『星湖僿說』권21, 經史門「儒門禁網」. "東人之學 難免魯莽矣 中世李晦齋改換大學章句 有補遺書 李栗谷謂 中庸章句 氣已成形而理亦賦 有病 聖學輯要 皆已刊行 或爲進講 然則 儒門禁網 後來轉急矣"

는 양명학이 전래되어 일부에서 새로운 학문이 대두되었는데, 노수신(盧守愼)·남언경(南彦經)·이요(李瑤) 등이 양명학에 상당히 심취하여 있었다.

이런 분위기 속에서 남명이 어느 한 가지 사상에 집착하지 않고 폭넓게 유가 이외의 서책을 박람한 것은 자연스러운 일일 수 있다. 따라서 순수하게 송대의 성리학에만 전념하지 않았다고 해서 퇴계처럼 노장으로 지목하거나, 양명학과 일정하게 연관된 것처럼 보는 논자들의 말26)을 액면 그대로 받아들여 남명이 노장이나 양명학에 잠심했다고 보는 것은 무리한 해석이다. 남명을 싫어하던 사람들이 남명의 학문을 이단적인 것으로 비판한 말만 가지고 노장학에 관심을 가졌다느니, 양명학에 관심을 가졌다느니 하는 결론을 섣불리 내려서는 안 될 것이다.

다시 본 주제로 돌아가, 남명이 삼가로 이거한 뒤 당호를 계부(鷄伏)라 하고, 정사의 이름을 뇌룡(雷龍)이라 붙인 것에 대해 단순히 문자의 출처만 가지고 논하기보다는 역사적 상황 속에서 남명이 어떤 의도를 가지고 그런 이름을 붙였는지를 파악해 봐야 할 것이다. 필자의 생각으로는, 남명이 과거를 포기하고 성현의 학문을 공부하려고 한 뒤부터 현실정치권으로 나아가려는 생각을 끊고 도를 구하겠다는 일념으로 학업에 정진하였는데, 특히 이때에 와서 을사사화 등의 일련의 사화를 보고 초야에 묻혀 도를 구하는 것만이 자기 시대를 구제할 수 있는 유일한 길이라고 여겨 그와 같은 이름을 붙이지 않았나 생각한다.

앞에서 언급했듯이, '시거이용현(尸居而龍見) 연묵이뇌성(淵默而雷聲)'에서 뇌룡(雷龍)을 취해 정사의 이름으로 삼은 것은 내적 함양을 통해 도를 추구해서 그 덕화가 신묘하게 나타나 사람들을 감동시킴으로써 세

---

26) 『光海君日記』, 光海 12년 8월 丙寅日 條에 "稍涉陽明 不肯苟循途轍"이라고 남명의 학문을 비판하였다.

도를 부지해야겠다는 의도에서 비롯된 것으로 보인다. 즉 내적 함양을 통한 외적 발현을 추구한 것이다.

남명은 61세 때 덕산(德山)으로 이사하여 서실을 새로 짓고 산천재(山天齋)라는 이름을 붙였는데, 이는 『주역』「대축괘(大畜卦)」의 '마음을 강건하고 독실하고 빛나게 해서 날마다 자신의 덕을 새롭게 한다.[剛健篤實 輝光 日新其德]'의 뜻을 취한 것이다. 즉 자신의 마음을 강건하고 독실하게 수양해 나가면 내적 함양이 축적되어 저절로 그 빛이 드러나서 덕이 날로 새로워진다는 의미이다. 이는 뇌룡정(雷龍亭)이라는 이름과도 일맥상통한다. 또한 덕산에 새로 세운 정사도 전처럼 뇌룡사(雷龍舍)라고 이름을 하였다. 즉 뇌룡(雷龍)이나 산천(山天)이란 당호는 서로 같은 맥락의 의미를 가지고 있는 것으로, 내적으로 도덕을 축적해 그 덕화가 겉으로 발현되기를 바라는 마음에서, 안연과 같은 구도자의 자세를 철저하게 견지하려는 남명의 학문정신을 그대로 드러낸 것이다.

이런 정신을 바탕으로 남명은 거경(居敬)과 행의(行義)를 학문의 요체로 제시하였는데, 거경이 내적으로 자신의 마음을 성(誠)하게 하기 위한 심성수양이라면, 행의는 외적으로 자신의 말과 행동을 올바르게 실천하기 위한 규범이라고 할 수 있다. 이 점은 다음 장에서 논하기로 한다.

2. 학문정신(學問精神)

1) 당대 학풍에 대한 반성과 새로운 모색

1519년 기묘사화로 수많은 신진사림들이 화를 당한 뒤, 학계는 말할 수 없이 사기가 위축되어 일시적으로 성리학을 공부하는 학자들이 줄어

들었다. 이런 역사적 상황 속에서 오랜 기간 성리학에 침잠해 있던 남명
은 44세 때 친구 이림(李霖)에게서 『심경』을 선물 받고 당시의 학문 분
위기를 다음과 같이 말하였다.

> 이 책은 바로 대낮 큰 시장 안의 평천관(平天冠)과 같아 사는 사람이
> 없을 뿐만이 아니고, 혹시라도 머리에다 써보기라도 하면 참람하다는 것
> 으로 주벌을 당한다. 이 때문에 사람들이 이 책을 싫어해 마치 자신의 몸
> 을 죽이는 것처럼 보니, 평천관처럼 꺼릴 뿐만이 아니다. 만고의 역사가
> 긴긴 밤처럼 깜깜해져 인륜이 금수가 되어 단지 묵묵히 한 세상을 보내고
> 있을 따름이다.[27]

평천관은 위가 평평한 임금이 쓰는 관이다. 성리학으로 정신적 무장
을 하고 도학정치를 구현하려던 신진사림들이 대거 화를 당하자, 성리
학을 꺼려하는 분위기가 한때 팽배해지게 되었다. 권간들의 탄압 속에
서 도학은 땅에 떨어졌고, 사림은 위축되어 세상에 나아가 도를 펴려는
생각을 감히 하지 못하였다. 이런 분위기가 지속되다가 윤원형 일파에
의해 을사사화가 다시 일어나자, 정국은 더욱 경색되어 사림은 아예 기
를 펴지 못하고 있었다.

16세기 중반의 이와 같은 상황 속에서 산림의 학자들은 세상에 나아
가기를 꺼려하고 성리학에 잠심하여 오로지 심성수양에만 힘쓰려는 경
향이 고조되었다. 그런 분위기 속에서 송대 성리서를 깊이 궁구하는 방
향으로 학문이 진전되다 보니, 학문 자체가 점점 현실과 동떨어진 쪽으
로 흐르게 되었다. 즉 현실의 일상생활에서부터 차근차근 단계를 밟아

---

27) 曺植, 『南冥集』 권2, 「題李君所贈心經後」. "是書也, 正似白晝大市中平天冠
也. 非但無人買之, 或加諸頭上, 則以僭誅矣. 用是, 人惡此書, 視之爲殺身之
具, 不啻平天冠也. 萬古如長夜, 人倫爲禽獸, 只應默默送了一世而已."

올라가는 학문이 상대적으로 소홀히 다루어지고, 심성(心性)과 이기(理氣)·사칠(四七) 등 형이상학적인 명제들을 밝히는 쪽으로 관심을 갖게 된 것이다. 따라서 올바른 인간자세를 확립하고 그것을 일상에 실천해 나가는 유학의 근본적인 정신을 추구하기보다는 인간과 우주의 본질적인 문제에 대한 원리를 해명하려고 하였다. 실천적인 측면이 상대적으로 경시되고 궁리를 위주로 하는 사변화 경향이 심화된 것이다.

이런 분위기는 16세기 후반에 고조되는데, 남명은 이처럼 학문이 실천을 뒤로 하고 사변화 되는 것을 매우 못마땅하게 생각하였다. 그리하여 그는 64세 때 퇴계에게 보낸 편지에서 다음과 같이 당시의 학풍에 대해 경계하였다.

> 근래 학자들을 보건대, 손으로 물 뿌리고 비질하는 절도도 모르면서 입으로 천리(天理)를 말하여 이름을 훔쳐 남을 속이려고 생각하지만, 도리어 남에게 상처를 입게 되어 해가 다른 사람에게 미치니, 어찌 선생 같은 장로께서 꾸짖어 그만두게 할 이유가 없겠습니까? 나와 같은 사람은 심성을 보존한 것이 황폐하여 찾아와 공부하는 사람이 드물지만, 선생과 같은 분은 몸소 상등의 경지에 도달하여 우러러 보는 이들이 참으로 많으니, 십분 억제하고 바로잡아 주는 것이 어떻겠습니까? 삼가 헤아려 주십시오.28)

이처럼 남명은 『소학』의 쇄소응대진퇴지절(灑掃應對進退之節)을 익혀 인간의 기본적인 자세를 확립하지도 않은 상태에서 천리의 고차원적인 문제에 집착해 분분히 이론이나 제기하는 당시의 학풍에 대해 심각한

---

28) 曺植, 『南冥集』 권4, 「與退溪書」. "近見學者, 手不知灑掃之節, 而口談天理, 計欲盜名而用以欺人, 反爲人所中傷, 害及他人, 豈先生長老無有以呵止之故耶. 如僕則所存荒廢, 罕有來見者, 若先生則身到上面, 固多瞻仰, 十分抑現之如何, 伏惟量察."

우려를 하였다. 이때가 1564년이었으니, 퇴계와 기대승이 한창 사칠논쟁을 벌이고 있을 때였다.29)

이런 당시의 학풍에 대한 반성이 바로 남명의 학문이 당시의 일반적인 분위기와 다른 성향을 갖게 한 것이다. 이와 같은 반성에 의해 남명은 천리(天理)와 성명(性命)을 궁구하는 형이상학적인 학문을 지양하고 철저히 하학인사(下學人事) 위주의 학문을 강조하게 되었으며, 실천적인 측면을 중시하여 거경행의(居敬行義)의 학(學)을 내세우게 된 것이다.

남명이 퇴계에게 이 편지를 보낸 2년 뒤 제자 오건(吳健)에게 편지를 보내 출처(出處)를 분명히 하지 못하는 점에 대해 꾸짖고, 당시 젊은 사람들의 학풍에 대해 비판하였다. 남명은 나이 어린 사람들이 수신도 제대로 하지 않은 상태에서 가벼이 성리설을 말하여 종장인 체하는 학문 풍토를 꼬집으면서, 다음과 같이 말하였다.

> 성(性)과 천도(天道)는 공자 문하에서 드물게 말한 것이다. 화정(和靖 : 尹焞)이 이에 대해 말을 하자, 정선생(程先生 : 程頤)이 가벼이 말하기를 구하지 말라고 억제하였다. 그대는 오늘날 선비들을 살펴보지 않았는가? 손으로 물 뿌리고 비질하는 절도도 모르면서 입으로 천상의 이치를 말하고 있다. 그러나 그들의 행실을 공평히 살펴보면 도리어 무지한 사람만도 못하니, 이는 반드시 남이 꾸짖어도 의심하는 마음이 없기 때문이다.30)

마음을 닦고 자신의 행실을 단정히 하지도 않은 사람들이 이치를 궁

---

29) 李丙燾 著, 『韓國儒學史』, 亞細亞文化社刊, 1987. 206면 참조. 退溪와 高峯의 四七論爭은 1559년부터 시작되어 1566년까지 지속되었다.

30) 『南冥集』, 484면 下「與吳御史書」, "性與天道, 孔門所罕言, 和靖有說, 程先生止以莫要輕說, 君不察時士耶. 手不知灑掃之節, 而口談天上之理, 夷考其行, 則反不如無知之人, 此必有人譴無疑矣."

구하는 쪽으로만 달려 나아가는 풍조가 이미 사림에 만연되고 있었다.
이런 학문풍토를 개탄하면서 남명은 성리설을 잘 알고 있었으면서도 남
들에게 그것을 이야기하려고 하지 않았는데,[31] 이 때문에 그는 이 방면
에 저술을 남기지 않았고, 또 궁리보다는 하학인사 위주의 실천적인 학
풍을 수립하게 된 것이다.

남명은 또 당시의 학풍이 이처럼 형이상학적으로만 흐르는 데 대해
보다 구체적으로 그 사정을 다음과 같이 지적하였다.

> 항상 뜻을 같이 하는 선비들과 함께 탄식하기를 "오늘날 학자들이 매양
> 육상산(陸象山 : 陸九淵)의 학문이 곧바로 요약하는 것을 주로 삼는 것에
> 대해 병 되게 여기면서도 그들이 자기 자신을 위한 학문을 하는 데 있어
> 서는 먼저 『소학』·『대학』·『근사록』을 읽어 공부를 하지 않고, 『주역』·『주
> 역계몽』을 먼저 읽고서 격물치지(格物致知)·성의정심(誠意正心)의 차서
> 를 구하지 않는다. 그리고 반드시 성명의 이치를 먼저 말하려고 하니, 그
> 유폐가 단지 육상산의 정도에서 그치는 것이 아니다."라고 하였다.[32]

알기 쉽고 접근하기 쉬운 것부터 차근차근 체득하고 실천하는 위기지
학을 하지 않고 처음부터 고차원적인 문제에 매달려 이치를 깨치려고
하면, 결국 현실과 동떨어진 공허한 학문이 될 수밖에 없다는 말이다.
조선 초기의 성리학이 도덕의 구현을 내세우며 위기지학을 강조하여 실
천적인 학풍이 주류를 이루었었는데, 16세기 중반 이후 형이상학적인

---

31) 曹植, 『南冥集』 권2, 「與吳御史書」. "僕平生不執他技, 只自觀書而已. 口欲
談理, 豈下於衆人乎, 猶不肯屑有辭焉."
32) 曹植, 『南冥集』 권4, 裵紳 撰 「行錄」. "常與同志之士, 慨然日, 今之學者, 每
病陸象山之學以徑約爲主, 而其爲自己之學, 則不先讀小學大學近思而做功,
先讀周易啓蒙, 不求之格致誠正之次序, 而又必欲先言性命之理, 則其流弊
不但象山而止也."

문제에 골몰함으로써 현실생활에 있어서의 실천적인 측면이 소홀히 다루어지고 관념화 또는 사변화 되는 경향이 뚜렷이 나타나게 되었다.

이를 극복하기 위해 남명은 일상생활에서 손쉽게 실천해 나갈 수 있는 것부터 가르치는 학풍이 이루어져야 한다고 주장한다.

> 일찍이 학자들에게 말씀하기를 "오늘날의 학자들은 절실하고 가까운 것을 버리고 고원한 것만을 추향한다. 학문을 하는 것은 애초 어버이를 섬기고 형을 공경하며 어른을 공경하고 어린이를 사랑하는 사이에서 벗어나지 않는다. 만약 혹시라도 이것을 힘쓰지 않으면서 갑자기 성리의 깊은 뜻을 궁구해 탐구하려고 하면 이는 인사상에서 천리를 구하는 것이 아니다. 끝내 마음에 실득이 없을 것이니, 깊이 경계해야 한다.[33]

인간의 현실적인 삶과 동떨어져 형이상학적인 것만을 추구할 때, 그 학문은 공허한 것이 될 수밖에 없다. 또한 그것은 효제충신을 기본으로 하는 공맹의 종지에서도 벗어나는 것이다. 그래서 남명은 가까운 데서부터 실천해 나가는 실득 있는 공부를 강조하는데, 제자들에게 다음과 같은 재미난 비유를 들어 설명하였다.

> 넓은 도회지의 큰 시장 안을 구경할 적에 금·은·보화 등 진기한 물건이 어느 곳인들 있지만, 종일토록 시장거리를 오르내리며 그 값만 흥정하게 되면 끝내 자기의 물건이 되지 않는다. 도리어 나의 한 필 베를 사고, 한 마리 생선을 사가지고 돌아오는 것만 못하다. 오늘날의 학자들이 성리를 높이 말하면서도 자기에게는 실득이 없으니, 이와 무엇이 다르겠는가.[34]

---

33) 曹植, 『南冥集』 권두, 成運 撰 「墓碑文」. "嘗語學者曰, 今之學者, 捨切近趨高遠, 爲學, 初不出事親敬兄悌長慈幼之間, 如或不勉於此, 而遽欲窮探性理之奧, 是不於人事上求天理, 終無實得於心, 宜深戒之."

자기 자신에게 실제로 도움이 안 되고, 나아가서 인간의 삶에 아무런 도움을 줄 수 없는 학문은 그 의미를 가질 수 없다. 하나하나 자신이 할 수 있는 것부터 밟아 올라가는 것이 성인의 가르침이지, 단번에 고차원적인 경지에 도달하는 것은 유학의 논리가 아니다. 마치 선종(禪宗)에서 돈오를 추구하는 것과 같은 당시의 분위기에 남명은 일용의 실천적인 것에서부터 학문이 비롯돼야 한다는 점을 뼈저리게 느낀 것이다. 금·은·보화가 값진 것이지만 자신의 능력으로 살 수 있는 생선이나 베를 사가지고 와 실득을 추구하는 것만 못하다는 이 말은 당시의 학풍에 대한 절실한 반성이라고 하겠다.

남명의 이와 같은 학문정신은 그의 제자들에게도 그대로 전해져, 김우옹(金宇顒) 같은 이는 "학문을 하는 방법은 고원한 것을 말하거나 문자를 기억하고 암송하는 사이에 있는 것이 아니고, 실을 힘쓰고 위기지학을 해 가까운 데서부터 공부를 해나가는 데 있을 뿐이다."[35]라고 하였다. 실제로 남명의 제자들 및 남명학파 학자들 중에 이기·사칠 등을 논변한 경우가 거의 없는 것이 이를 반증하고 있다.

2) 하학상달(下學上達)의 진학(進學)

이처럼 남명은 형이상학적인 고원한 것만 추구하는 당시 학풍에 대해 심각한 우려를 표명하고, 쉽고 가까운 데서부터 차근차근 배워가는 실

---

34) 曹植, 『南冥集』 권두, 鄭仁弘 撰 「行狀」. "敖遊於通都大市中, 金銀珍玩, 靡所不有, 盡日上下街衢, 而談其價, 終非自家家裏物, 却不如用吾一匹布, 買取一尾魚來也. 今之學者, 高談性理, 而無得於己, 何以異此."
35) 金宇顒, 『東岡集』 附錄 권1, 「行狀」. "學問之道, 不在乎談高說遠, 記誦文字之間, 惟在乎務實爲己, 近裏着工而已."

천적이고 실득 있는 학문을 내세웠는데, 학문에 나아가는 순서로 하학
인사(下學人事) 상달천리(上達天理)를 누누이 강조하였다.

68세 때 올린 「무진봉사」에서 남명은 진학의 순서에 대해 다음과 같
이 말하였다.

> 아래로 인사를 배워 위로 천리에 도달하는 것이 또한 학문에 나아가는
> 순서입니다. 인사를 버리고 천리를 말하는 것은 곧 입으로만 말하는 이치
> 이며, 자기 자신에게 돌이켜보지 않고 많이 들어 아는 것은 귀로만 듣는
> 학문입니다.[36]

'하학이상달(下學而上達)'은 『논어』에 나오는 공자의 말씀으로, 일상
생활의 쉽고 가까운 것부터 차례차례 배워 올라가야 한다는 학문방법이
다. 남명이 새로 즉위한 선조에게 이런 얘기를 굳이 한 것은 당시 학풍
에 대한 일대 반성과 쇄신을 촉구한 것이라고 볼 수 있다. 즉 남명은 당
시의 학문을 구상지리(口上之理)나 일삼고 이저지학(耳底之學)이나 하는
것으로 진단한 것이다. 구상지리나 이저지학은 몸으로 체득하여 자기화
하지 못하는 껍데기 학문으로 위기지학이 아닌 위인지학(爲人之學)이다.
따라서 실득도 없고 실천도 수반할 수 없다. 남명은 이런 학문을 깊이
경계하여 경(敬)으로 자신을 닦는 것이 우선돼야 한다고 간곡히 선조에
게 진언하였다.

이처럼 남명은 아래로 인사부터 배우는 것이 학문하는 올바른 순서임
을 강조하고, 이 하학인사야말로 불교와 다른 유학의 현실적이고 실천
적인 학문정신이라고 하였다. 남명은 55세 때 올린 「단성현감사직소」에

---

36) 曹植, 『南冥集』 권2, 「戊辰封事」. "由下學人事, 上達天理, 又其進學之序也.
捨人事而談天理, 乃口上之理也. 不反諸己而多聞識, 乃耳底之學也."

서 상달처는 유가와 불가가 같지만, 불가는 인사에 베풀어 시행하는 실천적인 면이 없기 때문에 유가에서는 이를 배우지 않는다고 하여,[37] 하학인사를 통한 실천적인 학문을 간곡히 권하며 수신에 힘쓸 것을 당부하였다. 하학인사가 없이 상달천리만을 추구하는 것은 현실과 동떨어진 학문으로 인간자세를 확립하는 데 별 도움이 안 되는 것이다.

당시 문정왕후가 보우(普雨)에 현혹되어 궁중에 불교가 한창 성행하였고, 유가의 학풍도 이미 상달처만을 추구하는 쪽으로 흐르고 있는 상황에서 남명은 아래로부터 인사를 배워 인간자세를 올바르게 확립하는 길이 무엇보다도 절실하다는 것을 뼈저리게 느꼈을 것이다. 그리하여 철저하게 하학인사 위주의 학풍을 내세우며 실천적인 학문을 강조하였다. 이 점이 바로 남명의 학풍이 당시 유행하던 인식론적 추구에 매달리지 않고, 경(敬)·의(義)의 수양론적인 측면을 강조하는 방향으로 나아간 이유인 것이다.

이런 정신에 의해 남명은 제자들을 가르칠 때, 반드시『소학』으로 기본자세를 확립하고『대학』으로 규모를 넓히며, 의(義)와 이(利)를 명확히 분변하여 기질을 변화시키는 것으로 요법을 삼았다.[38] 명종 연간 세상에 나오지 않고 산림에 은거한 학자들 중에 남명처럼『소학』을 특히 중시한 학자들이 있었던 것도 이런 당시 학풍에 대한 일종의 반성이라고 볼 수 있다.[39]

---

37) 曺植,『南冥集』권2,「戊辰封事」참조.
38) 「南冥先生編年」, 嘉靖 27년 戊申年 條 참조.
39) 鄭仁弘은 「松溪申先生行蹟」에서 "沈潛乎六經之文, 從事乎小學之書, 以敬爲存心之要, 以誠爲持敬之本."(『來庵集』, 권12)라고 하여, 남명과 절친했던 申季誠도『小學』을 중시하고 敬과 誠으로 마음을 보존하는 것을 학문의 핵심으로 여긴 점을 거론하였다. 또한『조선왕조실록』에서도 남명보다 선배인 成守琛도『小學』을 중시하여 사람들에서 修身의 大要가 모두 이 책에 들어 있다고 하

남명의 이런 학풍은 제자들에게 그대로 전수되어 하항(河沆) 같은 사람은 '소학군자(小學君子)'로 일컬어지기도 하였다. 하항은 『소학』과 『근사록』을 더욱 존신하여 학생들을 가르칠 적에도 실천을 힘쓰게 하여 수신을 모범적으로 하는 것을 학문의 과정으로 삼았는데,[40] 이는 바로 남명의 학풍이 그대로 전해진 것이라 할 수 있다.

이처럼 하학인사를 통한 실천주의를 표방하여 초학과정에서 『소학』을 중시한 남명은 그 다음 단계로 사서(四書)를 중시하였다. 「시송파자(示松坡子)」란 글에서 "고금의 학자들이 『주역』을 궁구하기를 매우 어렵게 여기는 것은 사서를 익숙히 이해하지 못하기 때문이다. 학자들은 사서를 정밀하고 익숙하게 공부하여 참으로 힘을 오랫동안 쌓아나가면 도의 상달을 알 수 있게 되어 『주역』을 궁구하기가 거의 어렵지 않을 것이다."[41]라고 한 것을 보면, 『소학』으로 인간의 기본적인 자세를 확립하고 그 다음에 사서를 궁구하는 것이 남명에게 있어서 진학의 순서였던 것을 알 수 있다.

남명이 사서를 중시한 것은 문인 정인홍(鄭仁弘)이 지은 「행장」에도 잘 나타나 있다.

> 항상 『논어』·『맹자』·『대학』·『중용』·『근사록』 등 책을 연역하여 그 근본을 배양하고 그 지취를 넓히며, 그 가운데 더욱 자기에게 절실한 곳에 나아가 다시 완미하고서 그것을 들어 사람들에게 일러주셨다.[42]

───────────────

였다는 점(『명종실록』 명종 18년 12월 26일 조)을 언급하고 있다. 이를 보면, 16세기 전반의 학풍이 어떤 성향을 보이고 있었는지를 짐작할 수 있다.

40) 河沆, 『覺齋集』 卷下, 「行狀」 참조.
41) 曺植, 『南冥集』 권2, 「示宋坡子」 참조.
42) 曺植, 『南冥集』 권두, 鄭仁弘 撰 「行狀」. "常繹論孟庸學近思錄等書, 以培其本, 以廣其趣, 就其中尤切己處, 更加玩味, 仍擧以告人."

학문의 근본을 배양하고 지취를 넓히는 데 무엇보다도 이 사서를 바탕으로 해야 한다는 것이 남명의 학문관이었다. 남명은, 세상의 학자들이 사서에 대해 그 내용이 심상한 데 염증을 느껴 장구나 기억하고 암송하는 속유들처럼 대수롭지 않게 여기는 폐단을 지적하면서 이 사서를 통하여 근본을 배양해야 도체를 알 수 있고 성현의 문호에 들어갈 수 있다고 하고 있다.[43]

그러나 이 사서 중에서도 남명은 특히 『대학』을 더욱 중시하였다. 「시송파자」에서 『대학』은 여러 경서의 강통(綱統)이 된다고 하면서 『대학』을 읽어 융회관통하게 되면 다른 책을 보기가 쉽다고 하였고, 주희도 『대학』에 평생 힘을 쏟았다고 하였다. 또한 김효원(金孝元)에게 답한 편지에서도 다음과 같이 말하고 있다.

생각건대, 공은 타고난 자품과 기량이 온순하고 선량하니, 단지 일개 호인(好人)일 뿐만이 아니다. 쇄소응대하는 것은 어렸을 적에 읽힌 일이고, 이미 학문이 육분(六分 : 6할)의 길머리를 향하고 있으니, 지금 곧 『대학』을 가져다 보고 사이사이 『성리대전』을 1,2년 탐구하도록 하게. 항상 『대학』 한 집에만 드나들게 되면 연(燕)나라나 초(楚)나라처럼 먼 곳으로 떠나가더라도 끝내 본가로 돌아와 자게 될 것이니, 성인이 되고 현인이 되는 것이 모두 이 집안에서 벗어나지 않게 될 것이네. 회암(晦菴 : 주자)이 평생 득력한 것도 모두 이 책에 있었으니, 어찌 후인들을 속이는 말이겠는가.[44]

---

43) 曺植, 『南冥集』 권2, 「示松坡子」 참조.
44) 曺植, 『南冥集』 권2, 「答仁伯書」. "想公資器溫良, 非但一介好人, 灑掃應對, 幼稚習慣事也. 已向六分路頭, 於今直把大學看, 傍探性理大全一二年, 常常出入大學一家, 雖使之燕之楚, 畢竟歸宿本家, 作聖作賢, 都不出此家內矣. 晦菴平生得力, 盡在此書, 豈欺後人耶."

『대학』은 주지하다시피 삼강령(三綱領)·팔조목(八條目)으로 되어 있는 궁리정심과 수기치인의 도를 밝힌 책이다. 남명은 이 책을 통하여 대장부 사업의 규모를 근본적으로 세우는 것이 학문에 있어 무엇보다도 중요한 일이라고 생각하였다. 그 때문에 근본을 배양하는 기본적인 서책으로 사서를 내세우고, 또 그중에서 다시 이『대학』을 더욱 존숭한 것이다. 동시대 이항(李恒)도 뒤늦게 이『대학』을 읽고 향학의 의지를 세우게 되었다고 한다.

남명의 생각처럼『대학』으로 근본적인 규모를 확고히 세워 놓게 되면, 여타 다른 글을 보게 되더라도 그 근본을 잃지 않게 될 것이다. 이 점이 바로 남명이 노장 등 유가경전 이외의 다른 서적을 많이 박람하였으면서도 그쪽으로 흐르지 않고 경의(敬義)의 학(學)을 세우게 된 것이라 생각된다. 초나라나 연나라처럼 멀리 떨어진, 즉 유가의 종지와 거리가 먼 다른 사상서를 읽더라도 결국은 본가로 돌아와 자게 된다는 말 속에 남명의 근본적인 사상이 이단으로 흐르지 않았다는 것을 읽을 수 있다.

남명은 사서 다음으로 반드시 성리서를 보라고 권하였다. 위의 인용문에 김효원에게『성리대전』을 곁에 두고 살펴보라고 하였듯이, 김우옹에게도『근사록』을 가져다 보라고 하였다.[45] 앞에서 살펴보았듯이, 남명은 쇄소응대진퇴지절도 모르는 초학자들이『주역계몽』이나「태극도설」등 고원한 것을 먼저 배우려는 풍조를 매우 우려하였다. 그리하여 심신을 닦는 위기지학을 하도록 하기 위해 성리서를 제자들에게 읽도록 권유하였는데,『조선왕조실록』에 다음과 같은 기사가 있다.

　　<남명은> 학자를 가르칠 적에 매번『근사록』·『성리대전』등 서적을

---

45) 曺植,『南冥集』권2,「又與肅夫書」참조.

부지런히 읽게 하였는데, 모두 몸으로 이해하고 자득하는 것으로 급함을 삼고, 입으로만 읽는 말단적인 것은 달갑게 여기지 않았다.[46)]

3) 반구자득(反求自得)과 반궁실천(反躬實踐)

남명은 독서를 할 때, 장구의 해석에 연연하지 않고 긴요한 대목을 깊이 완미하여 체득하려고 하였다. 그리하여 독서하다 긴요한 말이 있으면 반드시 세 번 반복한 뒤 붓을 들어 기록해 두었는데, 그것이 이른바 『학기류편(學記類編)』이다. 이 책은 남명의 독서기를 문인 정인홍이 유형별로 묶어서 편찬한 것이다. 남명이 독서기를 쓴 것은 지식이나 넓히는 독서가 아니라, 필요한 내용을 요약 정리하여 자신을 함양하는 자양분을 삼고자 한 것이다.

정인홍이 지은 「행장」에 "대체로 선생께서는 이미 경전에서 널리 구하고 백가(百家)에 널리 통달한 뒤에 번다한 것을 거두고 간략한 데로 나아가며, 자신의 몸에 돌이켜 실천하는 데로 나아가서 스스로 일가(一家)의 학문을 이룩하였다."[47)]라고 한 것을 보면, 염번취간(斂繁就簡)하고 반궁조약(反躬造約)하는 것이 남명이 지향했던 학문방법임을 알 수 있다. 염번취간은 번다한 것을 간추려 간결하게 하는 것이며, 반궁조약은 그 요약한 내용을 자기 몸에 돌이켜 자신을 단속하는 실천을 이행하는 것이다.

이처럼 핵심적인 내용을 요약하여 자기화하기 위해서는 정밀하고 완숙한 독서가 요구되는데, 남명은 이에 대해 다음과 같이 말하고 있다.

---

46) 實錄廳, 『名鐘實錄』, 明宗 21년 12월 戊子日 條 참조.
47) 曹植, 『南冥集』 권두, 鄭仁弘 撰 「行狀」. "盖先生既以博求經傳, 旁通百家, 然後斂繁就簡, 反躬造約, 而自成一家之學."

대체로 정밀하기만 하고 익숙하지 못하면 도를 알 수 없고, 익숙하기만 하고 정밀하지 못해도 또한 도를 알 수 없다. 정밀하고 익숙케 하는 것이 함께 지극해진 뒤에야 골자를 꿰뚫어 볼 수 있다.[48]

남명은 경전을 공부하는 데 있어 처음부터 그 깊은 뜻을 다 터득하려고 하지 않고 오랜 기간 꾸준히 공력을 기울이는 자세를 취하였다. 즉 정밀하게 그 뜻을 궁구함은 물론, 그 속에 깊이 침잠하여 익숙하게 될 때, 비로소 확연히 그 이치를 깨달을 수 있다고 생각한 것이다. 제자 김우옹에게 얘기해 준 "마치 우물을 팔 때 처음에는 혼탁하지만 다 파고나 맑아진 뒤에는 은비녀가 또렷하게 보인다."[49]는 말은 오랜 기간 공력을 쌓아 나가다 보면 저절로 깊은 뜻에 이를 수 있음을 깨우쳐 준 것이다.

이런 학문자세를 견지하면서 남명은 경전에 있는 뜻을 자신에게 돌이켜 자득(自得)하는 것이 가장 귀중한 것임을 늘 역설하였다. 문인 정인홍은 이점에 대해 다음과 같이 언급하였다.

<선생의> 학문은 반드시 자득으로 귀함을 삼았다. 그래서 말씀하기를 "단지 책의 글자에 의지해 의리를 강명(講明)하여 실득이 없는 자는 끝내 그 뜻을 수용하여 터득함을 보지 못한다. 입은 말하기 어려운 듯이 해야 하니, 학자는 말 잘하는 것으로 귀함을 삼지 않는다."라고 하셨다.[50]

장구나 해석하고 문장이나 기송(記誦)하는 학문을 하여서는 자신의

---

48) 曺植, 『南冥集』 권2, 「示松坡子」. "盖精而未熟, 則不可以知道, 熟而未精, 則亦不可以知道, 精與熟俱至, 然後可以透見骨子了."

49) 曺植, 『南冥集』 권2, 「奉事金進士肅夫宇顒」. "且如穿井, 初間汚濁, 掘盡澄澈, 然後銀花子歷歷."

50) 曺植, 『南冥集』 권두, 鄭仁弘 撰 「行狀」. "學必以自得爲貴, 曰, 徒靠册字上, 講明義理, 而無實得者, 終不見受用得之於心. 口若難言, 學者, 不以能言爲貴."

수양에는 물론 현실의 정치교화에도 쓸모가 없을 것이다. 자득은 바로 자기화이다. 단순히 배워 습득하는 단계가 아니고 그 뜻을 스스로 깨달아 자기 것으로 만드는 것을 말한다. 즉 학성(學成)의 단계에서 진일보한 상태이다. 학문이 이런 단계에 이를 때 비로소 자유자재로 그것을 현실사회에 실용할 수 있다. 따라서 자득이 없이 장구나 암송하는 그런 학문은 실득이 있을 수 없고, 또 실용적인 것이 될 수 없다.

남명이 이 자득의 논리를 강조한 것은 자기 시대에 대한 반성에서 나온 것으로, 겉치레만 숭상하는 사회풍상을 바로잡아 실질을 추구하도록 하기 위한 것이었을 것이다. 당시 남명의 이런 학문은 이미 조정에 소문이 나 있었는데, 『선조수정실록』에 다음과 같이 남명의 학문을 평하고 있다.

> 조식의 학문은 마음으로 터득하는 것을 귀하게 여기고, 치용(致用)과 실천(實踐)으로 급함을 삼아 강론(講論)하고 변석(辨釋)하는 말을 하길 좋아하지 않았다. 일찍이 학도들을 위해 경서를 담론하고 해설하지 않고, 오직 자신에게 돌이켜 구해 스스로 그 뜻을 터득하게 하였다. 그의 정신과 풍력(風力)이 사람들을 용동시키는 점이 있었기 때문에 따라 배우는 자들 중에 계발된 자가 많았다.[51]

입으로만 담경설서(談經說書)하여 강론하고 변석하는 학문, 즉 지식이나 고명하게 하고 이론적인 논변만을 일삼는 학문이 아니라, 반구자득하여 그것을 현실에 실천하고 실용적인 데 이바지하는 학문을 추구한 것이다. 바로 반구자득을 통한 반궁실천의 지향이다. 이처럼 남명은 자

---

51) 實錄廳, 『宣祖修正實錄』권6, 선조 5년 정월 무오일 조. "植之爲學, 以得之於心爲貴, 致用踐實爲急, 而不喜爲講論辨釋之言, 未嘗爲學徒談經說書, 只令反求而自得之. 其精神風力, 有竦動人處, 故從學者, 多所啓發."

득을 통한 실천과 실용을 학문의 모체로 삼았는데, 이점이 바로 남명의 학문이 궁리 쪽으로 치우쳐 관념화되거나 사변화 되지 않고, 실천을 중시하는 방향으로 진전된 중요한 요인이라고 생각한다. 요컨대, 현실과 동떨어져 심성수양만을 추구한 것이 아니고, 그것을 현실사회에 실천하는 철저한 현실지향적인 자세를 취한 것이다. 여기에 남명학의 큰 특징이 있다.

이런 정신을 견지함으로써 남명은 평생 산림에 묻혀 있었으면서도 현실에 등을 돌리지 않고 현실을 직시하여 날카로운 비판을 서슴지 않았던 것이다. 또한 이런 그의 철학에 의해 수양론적 측면에서 내적 함양으로서의 경(敬)과 외적 실천규범으로서의 의(義)를 특별히 강조한 것이다.

김우옹도 스승의 학문에 대해 "지엽적인 것을 버리고 마음으로 자득하는 것을 귀하게 여기며 치용과 실천으로 급함을 삼아 강론과 변석하는 말을 하길 좋아하지 않았다."라고 하면서, "그렇게 하는 것은 부질없이 공언(空言)만 일삼는 것으로 궁행(躬行)에 도움이 없다고 생각하셨기 때문이다."라고 그 이유를 말하고 있다.52) 이처럼 남명은 실천궁행하는 학문을 강조하며 치용의 학을 수립하여 나갔는데, 김우옹에게 보낸 편지에서 치용에 힘쓸 것을 다음과 같이 훈계하고 있다.

다만 살펴보건대, 자네에게 걱정되는 바가 하루만 빛을 쪼이고 열흘 동안이나 춥게 한다는 말과 같을 뿐만이 아니네. 근본이 확립되지 않고 행실을 절제하는 데 바탕이 없으며, 학문을 강구하는 데에는 정밀하지만 그것을 치용하는 데에는 졸렬하고, 살아있는 학문을 하느냐 죽은 학문을 하느냐 하는 점에 있어서도 단점이 있으니, 이점이 가장 시급히 갖추어야 할 일일세. 일찍이 살펴보건대, 자[尺]는 집집마다 모두 가지고 있고, 아니 집

---

52) 曺植, 『南冥集』 권4, 金宇顒 撰「行狀」. 참조.

집마다 가지고 있을 뿐만 아니라 평범한 사람들도 모두 가지고 있으며, 또 눈금이 매우 분명하건만, 이 자를 써서 아홉 가지 무늬를 새긴 구장복(九章服)을 마름질하는 사람도 있고, 한 자밖에 안 되는 버선도 만들지 못하는 사람도 있네. 스스로 생각건대, 자네의 자로 새로운 물건을 마름질해 낼 수 있겠는가? 자네가 알아야 할 바일세.53)

남명은 비유를 들어 깨우쳐주기를 잘하였는데, 이 말도 유명한 비유이다. 즉 이처럼 비유를 잘하였던 것도 따지고 보면 자득의 경지에서 우러나 온 것이다. 아무리 좋은 자를 가지고 있다 하더라도 그것을 써서 좋은 옷을 만드는 것이 중요하듯, 아무리 훌륭한 지식을 가지고 있다 하더라도 그것을 실생활에 베풀지 않으면 아무 소용이 없다. 학문을 아무리 정밀하게 강구하고 익숙히 하더라도 실용적인 데 이바지하지 못하면 아무런 의미가 없는 것이다. 마치 이익(李瀷)이 '궁경(窮經)은 치용(致用)을 하려는 것이다'라고 한 것처럼, 남명도 공리공담의 학문을 지양하고 철저하게 실용적인 학문을 추구한 것이다.

남명은 「무진봉사」에서 임금의 명선(明善)과 성신(誠身)에 대해 말하면서 명선은 궁리를 통해 이루어지고 성신은 수신을 통해 이루어지는데, 궁리를 하는 것은 치용을 위한 것이며 수신을 하는 것은 도를 행하려는 것이라고 하여,54) 학문의 실천적인 면을 강조하였다. 즉 궁리를 형이상학적인 인식론의 측면에서 바라본 것이 아니라, 그것의 효용적인 측면을 중시한 것이다. 이처럼 실질을 숭상하고 치용을 중시하며 실천

---

53) 曺植, 『南冥集』 권2, 「又與肅夫書」. "只見吾君所患, 不啻十寒. 質幹不立, 而制行無材, 精於講究, 而劣於致用, 短於殺活手, 最是急急備辦事也. 嘗見尺度, 人家皆有之, 非但人家, 愚夫愚婦, 皆有之. 錙銖分寸, 亦甚明白, 而用是有裁九章服者, 有不能制一尺足巾者. 自度君之尺度, 能裁初樣物耶, 君所知也."
54) 曺植, 『南冥集』 권2, 「戊辰封事」. 참조.

을 강조한 남명의 학문정신은 16세기 후반 성리학이 이기논쟁과 사칠논
변으로 사변화해 가는 과정 속에서 중요한 의미를 갖는다.

그리고 남명의 이런 실용적 학문정신이 조선후기의 실학과 그 맥이
연결된다고 섣불리 단언할 수는 없지만, 치용을 추구하는 실천적 학풍
이 실학을 태동시키는 데 일정한 작용을 했다고는 볼 수 있을 것이다.
그러나 이 문제는 정구(鄭逑) → 장현광(張顯光) → 허목(許穆)으로 이어
지는 학맥의 사상적 추이를 보다 면밀히 검토해 보고 나서 언급할 성질
임을 미리 밝혀둔다.

4) 거경행의(居敬行義)의 학(學)

위에서 살펴본 것처럼 남명은 25세 때 학문의 대전환을 가져온 후 위
기지학에 뜻을 두고 성현의 글에 잠심해 들어갔는데, 오랜 기간 성리서
를 궁구하고 나서 성학(聖學)의 요체를 경(敬)·의(義)로 파악하였다. 특
히 덕산 산천재로 이거한 후 만년에 이를 강조하고 나선다. 산천재의 왼
쪽 창에다가는 '경(敬)' 자를 써 붙이고 오른쪽 창에다가는 '의(義)' 자를
써 붙였다. 또 임종하기 직전에도 이 경·의 두 글자에 대해 문생들에게
거듭거듭 다음과 같이 말하였다.

> 이 경·의 두 글자는 매우 절실하고 긴요한 것이다. 배우는 사람들은 이
> 에 대한 공부를 익숙하게 해야 할 것이니, 공부가 익숙해지면 일물(一物)
> 도 가슴속에 남아있지 않게 될 것이다. 나는 이런 경지에 이르지 못하고
> 죽는구나.[55]

---

55) 曹植, 『南冥集』 권두, 鄭仁弘 撰「行狀」. "此二字極切要, 學者要在用功熟,
熟則無一物在胸中, 吾未到這境界以死矣."

이 말을 보면, 남명은 경·의를 성인이 되는 학문의 핵심, 즉 공부의 핵심으로 더욱 확고히 인식한 것을 알 수 있다. 이 경과 의를 통해 도달하는 경지가 바로 진실무망한 성(誠)의 경지이다. 또 남명은 '내명자경외단자의'라는 문구를 새긴 경의검을 항상 지니고 다녔는데, 이를 보아도 그가 경·의를 얼마나 중시하였는지를 알 수 있다. 이처럼 남명은 특히 말년에 경·의를 학문의 요지로 파악하고 이에 온힘을 기울였다.

그렇다면 경·의는 성리학에서 어떤 의미를 갖고 있는 것일까? 남명은 이 경·의를 왜 이처럼 공부의 요지로 중시한 것일까? 성리학에서는 심(心)을 일신(一身)을 주재(主宰)하는 주재자로 생각한다. 그런데 이 심을 성(誠)되게 하기 위해서는 경공부(敬工夫)가 요구되며, 이 경은 함양을 통해서 길러진다. 송대의 정이(程頤)는 이 경공부로 '주일무적(主一無適)'과 '정제엄숙(整齊嚴肅)'을 내세웠고, 그의 문인 사량좌(謝良佐)는 '상성성(常惺惺)'을 내세웠으며, 문인 윤돈(尹焞)은 '수렴기심(收斂其心)'을 내세웠다. 그리고 후대 주희는 정이의 설을 계승하면서 사량좌와 윤돈의 설을 아울러 수용하여 경공부의 요체로 파악하였다.56)

『학기류편(學記類編)』에 실린 남명의 「경도(敬圖)」를 보면, 이런 주희의 설을 그대로 따르고 있음을 알 수 있다. 부연해 말하자면, 경은 자기의 마음을 다른 데로 흩어지지 않도록 전일하게 하는 것으로, 그러기 위해서는 항상 계구(戒懼)하고 신독(愼獨)하며 마음을 수렴해야 한다는 것이다.

그런데 이 경공부를 마음이 움직인 동시(動時)에 할 것인가, 마음이 움직이지 않은 정시(靜時)에 할 것인가 하는 문제가 북송의 학자들에게서부터 제기되어, 운봉호씨(雲峯胡氏) 같은 사람은 계구(戒懼)를 정시경

---

56) 張立文, 『朱熹思想研究』, 中國社會科學出版社刊, 1981. 435~6면 참조.

(靜時敬)으로 신독(愼獨)을 동시경(動時敬)으로 보았다.[57] 주희도 이런 동정설에 따라 일이 있으면 동하고 일이 없으면 고요하다는 입장을 내세우고 있지만 정시의 함양을 보다 근본적인 것으로 봄으로써[58] 다분히 주정적(主靜的)인 면을 띄고 있다. 그러나 지경(持敬)하는 데 있어서 주희가 내세운 중요한 내용 중 하나가 바로 '경의협지(敬義夾持)'이다. 주희는 이에 대해 다음과 같이 말하고 있다.

경(敬)에는 사경(死敬)도 있고 활경(活敬)도 있다. 만약 단지 주일(主一)의 경(敬)만 지켜 어떤 일을 만났을 경우 의(義)로써 처리하여 그 시비를 분변하지 못하면 이는 살아있는 것이 아니다. 만약 익숙해지게 되면 그 뒤에는 경(敬)에 바로 의(義)가 있게 되고, 의(義)에 바로 경(敬)이 있게 된다. 정(靜)할 때에는 경(敬)·불경(不敬)을 살피고, 동(動)할 때에는 의(義)·불의(不義)를 살펴야 한다. -중략- 모름지기 경(敬)·의(義)를 협지(夾持)해서 끊임없이 순환하게 되면 내외가 투철하게 될 것이다.[59]

주희는 근본적으로 경(敬)이 동정을 관통하고 있는 것으로 본다. 그런데 그는 이를 다시 체(體)와 용(用)으로 나누어 미발시에 혼연히 함양된 것을 경의 체로 보고, 이발시에 성찰하는 것을 경의 용으로 보았다.[60] 따라서 체에 해당하는 주일의 경만 함양하는 데에서 그치지 않고, 일에

---

57) 柳正東, 「退溪의 哲學思想硏究-窮理와 居敬을 중심으로-」, 『퇴계학보』 제9집, 72면 참조.
58) 侯外盧 等 主編, 『宋明理學史』 권상, 405면 참조.
59) 黎靖德 編, 『朱子語類』, 권20, 學6 「持守」. "敬有死敬, 有活敬. 若只守着主一之敬, 遇事不濟以義, 辨其是非, 則不活. 若熟後, 敬便有義, 義便有敬. 靜則察其敬與不敬, 動則察其義與不義. -中略- 須敬義夾持, 循環無端, 則內外透徹."
60) 朱熹, 『朱子大全』 권43, 「答林擇之」 참조.

따라 의로써 성찰하는 것이 필요한 것이다. 그래서 주희는 경·의가 협지되어야 내외가 투철해진다고 하여, 그것을 활경으로 생각한 것이다. 이런 주희의 설은 정이의 경은 자신을 유지하는 도로 의(義)의 체(體)이며, 의(義)는 시비를 알아 이치에 따라 행하는 것으로 경(敬)이 드러난 것이라는 설[61])을 충실히 이어받은 것이다.

남명의 경·의에 대한 견해도 내적 조존함양(操存涵養)으로서의 경과 외적 성찰극치(省察克治)로서의 의를 내세운 것이므로 대체로 정이와 주희의 설을 따른 것으로 보인다.

주희나 정이가 내세운 경의협지론은 수양론적 측면에서만 언급한 것으로, 인식론적인 궁리(窮理)의 문제는 여전히 남게 된다. 일찍이 정이는 "함양하는 데에는 모름지기 경을 써야 하고, 진학(進學)하는 것은 치지(致知)에 있다."[62)라고 하여, 경(敬)과 치지(致知)를 학문의 대요로 보았다. 즉 수양론적 측면에서의 경과 인식론적 측면에서의 궁리를 학문의 길로 제시한 것이다. 이런 이론은 주희에게도 그대로 나타나는데, 주희는 거경(居敬)과 궁리(窮理)를 상호 보완적인 것으로 보아 궁리를 잘하면 거경공부가 날로 진보하고, 거경을 잘하면 궁리공부가 날마다 주밀해진다고 하여 별개의 것이 아니라 불가분의 관계임을 주장하였다.[63)

이와 같은 송대의 성리설이 조선 초 우리나라 학자들에게 큰 영향을 주었음은 주지의 사실이다. 이황의 경우 특히 거경과 궁리를 강조하며 조선조 성리학을 이론적으로 심화시켰는데, 특히 궁리의 문제에 있어 격물치지설 등은 주자학에서 진일보한 면모를 보여준다.[64)

---

61) 黃宗羲, 『宋元學案』 권15, 「伊川學案上」 참조.
62) 程顥, 程頤, 『二程遺書』, 권18, "涵養須用敬 進學則在致知"
63) 黎靖德 編, 『朱子語類』 권9 참조.
64) 柳正東, 위의 논문 참조.

그런데 남명은 위에서 살펴본 것처럼 당시의 학자들이 고담성리하는 것에 대해 매우 못마땅하게 생각하였다. 그리하여 선유들이 논한 천도·천명·심성정·이기 등과 학문을 하는 순서, 덕으로 들어가는 노맥(路脈) 등을 손수 도표로 그려놓고서도 제자들에게 보여주지 않았다.[65] 또한 염번취간하고 반궁조약하는 학문태도를 견지함으로써 성현이 남긴 경전의 요지를 파악하고 자신에게 돌이켜 실천하는 데 힘을 기울였다. 남명은 이런 학문자세를 가지고 있었기 때문에 형이상학적인 문제에 대한 추구를 지양하고 오로지 자신을 존양하고 성찰하는데 힘을 쏟았으며 무실위기(務實爲己)의 학을 강조하였다.

「신명사도」에 대해 정인홍이 평한 "안으로는 조존함양(操存涵養)의 실(實)을 드러내고, 밖으로는 성찰극치(省察克治)의 공(工)을 밝힌 것이다. 표리가 간단(間斷)함이 없는 체(體)와 동정이 서로 길러주는 리(理)가 그림을 살펴보면 분명하다."[66]라고 한 말을 보면, 남명학의 요체가 바로 내적 조존함양과 외적 성찰극치에 있다는 것을 알 수 있다. 즉 남명은 인식론적인 면에 있어서는 선현들이 열어 놓은 길을 따라 강학을 통해 의리를 발명해 나가면 되기 때문에 수양론적인 면에서 경·의에 힘쓰면 된다고 본 것이다. 이렇게 볼 때 남명학은 조존함양을 위한 거경(居敬)과 성찰극치를 위한 행의(行義)에 그 핵심이 있다고 하겠다.

---

65) 曹植,『南冥集』권두, 鄭仁弘 撰「行狀」참조.
66) 曹植,『南冥集』권두, 鄭仁弘 撰「行狀」. "內以操存涵養之實 外以明省察克治之工 表裏無間之體 動靜交養之理 按圖了然"

3. 맺음말

이상에서 남명의 성학과정과 학문정신에 대해 고찰해 보았다. 위에서 살펴본 것처럼 남명은 25세 전까지 공업(功業)과 문장(文章)을 이루겠다는 원대한 포부를 갖고 박람 위주의 독서와 문장수업에 매진하였다. 특히 자신의 문장에 대한 자부심이 대단하여 문장을 통하여 발신을 꿈꾸며 과거시험에 손쉽게 합격하리라 생각하였다. 그러다 21세 때 문과 시험에 실패한 후 자신의 기고(奇古)한 자신의 문장에 대한 반성을 제기하게 되어 평이하고 간결하고 내실 있는 글을 구해 읽게 되는데, 이때『성리대전』에 있는 허형의 글을 읽다가 크게 깨달아 과거에 뜻을 접고 위기지학을 힘쓰게 된다. 학문의 대전환이 이루어진 것이다.

이후 김해에서의 생활은 대부분 경전과 성리학에 깊이 침잠하여 성학(聖學)의 요지를 파악하고 연역하는 나날을 보내게 된다. 남명은 40대 후반 삼가로 이거한 뒤 정사를 건립하고 뇌룡정과 계부당이란 이름을 붙였는데, 이는 당시 사림의 무참한 화를 목격하고서 현실권으로 나아가려는 생각을 끊고 초야에 묻혀 도를 구하겠다는 의지를 새롭게 다짐하는 의미에서 붙인 것이다. 즉 안회(顔回)처럼 세상에 나아가지 않고 도를 구하는 것이 세도를 부지할 수 있는 길이라고 생각한 것이다. 이 이후로는 내적 함양을 통한 외적 발현을 추구한 시기로, 성경현전(聖經賢傳)의 학문요지를 파악하여 자득한 후 자신에게 돌이켜 실천하는 학문자세를 견지하고 있다. 특히 학문이 형이상학적인 이치를 궁구하는 쪽으로 흐르지 않고, 내적 존양과 외적 성찰의 수양을 강조하여 경·의의 학을 확고히 확립하였다.

이런 과정을 통해 이루어진 남명의 학문은 당시의 고담성리하는 풍조를 비판하고, 이에 대한 반성으로 하학인사 위주의 학문을 강조하였다. 이런 학문관에 의해 남명은 우선『소학』으로 인간자세를 확립하고, 사서(四書)를 정밀하게 숙독할 것을 주장하였는데, 그중에서도 특히『대학』을 중시하였다. 그리고『심경』·『근사록』등 성리서를 읽으며 심성수양의 공부에 힘쓸 것을 강조하였다.

또한 남명의 학문태도는 담경설서(談經說書)하는 것을 능사로 삼지 않고 염번취간(斂繁就簡)하고 반궁조약(反躬造約)하는 것을 중히 여겼으며, 반구자득(反求自得)하여 반궁실천(反躬實踐)하는 것을 중시하였다. 이는 당시 학문풍조가 고원한 것만 추구하는 것에 대한 일대 반성에서 제기된 것으로, 남명 특유의 실득·실천·치용의 학문을 수립하게 된 것이다. 이점이 바로 16세기 후반의 학술사에서 남명학이 갖고 있는 중요한 특성이다. 이런 학문정신에 의해 남명은 퇴계처럼 거경궁리 위주의 학문을 지향하지 않고, 거경행의(居敬行義)의 수양론적인 면을 학문의 대요로 내세운 것이다.

우리는 흔히 남명학의 요체를 경·의로 파악하여 그 자체에 지나친 의미를 부여하는 쪽으로만 논리를 전개하고 있는데, 이를 내세우게 된 데에는 바로 실득·실천·치용의 학문정신이 밑바탕을 이루고 있는 것이다. 따라서 남명이 학문하는 방법으로 내세운 경·의는 궁극적으로 실득·실천·치용의 목표에 도달하기 위한 방편이라고 할 수 있다. 즉 남명은 현실세계에 도를 구현하려는 경세적 의지를 늘 염두에 두고 있었던 것이다.

이런 정신을 가지고 있었기 때문에 남명은 현실권에 나아가지 않고 초야에 묻혀 지냈으면서도 현실에 등을 돌리지 않고 현실에 대한 예리한 인식과 날카로운 비판을 서슴지 않았던 것이다. 또한 상소문 등에 나타난 우국애민정신은 남명의 학문이 철저하게 현실세계에 관심을 두고 있었음을 입증해 주고 있다. 남명의 절친한 벗 성운(成運)은 「묘비문」에서 이런 남명의 정신적 고뇌를 다음과 같이 기술하고 있다.

그는 세상사를 잊지 못해 나라를 걱정하고 백성을 가엽게 여겼다. 매번 달 밝은 청명한 밤이면 홀로 앉아 슬피 노래를 부르고, 노래를 마친 뒤에는 눈물을 흘렸다. 그러나 곁에 있는 사람들은 전혀 그의 그런 마음을 알지 못하였다.[67]

이는 마치 김시습(金時習)이 농사짓는 농부의 형상을 조각해 놓고 익숙히 들여다보다가 불사르고 통곡을 하던 모습을 연상케 한다. 남명은 또한 선비들과 함께 이야기를 나누다가 말이 당시 정치의 득실과 민생의 곤궁에 미치면 팔을 걷어붙이고 목이 메어 눈물을 흘리기까지 하였다고 한다.[68] 이런 현실에 대해 끝없이 고민하였던 일련의 모습을 보면, 남명의 학문이 현실과 동떨어진 공리공담을 지양하고 철저히 치용과 실천에 그 목적을 두었음을 알 수 있다.

※ 이 글은 『남명학연구』 창간호(경상대 남명학연구소, 1991)에 게재한 것을 수정 보완한 것이다.

---

67) 曺植, 『南冥集』 권두, 成運 撰 「墓碑文」. "不能忘世, 憂國傷民, 每値淸宵皓月, 獨坐悲歌, 歌竟涕下, 傍人殊不能知之也."
68) 李肯翊, 『練藜室記述』 권11 참조.

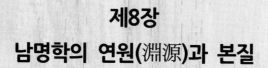

제8장
남명학의 연원(淵源)과 본질

1. 시작하는 말

남명 조식은 사화(士禍)가 극성하여 외척과 권간이 권력을 농단하던 시대를 살면서 자신의 사상을 정립한 학자이다. 따라서 남명사상을 올바로 이해하기 위해서는 먼저 그가 살던 조선이라는 공간의 정치·사회적 분위기와 사화기라는 시대적 배경을 간과해서는 안 된다. 남명학의 성격에 대해 논의한 기왕의 설은 대체로 남명이 남긴 글과 후인들의 평에 나아가 연구자의 주관적인 시각으로 그 성격을 구명함으로써 원시유학에 가깝다, 노장사상이 개입되어 있다, 정주학(程朱學)을 위주로 하였다, 육왕학(陸王學)에 가깝다는 등의 다양한 주장이 나오게 되었다.[1]

유학사적으로 남명은 퇴계와 양대 산맥으로 일컬어지며, 이익(李瀷)의 지적처럼 퇴계와 함께 우리나라 인문학을 최고의 경지로 끌어올린 인물이다.[2] 그렇다면 학술사적 측면에서 남명학은 송대 신유학 또는 원시유학과 어떻게 연결되어 있는지, 유가사상에서 특히 어떤 점을 중시하여 시대정신으로 드러냈는지를 고찰해야 한다. 또 남명은 조선시대 그 누구보다도 실천을 중시한 실천유학자로 알려져 있으니, 그 '실천'이라는 것이 무엇을 의미하는지, 그것이 그가 살던 시대에 어떤 의미를 갖는지

---

1) 최석기, 「남명사상의 본질과 특색」, 『한국의 철학』, 제27집, 경북대 퇴계연구소, 1999, 45~52면 참조. 김낙진, 「남명 조식 철학사상 연구에 대한 회고와 전망」, 『남명학연구』 제35집, 경상대 남명학연구소. 2012, 64~69면 참조.

2) 李瀷, 『星湖僿說』, 天地門, 「東方人文」. "中世以後, 退溪生於小白之下, 南冥生於頭流之東, 皆嶺南之地.. 上道尙仁, 下道主義, 儒化氣節, 如海闊山高. 於是乎, 文明之極矣."

를 논의해야 한다.

현대인들이 말하는 실천과 남명이 중시한 실천은 동일하지 않다. 이러한 사실을 돌아보지 않고 '실천유학자'라고만 하면 그 실체에 접근할 수 없으며, 자칫 남명학의 본질을 훼손할 우려가 있다. 그리고 남명의 학문은 한 마디로 경의학(敬義學)이라고 하니, 연구자는 이 경(敬)·의(義)가 무엇인지를 탐구하여 현대적인 의미를 부여해야 한다. 그런데 여전히 조선시대 학자들이 말하던 언어를 그대로 쓰고 있다.

이 글은 이러한 점에 문제의식을 갖고 기왕의 논의에서 한 걸음 더 나아가기 위해 남명학의 요체라고 하는 경·의가 어떤 시대적 배경 속에서 나타난 것인지를 되짚어 보고, 그 연원을 거슬러 올라 남명학이 유학사상의 어디에 근원한 것인지를 탐구하며, 나아가 남명학의 본질이 무엇이고 특색이 무엇인지를 다시 논의하고자 한다.

2. 남명의 시대정신과 지향

남명사상을 올바로 이해하기 위해서는 무엇보다도 그가 살던 시간과 공간 속에서 그 의미를 찾지 않으면 안 된다. 남명이 살던 시대는 한 마디로 사화기로 그 성격을 규정할 수 있다. 사화는 개혁성향의 신진사림들이 화를 당하고, 외척·권간이 권력을 천단(擅斷)하는 경색된 정국이었다. 특히 1519년의 기묘사화로 조광조(趙光祖) 등이 유배되었다가 사사된 뒤로 사기는 크게 위축되었다. 심지어 사인(士人)들이 『근사록』·『심경』·『성리대전』 등의 성리서를 금기시하기까지 하였다. 이런 분위기는 남명사상을 이해하는 유효하다.

1534년 이준경(李浚慶)·구수담(具壽聃)이 중종(中宗)에게 아뢴 아래의 언급을 보면 당시의 분위기를 알 수 있다.

　　이준경이 아뢰기를 "인재는 배양하지 않으면 안 됩니다. 근래 『소학』·『근사록』은 세상 사람들에게 크게 금하는 책이 되었습니다. 그래서 이런 책을 끼고 다니는 자가 있으면 사람들이 모두 기묘년의 당여(黨與)로 지목하여 비난하고 비웃습니다. 기묘당적에 오른 사람들이 모두 『소학』·『근사록』을 읽었던 것도 아닌데, 후인들이 그 당시 기묘당적에 오른 사람들을 미워했기 때문에 그와 같은 부류는 모두 해치려 합니다. 기묘당적에 오른 사람들이 불선한 인물이라 하더라도 그 책이 어찌 잘못이겠습니까?"라고 하였으며, 구수담은 아뢰기를 "『소학』·『근사록』은 참으로 배워야 할 책인데 지금은 사람들이 여럿이 보는 장소에서 공공연하게 찢어버리거나 벽을 바르는 종이로 쓰면서 배우려 하지 않습니다. 이 폐단이 큽니다."라고 하였다.3)

　남명은 1519년 한양에 살면서 기묘사화를 목격하였다. 위 인용문의 이준경과 구수담의 언급에 보이는 『소학』과 『근사록』은 15세기 후반부터 신진사림들이 가장 중시한 책이다. 기묘사화가 일어나던 1519년 4월 19일 참찬관으로 있던 조광조가 중종에게 아뢴 내용 가운데 "『근사록』·『소학』을 강론한 지 2~3년이 지났는데도 아직 끝마치지 못하였습니다. 무릇 성리(性理)에 침잠하는 것이 어찌 경연에서만 할 일이라고 기필하겠습니까? 모름지기 평소에도 늘 공경히 여기에 마음을 두셔야 합니다."4)

---

3) 『중종실록』 28년(1533), 11월 16일(갑인)조. "浚慶曰, '人才不可不培養, 而近來 小學近思錄, 爲世大禁. 若有挾此册者, 則人皆指爲己卯之黨而非笑之. 己卯 之人, 未必皆爲小學近思錄, 而其後之人, 疾其時之人, 故其類皆兵之. 己卯 之人, 雖曰不善, 此書何非.' 壽聃曰, '小學近思錄, 固當學之, 而今則人所共 見處, 公然破裂而塗壁, 不肯學焉, 此弊大矣.'"

라고 한 것을 보면, 이들에게 이 책은 새로운 세상을 여는 이념서적이었던 것이다.

이처럼 『소학』과 『근사록』은 15세기 후반부터 신진사림들에게 가장 중요한 책이었는데, 기묘사화 이후 불온서적으로 인식되어 금기시하는 풍조가 팽배해졌다. 이 두 책과 함께 16세기 초에는 송나라 진덕수(眞德秀)가 만들고 명나라 정민정(程敏政)이 부주(附註)한 『심경부주(心經附註)』가 국내에 유입되어 신진사림들에게 널리 읽혀지기 시작하였는데, 기묘사화 이후에 이 책도 불온서적으로 금기시되었다. 남명은 벗 이림(李霖)으로부터 이 책을 선물 받고 다음과 같이 말하였다.

이 책은 정히 대낮 큰 시장 안의 평천관(平天冠)과 같아 사는 사람이 없을 뿐만이 아니고, 혹시라도 머리에 써보기라도 하면 참람하다는 것으로 주벌을 당한다. 이 때문에 사람들이 이 책을 싫어해 마치 자신의 몸을 죽이는 것처럼 보니, 평천관처럼 꺼릴 뿐만이 아니다. 만고의 역사가 긴긴 밤처럼 깜깜해져 인류가 금수가 되어 단지 묵묵히 한 세상을 보내고 있을 따름이다.5)

남명은 『심경』을 기피하고 금기시하는 당시의 분위기를 평천관을 기피하는 것과 같다고 비유하였다. 그런데 남명은 이처럼 현실을 직시할 뿐만 아니라, 그런 현실인식을 통해 자기시대의 문제점을 간파하였다. 바로 그런 분위기가 지속되면 문명이 사라져 암흑시대가 되고, 인류이

---

4) 『중종실록』 중종 14년(1519) 4월 19일(임오). "近思錄及小學始講, 今已二三年, 至今未畢. 凡沈潛性理, 豈必於經筵也, 要須常常敬念."

5) 曹植, 『南冥集』 권2, 「題李君所贈心經後」. "是書也, 正似白晝大市中平天冠也. 非但無人買之, 或加諸頭上, 則以僭誅矣. 用是人惡此書, 視之爲殺身之具, 不啻平天冠也. 萬古如長夜, 人倫爲禽獸, 只應默默送了一世而已."

없어져 금수의 세상이 될 것이라는 것이다. 이것이 남명의 시대정신이다. 이런 현실인식과 시대정신이 그를 도학자의 길로 나아가게 한 것이다. 무도한 시대 지식인이 해야 할 일은 근본을 환기시켜 인간의 길을 알려주는 것이다. 그것이 도를 지키고 간직하는 것으로, 조선시대 선비들이 목숨보다 소중하게 생각한 것이다.

이러한 남명의 현실인식과 시대정신은 기묘사화 이후 이상과 현실에 대해 끝없이 고민을 한 데서 나온 것이다. 남명은 21세 때 문과 회시에 낙방한 뒤 산사에서 독서하고 있었는데, 1525년 『성리대전』을 읽다가 원유(元儒) 허형(許衡)이 "이윤(伊尹)의 지향에 마음을 두거나 안자(顔子 : 顔回)의 학문을 배워 출사하면 큰일을 추진함이 있고, 물러나 살면 자신을 지킴이 있어야 한다. 대장부는 이와 같이 해야 한다. 출사하여 추진하는 일이 없고, 퇴처(退處)하여 지키는 것이 없으면 지향한 것과 배운 것을 무엇 하겠는가."[6]라고 한 대목에 이르러 크게 깨닫고 성인을 배우기로 마음먹었다.[7]

여기서 주목해 볼 부분이 '성인을 배우기로[欲學聖人]' 하였다는 점이다. 성인은 바로 공자(孔子)를 지칭하며, 공자는 인간의 길을 알려준 분이다. 인간의 길이 없어지고 금수의 세상이 된 시대에 남명은 인간의 길을 다시 찾고자 한 것이다. 그리하여 남명은 이 해 공자·주렴계(周濂溪 : 周敦頤)·정명도(程明道 : 程顥)·주자(朱熹) 네 성현의 초상을 손수 그려 봉안해 놓고서 매일 참배하였다.[8] 이는 간절한 구도심을 드러낸 것이니,

---

6) 이 문구는 『性理大全』 권50 말미에 수록되어 있다.

7) 『南冥先生編年』 25세조. "至是, 讀性理大全, 至魯齋許氏言'志伊尹之志, 學顔子之學, 出則有爲, 處則有守, 大丈夫當如此. 出無所爲, 處無所守, 則所志所學, 將何爲.' 遂脫然契悟, 慨然欲學聖人."

8) 『南冥先生編年』 19세조~25세조. "手摹先聖及周程朱三子像, 龕奉之, 每朝瞻禮."

자신이 지향해야 할 길을 찾아 그 길을 가기 시작한 것이다.

남명은 1532년 김해에 은거할 때 벗 송인수(宋麟壽)로부터 『대학』을 선물 받고 자신의 지난 세월을 회고하였는데, 그 가운데 25세 『성리대전』을 읽다가 허형의 글을 보고서 학문의 대전환을 하게 된 심경을 다음과 같이 기술해 놓았다.

나는 허씨(許氏)의 글을 보고서 흠칫 자신을 돌아보니, 부끄럽고 위축되어 정신을 잃을 듯하였다. 내가 배운 것이 보잘것없어서 거의 일생을 그르칠 뻔한 점과 애초 인륜의 일상적인 일이 모두 본분 속에서 나오는 것인 줄 몰랐던 점을 깊이 탄식하였다. 드디어 과거공부에 싫증이 나서 이를 포기하고 전념하여 점점 근본적인 곳으로 나아가게 되었다. 이는 마치 어린 나이에 부모를 잃고서 귀의할 곳을 모르다가 하루아침에 문득 자애로운 어머니의 얼굴을 뵙고 자기도 모르게 손을 흔들고 발을 구르며 춤출 듯이 기뻐하는 것과 같았다. 나의 벗 원길(原吉 : 李浚慶)이 이를 보고 기뻐하여 나에게 『심경』을 주었으며, 미수(眉叟 : 宋麟壽)는 나에게 이 책을 주었다. 그때에는 저녁에 죽더라도 유감이 없을 듯한 마음이 있었다.9)

이러한 고백을 보면, 남명은 25세 때 과거를 포기하고 구도에 뜻을 둔 것을 알 수 있다. 따라서 30세 이후 과거시험에 응시한 것을 가지고 훗날 위기지학으로 전환하였다고 하는 것은 실상에 맞지 않는다. 또한 남명의 문인이자 외손서인 김우옹(金宇顒)은 당시 스승의 마음을 다음과 같이 기술해 놓았다.

---

9) 曹植, 『南冥集』 권2, 「書圭菴所贈大學冊衣下」. "輒竦然自省, 愧縮自喪. 深嘆所學之無類, 幾枉了一世, 初不知人倫日用事, 皆自本分中來也. 遂厭科學之學, 亦復廢輟, 專意學問, 漸就本地家鄕入焉. 政如弱喪而不知歸, 一朝忽見慈母之顔, 不知手足之蹈舞. 友人原吉見而喜之, 以心經投焉, 眉叟以是書與之. 當此時, 有若夕死而無憾焉者."

선생은 이에 척연히 경계하는 마음을 일으키고 망연히 자신을 잃어 비로소 종전에 취향(趣向)한 바가 잘못되고, 고인이 이른바 위기지학(爲己之學)이라고 한 것이 대체로 이와 같다는 것을 깨달았다. 드디어 깊이 탄식을 하고 발분하는 마음을 일으켜 밤새도록 잠자리에 들지 않다가 이른 새벽에 친구에게 작별을 하고 집으로 돌아갔다.10)

이러한 점을 고려해 볼 때, 남명은 과거공부를 계속해봤자 이윤(伊尹)처럼 한 세상을 태평성대로 만들 수 없다고 판단해 안회(顔回)의 길을 택한 것을 알 수 있다. 그것도 송대 성리학을 집성해 놓은 『성리대전』을 읽다가 학문의 대전환을 맞이하였으니, 16세기 전반 성리학이 개화하는 풍토 속에서 남명학이 태동한 것임을 알 수 있다.

또한 남명은 '이로부터 과거공부를 포기하고 점점 근본적인 곳으로 나아갔다.'고 술회하였는데, 그 '근본'이라고 한 것은 바로 『논어』에 보이는 '아침에 도를 들으면 저녁에 죽어도 괜찮다.[朝聞道 夕死可矣]'라고 한 도임을 알 수 있다. 남명은 성인 공자를 배우고자 하였으니, 그 도는 바로 공자의 도일 것이다. 공자의 도를 가장 잘 알고 실천하여 그 도에 근접한 인물이 안회다. 안회는 안빈낙도의 대표적인 인물인데, 허형은 '퇴처하게 되면 안회의 학문을 하여 도를 지켜야 한다.'고 하였으니, 남명이 지향해야 할 목표는 곧 안회처럼 되는 것이었음을 알 수 있다.

남명이 31세 되던 해 한양에서 벼슬하던 벗 이준경이 『심경부주』를 보내왔는데, 남명은 벗에게 감사하며 다음과 같이 기록하였다.

10) 曺植, 『南冥集』 권4, 金宇顒 撰 「行狀」. "先生於是, 惕然警發, 惘然自失, 始悟從前所趣之非, 而古人所謂爲己之學者, 盖如此也. 遂喟然發憤, 竟夜不就席, 遲明揖友人而歸."

마음을 잃어버리고 몸뚱이만 돌아다니면 금수가 아니고 무엇이겠는가.
그렇다면 이군을 저버리는 것이 아니면 이 책을 저버리는 것이고, 이 책을
저버리는 것이 아니면 내 마음을 저버리는 것이니, 슬픔 중에 자기의 마음
이 죽는 것보다 더 큰 것이 없다. 죽지 않는 약을 구했으면 먹기를 급급히
해야 할 것이다. 이 책은 마음을 죽지 않게 하는 약이다. 반드시 먹어서
그 맛을 알고, 좋아하여 그 즐거움을 알게 되면 오래갈 수 있고 편안할 수
있어서 아침저녁으로 날마다 써도 스스로 그만둘 수 없게 될 것이다. 노력
하여 게을리 하지 말라. 안연(顔淵 : 顔回)처럼 되는 것이 여기에 있다.11)

이 글은 김해에 정착한 직후 이준경이 보내온 『심경부주』뒤표지에다
쓴 것이다. 남명은 『심경』을 '마음을 죽지 않게 하는 약'에 비유하면서
본심을 잃어버리면 금수와 다름없는 삶이라 하면서 안회처럼 되기를 다
짐하고 있다. 남명이 학문의 전환하게 된 계기는 기묘사화 이후의 변화
된 정국을 암흑세상으로 여기고, 그런 세상에서는 이상을 펼 수 없다는
점을 절실하게 느꼈기 때문이다. 그리하여 그는 이윤의 길이 아닌 안회
의 길을 택한 것이다.

그렇다면 남명이 롤모델로 한 안회의 학문은 궁극적으로 무엇을 가리
키는 것일까? 『논어』에 보이는 안회의 학문을 대표하는 말로는 '불천로
불이과(不遷怒不貳過)'<「雍也」>, '삼월불위인(三月不違仁)'<「雍也」>, '극
기복례(克己復禮)'<「顔淵」> 등을 들 수 있다. 이는 안회의 마음이 인(仁)
과 하나가 되어 자유자재하는 경지까지 이르지는 못하였지만, 오랫동안
인을 어기지 않고 순응할 수 있는 지경에 도달하였으며, 그가 택한 공부

---

11) 曺植, 『南冥集』 권2, 「書李君原吉所贈心經後」. "心喪而肉行, 非禽獸而何.
然則非負李君, 則負是書, 非負是書, 卽負吾心. 哀莫大於心死, 求不死之藥,
惟食爲急, 是書者, 其惟不死之藥乎. 必食而知其味, 好而知其樂, 可久可安,
朝夕日用而不自已也. 努力無怠, 希顔在是."

법은 사욕을 수시로 극복해서 본연의 상태를 회복하는 것으로 요약된다. 남명이 이준경으로부터 『심경』을 선물 받고 '안회처럼 되는 것이 이 책에 있다.'고 한 말이 이러한 점을 여실히 보여준다. 요컨대 남명은 학문을 전환한 뒤로 극기복례를 공부법으로 삼아 안회처럼 되기를 지향한 것이다.

남명은 「누항기(陋巷記)」를 지었는데, 이는 안회가 별세한 뒤 공자가 제자들과 안회가 살던 누항(陋巷)을 지나며 탄식한 사실을 소재로, 증삼(曾參)이 안회의 학덕을 기록하는 형식을 빌려 지은 글이다. 이 글에는 다음과 같은 대목이 있다.

> 천자는 천하로써 자신의 영토를 삼지만, 안자(顔子)는 만고(萬古)로써 자신의 영토를 삼았다. 따라서 누항(陋巷)이 그의 영토는 아닌 것이다. 천자는 만승(萬乘)으로 자신의 지위를 삼지만, 안자는 도덕(道德)으로써 자신의 지위를 삼았다. 따라서 곡굉(曲肱)이 그의 지위는 아닌 것이다. 그러니 그 영토가 넓지 않은가? 그 지위가 크지 않은가?[12]

남명은 안회의 영토와 지위를 천자에 견주어 안회의 영토가 천자의 영토보다 넓고, 안회의 지위가 천자의 지위보다 크다고 하였다. 곧 한때의 정치적 권력보다 도덕을 세상에 전하는 것이 더 중요하다는 말이다. 이 글에 "비록 안회는 떠나갔지만, 오히려 도는 남아 있습니다. 죽지 않은 것이 남아 있는데, 어찌 그의 죽음에 대해 그다지도 근심하십니까?"[13]라는 증자의 말이 있으니, 남명은 바로 안회가 이룩한 그 도를 구

---

12) 曺植, 『南冥集』 권2, 「陋巷記」. "天子以天下爲土, 而顔子以萬古爲土, 陋巷, 非其土也. 天子以萬乘爲位, 而顔子以道德爲位, 曲肱, 非其位也, 其爲土, 不亦廣乎. 其爲位, 不亦大乎."
13) 曺植, 『南冥集』 권2, 「陋巷記」. "雖回之去, 猶道之在, 不死者存, 何死之憂乎."

하고자 한 것이다. 이처럼 남명이 안회의 도를 중시한 것은 도가 무너진 자기 시대에 대한 반성과 그 도를 다시 붙잡아 일으키고자 하는 사명감이 내재되어 있다.

남명은 25세 때 과거공부를 접고서 공자를 배우는 데 목표를 두고 안회의 학문을 따라 하였다. 이는 자신이 추구할 목표지점을 정한 것인데, 한 마디로 극기복례의 공부를 통해 성인의 경지에 도달하는 것이다. 이를 다시 말하면, 인도(人道)를 닦아 천도(天道)에 배합하는 천인합일(天人合一)의 경지를 지향한 것이라 할 수 있다.

3. 남명학의 연원(淵源)과 성격

남명은 안회의 극기복례를 통해 성인의 학문을 하는 데 목표를 두고서 공자 및 주렴계·정명도·주자의 초상을 그려 모셔놓고 매일 참배하였다. 여기서 우리는 그의 학문연원을 찾을 수 있다. 즉 남명의 학문은 송학(宋學)을 집대성한 주자를 거쳐, 주자의 학문이 흘러내려온 이정(二程 : 程顥·程頤)으로 거슬러 오르고, 다시 정자의 스승인 주렴계를 거쳐 안회와 공자에까지 이르는 것이다. 공자와 안회에 대해서는 더 언급할 필요가 없지만, 남명은 왜 주렴계·정명도·주자의 초상을 그려놓고 참배한 것일까? 주렴계는 「태극도설」을 지어 우주론을 보완한 인물이며, 정명도는 아우 정이천(程伊川 : 程頤)과 함께 송대 의리학을 개창한 인물이며, 주자는 송대 신유학을 집대성한 인물이니, 남명은 이들의 학문을 배우고자 한 것이다.

퇴계는 이들의 학문과 정신에 대해, 주렴계는 '주정무욕(主靜無欲) 광풍제월(光風霽月)'이라 하고, 정명도는 '음롱귀래(吟弄歸來) 양휴산립(揚休山立)'이라 하고, 주자는 '박약양지(博約兩至) 연원정맥(淵源正脈)'이라 평하였다.[14] 주정(主靜)과 무욕(無欲)은 주렴계의 「태극도설」과 『통서(通書)』에 보이는 말이며, 광풍제월(光風霽月)은 벗 황정견(黃庭堅)이 주렴계의 인품을 묘사한 말이다. 음롱귀래(吟弄歸來)는 정명도가 주렴계를 만난 뒤로 공자의 제자 증점(曾點)처럼 자연의 이치에 순응하는 삶을 지향하겠다고 한 말이고, 양휴산립(揚休山立)은 주자가 쓴 「육선생화상찬(六先生畵像讚)」 중 정명도를 상징한 말로 '봄기운처럼 따뜻하고 산처럼 우뚝하다.'는 뜻이다. 박약(博約)은 『논어』의 박문약례(博文約禮)를 가리키니, 박약양지(博約兩至)는 지(知)와 행(行)을 모두 지극하게 했다는 뜻이다.

이러한 내용으로 미루어볼 때, 남명이 지향한 학문과 정신은 박문약례의 학문을 통해 광풍제월의 흉금으로 양휴산립의 기절(氣節)을 추구한 것이라 할 수 있다. 주렴계와 정명도를 특별히 거론한 것은 그들과 같은 흉금과 기절을 닮고자 한 것이다. 정이천의 초상을 그리지 않은 것에 대해 정이천보다는 정명도를 더 선호했기 때문이라는 시각은 별 의미가 없다. 정명도를 거론한 속에 정이천도 내포되어 있다고 보아야 할 것이다.

이를 보면, 남명의 학문연원은 주자를 거쳐 이정과 주렴계로 올라가고, 다시 안회를 통해 공자에 이른다. 후대 곽종석(郭鍾錫)은 「입덕문부(入德門賦)」에서 남명의 학문연원을 다음과 같이 기술했다.

외물에 얽매임 때문에 스스로 번뇌하지 말고, 勿以外累而自惱

---

14) 李滉, 『退溪集』 권44, 「題金士純屛銘」.

큰 뜻 품고 천광운영의 못가에서 자락하시오.	囂囂乎自樂於天光雲影之濱也
그러면 모든 높은 산 긴 강의 광풍제월이,	然則凡諸高山長水光風霽月
우리 남명 선생의 진면목 아님이 없을 것이오.	莫非吾先生之傳神寫眞也

<중략>

그 연원이 바다 밖으로 수수(洙水)·사수(泗水)에 닿았고,	洙泗乎海外
산남으론 멀리 낙중(洛陽)·민중(閩中)까지 뻗혔던 것을.	閩洛乎山南者否

<중략>

세상에 나가면 이윤의 일 할 수 있었는데,	出可以爲莘尹之任
물러나 살면서 안회의 학문 일삼으셨지요.	處不失爲巷顔之藏[15]

　'천광운영'은 주자의 「관서유감(觀書有感)」에 보이는 문구로, 연못에 비친 하늘빛과 구름그림자를 말한다. 이는 자연의 현상이지만, 이를 통해 천리가 유행하는 것을 일상에서 살핀다. '광풍제월'은 주렴계의 인품을 말한 것이다. '사수'와 '수수'는 공자가 살던 곡부(曲阜)의 강이고, '낙양'은 정자가 살던 곳이며, '민중'은 주자가 살던 곳이다. 이러한 언급을 통해 볼 때, 남명학의 연원은 송대 주자·이정·주렴계 거쳐 안회와 공자로 거슬러 오르는 것이라 하겠다.

　그러면 남명학의 성격을 어떻게 규정해야 할까? 우리는 흔히 남명학의 요체를 경·의로 보아 남명학을 경의학이라고 한다. 널리 알려져 있다시피, 이 경·의는 『주역』곤괘 육이효의 '직(直)·방(方)·대(大)'를 공자가 풀이하여 "직은 그 바름이며, 방은 그 의리이다. 군자는 경으로써 안을

---

15) 郭鍾錫, 『俛宇集』권1, 「入德門賦」.

곧게 하고, 의로써 밖을 방정하게 한다.[直 其正也 方 其義也 君子 敬以 直內 義以方外]"[16]라고 한 말에서 나온 것으로, 마음을 정직하게 하기 위해서는 경공부가 필요하고, 외적인 일을 방정하게 하기 위해서는 의리로써 결단해야 한다는 뜻이다. 그러니까 경·의는 정직과 방정을 이룩하기 위한 마음공부라 할 수 있다.

그렇다면 경·의는 어떤 의미일까? 경은 송대 학자들이 불교의 불립문자(不立文字) 교외별전(教外別傳)을 강조하는 선(禪)에 맞서 주체적으로 마음을 다스리는 공부법으로 내세운 것이다. 정이천은 이를 정제엄숙(整齊嚴肅)과 주일무적(主一無適)으로 풀이했고, 사량좌(謝良佐)는 상성성(常惺惺)으로 풀이했으며, 윤돈(尹焞)은 기심수렴(其心收斂)으로 풀이했다. 정제엄숙은 마음을 정돈하고 가지런히 하며 엄숙하게 하는 것이고, 주일무적은 한 마음을 위주로 하여 다른 데로 마음이 달아남이 없도록 하는 것이고, 상성성은 마음이 항상 또렷하게 각성된 상태를 유지하는 것이고, 기심수렴은 『맹자』의 구방심(求放心)처럼 달아나는 마음을 안으로 거두어들여 붙잡고 보존하는 것이다.

이러한 해석을 종합하여 조선시대 학자들은 경공부로 삼았다. 그런데 이 '경' 자를 이해하기 위해서는 '경천애인(敬天愛人)'의 '경천(敬天)'이라는 말을 음미할 필요가 있다. '하늘을 공경한다.'는 말은 무슨 뜻일까? 『맹자』에 '하늘을 섬긴다.[事天]'는 말이 있고, 『시경』에 '문왕은 밝게 상제를 섬겼다.[昭事上帝]'는 말이 있는데, 여기서 말하는 천·상제는 만물의 근원으로 역학(易學)에서 말하는 태극(太極)이고 리(理)이다. 하늘은 이 세상의 모든 생명체를 주재하니, 임금을 우러르는 것처럼 공경하고 두려운 마음을 갖지 않을 수 없다. 즉 하늘은 나를 내려다보고 나의

---

16) 이는 『주역』 「坤卦」 文言에 보인다.

불선을 다 알고 있다고 생각해서 스스로 악한 짓을 하지 않고 선을 지향하는 마음이 바로 경천이다.

또 맹자는 '하늘을 우러러 부끄러움이 없고, 남들에게도 부끄러운 짓을 하지 않는 것'을 인생의 세 가지 즐거움 중에 하나로 넣었다.[17] 또 주자는 「경재잠(敬齋箴)」에서 "의관을 바르게 하고 보는 시선을 존엄하게 하고서 마음을 가라앉혀 고요히 살면서 상제를 대하듯이 경건함을 유지하라.[正其衣冠 尊其瞻視 潛心以居 對越上帝]"라고 하였다. 하늘을 우러러 부끄럽지 않고, 상제를 대하는 마음이 바로 경의 의미에 가깝다. 그래서 주자는 '경' 자를 풀이하여 '오직 두려워하는 것이 경 자의 뜻에 가깝다.[惟畏近之]'라고 하였다.

이를 종합하면, 경(敬)은 마음을 고요하고 또렷하게 하여 긴장감과 경건함을 유지하는 것이다. 이는 마음이 발하건 발하기 전이건 항상 유지해야 할 마음가짐이다.

의(義)는 무슨 뜻일까? 의는 의리 또는 정의로 해석하는데, 의리는 리(理)의 측면에서 말한 것이고, 정의는 리를 실천하는 측면에서 말한 것이다. 주자가 '의는 마음을 절제하여 일을 합당하게 하는 것이다.'[18]라고 말한 것은 실천적인 측면에서 한 말이다. 이런 관점에서 보면, 의는 마음이 발하고 난 뒤 판단이나 조처를 올바르고 합리적으로 하는 것이다.

『주역』「곤괘 ─ 문언」에 공자가 말한 '경이직내 의이방외'는 주자에 의해 다시 천명되었다. 주자는 자신이 젊어서 생활한 자양루(紫陽樓 : 紫陽書堂) 협실(夾室)의 이름을 경재(敬齋) · 의재(義齋)라 명명하였는데, 「명당실기(名堂室記)」에서 다음과 같이 말하고 있다.

---

17) 朱熹, 『孟子集註』, 「盡心上」 제19장. "仰不愧於天 俯不怍於人 二樂也"
18) 朱熹, 『孟子集註』 「公孫丑上」 제1장 集註. "義者 心之制 事之宜也"

　　대청 곁에 두 개의 협실이 있어서 한가한 날 그곳에서 정좌(靜坐)를 하
거나 독서를 한다. 왼쪽 협실을 경재(敬齋), 오른쪽 협실을 의재(義齋)라
명명하였다. 내가 예전에『주역』을 읽으면서 '경이직내 의이방외'라는 두
구절을 보고서 학문을 하는 요체는 이보다 더 좋은 것이 없다고 생각했지
만, 힘을 쓸 바의 방법을 알지 못했다. 그러다『중용』을 읽으며 '수도지위
교(修道之謂敎)'를 논한 대목을 보고서, 반드시 계신공구(戒愼恐懼)로 시
작을 삼은 뒤에 경(敬)을 유지하는 바의 근본을 터득했다. 또『대학』을 읽
으며 명명덕의 차례를 논한 것을 보고서 격물치지로 선무를 삼은 뒤에 의
리를 밝히는 바의 단서를 터득했다. 또 얼마 뒤 이 두 공부가 한 차례 동
하고 한 차례 정하며 상호 용이 되어 주자(周子 : 周敦頤)가 태극을 논한
것에 합치되는 바가 있는 것을 본 뒤에 천하의 이치는 유명(幽明)·거세
(鉅細)·원근(遠近)·천심(淺深)이 일(一)에 관통되지 않음이 없는 것을 알
았다. 이 두 자(敬義)를 즐기고 완미하면 참으로 족히 종신토록 싫증나지
않을 것이니, 어느 겨를에 저 밖에 있는 것을 사모하랴. 그래서 경·의라는
말로써 나의 두 협실 이름을 지었다.[19]

　　주자는 당명(堂名)을 스승 유자휘(劉子翬)가 지어준 자사(字詞)에서 취
해 회당(晦堂)이라 하고, 양쪽 협실명을 경재(敬齋)·의재(義齋)라고 붙인
내력을 위와 같이 기록해 놓았다. 이를 보면 주자는 경·의를 학문의 요
체로 삼은 것을 알 수 있다. 그런데 주자는 다시 경공부(敬工夫)에는 계
신공구(戒愼恐懼)를 시작으로 삼고, 의공부(義工夫)에는 격물치지(格物致

---

19) 朱熹,『朱子大全』권78,「名堂室記」. "堂旁兩夾室 暇日默坐 讀書其間 名其
　　左曰敬齋 右曰義齋 蓋熹嘗讀易而 得其兩言曰 敬以直內 義以方外 以爲爲
　　學之要 無以易此 而未知其所以用力之方也 及讀中庸 見其所論修道之敎
　　而以以戒愼恐懼爲始 然後得夫所以持敬之本 又讀大學 見其所論明德之序
　　而以必格物致知爲先 然後得夫所以明義之端 旣而 觀夫二者之功 一動一靜
　　交相爲用 又有合乎周子太極之論 然後又之天下之理 幽明鉅細 遠近淺深
　　無不貫乎一者 樂而玩之 固足以終吾身而不厭 又何暇夫外慕哉 因以敬義云
　　者 名吾二齋"

知)를 선무로 삼아 이 두 축의 공부를 번갈아 하며 일이관지를 추구하였다.

이처럼 주자는 『주역』의 '경이직내 의이방외'를 학문의 요체로 삼고서, 공부에 있어서는 『중용』의 계신공구로 경공부의 출발점을 삼고, 『대학』의 격물치지로 의(義)를 밝히는 단서를 삼았다. 이런 점에서 경·의는 주자학의 근원인 『대학』·『중용』과 무관하지 않다. 또한 이런 점에서 보면, 남명의 경의학이 주자가 말한 경의학과 꼭 일치한다고 할 수는 없지만,[20] 그 연원이 주자의 학문정신에 닿아 있음을 부정할 수 없다.

남명과 동시대의 퇴계는 주자의 위와 같은 학문정신을 그대로 본받아 도산서당을 지으면서 자신이 기거하는 방의 이름을 완락재(玩樂齋)라 하고, 다락의 이름을 암서헌(巖棲軒)이라 하였는데, 완락재라는 명칭이 바로 주자의 「명당실기」에 보이는 '락이완지(樂而玩之)'에서 따온 것이다. 그러니 퇴계도 경·의를 학문을 하는 요체로 삼은 것을 알 수 있다.

이런 점에서 남명의 경의학은 퇴계의 학문지향과 대체적인 면에서 다르지 않으며, 그 연원도 같다고 볼 수 있다. 물론 전체적으로 보면 남명학과 퇴계학에는 분명 동질성도 있고 이질성도 있다. 그러나 적어도 이 경·의를 학문의 요체로 생각한 점에 있어서는 동질성이 발견되며, 그 근원을 거슬러 올라가면 모두 주자를 만나게 된다.

---

20) 남명의 경의사상을 단적으로 보여주는 것이 칼에 새긴 '內明者敬 外斷者義'인데, 이를 통해 보면, 남명이 생각한 義는 외적으로 어떤 일을 결단하는 실천을 의미한다. 따라서 주자가 격물치지로 의리를 밝히는 단서로 삼은 것은 知를 의미하기 때문에 일정한 차이가 있다.

4. 남명학의 본질과 특색

경·의는 남명이 학문을 하는 요체로 내세운 공부의 두 축이지, 남명학의 본질이라고 할 수는 없다. 앞에서 언급했듯이 남명은 25세 때부터 성인을 배우기로 하고 안회를 구체적인 롤 모델로 삼아 공부에 진력하였다. 그렇다면 공자를 배우고 안회가 되기를 희망한다는 것은 무엇을 의미하는 것일까? 그 답은 안회를 통해 찾을 수 있다.

안회는 극기복례(克己復禮)를 통해 삼월불위인(三月不違仁)의 경지에 오른 인물이다. 이 인(仁)은 본성이며, 예(禮)도 본성이다. 즉 자신의 사욕을 극복해 본성을 회복하여 본성에 순응하는 삶을 말한다. 이것이 『중용』에서 말한 솔성지위도(率性之謂道)이다. 이 도가 바로 사람이 마땅히 행해야 할 도리이다. 그리고 그런 도를 닦은 공자의 가르침이 바로 교(敎 : 修道之謂敎)이다. 그렇다면 남명이 성인을 배우고자 한 것은 바로 이 본성을 거역하지 않고 순응하며 사는 도를 말한다. 남명은 사화로 인해 이 도를 아는 사람이 없어져 암흑세상이 되었기 때문에 그 도를 밝히고자 한 것이다.

남명은 무도한 세상에 도를 밝히는 것을 자신의 임무로 인식했기 때문에 그의 글에는 근본을 중시하는 사고가 밑바탕에 깔려있다. 이러한 사실은 그의 「원천부(原泉賦)」를 통해 확인할 수 있다. '원천(原泉)'은 '근원이 있는 샘물'을 뜻하는 말이다. 「원천부」는 학문에 근본이 있어야 함을 강조한 글인데, 그 학문이 외적으로 사물의 이치를 궁구하는 것이 아니고, 내적으로 자신의 마음을 붙잡고 길러 내면의 근본을 확립하는 것이다.

남명은 이 「원천부」에서 샘물이 땅 속에서 끊임없이 솟아나는 것은 근본이 있기 때문이라는 점을 환기시키며 '하늘에 근본을 둔 것은 무궁하다.[本於天者無窮]'는 점을 먼저 말한 뒤, 『노자』의 곡신(谷神 : 玄牝을 말함)과 『장자』의 기모(氣母), 제사를 지내는 것은 근본에 보답하는 것, 공자가 흐르는 냇물을 보고 탄식한 것을 맹자가 근본이 있음을 탄식한 것으로 해석한 것 등을 거론하면서 근본을 수차례 강조하였다. 그리고 학문으로 화제를 돌려 하학인사(下學人事)가 상달천리(上達天理)의 근본이 되고, 온갖 이치가 본성에 갖추어져 있으니 본성이 근본이 되고, 만수(萬殊)는 일리(一理)에 귀결되니 일리가 근본이 된다는 점을 역설하였다. 그리고 다음과 같이 끝을 맺었다.

경계하노니,	戒曰
마음이 사물에 응접할 때,	心以應事
온갖 감정이 흔들고 부추기네.	百感搖挑
학문을 하여 근본을 세우면,	學以爲本
온갖 감정이 흔들지 못하리.	感罔能擾
감정에 빠질 수 있는 것은 근본이 없기 때문이고,	可汩則無本
감정에 흔들릴 수 있는 것은 마음을 씀이 없기 때문.	可擾則用熄
경공부를 통해 근원을 함양하고,	敬以涵養
하늘의 법칙에 근본 하라.	本乎天則21)

이는 심성수양에 있어서 근본을 세우는 것이 중요함을 말한 것이다. 주자학에서 심(心)은 성(性)·정(情)을 통섭(統攝)하고 일신(一身)을 주재한다. 성·정은 심(心)의 미발(未發)·이발(已發)로 구분되는데, 성(性)은 물의 본성처럼 맑지만, 정(情)은 물이 흘러가면서 맑기도 하고 탁하기도 한 것처럼 선·불선이 있다. 즉 정 중에 리가 발한 사단(四端)은 선하지

---

21) 曹植, 『南冥集』 권1, 「原泉賦」.

만, 기(氣)가 발한 칠정(七情)은 중절(中節)하면 선하게 되고 부중절(不中節)하면 악하게 된다.[22) 위 인용문의 '백감(百感)'은 희로애락애오욕의 칠정을 말한 것으로, 절도에 맞지 않으면 악하게 된다. 따라서 학문을 하여 근본을 세워야 이런 감정에 마음을 빼앗기지 않을 수 있다. 그렇다면 그 학문은 무엇인가? 바로 경공부(敬工夫)다. 이 경공부를 통해 마음을 함양하여 천리(天理)에 근본을 하도록 하는 것이 학자가 우선해야 할일이다. 여기서 남명이 누차 강조한 '근본'이 무엇을 의미하는지 알게된다.

이처럼 남명학의 밑바탕에는 '근본'을 중시하는 사유가 자리하고 있다. 이런 사유가 인간의 마음에 국한하지 않고 외연을 확대할 때 학문적 근본, 사회적 근본, 정치적 근본, 나라의 근본으로 나타난다. 남명의 「민암부(民巖賦)」는 '정치적 근본'을 논한 글이다. '민암(民巖)'이란 『서경』「소고(召誥)」의 '왕께서는 공경한 덕을 뒷전으로 여기지 마시어 백성이 암험(巖險)하다는 것을 돌아보고 두려워하소서.[王不敢後 用顧畏于民嵒]'라는 말에서 따온 것으로, '백성은 우뚝한 바위처럼 위험한 존재'라는 뜻이다. 이에 대해 소식(蘇軾)은 "백성은 물과 같다. 물은 배를 띄울 수도 있고, 전복시킬 수도 있다. 사물 중에 백성보다 더 암험한 것은 없다."[23)라고 해설하였다. 남명은 이런 데서 소재를 취하여 「민암부」를 지었는데, '민시자아천시(民視自我天視)'라는 말[24)을 빌어 민험(民險)＝천험(天險)의 논리를 세우고,[25) 백성이 암험하게 되는 근원을 임금에게서

---

22) 오하마 아키라[大濱皓] 지음, 이형성 옮김, 1997, 제4장 性 참조.
23) 『書經集傳』, 「召誥」 細註. "蘇氏曰……民猶水也 水能載舟 亦能覆舟 物無險於民者矣"
24) 『書經集傳』 「泰誓中」. "天視自我民視 民聽自我天聽"
25) 曺植, 『南冥集』 권1, 「民巖賦」. "然昭格之無他 天視聽之在此 民所欲而必從

찾았다.26) 즉 이 「민암부」는 나라의 근본은 백성에 있고, 정치적 근본은 임금에게 있다는 것을 드러낸 글이다.

남명은 모두 3편의 부(賦)를 남겼는데, 「군법행주부(軍法行酒賦)」는 전한 혜제(惠帝) 때 여씨(呂氏)들이 권력을 농단하자 한 고조의 손자 유장(劉章)이 연회 석상에서 군법으로 술을 돌리다 범법한 자를 즉석에서 처단하여 기강을 세운 일을 소재로 하여 쓴 글이다. 이 글에서도 남명은 근본을 언급하였다. 남명은 이 「군법행주부」에서 여씨들이 권력을 농단하게 된 근원을 한 고조가 무예만 좋아하여 예의(禮義 : 왕실의 법도]를 세우지 않았기 때문이라 보았으며, 군법(武力)보다는 예의로 제압하는 것이 더 낫고, 천험(天險)을 체득한 것으로는 예의만한 것이 없으며, 예의가 없으면 나라가 망한다는 점을 강조하였다.27) 결국 이 부에서 남명이 말하고자 한 바는, 나라를 다스리는 데는 그 근본인 예의를 세워야 한다는 것이다. 이를 통해 보면, 남명이 남긴 3편의 부에는 모두 근본을 강조하고 있는데, 이런 사유가 바로 남명학의 본질이다.

이처럼 근본을 중시한 남명은 그 근본을 확립하는 것을 우선 자신을 통해 이룩하고자 하였다. 그리고 그것을 바탕으로 사회적 근본을 확립하고, 정치적 근본을 확립하고, 나아가 국가의 근본을 확립하고자 하였다. 자신에게 근본을 세우기 위해 남명은 안회처럼 극기복례를 공부법으로 하였고, 그것을 더욱 구체화하고 실용화하여 실천하고자 하였다.

寔父母之於子 始雖微於一念一婦 終責報於皇皇上帝 其誰敢敵我上帝 實天險之難濟 …… 是大權之何在 只在乎吾民之手兮"

26) 上同. "究厥巖之所自 亶不外乎一人"

27) 曹植, 『南冥集』권1, 「軍法行酒賦」. "曾乃祖之好武 慢禮義而不先 …… 獨惜夫漢家之無法 以軍法而爲制 王庭非流血之地 刀鉅異鍾鼓之聲 曷若制之以禮 君君臣臣 分如天淵 …… 體天險者無如禮矣 人孰勝夫天哉 ……重歎夫無禮則國亡"

그러한 노력의 결과는 『학기류편(學記類編)』에 남아 있는 도표와 「신명
사도(神明舍圖)」에서 찾을 수 있다.

『학기류편』에는 총 24개의 도표가 수록되어 있는데, 그 가운데 17개
는 남명의 자작도(自作圖)로 알려져 왔다.[28] 그런데 근래 이 가운데 12개
도는 원대 유학자 정복심(程復心)의 『사서장도은괄총요(四書章圖檃括總
要)』에 있는 것임을 논증한 연구가 발표되어,[29] 남명이 손수 그린 것은
「제3도」(孤虛旺相圖) 및 「성도(誠圖)」·「역서학용어맹일도도(易書學庸語
孟一道圖)」·「심위엄사도(心爲嚴師圖)」·「기도(幾圖)」 등 총 5도인 것으로
밝혀졌다. 기실 이 5도도 남명의 자작도라고 단언할 수는 없지만, 다른
사람이 그린 도표일 개연성이 적기 때문에 남명의 자작도로 보인다. 게
다가 이 5도 가운데 「고허왕상도」를 제외하고 나머지 4도는 남명학의
실체와 완전히 일치하여 남명의 자자도로 보아도 무망할 듯하다.

이런 관점에서 보면, 남명학의 본질을 드러낸 도표는 「신명사도」와 「성
도」·「역서학용어맹일도도」·「심위엄사도」·「기도」라 할 수 있다. 이 가
운데 「신명사도」 및 「심위엄사도」·「기도」는 심성수양을 하는 실제적이
고 실천적인 공부를 그린 것이고, 「성도」·「역서학용어맹이도도」는 심
성수양의 요체에 해당하는 내용을 뽑아 융합하여 그린 것이다. 따라서
「성도」·「역서학용어맹일도도」는 본체에 해당하고, 「신명사도」·「심위
엄사도」·「기도」는 작용에 해당한다.

먼저 남명학의 본체에 해당하는 「성도」와 「역서학용어맹일도도」를

28) 『學記類編』 「凡例」. "其中第三圖及三才一太極……忠恕九圖 是先生自圖而
以爲求端之地者也 自小學大學圖……林隱心圖外 其餘八圖 亦皆先生自圖
而以爲用力之方者也"
29) 이승환, 「南冥 「學記圖」 自圖說 批正」, 『철학연구』 제46집, 고려대 철학연구
소. 2012, 83~129면 참조.

살펴보기로 한다.

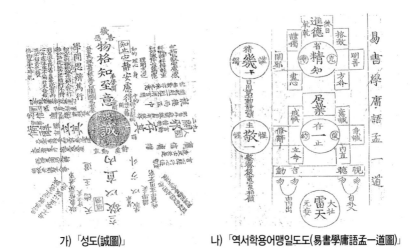

가) 「성도(誠圖)」   나) 「역서학용어맹일도도(易書學庸語孟一道圖)」

가)의 「성도」는 『중용』의 대지(大旨)인 성(誠)을 중심으로 성(誠)을 얻는 실천방법을 제시한 것인데, 중앙 원 안의 '성(誠)'을 중심으로 사방에 성을 얻기 위한 공부와 공효를 『주역』·『대학』·『중용』에서 뽑아 넣었다. 이 성(誠)은 진실무망(眞實無妄)으로 참된 마음이 가득 차서 망령된 생각이 없어진 마음을 의미한다. 『중용』에서는 이를 천도(天道)로 보았고, 그렇게 되기를 추구하는 것을 '성지(誠之)'라 하여 인도(人道)로 보았다. 성(誠)은 유학에서 추구하는 천인합일의 경지로, 그런 경지에 오른 분이 공자이다. 이렇게 보면 「성도」 중앙의 '성(誠)'은 남명이 추구한 궁극적인 목표라 하겠다.

그 목표에 도달하기 위해 격물치지(格物致知)의 공부를 통해 '물격지지(物格知至)'에 이르고, 성의공부(誠意工夫)를 통해 '의성(意誠)'의 상태가 되는 것을 상단에 표기하였다. 이는 학자가 먼저 해야 할 공부다. 그

런 공부는 박학(博學)·심문(審問)·신사(愼思)·명변(明辨)·독행(篤行)을 해
서 지행합일을 추구하고, 또 지어지선(止於至善)의 목표를 알아서 그 경
지에 도달해야 하기 때문에 '물격지지(物格知至)'·'의성(意誠)' 옆에『중용』
의 '학문사변독행(學問思辨篤行)'과『대학』의 '지지정정안려득(知止定靜
安慮得)'을 써 넣은 것이다.

하단의 '경이직내(敬以直內)'는『주역』「곤괘(坤卦)」 문언(文言)에서
취한 것으로 경이직내의 공부를 통해 성(誠)을 추구함을 드러낸 것이다.
그 옆에 '의이방외(義以方外)'를 함께 써서 경이직내의 공부를 통해 얻
은 성(誠)을 일상에서 미루어나감을 말하고, 또 '천덕(天德)'과 '왕도(王
道)'를 써서 이런 공부를 통해 천덕과 왕도를 이룩해야 함을 말하였다.

중앙 '성(誠)'의 좌우에는『주역』「건괘」 문언의 '떳떳한 말을 믿고 떳
떳한 행실을 삼가 사악한 마음을 막고 진실한 마음을 보존하라.[庸言之
信 庸行之謹 閑邪存其誠]'는 문구를 써서 남과 말하고 행동할 적에 사악
한 마음을 막고 진실한 마음을 보존해야 한다는 점을 드러냈으며, 또「건
괘」 문언의 '군자는 덕을 진전시키고 학업을 닦으니, 충·신은 덕을 진전
시키는 것이고, 말을 할 적에는 진실함을 수립하는 것은 학업에 처하는
것이다.[君子 進德修業 忠信 所以進德也 修辭立其誠 所以居業也]'라는 문
구를 써서 말을 할 적에 진실해야 한다는 점을 드러냈다.

이「성도」는 한 마디로 진실무망의 성(誠)을 학문의 목표로 한 남명학
의 본체에 해당하며, 그 공부방법과 실천요령이 사방에 배치한 내용인
데, 강학(講學)과 지경(持敬)을 겸하고 있다.

나)의「역서학용어맹일도도」는 제목에서 알 수 있듯이『주역』·『서경』·
『대학』·『중용』·『논어』·『맹자』에서 심성수양에 관한 요지를 뽑아 융합
적인 시각으로 그린 것이다. 이 도표는『서경』「대우모」에 '인심은 오직

위태롭고 도심은 오직 미미하니 오직 앎을 정밀하게 하고 마음을 전일하게 해야 진실로 중용의 도를 잡을 수 있다.[人心惟危 道心惟微 惟精惟一 允執厥中]'라고 한 것에서 유정공부(惟精工夫)<知>와 유일공부(惟一工夫)<行>를 중심에 두고 이 두 공부를 통해 진실무망의 성(誠)에 이르는 것을 도표화한 것이다.

유정공부는 진덕(進德)으로, 유일공부는 거업(居業)으로 보았는데, 이는『주역』「건괘」문언에서 취한 것이다. 세부적으로 유정공부에는『주역』「건괘」의 '한사(閑邪)'와 「곤괘」의 '의이방외(義以方外)', 『대학』의 '격물치지(格物致知)', 『중용』의 '명선(明善)'과 '신독(愼獨)', 『논어』의 '박문(博文)'과 '극기(克己)', 『맹자』의 '진심(盡心)'을 써 넣었는데, 모두 공부로 표기하였다.

유일공부에는『주역』「건괘」의 '수사(修辭)'와「곤괘」의 '경이직내(敬以直內)', 『대학』의 '의성(意誠)', 『중용』의 '성신(誠身)'과 '계구(戒懼)', 『논어』의 '약례(約禮)'와 '복례(復禮)', 『맹자』의 '입명(立命)'을 써 넣었는데, '의성(意誠)'·'신성(身誠)'·'내직(內直)'은 공부가 아닌 공효(功效)로 표기하였다. 공효는 공부를 통해 이루어지는 효과를 말한다.

유정공부의 '정(精)' 자를 쓴 원 안에는 '성(省)'(省察)과 '지(知)'를 표기하여 유정공부의 두 축으로 삼고, 유일공부에는 '존(存)'(存養)과 '지(止)'(止於至善)를 표기하여 미발시의 공부와 도달할 목표로 삼았다.

그리고 그 밑에『논어』의 '사물(四勿)'을 표기하였는데, 이는 극기복례를 말한 것으로 일상에서의 실천성을 강조한 것이다. 하단의 원 안에는 '뇌천(雷天)' 두 자를 써 넣었는데, 이는『주역』뇌천(雷天)「대장괘(大壯卦)」를 말한 것이고, 그 옆에 '무망(无妄)'을 써 넣은 것은「대장괘」의 공부를 통해 도달하는 목표지점을 천뢰(天雷)「무망괘(无妄卦)」로 표기한 것이다. 「대장괘」의 상사(象辭)에 "뇌(雷)가 천(天) 위에 있는 것이 대장(大壯)이니, 군자는 이 괘로써 예가 아니면 실천하지 않는다.[雷在天上 大壯 君子以 非禮弗履]"라고 하였다. 그 밑의 정전(程傳)에 "군자의 대장은 극기복례만 한 것이 없다.[君子之大壯者 莫若克己復禮]"라 하였고, 또 "극기복례에 대해서는 군자의 대장이 아니면 불가능하다.[至於克己復禮 則非君子之大壯 不可能也]"라고 하였다.

이를 통해 보면, 남명이 대장괘를 취한 것은 극기복례를 하기 위해서는 장대하고 성대하게 실천하지 않으면 안 된다는 점을 강조하기 위해서이다. 무망괘는 극기복례를 통해 본성을 회복하여 망령됨이 완전히 없어진 상태를 의미하니, 지선의 경지에 이른 것을 뜻한다.

왼쪽 원 안에 '기(幾)' 자를 쓴 것은 유정공부에 있어서 기미를 살피는 것이 중요함을 말한 것으로 심기(審幾)를 강조한 것이며, 아래 원 안에 '경(敬)' 자를 쓴 것은 유일공부에 있어서 경(敬)을 유지함이 중요함을 말한 것으로 거경(居敬)을 드러낸 것이다.

「역서학용어맹일도도」는 『서경』「대우모」에 보이는 '유정(惟精)'·'유일(惟一)'을 두 축의 공부로 삼아 중심에 두고 그린 것이다. 그런데 이 내용은 기실 『중용』과 더 밀접한 연관성이 있다. 주자는 「중용장구서」에서 인심·도심을 언급하면서 '유정유일 윤집궐중(惟精惟一 允執厥中)'을 공자 문하에 전해진 도학(道學)이라고 하였다. 그렇다면 이 그림은 공문(孔門)에서 전해진 도통(道統)의 핵심인 성(誠)을 구하는 공부를 사서이경(四書二經)에서 뽑아 그린 것이라 하겠다.

다음은 「신명사도」·「심위엄사도」·「기도」를 함께 살펴보기로 한다.

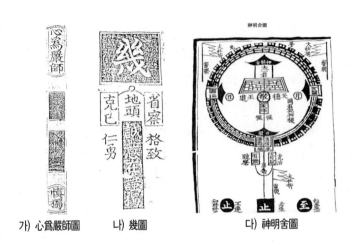

가) 心爲嚴師圖   나) 幾圖   다) 神明舍圖

　가)의 「심위엄사도」는 심(心)을 엄한 스승으로 삼고, 경이직내 의이방외(敬以直內 義以方外)의 공부를 통해 미발시에는 항상 또렷이 깨어 있고, 이발시에는 발하여 혼자만 알고 있는 마음이 악으로 흐르지 않도록 기미를 살피는 것을 말한 것이다. 곧 경의공부를 통해 존양(存養)과 성찰(省察)을 드러낸 것인데, 존양에 『중용』의 '계신공구(戒愼恐懼)'를 쓰지 않고 경공부 중 하나인 '상성성(常惺惺)'을 쓴 것이 남명의 성향을 보여준다. 남명은 북송대 학자들이 말한 경공부 4가지 가운데 사량좌(謝良佐)의 상성성(常惺惺)을 특히 좋아하였다. 그것은 늘 긴장감을 갖고서 한 순간도 마음을 혼몽하게 하지 않으려는 자강불식(自强不息)의 의지를 드러낸 것이다.

　나)의 「기도(幾圖)」는 마음이 발하고 난 뒤의 성찰에만 주목하여 그린 것으로, 남명학의 실천적인 면을 단적으로 보여준다. '기(幾)'는 마음이 발한 뒤의 선·악으로 향하는 조짐을 말한다. 이 조짐을 잘 살피는 것이 성찰공부의 핵심이다. 또한 그런 조짐을 발견하면 즉석에서 사욕을 물리쳐 본래의 상태를 회복해야 한다. 그래서 '기(幾)'를 성찰(省察)과 극기

(克己)의 지두(地頭)로 삼은 것이다. 그 아래 '성의재근독(誠意在謹獨)'은
『대학』성의장(誠意章)의 요지를 그린 것으로, '성의공부는 신독(愼獨)에
달려 있다.'는 말이다. 그 옆에 '격치(格致)'와 '인용(仁勇)'을 써넣었는데,
격치(格致)는 격물치지(格物致知)를 의미하고, 인용(仁勇)은 『중용』의 지
(智)·인(仁)·용(勇)을 의미한다. 성찰을 잘하기 위해서는 격물치지의 공
부가 필요하고, 극기(克己)를 잘하기 위해서는 도를 지키고 용감하게 실
천하는 것이 필요하기 때문에 인(仁)·용(勇)을 써 넣은 것이다.『중용』에
서 지·인·용은 중용을 아는 지혜, 중용을 오래 지키는 인(仁), 이를 실천
할 적에 적극적으로 추진하는 용기를 말한다.

　다)의 「신명사도(神明舍圖)」는 남명사상의 결정체라 할 수 있는데, 사
람이 마음을 다스려 극기복례하여 지선의 경지에 이르는 것을 임금이
나라를 다스리는 것에 비유해 그린 것이다. 이 그림은 곽내(郭內)－곽외
(郭外)－하면(下面)으로 나누어 볼 수 있는데, 이는 심성수양의 존양(存
養)·성찰(省察), 심기(審幾)·극치(克治), 지어지선(止於至善)을 형상한 것
이다. 그래서 필자는 이를 존양－성찰－극치의 3단계 심성수양론으로
보았다.30)

　이 그림은 마음이 가장 많이 출입하는 이(耳)·목(目)·구(口)를 세 관문
으로 보고, 그 관문을 지키는 데 「대장괘(大壯卦)」의 기상으로 기미를
살피고, 악의 기미가 발견되면 즉석에서 물리치는 것을 요지로 하고 있
다. 뇌천(雷天) 「대장괘(大壯卦)」의 의미를 관문을 지키는 깃발로 형상하
여 세 관문에 모두 배치한 것은 일상에서의 실천을 무엇보다 중시한 것
으로, 남명학을 실천적이라고 하는 것이 바로 이런 점을 말하는 것이다.

---

30) 최석기, 「남명의 神明舍圖·神明舍銘」에 대하여」,『남명학연구』제4집, 경상대
　　남명학연구소. 1995, 155~193면 참조.

남명이 지은 「원천부」·「민암부」·「군법행주부」를 보면 모두 근본을 강조하고 있고, 「신명사도」·「성도」·「역서학용어맹일도도」·「심위엄사도」·「기도」를 보면 모두 극기복례를 통해 진실무망의 성(誠)을 추구하여 지선의 경지에 이르기를 목표로 하고 있다. 이것이 바로 남명이 안회의 길을 걸어서 이룩한 남명학의 본질이다.

남명학의 특색은 「신명사도」에서 '경(敬)' 자 옆에 쓴 '천덕(天德)'과 '왕도(王道)'에서 찾을 수 있다. 천덕은 하늘이 부여한 본성을 얻어 나의 인격을 완성하는 것이고, 왕도는 그것을 현실사회에 펴서 미루어나가는 것이다. 이 두 가지는 학자들이 일삼아야 할 공부의 목표이다. 이를 달리 말하면 내성(內聖)과 외왕(外王)이라 할 수 있다. 왕도가 궁극적인 목표지만, 왕도를 펴려면 천덕을 바탕으로 해야 한다. 그래서 남명은 왕도의 이상을 지키기 위해 천덕을 얻는 데 진력하였다. 그리하여 천도인 성(誠)에 배합하는 천인합일을 목표로 한 것이다.

『중용』에 보면 지인(知人)·지천(知天)·배천(配天)이라는 말이 보인다. 인간 존재의 본질을 알고, 나아가 인간의 근원인 하늘을 알고, 그 천도에 배합한다는 말이다. 이것이 천인합일이다. 또 『대학』의 요지는 경(敬)이고, 『중용』의 요지는 성(誠)이라 하며, 『주역』에 '경이직내 의이방외(敬以直內 義以方外)'를 군자의 공부로 제시하고 있으니, 남명학은 경(敬)·의(義)의 공부를 통해 진실무망의 성(誠)에 이르려 한 것이다. 그렇다면 남명학의 특색은 경·의의 공부를 통해 『중용』의 성(誠)을 구한 데 있다고 하겠다.

16세기 사화기의 학자들은 전 시대 『소학』을 중시하는 풍조를 계승하고, 학자들이 해야 할 공부가 다 들어 있는 『대학』을 중시하였다. 이러한 사실은 퇴계의 「성학십도」를 통해 알 수 있다. 그런데 남명은 거기에

서 더 나아가 『중용』을 소의경전(所依經傳)으로 삼아 성(誠)을 추구한
것이다. 남명이 『중용』을 학문적 기반으로 한 것은 여러 곳에서 확인할
수 있는데, 「무진봉사」를 보면 『중용』의 핵심인 명선·성신을 주제로 선
조에게 간곡히 아뢰고 있다.

후대 하홍도(河弘度 1593~1666)는 「덕천서원상향축(德川書院常享祝)」
에서 "도는 중용에 의거하고, 학(學)은 경(敬)·의(義)를 성취하였네. 은둔
함으로써 형통하였으니 백세 뒤 성인을 기다려도 의혹이 없으리."31)라
고 하였다. 이 말은 경·의를 학문의 요체로 삼아 중용의 도를 추구했다
는 것으로, 성(誠)의 경지에 이르기를 구했다는 말이다. 남명이 61세 때
삼가(三嘉)에서 덕산(德山)으로 이주를 한 뒤 쓴 「덕산복거(德山卜居)」라
는 시에 '이사를 한 까닭은 상제가 사는 곳에 천왕봉이 가까이 다가간
것을 사랑하기 때문.[只愛天王近帝居]'이라고 하였으니, 이 역시 천인합
일을 추구한 것이다. 또 산천재(山天齋)라는 재호(齋號)를 산천(山天) 「대
축괘(大畜卦)」의 '강건하고 독실하고 빛나게 하여 날마다 그 덕을 새롭
게 한다.[剛健篤實輝光 日新其德]'에서 취한 것을 보면, 의지를 새롭게
하여 일신공부(日新工夫)를 통해 천덕을 구하고자 한 것이니, 이 역시 같
은 맥락에서 이해된다.

이처럼 남명학의 특색은 근본적으로 『중용』의 성(誠)을 추구한 데 있
다. 그런데 이를 좀 더 구체적으로 논의하면, 경(敬)·의(義)의 공부를 바
탕으로 하여 「대장괘(大壯卦)」의 장대하고 성대한 기상으로 기미를 살
펴 악의 기미를 즉석에서 물리치는 용감한 실천성에 있다고 하겠다. 이
는 존양-성찰-극치에서 존양을 바탕으로 하지만, 성찰과 극치에 보다
역점을 두는 것이다. 이것이 남명을 실천유학자라고 부르게 한 것이다.

---

31) 河弘度, 『謙齋集』 권7, 祭文, 「德川書院常享祝」.

이를『대학』의 지(知) - 행(行) - 추행(推行)의 논리로 보면 더욱 명확해
진다.『대학』의 팔조목은 격물·치지의 지(知), 성의·정심·수신의 행(行),
제가·치국·평천하의 추행(推行)으로 구분할 수 있다. 조선시대 학자들
은 이 가운데 어디에 치중할 것인가에 따라 학문성향이 달라졌다. 대체
로 조선시대 주자학으로 경도된 학자들은 주자학의 선지후행(先知後行)
의 논리에 의해 지(知)를 우선시하는 관점이 우세하다. 그러나 정약용(丁
若鏞)과 같은 학자는 명덕(明德)을 효(孝)·자(慈)·제(悌)로 보아 추행을
더 중시하였다. 반면 남명은 행(行)에 중점을 두었는데, 경이직내(敬以直
內)를 바탕으로 한 의이방외(義以方外), 「대장괘(大壯卦)」의 기상을 취한
심기(審幾)와 극치(克治), 시청언동(視聽言動)의 사물(四勿), 응접할 때의
한사존성(閑邪存誠), 말을 할 때의 수사입성(修辭立誠) 등이 그것을 단적
으로 보여준다. 이는 무너진 도를 다시 세우고, 인간사회의 근본적인 도
덕과 윤리를 수립하기 위한 시대정신과 무관하지 않다.

5. 결어

남명은 성리학이 개화하던 16세기 사화기에 활동한 인물이다. 그는
기묘사화 이후 성리서를 금기시하는 분위기 속에서 갈등하다가 현실정
치에 참여하는 이윤(伊尹)의 길을 포기하고, 재야에서 학문에 전념하여
도를 지키는 안회(顏回)의 길을 택했다. 그때부터 그는 공자를 배우기를
목표로 하고 안회의 극기복례(克己復禮)의 공부를 통해 근본을 확립하
는 구도의 길로 들어섰다. 이는 도가 무너진 시대에 도를 부지하고자 한
정신지향이다.

남명학의 연원은 그가 25세 때 학문을 전환한 뒤 공자·주렴계·정명도·주자의 초상을 그려 봉안해 놓고 참배한 데서 단서를 찾을 수 있다. 요약하자면 남명은 주자의 박문약례(博文約禮)의 학문과 정명도의 양휴산립(揚休山立)의 기절(氣節)과 주렴계의 광풍제월(光風霽月)의 흉금을 추구하고 안회의 극기복례를 통해 공자의 경지에 오르기를 목표로 한 것이다.

남명학의 요체를 경·의라고 하는데, 이는 『주역』「곤괘」문언文言)의 '경이직내 의이방외'에서 나온 것으로, 주자도 학문의 요체로 삼은 것이다. 따라서 남명의 경의학의 연원은 주자를 통해 『주역』으로 거슬러 올라간다. 경·의의 경(敬)은 마음을 고요하고 또렷하게 하여 긴장감과 경건함을 유지하는 것이고, 의(義)는 마음이 발한 뒤 판단이나 조처를 올바르고 합리적으로 하는 것이다.

남명학의 본질은 남명이 남긴 3편의 부(賦)와 『학기류편』의 「성도」·「역서학용어맹일도도」·「심위엄사도」·「기도」 및 「신명사도」를 통해 확인할 수 있다. 「원천부」를 보면 '본호천(本乎天)'을 극구 강조하고 있는데, 이는 경공부를 통해 마음에 근본을 세워야 한다는 것이다. 「원천부」에는 근본을 중시하는 사유가 근저에 자리하고 있는데, 그것이 외연을 확장하면 학문의 근본, 사회의 근본, 정치의 근본, 국가의 근본으로 나타난다. 「민암부」는 나라의 근본을 백성으로 보고 정치적 근본이 임금에게 달려있다고 한 글이며, 「군법행주부」는 나라의 근본은 예의라는 점을 역설한 글이다.

「성도」와 「역서학용어맹일도도」는 남명학의 본체에 해당하는데, 「성도」는 진실무망(眞實無妄)의 성(誠)을 목표로 하여 그 공부방법과 실천요령을 적시한 도표이며, 「역서학용어맹일도도」는 유정(惟精)·유일(惟

一)의 공부를 통해 성(誠)을 추구하는 것을 도표화한 것이다. 「역서학용어맹일도도」는 「대장괘」의 장대하고 성대한 실천으로 극기복례를 하여 천뢰(天雷) 「무망괘(无妄卦)」의 성(誠)에 이르는 점, 기미를 살피는 성찰과 상성성(常惺惺)의 경공부를 중시한 점에서 남명학의 실천적인 면이 잘 드러난다.

「심위엄사도」·「기도」·「신명사도」는 남명학의 작용에 해당한다. 「심위엄사도」는 심을 엄사(嚴師)로 삼아 존양·성찰을 간략히 도표화한 것인데, 존양에 '상성성(常惺惺)'만 표기하여 남명학의 특색을 보여준다. 「기도」는 성찰(省察)과 극기(克己)에 초점을 맞추어 그린 것으로 『대학』의 신독(愼獨)에 공부의 초점을 맞춘 것이다. 「신명사도」은 극기복례하여 지선의 경지에 이르는 것을 나라를 다스리는 데에 비유해 그린 것이다. 「신명사도」에는 이(耳)·목(目)·구(口)의 관문에 모두 대장기(大壯旗)를 그려 넣었는데, 이 역시 『주역』「대장괘」의 뜻을 취한 것으로 장대하고 성대한 기상으로 극기복례를 적극 실천해야 한다는 점을 말한 것이다.

남명학의 특색은 「신명사도」의 '천덕'과 '왕도'에서 찾을 수 있다. 천덕은 하늘이 부여한 본성을 얻어 나의 인격을 완성하는 것으로 내성(內聖)에 해당하고, 왕도는 그 덕을 현실사회에 펴는 것으로 외왕(外王)에 해당한다. 왕도가 궁극적인 목표지만 그것을 실현하기 위해서는 천덕을 먼저 추구해야 한다. 이 천덕을 추구하는 것이 바로 인도를 닦아 천도에 배합하는 성(誠)을 추구하는 것이다. 즉 남명학의 특색은 경·의의 공부를 통해 『중용』의 요지인 성(誠)을 추구한 데 있다. 이는 퇴계가 『소학』·『대학』을 근본으로 한 것과는 다른 것으로, 남명은 『중용』을 소의경전(所依經傳)으로 삼았다고 하겠다.

필자는 남명학을 조선성리학의 범주에 속한 것으로 보며, 정주학을 위주로 한 것으로 본다. 그 근거로 남명은 도학자로 일컬어졌으며, 16세기 성리학이 개화하는 시대배경 속에서 남명학이 출현하였고, 『학기류편』에 정자(程子)와 주자(朱子)의 언설이 3분의 2가 넘는다[32]는 점을 들 수 있다. 다만 그는 정주학만을 존신하지 않고 여타 사상을 수용하는 개방적 성향을 지향하여 정주학만을 존신하는 학자들에게 비판을 받은 것이다.

또한 『송사』 「도학열전」에는 주자의 도학에 대해 '격물치지를 우선으로 하고 명선과 성신으로 학문의 요점을 삼았다.'고 하였지만,[33] 『송사기사본말』에는 주자 시대 도학자들에 대해 '신독(愼獨)으로 능함을 삼고, 실천[踐履]으로 고상함을 삼으며, 정심·성의·극기복례로 일을 삼는 사람들이다.'라고 하였다.[34] 전자는 주자학의 선지후행의 논리를 갖고 있으며, 후자는 지(知)보다는 행(行)에 초점을 둔 시각이다. 그런데 후자의 관점에서 보면, 조선시대 학자들 가운데 남명이 그에 가장 잘 부합되는 도학자라 하겠다.

이러한 사실은 김성일(金誠一)이 "퇴계·남명 두 선생은 한 세상에 나란히 출생하여 도학을 창도해 밝혀 인심을 선하게 하고 인간사회의 기강을 부지하는 것으로 자기의 책임을 삼으셨다."[35]라고 한 말, 송시열(宋時烈)이 "우리나라 인재는 선조조에 이르러 가장 성대했다. 도학으로는 퇴계·남명·한강·율곡·우계·중봉이다."[36]라고 한 말, 곽종석(郭鍾錫)

---

32) 許捲洙, 「이론의 탐구보다는 실천을 걱정해야 한다」, 『사람의 길, 배움의 길-학기류편』, 한길사. 2002, 13면 참조.

33) 『宋史』 권427, 列傳 186, 「道學一」. "大抵以格物致知爲先 明善誠身爲要"

34) 『宋史紀事本末』 권21, 「道學崇詘」(四庫全書 제353책 549쪽). "以謹獨爲能 以踐履爲高 以正心誠意克己復禮爲事"

35) 金誠一, 『鶴峯集』 권3, 「招諭一道士民文 壬辰」. "退溪南冥兩先生 竝生一世 倡明道學 以淑人心扶人紀爲己任"

이 "옛날 우리 유학의 도가 없어지지 않았을 적엔, 퇴계 선생 같은 분을 하늘이 강좌(江左)에 내리시고, 남명 선생을 강우(江右)에 우뚝 서게 하셨지요. 나이도 동갑에 정신적으로 교유하셨는데, 성대한 도와 후중한 덕이 모두 같았지요. 그 연원이 바다 밖으로 수수(洙水)·사수(泗水)에 닿았고, 산남으로는 멀리 낙양(洛陽)·민중(閩中)까지 뻗혔었지요."37)라고 한 말에서 확인할 수 있다.

※ 이 글은 『남명학연구』 제53집(경상대 남명학연구소, 2017)에 게재한 「남명학의 연원과 본질」을 수정 보완한 것이다.

---

36) 宋時烈, 『宋子大全』 부록 권14, 語錄, 崔愼錄下. "我國人才 至宣廟朝最盛 道學則退溪南冥寒岡栗谷牛溪重峯"

37) 郭鍾錫, 『俛宇集』 권1, 「入德門賦」. "夫昔者斯文之未喪也 有若陶山夫子天降於江之左 南冥先生壁立乎嶺之右 年同庚交同神 道同盛德同厚 洙泗乎海外 閩洛乎山南者否"

제9장
「신명사도」와 「신명사명」 해석

1. 머리말

기존의 연구 결과에 의하면, 남명학의 특성은 크게 두 가지로 요약된다. 하나는 남명학의 요체가 경(敬)·의(義)라는 것이고, 다른 하나는 남명의 학문이 실천적이라는 것이다. 그러나 사실 이러한 주장은 남명에 관한 자료를 충실히 읽고 정리해서 보고하는 것에 지나지 않는다. 『남명집』을 일별하면 남명의 학문정신이 경·의에 있고, 반궁실천(反躬實踐)을 중시하며, 하학상달(下學上達)을 내세우고 있다는 것을 금방 알 수 있다.

그런데 정작 문제는 이런 남명학의 몇 가지 특성이 기존의 연구 결과에서는 일관되게 유기적으로 연결되어 있지 않다는 것이다. 즉 남명이 만년에 경·의를 매우 강조하여 산천재의 벽에 크게 써 붙이고, 경의검에 새기고, '오가지일월(吾家之日月)'이라고 하여 해와 달에 비유하기까지 하였는데, 이토록 중시한 경·의가 남명 학문의 또 다른 특성인 하학상달이나 실천궁행과 어떤 관계가 있는지를 하나로 꿰어 설명하지 못하고 있다. 또한 남명의 학문을 단적으로 상징하는 말이 경·의라면, 그 밑바탕에 깔린 남명학의 줄기와 뿌리가 무엇인지를 드러내 밝혀야 하는데, 사실 아직 그런 성과는 매우 미흡한 편이다.

최근 남명학파의 의병활동에 대해 집중적으로 조명하고, 16세기 유학사상의 전개에 대해 조심스런 접근을 시도하였다.[1] 이런 일련의 학술대

---

[1] 경상대학교 남명학연구소에서 1992년 9월 25~26일 양일간에 걸쳐 '경상우도 의병활동의 재조명 – 남명학파를 중심으로'라는 주제로 임진왜란 400주년 기념 학술대회를 개최하였고, 1993년 11월 5일 '16세기 유학사상의 전개와 그 특성'이란 주제로 학술발표회를 가졌다.

회는 남명의 학문과 사상을 16세기의 학술사 속에서 찾아야 한다는 자각과 연원가(淵源家) 학자들에게 남명정신이 어떻게 이어지고 있는지를 밝혀보려는 새로운 접근으로 매우 의미 있는 일이었다.

이런 두 차례 학회는 16세기 후반 이 땅의 학문이 사변화되기 시작하는 분위기 속에서 남명이 실천을 강조하는 현실지향적인 학문을 내세웠다는 점을 다시 확인하였고, 임진왜란 때 보여준 남명 문인들의 눈부신 의병활동을 통해 남명의 학문정신이 그들에게 면면히 이어지고 있음을 알 수 있었다.

그러나 이런 의욕적인 학술행사를 개최했음에도 불구하고, 남명이 경·의를 강조한 것과 그의 실천적인 학문성향이 어떤 맥락을 갖고 있는지 명쾌한 답을 찾을 수 없다. 이는 남명의 사상에 관한 깊이 있는 연구가 진행되지 않고 경·의를 중시했다는 측면에 지나치게 매몰되어 있기 때문이다. 문제는 '남명이 경·의를 중시한 것이 16세기 성리학에서 어떤 의미를 갖는가?', '남명의 성리사상의 기본골격은 무엇인가?' '그리고 그 속에서 경·의는 어떤 것인가?' 하는 등의 기본적인 물음을 제기하지 않은 데 있다. 본고에서는 이런 문제의식을 갖고 우선 그 시도를 해보고자 한다.

이 문제를 해결해 보려고 '남명의 학문성향을 가장 잘 나타내주는 자료가 무엇일까?'를 고심하게 되었고, 결국 그 답은 남명의 사상이 무르익을 대로 무르익어 나타난 만년의 저작에서 찾을 수밖에 없다는 생각하게 되었다. 그래서 몇 가지 주요 자료를 추출하였는데, 그것이 바로「신명사도」와「신명사명」, 그리고 68세 때 선조에게 올린「무진봉사」및『학기류편』에 실린 몇 개의 도표이다.

『학기류편』에는 총 24개의 도표가 수록되어 있는데, 그 가운데 17개

가 남명의 자작도(自作圖)로 알려져 왔다.[2] 그런데 근래 이 가운데 12개
도는 원대 유학자 정복심(程復心)의 『사서장도은괄총요(四書章圖隱括總
要)』에서 옮겨온 것임을 논증한 연구가 발표되어,[3] 남명이 손수 그린 것
은 「고허왕상도(孤虛旺相圖)」 및 「역서학용어맹일도도(易書學庸語孟一
道圖)」·「성도(誠圖)」·「기도(幾圖)」·「심위엄사도(心爲嚴師圖)」등 모두 5
도인 것으로 밝혀졌다. 기실 이 5도도 남명의 자작도라고 단언할 수는
없지만, 다른 사람이 그린 도표일 개연성이 적기 때문에 남명의 자작도
로 보인다. 게다가 이 5도 가운데 「고허왕상도」를 제외하고 나머지 4도
는 남명학의 실체와 완전히 일치하여 남명의 자작도로 보아도 무방할
듯하다.

이런 관점에서 보면, 남명학의 본질을 드러낸 도표는 「신명사도」와 「성
도」·「역서학용어맹일도도」·「심위엄사도」·「기도」라고 할 수 있다. 이
가운데 「신명사도」 및 「심위엄사도」·「기도」는 심성수양을 하는 실제적
이고 실천적인 공부를 그린 것이고, 「성도」·「역서학용어맹이도도」는
심성수양의 요체에 해당하는 내용을 뽑아 융합하여 그린 것이다.

남명이 이렇게 성리학의 주요 문제들을 도표화한 것은, 그가 성리학
의 핵심 명제들을 가장 잘 간추려 이해하고 있음을 드러내주는 것이며,
또한 그의 염번취간(斂繁就簡)하고 반궁조약(反躬造約)하는 그의 학문성
향을 단적으로 보여준 것이라 하겠다.

이는 성리학이 활짝 꽃피는 16세기 학술사로 볼 때, 매우 중요한 문제

---

2) 曹植, 『學記類編』 「凡例」. "其中第三圖及三才一太極.……忠恕九圖, 是先生
自圖而以爲求端之地者也. 自小學大學圖.……林隱心圖外, 其餘八圖, 亦皆
先生自圖而以爲用力之方者也."

3) 이승환, 「南冥 學記圖 自圖說 批正」, 『철학연구』 제46집, 고려대학교 철학연구
소, 2012, 83~129면 참조.

가 아닐 수 없다. 왜냐하면 남명처럼 성리학의 요체들을 총체적으로 도
식화한 것을 그 시대를 전후해서 찾아볼 수 없기 때문이다. 따라서 이
그림을 정밀히 분석하면 남명의 성리학을 해명할 수 있을 것이며, 나아
가 조선조 성리학의 발전양상을 더듬어 볼 수 있을 것이다. 이 글에서는
위에 열거한 몇몇 자료를 가지고 논의를 진행하고자 한다.

필자는 「신명사도」·「신명사명」·「무진봉사」·「역서학용어맹일도도」의
내용을 상호 대조해 본 결과, 기본 골격이 대체로 일치하고 있음을 확인
하였다. 따라서 이 기본 골격은 남명사상의 핵심을 드러내 보이고 있는
것으로 이해된다. 본고에서는 이 자료 중에서 「신명사도」·「신명사명」
을 중심으로 살펴보면서, 나머지 자료를 보조자료로 활용해 남명의 성
리사상을 추적해 보기로 하겠다.

주지하다시피, 『남명집』은 여러 차례 중간 개정되어 변개가 심하다.
본고에서 다루고자 하는 「신명사도」와 「신명사명」도 예외는 아니다. 「신
명사명」은 병오본(1606)부터 실려 있지만, 「신명사도」는 임술본(1622)에
와서야 비로소 나타난다.4) 그 뒤 「신명사도」·「신명사명」 모두 여러 차

---

4) 남명집의 판본 연구는 상당히 깊이 있게 진행되었음에도 불구하고 의견이 엇갈려
아직 板本名을 확정하지 못하고 있다. 그 대표적인 경우가 경상대학교 철학과에
재직했던 吳二煥 교수의 주장과 한학자 金侖壽 선생의 주장이다. 여기서는 설명
의 편의를 위해서 임시로 김윤수 선생의 설을 따라 판본명을 쓰기로 한다. 임술본
은 광해 14년(1622년)에 간행한 것을 말한다. 「신명사명」은 현존하는 가장 오래된
판본인 병오본(1606년)에 실려 있는 것이 가장 자세하고, 附註도 15조나 첨부되어
있다. 그 뒤 기유본(1609년)에는 부주가 빠져 있고, 임술본(1622년)에 오면 소주
(小註)가 바뀌고 부주가 대부분 삭제되며, 갑오정유본(1894~1897년) 이후로는 소
주가 거의 다 빠지고 부주도 거의 없어지며, 경술본(1910년)이후로는 부주가 다
빠지고 소주도 한 군데만 남고 다 삭제된다. 「신명사도」은 임술본(1622년)에 와서
야 비로소 나타나는데, 갑오정유본에 이르면 많은 부분이 바뀌고, 경술본에 이르
면 다시 그전의 모습으로 대부분 환원된다. 특히 19세기 후반과 20세기 초반에 걸

례 바뀌었는데, 본고에서는 「신명사도」는 가장 먼저 만들어진 임술본의 그림을, 「신명사명」은 가장 자세하고 오래된 병오본의 내용을 바탕으로 하여 논의하고자 한다. 또한 「신명사도」와 「신명사명」의 변개와 논란에 대해서는 본고에서 언급하지 않기로 한다.

2. 「신명사도」의 그림 및 용어 풀이

이 장에서는 우선 「신명사도」에 표기된 그림과 용어를 설명하고, 그 용어와 그림이 내포하고 있는 의미를 하나하나 살펴보도록 하겠다. 다만 성곽의 모양은 그림을 그대로 그려가며 설명하기 어려워, 편의상 「신명사도」에 없는 '원곽(垣郭)'이란 용어를 사용했다. 그리고 동그라미나 네모 속에 들어있는 글자도 동그라미나 네모를 그대로 그리지 않고 적절하게 풀어서 설명하였다.

원곽(垣郭) : 「신명사도」 중앙 상단의 성곽처럼 둥그렇게 둘러 처진 원을 가리킨다. 남명의 「신명사도」와 「신명사명」 모두 『참동계(參同契)』의 영향을 받은 것으로 추정된다.5) 「신명사도」의 원곽도 자세히 관찰해

처 경상우도 지역에서 이 「신명사도」을 놓고 학자들 사이에 상당한 논란이 전개되는데, 그 결과가 갑오정유본과 경술본의 변개로 나타난다.

5) 「神明舍圖」과 「神明舍銘」에 있는 '神明'·'神明舍(神室)'·'三關'·'九竅' 등의 용어를 통해서도 『參同契』의 영향을 쉽게 짐작할 수 있다. 또한 문인 金宇顒이 '頗喜看參同契, 以爲極有好處, 有補於爲學.'이라고 「行狀」에 기록했으니, 「신명사도」이 『참동계』의 영향을 받았다는 점에 대해서는 의심할 여지가 없을 듯하다. 『參同契』는 漢代 魏伯陽이 『周易』의 卦·爻의 원리를 빌려 性·命의 근원을 드러낸 책으로, 『陰符經』과 함께 성리학자들 사이에서 많이 읽혀지던 서적이다. 우리나라에서도 17세기 중엽 이후 학문이 정주학으로 획일화되기 이전에는

보면 그런 점을 발견할 수 있다.

神明舍圖

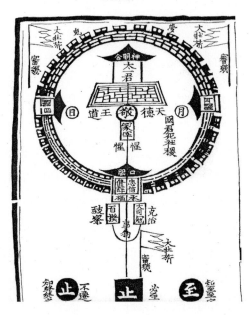

우선 성곽을 그린 것부터 살펴보기로 한다. 이 성곽은『참동계』상편 맨 앞에 나오는 "건괘(乾卦)와 곤괘(坤卦)는『주역』의 문호로 여러 괘의 부모이다. 감괘(坎卦)와 이괘(離卦)는 윤곽(輪郭)으로 바퀴통을 움직이고 굴대를 바르게 한다.[乾坤者 易之門戶 衆卦之父母 坎離匡郭 運轂正軸]"에 서 연유한 것으로 보인다.『참동계』의 이 첫 구절은 건괘·곤괘가 상·하 에 위치하고 감괘·이괘가 그 사이에 오르내리며 음양의 변화를 일으킨 다는 우주론이다.『주역』의 원리로 볼 때, 이(離 ☲)는 일(日)이 되고 감

───────────

성리학자들이 애독하던 책이었다.

(坎 ☵)은 월(月)이 되는데, 일·월이 뜨고 지며 운행함에 따라 아침·저
녁, 초승·보름·그믐, 봄·여름·가을·겨울 등이 생겨난다. 그 운행질서가
마치 임금이 조정에서 정사를 처리하듯이 한 치의 착오도 없이 이루어
진다고 한다.6)

　『주역』선천(先天)의 방위를 보면, 건(乾 ☰)이 남에 곤(坤 ☷)이 북에
이(離 ☲)가 동에 감(坎 ☵)이 서에 위치하고 있는데,『참동계』의 첫 구
절이 바로 그것을 의미한다. 이 점은 이 구절에 대한 송대 주자(朱子)의
주석에서 분명히 확인할 수 있다.

　　건·곤이 상하에 위치하고, 감·이가 그 사이에 오르내리는 것이 이른바
　역(易)이다. 선천의 방위에 건(乾)은 남쪽에, 곤(坤)은 북쪽에, 이(離)는 동
　쪽에, 감(坎)은 서쪽에 있는 것이 이것이다. 그러므로 그 형상이 원곽(垣
　郭)의 형상과 같다. 그것이 오르내리면 마치 수레의 굴대[軸]가 바퀴통
　[轂]을 꿰뚫고 있어, 바퀴를 굴림에 한번 올라갔다가 한번 내려가는 것과
　같다.7)

　주자는『참동계』의 건·곤과 이·감의 위치 및 변화하는 원리가『주역』
선천의 경우와 동일하다고 보고 있다. 건·곤이 남북으로 위치하고 이·
감이 동서로 위치하여 오르내리기 때문에 그 형상이 원곽과 같다는 것
이다.

　이렇게 볼 때, 「신명사도」의 둥근 성곽 모양은 바로『참동계』의 '광곽

---

6) 李允熙 옮김,『국역 參同契闡幽』(여강출판사, 1989) 해제 28~33면, 「참동계의 사
　상적 바탕」 참조.
7) 朱熹,『周易參同契考異』(文淵閣 四庫全書 제1058책) "乾坤位乎上下, 而坎離
　升降于其間, 所謂易也. 先天之位, 乾南坤北離東坎西, 是也. 故其象如垣郭
　之形, 其升降, 則如車軸之貫轂以運輪, 一下而一上也."

(匡郭)'을 형상한 것으로, 크게는 우주의 원리를, 작게는 인간의 몸을 가리키는 것으로 볼 수 있다. 굳이 성곽처럼 만든 것은 태일군(太一君)이 정사를 펴는 명당(明堂)임을 드러내기 위해서이다.

요컨대, 「신명사도」의 곽내(郭內)는 건·곤이 남북으로 자리하고 이·감이 동서로 자리하여 일(日 : 陽)·월(月 : 陰), 즉 이·감이 그 사이를 오르내리면서 변화한다는 우주론을 인간의 신체에 그대로 적용시킨 것이다. 그런 관점에서 이(離)의 방위에 목관(目關)을, 감(坎)의 방위에 이관(耳關)을 설치한 것이다. 곽내 일·월에 있어서도 일(日)을 목관 쪽에, 월(月)을 이관 쪽에 배치한 것이 이런 원리에서 나온 것이다.

남명의 후손인 조원순(曺垣淳, 1850~1903)이 주도하여 개정한 갑오정유본(1894~1897)에는 일·월과 목관·이관의 위치를 바꾸어 두었는데, 이는 『참동계』에서 연유한 것을 의도적으로 지우기 위해 태일군의 자리에서 보아 왼쪽을 동쪽으로, 오른쪽을 서쪽으로 여긴 데에서 말미암은 것으로 보인다.8) 조원순은 일·월과 목관·이관의 위치를 바꾸어 놓으면서 목관 옆에 있던 '--'과 이관 옆에 있던 '一'은 그대로 두어 자신의 설을 합리화시켰다. 그러나 단순히 태일군의 자리에서 왼쪽을 양, 오른쪽을 음이라 하여 관문 안에 양효·음효를 동·서에 써넣었을 리는 만무하다.9)

---

8) 曺垣淳, 『復菴集』 권4, 「辨神明舍圖」에 "日在東, 月在西, 目屬陽, 耳屬陰, 是其位之正也. 圖中日月, 與耳目兩關, 皆易其位而反之, 甚無據也. 河圖之文, 七前六後, 洛書之文, 九前一後, 所謂前者居上, 後者居下, 是皆自下而上也. 此圖則不然, 太一君向明而布政, 前即下也南也, 是自上而下也, 前後易而不同矣, 左右安得同也."라 하였다. 이 주장은 태일군이 북쪽에서 남쪽을 향해 앉아 있는 점에 중점을 두어 방위를 정한 것으로, 성곽의 의미를 신명이 깃들게 된 우주론적인 변화의 생성으로 보지 않고, 임금이 거주하는 궁궐로 본 것이다.

9) 이 문제는 許愈의 경우도 비슷한 견해를 표명하고 있는데, 다만 그는 조원순의 경우처럼 그림을 변개하지는 않았다. 허유의 견해는 『后山先生文集』 권12 잡저

왜냐하면 『참동계』의 영향관계를 언급하지 않더라도 『주역』 선천의
원리로 설명이 가능하기 때문이다. 『주역』 선천의 방위로 보면, 그림의
위쪽이 남으로 건(乾)이 자리하고, 아래쪽이 북으로 곤(坤)이 위치하며,
왼쪽이 동으로 이(離)가 자리하고, 오른쪽이 서로 감(坎)이 위치한다. 이
구도 속에서 보면, 목관 옆의 '‑‑'은 이(離 ☲)의 가운데 음효를 가리키
는 것이고, 이관의 '―'은 감(坎 ☵)의 가운데 양효를 가리키는 것이다.
즉 원곽은 선천의 우주론적 생성을 의미하는 것이지, 후천적 인사(人事)
를 가리키는 것이 아니다.

지금까지 원곽의 의미를 알아보았는데, 곽내는 일차적으로 임금이 정
치를 하는 명당을 그린 것이지만, 그 속에는 우주 속에서 음양의 변화에
의해 생겨난 인신을 가리키는 뜻이 들어 있다. 그리고 그 가운데 태일군
이 거주하는 신명사(神明舍)가 있는데, 이 신명사는 말할 것도 없이 일
신의 주재자인 마음이 머무는 집을 가리킨다.[10]

신명사(神明舍) : 신명사란 말이 어디서 나왔는지는 분명치 않다. 위백
양(魏伯陽)의 『주역참동계』에 '신명(神明)'‑‑'신실(神室)'이란 용어가 보
이는데, 이때의 '신실'이 곧 신명사를 의미한다. 그리고 『주자어류』 권5
에도 '심이 신명의 집이다.[心是神明之舍]'란 구절이 보인다. 신명사란 말
이 어디에서 연유했건 그것은 마음이 머무는 집, 곧 심장을 의미한다고

「神明舍圖銘或問」에 자세히 나타나 있다.

10) 曺垣淳은 垣郭을 "心之所宅 卽所謂神明舍也"라 하여 원곽을 神明舍로 보았
다. 그러나 그림 속에 太一君이 머무는 집을 神明舍라 표기하였고, 또 垣郭에
耳關·目關·口關이 있는 것으로 보아 조원순이 垣郭을 心臟으로 보는 것은 문
제가 있다. 垣郭은 인간의 신체를 의미하는 것으로 보는 것이 타당하다. 許愈는
마음의 본체인 神明이 머무는 집, 즉 心臟을 神明舍라 하였다.

하겠다.[11] 그곳에 일신의 주재자이며, 마음의 본체인 신명이 거주한다.

  태일군(太一君) : 태일군은 「신명사명」에 '태일진군(太一眞君)'으로 되어 있다. 이 태일군에 대해서는 선행연구에서 어원과 의미를 자세히 밝혀 놓았으므로 본고에서는 언급을 피한다.[12] 대체로 '태일'은 태극(太極)을 가리키고, '진군'은 일신의 주재자인 심(心)을 의미한다.[13] 진실무망한 태극의 본체가 일심(一心)에 갖추어져 더 이상 더할 것 없이 지존지귀하기 때문에 태일진군이라고 한 것이다.[14]

  「신명사명」의 '태일진군' 아래 원주에 "사심(邪心)을 막으면 마음이 전일하게 되니, 사심을 없애는 것이 그 법칙이다. 예(禮)는 반드시 태일에 근본을 한다. 욕심이 없으면 마음이 전일하게 되니, 충효로써 섬긴다. ○나라에는 두 임금이 없고, 마음에는 두 주인이 없다. 임금이 북극성처럼 바른 자리에 거처하여 편안한 마음으로 아랫사람들에게 정사를 맡긴

---

11) 許愈는 이 神明舍에 대해 心臟을 의미하는 것으로 해석하였다. 그는 「神明舍圖銘或問」에서 "古語云, 圓不徑寸, 神明舍焉. 蓋圓不徑寸, 指血肉心而言也. 朱子論血肉心, 而曰此非心, 乃心之神明出入升降之舍也. 然則神明其心之本體, 而血肉其舍乎."라 하여, 마음의 본체를 神明으로 보고, 그 마음이 머무는 집, 즉 심장을 神明舍라 하고 있다.

12) 全炳允, 「남명 조식의 신명사도 고찰」『남명학연구』창간호, 경상대 남명학연구소, 1991, 28~31면 참조. 張永儁, 「南冥先生之理學造詣與人格成就」『남명학연구논총』제1집, 남명학연구원, 1988, 174면 참조.

13) 曹垣淳은 太一을 太極으로, 君을 至尊之稱으로 풀이하였다. 許愈는 太一을 마음의 본체로 보아『周易』의 이른바 太極으로 보았으며, 眞君은 마음을 가리키는 것으로 보았다.

14) 曹垣淳은 「論神明舍圖」에서 "太極之體, 眞實无妄, 而具於一心, 至尊至貴, 無以加焉, 故謂之太一眞君."이라 하였으며, 朱子는『朱子語類』卷一에서 '心猶太極'이라 하였다.

다. 3천 명의 군사가 오직 한 마음이면 억만의 군사라도 무찌른다."[15] 하
였다.

이 원주를 음미해 보면, 태일은 둘로 갈라지지 않는 마음을 의미하는
것으로, 곧 태극을 뜻한다. 즉 나라에 두 임금이 없듯이, 마음이 둘로 나
뉘지 않은 전일한 경지를 말한다. 전일한 마음에는 사심(邪心)과 욕심이
없다. 이것이 바로 마음이 갈라지지 않은 상태로 태극의 경지인 것이다.
이런 마음을 가진 임금이 바로 진군이다.

천덕(天德)·왕도(王道) : 이 천덕과 왕도에 대해서는 전병윤(全炳允)이
어원을 모두 밝히며 접근하였다.[16] 그런데 남명이 지은 「무진봉사」를
보면 이 개념이 명확하다.

> 안에서 마음을 보존해 혼자 있을 때를 삼가는 것이 천덕이고, 밖에서
> 성찰해 행하기를 힘쓰는 것이 왕도이다.[17]

「신명사도」의 천덕과 왕도는 남명이 「무진봉사」에서 밝힌 대로, 안으
로 존심(存心)해 홀로 있을 때를 삼가는 것이 천덕이고, 밖으로 성찰(省
察)해 실천을 힘쓰는 것이 왕도이다. 요컨대, 천덕은 외물과의 접촉이 없
이 안에서 스스로 닦는 것으로 그 바탕이 되는 마음가짐이 곧 경(敬)이
며, 왕도는 외물과의 접촉을 통해 시비·사정(邪正)·공사·선악 등을 분별

---

15) 曹植, 『南冥集』(병오본 : 1606), 「神明舍銘」. "閑邪則一, 無邪其則, 禮必本於
太一, 無欲則一, 事以忠孝. ○國無二君, 心無二主, 辰極處正, 優游任下, 三
千惟一, 億萬則仆."

16) 全炳允, 위 논문 33~35면 참조.

17) 曹植, 『南冥集』(한국문집총간 제31책) 「戊辰封事」. "存心於內而謹其獨者, 天
德也, 省察於外而力其行者, 王道也."

하는 것으로 그 가치판단 기준이 바로 의(義)이다.

심성수양에 있어 이 두 가지가 기본요소이듯이, 태일진군이 명당에서 정사를 펼 때 지치(至治)를 이룩하기 위해 내건 대체가 바로 천덕과 왕도이다. 마찬가지로 인격수양에 있어서도 안으로 경을 통해 자신을 함양해 성심을 보존하는 것이 천덕이고, 밖으로 의를 통해 시비·선악을 분별해 올바른 인격을 추구해 나아가는 것이 왕도이다.

허유(許愈, 1833~1904)는 이 천덕과 왕도를 『대학』의 '명명덕(明明德)'과 '신민(新民)'에 비유하였다.[18] 그런데 허유는 명명덕과 신민의 요점이 경(敬)에 있기 때문에 천덕과 왕도를 경의 좌우에 써넣은 것으로 보았다.[19] 그러나 위에서 살펴보았듯이, 남명이 「무진봉사」에서 말한 천덕과 왕도는 존양과 성찰을 의미하는 것으로, 그 요점이 경과 의이고, 그 관직이 총재(冢宰)와 백규(百揆)이다. 따라서 이 천덕과 왕도를 허유처럼 경과 연관시켜 좌우에 배치한 것으로 보는 것은 무리가 있다. 이를 경에 연결시키면 경이 표방한 덕목이 됨으로 맞지 않는다. 태일군이 이 두 가지를 이룩하기 위해서 경이 필요한 것이다.

한편 조원순은 '존심을 천덕이라 하고, 추행을 왕도라고 한다.[存心曰 天德 推行曰王道]'라 하여 천덕을 존심으로, 왕도를 추행으로 풀이하였다. 퇴계의 「성학십도」 중 「대학도」를 보면, 명명덕을 본(本)·체(體)로 신민을 말(末)·용(用)으로 본 뒤, 격물(格物)·치지(致知)를 지(知)로 성의(誠意)·정심(正心)·수신(修身)을 행(行)으로 보아 명명덕에 귀속시키고, 제가(齊家)·치국(治國)·평천하(平天下)를 추행(推行)이라 하였다.[20] 허유

---

18) 許愈, 『后山先生文集』 권12, 「神明舍圖銘或問」 참조.
19) 許愈, 『后山先生文集』 권12 「神明舍圖銘或問」 참조.
20) 李滉, 『退溪先生文集』 권7, 「進聖學十圖箚幷圖」 第四大學圖 참조.

의 설이나 조원순의 설은 모두 퇴계의 「대학도」와 무관하지 않다. 그러나 이 천덕과 왕도는 앞에서 언급했듯이, 「무진봉사」의 천덕과 왕도로 보는 것이 가장 타당하다고 생각한다.

　　일(日)·월(月) : 일·월은 동그라미 속에 그려져 있다. 이 일·월이 무엇을 의미하는지에 대해서는 의견이 분분하다. 허유는 일·월을 천지신명(天地神明)의 주인으로, 경(敬)을 인심신명(人心神明)의 주인으로 보아 일·월을 경(敬)의 광휘(光輝)로 보았다. 그리고 목관(目關)이 양에 속하고 이관(耳關)이 음에 속하기 때문에 일(日)을 목관에 월(月)을 이관에 두었다고 하였다. 그러나 허유는 남명이 경·의를 '오가지일월(吾家之日月)'이라 하였으니, 이 일·월은 경(敬) 자에 나아가 말한 것이라 하였다.21) 허유는 천덕과 왕도를 경(敬)과 연결시켜 해석한 것처럼, 일·월도 경과 연관하여 해석을 하고 있다. 허유의 설에 따르면 이 경(敬)은 경·의를 다 포함하는 의미가 된다. 그러나 「신명사도」를 보고 쓴 김우옹(金宇顒)의 「천군전(天君傳)」에 '태재 경(太宰敬)'·'백규의(百揆義)'라고 분명히 나누어 언급했으니, 이 설은 아무래도 무리가 있다.

　　한편 조원순은 이 일·월을 「신명사명」의 '요순일월(堯舜日月)'의 일월(日月)로 보았다. 또한 그는 목(目)과 일(日)은 양으로 천덕(天德)·치찰(致察)·사지시(事之始)를 나타내는 것으로, 이(耳)와 월(月)은 음으로 왕도(王道)·극치(克治)·사지종(事之終)을 나타내는 것으로 보아, 일·월, 목·이, 치찰·극치의 위치를 모두 바꾸어 놓았다.22) 조원순이 주도해 개정한 갑오정유본과 그의 문집 『복암집(復菴集)』에 실려 있는 「신명사도」는

───────────

21) 許愈, 『后山先生文集』 권12, 「神明舍圖銘或問」 참조.
22) 曹垣淳, 『復菴集』 권4, 「神明舍圖銘解」 참조.

모두 그렇게 변개되어 있다. 조원순의 설 중에서 일월이 「신명사명」의 '요순일월'을 의미한다는 점은 타당성이 있다. 「신명사명」의 '요순일월' 아래 주석에 '복례(復禮)'라 하였으니, '요순일월'은 극기복례(克己復禮)· 한사존성(閑邪存誠)의 경지로 볼 수 있다. 즉 천덕과 왕도를 이룩한 상태 이다. 그러나 태일군의 자리에서 왼쪽을 양으로, 오른쪽을 음으로 보아 획일적으로 일(日)·이(耳)·천덕(天德)·치찰(致察)을 그림의 오른쪽에, 월 (月)·목(目)·왕도(王道)·극치(克治)를 그림의 왼쪽에 바꾸어 놓은 것은 잘못이다.

그렇게 보면, 이 그림은 태일군의 자리에서만 설명한 것이 된다. 그러 나 앞의 원곽의 풀이에서 언급했듯이, 신명이 신명사에 깃들게 되는 데 에는 천지·음양의 조화에 의한 우주론적인 질서가 그 안에 들어있다. 요 컨대, 『주역』 선천의 방위는 건(乾)이 남쪽, 곤(坤)이 북쪽, 이(離)가 동 쪽, 감(坎)이 서쪽이다. 이 선천의 방위로 보면, 일(日)과 목(目)이 그림의 왼쪽에 위치하여 양이 되고, 월(月)과 이(耳)가 그림의 오른쪽에 위치하 여 음이 된다. 이는 한사존성(閑邪存誠)하고 극기복례(克己復禮)하여 처 음 태어난 본연의 천성으로 되돌아간 것을 의미한다.

「신명사명」의 맨 마지막에 '세 관문을 닫아두니, 말끔한 들판이 끝없 이 펼쳐 있네. 돌아와 하나의 근원으로 돌아서는, 시동처럼 가만히 연못 처럼 침묵하네.[三關閉塞 淸野無邊 還歸一 尸而淵]'라고 한 것이 바로 그 경지이다. 이는 『참동계』의 "귀·눈·입 세 보배를 닫아 막아서 밖으로 나아가지 못하도록 하며, 진인(眞人)이 깊은 연못에 잠겨 물과 혼연일체 가 되어 떠다니듯이 규중(規中)을 지킨다."[23]라고 한 것과 흡사하다. 『참

---

23) 魏伯陽, 『周易參同契』 중편, 「關鍵三寶章」. "耳目口三寶, 閉塞勿發通, 眞人 潛深淵, 浮游守規中."

동계』의 양성론(養性論)이 후천(後天)에서의 성명(性命)을 닦아 선천(先天)의 진일지기(眞一之氣)로 돌아가 본연의 성(性)을 회복하는 데 있다고 한다면, '요순일월'은 태일군이 어정(御政)하는 차원이 아니고, 성명(性命)이 귀원(歸元)한 상태를 의미한다. 따라서 처음 원곽이 천지와 음양의 조화 속에서 인간이 태어남을 의미하듯이, 이는 그 우주론적 질서의 본연으로 돌아온 것을 의미한다. 그러므로 일(日)을 목관(目關) 즉 이(離)의 방위에 둔 것이며, 월(月)을 이관(耳關) 즉 감(坎)의 방위에 둔 것이다. 허유와 조원순의 설은『참동계』의 이런 원리를 의도적으로 배격하거나 간과한 데에서 나온 것으로, 남명의 사상이 노장사상에 물들었다고 하는 논란의 싹을 없애기 위해 변개함으로써 원래의 정신을 잃어버렸다고 하겠다.

총재(冢宰)-경(敬)-성성(惺惺) : 태일군이 천덕과 왕도를 표방하고 일신을 다스려 정치를 펴는데, 우선 백관의 장관인 총재를 두고 그 이름을 경(敬)이라 하였다. 일신의 마음을 다스리는 데에는 경이 밑바탕이 되어야 한다. 마찬가지로 나라를 다스리는 데 있어서 이런 신하가 무엇보다 먼저 필요하기 때문에 총재의 이름을 경으로 삼은 것이다.

총재는 태일군을 보좌해 안으로 백관을 거느리고 밖으로 세상을 조화시키는 임무를 맡는다. 마찬가지로 인간의 심성에 있어서도 경이 바탕이 되어야 자신을 성(誠)하게 할 수 있다. 성리학은 주체적으로 자기 자신을 닦아 인격완성을 추구하는 학문이다. 그런데 이를 위해 무엇보다도 중요하게 전제되어야 하는 것이 경이다. 안으로 마음을 흐트러지지 않고 보존하는 데 가장 절실한 것이 경이다. 경에 거처해 존심양성하지 않으면 외물과 접촉했을 때 올바른 성찰할 수가 없다. 남명이 「무진봉사」

에서 궁리(窮理)·수신(修身)·존심(存心)·성찰(省察)이 모두 경(敬)을 위주로 한다고 하면서 "경을 주로 하지 않으면 이 마음을 보존할 수 없고, 이 마음을 보존하지 않으면 천하의 이치를 궁리할 수 없습니다."[24]라고 한 것이 바로 그것을 말한다.

경(敬)은 성학(聖學)의 성시성종(成始成終)으로 성리학자라면 누구나 중시하는 것이다. 남명도 초학자로부터 성현에 이르기까지 모두 주경(主敬)으로 덕에 나아가는 방편을 삼아야 한다고 하면서, 주경공부가 결여되면 학문을 하는 것이 위선이라고 하였다.[25]

송대의 학자들은 이 경공부를 심성수양의 근본으로 보고 다양한 의미를 부여하였다. 정자(程子 : 程頤)는 '주일무적(主一無適)'·'정제엄숙(整齊嚴肅)'을 내세우고, 문인 사량좌(謝良佐)는 '상성성(常惺惺)'을 내세우고, 문인 윤돈(尹焞)은 '수렴기심(收斂其心)'을 내세웠는데, 주자는 이 네 가지를 아울렀다. 남명의 「경도(敬圖)」를 보면 이 네 가지 경공부를 사방에 배치하고 있다. 이를 보면 남명의 경(敬)에 관한 생각은 주자의 설을 충실히 따르고 있음을 알 수 있다. 즉 남명은 위의 네 가지가 경을 간직하기 위해서 모두 필요한 것으로 본 것이다.

그런데 이 「신명사도」의 '총재 경(冢宰敬)' 아래에는 유독 '성성(惺惺)' 두 자만 써 놓았다. 그 이유는 무엇일까? 성성은 혼매하지 않고 깨어있다는 뜻이니, 총재가 한시도 흐릿한 마음을 갖지 말아야 한다는 것이다. 사람이 자신의 마음을 늘 깨어있게 하지 않고 잠시라도 흐릿하게 하면 바로 사욕이 끼어들게 되니, 그렇게 되면 타고난 본성을 지킬 수

---

24) 曺植, 『南冥集』(한국문집총간 제31책) 권2, 「戊辰封事」. "非主敬, 無以存此心, 非存心, 無以窮天下之理."
25) 曺植, 『南冥集』(한국문집총간 제31책) 권2, 書「示松坡子」 참조.

없게 된다. 곽외(郭外)의 태일군 뒷면에 있는 귀(鬼)·몽(夢)이 바로 혼몽한 경지이다. 즉 남명이 경의 네 가지 공부 중에서 성성을 특별히 쓴 것은 귀·몽에 빠지지 않도록 마음을 혼몽하게 가져서는 안 된다는 점을 극구 강조하기 위해서이다. 성성은 위의 네 가지 경공부 중 가장 실천적인 것이다. 남명이 허리에 차고 다니며 늘 자신을 깨우치던 방울을 '성성자(惺惺子)'라 이름붙인 것도 바로 이런 의미를 갖는다.

귀(鬼)·몽(夢) : 원곽 밖에 귀(鬼)와 몽(夢)을 써넣었는데, 이는 위의 성성(惺惺)에서 설명한 바와 같다. 조원순은 이를 일(日)·월(月)과 반대의 의미로 보았는데,[26] 필자는 일·월을 '요순일월(堯舜日月)'로 보기 때문에 이 해석은 문제가 없지 않다. 허유는 "인간답지 못해서 깨닫지 못하면 바로 귀관(鬼關)·몽관(夢關)이니, 이는 치지(致知)·성의(誠意)와 경계가 나누어지는 지점이다."[27] 하였다. 이 설은 명덕을 밝히지 못하면 귀·몽에 빠지고 만다는 것으로 이해되는데, 『대학』의 명명덕·신민으로 「신명사도」를 풀이하는 그의 기본논리와 일치한다. 즉 곽내가 명덕을 밝히는 일이라면, 그렇지 못할 경우 귀·몽에 빠지는 것은 당연한 이치이다. 수양의 측면에서 말하면 곽내는 거경존양(居敬存養)에 해당하는데, 마음이 항상 성성하지 못하고 잠시라도 혼매하게 되면 바로 귀·몽의 경지로 빠지고 만다. 주자는 『대학』 팔조목의 격물(格物)을 몽(夢)과 각(覺)이 나뉘는 관문으로, 성의(誠意)를 인(人)과 귀(鬼)가 나뉘는 관문으로 삼았다. 이러한 설에 의거하면 몽은 지각이 없는 무지한 혼몽의 상태이고, 귀는

---

26) 曺垣淳은 이 鬼·夢에 대해 "知其所止則覺, 不能知止則夢也. 止其所止則人也, 不能止止則鬼也. 夢鬼二字, 爲日月之反, 而居圖之陰面以此."라 하였다.
27) 許愈, 『后山先生文集』 권12, 「神明舍圖銘或問」. "不人不覺則, 鬼關也夢關也. 此是致知誠意界分處."

인격을 형성하지 못한 사람답지 못한 존재를 가리킨다.

국군사사직(國君死社稷) : 이 다섯 글자는 본래『예기』「곡례(曲禮)」에 나오는 말이다. 남명이 이 다섯 글자를 굳이「신명사도」에 써 넣은 이유 는 국군이 국난에 대처해 사직에서 죽을 각오로 나라를 지켜야 한다는 점을 강조한 것으로, 마음을 다스리는 데 있어서 잠시라도 경(敬)을 떠 나서는 안 된다는 것을 드러낸 것이다. 마음이 경을 지키다 죽을 각오를 가져야 사욕에 끌려가지 않고 본연의 마음을 보존할 수 있기 때문이다.

이 다섯 글자에 대해 후세 경상우도 지역의 학자들 사이에 커다란 논 란이 생겼다. 후손 조원순이 갑오정유본을 내면서 이 다섯 글자를 빼고 상당한 부분을 변개했다. 그러자 당시 이 지역의 대학자였던 허유와 정 재규(鄭載圭) 등은 이 다섯 글자는 사생취의(舍生取義)·이도순신(以道殉 身)의 뜻이므로 삭제해서는 안 된다고 반대하였다. 그래서 경술본(1910) 에는 다시 원래의 모습을 되찾았다. 그러나 그 뒤에 조긍섭(曺兢燮)이 다시 무사(無死)의 심(心)을 유사(有死)의 군(君)에 비유하는 것은 불가하 다고 하여 조원순의 삭제를 지지하고 나섰다. 그리하여 이 문제는 김황 (金榥)에 내려오도록 학자들 사이의 논란거리로 남게 되었다.

목관(目關)·이관(耳關)·구관(口關) : 이 세 관문은 인간의 신체에 있는 아 홉 가지 구멍 중에서 외부와 접촉을 통해 가장 마음을 어지럽히는 신체 의 기관이다.28) 그래서『참동계』에서는 이 세 관문을 '삼보(三寶)'라 하 여 굳게 닫아걸어 진성(眞性)이 빠져나가지 않도록 해야 한다고 하였 다.29)「신명사명」의 '구규지사(九竅之邪) 삼요시발(三要始發)'이라 한 것

---

28)『陰符經』에 '九竅之邪, 在乎三要.'라 하였다.

이 바로 그것인데, 인심의 사욕이 이 세 기관을 통해 발하기 때문에 심성수양에 있어 이를 특별히 중시하는 것이다.

이 세 관문을 유가경전 속에서 찾으면 『논어』 「안연」의 극기복례의 조목인 '예가 아니면 보지 말고, 예가 아니면 듣지 말고, 예가 아니면 말하지 말고, 예가 아니면 행하지 말라.'[30]라고 한 사물(四勿) 중의 시(視)·청(聽)·언(言)의 감각기관이다. 즉 눈과 귀와 입은 사람이 사물을 인식하고 지각하는 가장 중요한 기관이기 때문에 이 세 기관을 거론한 것이다.

조원순은 시·청·언이 말미암는 문이기 때문에 관(關)이라 하였다[31]고 하였으며, 허유는 안연의 사물을 가리키는 것으로 보았다. 세 관문은 사욕이 발하기 쉬운 관문이므로 사욕을 극복하고 예로 돌아가는 관건에 해당된다. 따라서 이 삼관은 극기복례의 사물 중 시·청·언에 해당하는 세 기관으로 보는 것이 타당하다. 「역서학용어맹일도도(易書學庸語孟一道圖)」에도 뇌천(雷天)의 권역에 사물(四勿)을 그려 넣었으니, 간접적인 증거가 된다.

사물(事物) : 이는 위의 마음이 눈·귀·입 세 관문을 통해 외부와 접촉하는 일상의 모든 사물을 가리킨다. 이를 구관(口關) 아래에만 그려 넣었지만, 모든 관문에 다 해당하는 것이다.

승추(承樞)〈출납(出納)〉 : 「신명사도」에는 구관(口關)의 충신(忠信)·수사(修辭) 밑에 '승추(承樞)'만 쓰여 있으나, 「신명사명」에는 '승추출납(承樞

---

29) 魏伯陽, 『周易參同契』 中篇에 '耳目口三寶, 閉塞勿發通.'이라 하였다.
30) 朱熹, 『論語集註』 「顔淵」 제1장. "非禮勿視, 非禮勿聽, 非禮勿言, 非禮勿動."
31) 曹垣淳, 『復菴集』 권4, 「神明舍圖銘解」 참조.

出納) 충신수사(忠信修辭)'로 되어 있다. 따라서 「신명사도」의 '승추'에
는 '승추출납'의 뜻이 다 들어있다. 승추출납이란 '추밀(樞密)을 받들어
출납한다.'는 뜻으로, 왕명을 출납하는 승지와 같은 의미이다. 왕명을 받
들어 출납하는 것은 눈·귀·입의 세 기관 중에서 구관이 담당하기 때문
에 왕명을 받들어 출납하는 직책을 후설지직(喉舌之職)이라 한다. 즉 세
관문 가운데서 구관은 왕명을 밖으로 전달하는 중요한 역할을 하기 때
문에 그곳을 승추(承樞)라 한 것이다. 이 자리에 있는 관리가 왕명을 받
들어 출납할 적에는 충신(忠信)으로 수사(修辭)해야 하기 때문에 승추
위에 '충신·수사'를 써 넣은 것이다.

　개인의 심성수양으로 보면, 내적인 마음을 말로 들어낼 적에는 충신
으로 그 말을 닦아야 한다는 것이다. 「신명사명」의 '승추출납' 아래의
소주에 '세분 택선치지(細分擇善致知)'라고 하였다. 이에 대한 허유의 「신
명사도명혹문(神明舍圖銘或問)」에는 다음과 같이 말하였다.

　　혹자가 묻기를 '주의 세분(細分)은 무슨 말입니까?' 하여, 답하기를 '경
　　(敬)·의(義)는 총체(總體)가 되고 지행(知行)은 세분이 된다.'라고 하였다.
　　혹자가 또 묻기를 '택선치지(擇善致知)는 무슨 말입니까?'라고 하여, 답하
　　기를 '이는 오로지 지(知)에 나아가 말한 것이다. 대체로 추밀을 받드는
　　직책은 선을 택해 출납하는 데 있다.'라고 하였다.[32]

　또한 허유는 「신명사명」의 '충신수사' 아래의 주에 나오는 '고집역행
(固執力行)'을 해석하면서 "이는 오로지 행(行)에 나아가 말한 것이다. 이

---

[32] 許愈, 『后山先生文集』 권12, 「神明舍圖銘或問」. "註細分, 何謂. 曰, 敬義爲
　　總體, 而知行爲細分也. 擇善致知, 何謂. 曰, 此專就知上說也. 蓋承樞之職,
　　在擇善而出納也."

미 선을 택했으니 굳게 그것을 잡아야 한다."[33]라고 하였다.

이런 허유의 해석과 「신명사명」의 주에 나오는 택선치지·고집역행을 통해 승추출납·충신수사를 다시 음미해 보면, 전자는 택선(擇善)이고 후자는 고집(固執)이며, 전자는 치지(致知)이고 후자는 역행(力行)이다. 따라서 이는 지와 행의 문제를 극명히 밝힌 것이다. 그런데 이를 세분이라 하였으니, 이는 '내총재주(內冢宰主) 외백규성(外百揆省)'이 총체(總體)인 것[34]과 서로 대조가 된다.

충신(忠信)·수사(修辭) : 충신과 수사는 『주역』「건괘」문언(文言) 구삼효(九三爻)에 나오는 말로, 주자의 본의(本義)에 "충신은 마음에 주로 하는 것이 한 생각도 성(誠)하지 않음이 없는 것이다. 수사는 일에 나타난 것이 한 마디 말도 진실 되지 않음이 없는 것이다. 충신의 마음이 있더라도 말을 닦아 성(誠)을 세우지 않으면 거기에 거처할 수 없다."[35]라고 하였다. 이 설에 따르면 충신은 마음가짐에 조금도 사심이 없는 경지, 즉 자신을 극진히 해서 그것을 꽉 채워나가는 것을 말하고,[36] 수사는 마음이 밖으로 표현되는 데 조금도 거짓됨이 없는 경지를 가리킨다.

세 관문 가운데 구관에 충신·수사를 써 넣은 것은, 내적인 마음이 밖으로 발로하는 것 가운데서 입이 가장 주의를 기울이고 삼가야 할 관문

---

33) 許愈, 『后山先生文集』권12, 「神明舍圖銘或問」. "此專就行上說也, 旣擇善當固執."

34) 曹植, 『南冥集』권1, 「神明舍銘」의 '內冢宰主 外百揆省'의 주에 '總體'라 하였다.

35) 朱熹, 『周易集傳』「乾卦-文言」 九三爻 本義. "忠信, 主於內者, 無一念之不誠也. 修辭, 見於事者, 無一言之不實也. 雖有忠信之心, 然非修辭立誠, 則無以居之."

36) 朱子는 『孟子集註』에서 '忠을 盡己之謂, 信을 以實之謂'라고 정의하였다.

임을 특별히 드러낸 것이다.

　백규(百揆)－치찰(致察) : 인간이 주경(主敬)을 통해 심성을 보존할 수 있지만, 이는 어디까지나 미발(未發)의 정시(靜時) 공부이다. 마음이 발하여 외물과 접촉하게 되는 이발(已發)의 동시(動時)에는 기미(幾微)를 살펴 의(義)·불의(不義)를 성찰해야 한다. 그렇게 하지 않으면 떳떳하고 올바른 인격을 완성할 수 없다. 일찍이 주자도 "만약 단지 주일(主一)의 경(敬)만을 지켜 일을 만났을 때 의(義)로 처리하여 시비를 분변하지 않으면 이는 살아있는 경(敬)이 아니다. －중략－ 정(靜)할 때는 경(敬)·불경(不敬)을 살피고, 동(動)할 때는 의(義)·불의(不義)를 살펴야 한다."37)라고 하여 경의협지(敬義夾持)를 주장하였다. 안에서 존양하는 데 경(敬)이 필요하듯이, 밖으로 성찰하는 데에는 의(義)가 절실한데, 조정에 비유하면 이를 담당하는 직관이 바로 백규(百揆)이다.

　「신명사도」에 총재의 이름은 경(敬)이라 하고 백규의 이름은 밝히질 않았는데, 김우옹의 「천군전(天君傳)」을 보면 '태재 경(太宰敬)'·'백규 의(百揆義)'라고 분명히 밝히고 있다. 따라서 백규는 성찰을 담당하는데, 그의 판단기준이 의(義)임을 알 수 있다.38) 이는 주자의 경의협지설과 상통하는 것으로, 남명학의 요체라고 하는 경·의가 바로 여기에서 나온 것이다. 남명은 자신을 성(誠)하게 하기－완전한 인격체로 만들기－ 위

----

37) 黎靖德,『朱子語類』권12,「持守」. "若只守着主一之敬, 遇事不濟以義. 辨其是非, 則不活. －中略－ 靜則察其敬與不敬, 動則察其義與不義."

38) 百揆에 대해 曺垣淳은 "百揆者, 揆度庶政之官, 致察, 則凡事物之接于心者, 義以度之也."라 하였고, 許愈는 "凡事物之來, 揆度義理, 如百揆之修職."이라 하였다. 이 두 설 모두 마음이 외물과 접촉할 때 의리로 헤아린다는 것이 주된 내용인데, 그것이 바로 성찰이다. 바꾸어 말하면 성찰의 판단기준이 義인 것이다.

해서는 안으로 거경(居敬)하여 존양(存養)하고, 밖으로 의(義)에 따라 성
찰(省察)하는 것이 심성수양의 핵심이라고 생각한 것이다.

대장기(大壯旂)-심기(審幾) : 대장기는 『주역』 「대장괘(大壯卦)」의 뜻
을 깃발로 형상화한 것이다. 『주역』 「대장괘」의 상사(象辭)에 "뇌(雷)가
천(天) 위에 있는 것이 대장(大壯)이니, 군자는 이 상(象)으로써 예(禮)가
아니면 행하지 않는다."[39]라고 하였다. 남명이 심기(審幾)의 옆에 대장기
를 세운 것은 외물과의 접촉에서 일어나는 사욕을 즉석에서 다스려 나
가야 한다는 삼엄한 기상을 드러낸 것이다. 3면에 대장기를 세운 것은
세 관문을 통해 일어나는 사욕의 기미를 살펴야 한다는 것이다. 대장괘
의 뜻을 깃발로 표현한 것이 매우 이채롭다. 마치 물샐 틈 없이 진을 치
고 있는 병영의 펄럭이는 깃발을 연상케 한다.

대사구(大司寇)-극치(克治) : 경(敬)을 통해 존양을 하고 의(義)를 통해
성찰한 상태는 주체적 자아의 확립과 객관적 판단 기준이 마련된 것이
다. 그러나 아직 자신을 온전히 성(誠)하게 하여 지선(至善)의 경지에 이
른 것은 아니다. 따라서 때론 사욕이 일어나고 물욕에 끌려가기도 한다.
이때 그동안 축적한 경과 의를 통해 뇌천(雷天) 대장(大壯)의 삼엄한 기
상으로 기미를 살펴서 사욕을 곧바로 다스려야 한다. 그래야 지선에 도
달할 수 있다. 즉 심기(心機)에 사심(邪心)이나 사욕이 있으면 바로 엄히
다스려야 한다. 눈·귀·입의 세 관문에 삼엄한 대장기를 세워놓고 마음
에서 일어나는 사욕의 기미를 살피다가 사욕이 발동되는 것을 발견하면
즉시 물리치는데, 그것을 담당하는 관리가 바로 대사구다.

---

39) 『주역』 「大壯卦」 象辭. "雷在天上, 大壯, 君子, 以, 非禮弗履."

지(止)—필지(必至) : 백규가 기미를 살펴 치찰(致察)하고, 대사구가 사욕을 극치(克治)해서 도달하는 경지가 '지어지선(止於至善)'이다. 「신명사도」의 하면의 중앙 네모 속의 지(止)는 바로 『대학』의 '지어지선'의 지(止)를 가리킨다. 지(止)는 반드시 여기에 이르러 옮겨가지 않는다는 뜻이다. 그래서 그 옆에 '필지(必至)'라고 부기한 것이다.40) 남명의 수양론으로 볼 때, 이는 명선(明善)·성신(誠身)을 통해 도달하는 지극한 경지이다.41)

지(至)—지지지지(知至至之)·지(止)—지종종지(知終終之)—불천(不遷) : 「「신명사도」 하면 좌우에 있는 '지(至)—지지지지(知至至之)'와 '지(止)—지종종지(知終終之)'는 『주역』「건괘」 문언(文言) 구삼효(九三爻)에서 따온 것이다. 「건괘」 문언 구삼효에 "'군자가 종일토록 힘쓰고 힘써 저녁까지 두려워하면 위태로우나 허물이 없다.'고 한 것은 무엇을 말하는 것인가?"라고 하니, 공자가 말씀하기를 "군자는 덕을 진전시키고 학업을 닦는다. 충신은 덕을 진전시키는 것이고, 말을 할 적에 그 진실함을 수립하는 것은 학업을 닦는 데 처하는 것이다. 이를 곳을 알아서 그곳에 이르는지라 더불어 기미를 알 수 있고, 그칠 곳을 알아 그곳에 그치는지라 더불어 의리를 보존할 수 있다. 이 때문에 윗자리에 있어도 교만하지 않

---

40) 주자의 『대학장구』 '在止於至善'의 주에 '必至於是而不遷之意.'라 하였다.
41) 『學記類編』「易書學庸語孟一道圖」을 보면, 학문의 목표로 제시된 두 축이 明善과 誠身이다. 이런 논리는 「무진봉사」에도 잘 나타나는데, 남명은 선조에게 나라를 다스리는 도는 明善과 誠身에 있다고 전제하고, 명선은 窮理을 통해서 성신은 修身을 통해서 이룩된다고 하였다. 또 궁리는 독서를 해서 의리를 講明해 일에 응해 當否를 구하는 것으로 致用에 목적이 있고, 수신은 예가 아니면 보지도 듣지도 말하지도 행하지도 않는 극기복례로 行道에 목적이 있다고 하였다.

고, 아랫자리에 있어도 근심하지 않는다. 그러므로 힘쓰고 힘써 그 때를 인해 두려워하면 비록 위태로우나 허물을 없다는 말이다."라고 하였다.[42]

정자(程子)는 이를 풀이하면서 '지지지지(知至至之)'는 치지(致知)라 하여 시조리(始條理)로, '지종종지(知終終之)'는 역행(力行)이라 하여 종조리(終條理)로 보고 이 둘을 학문의 시종이라 하였으며, 주자(朱子)는 '지지지지(知至至之)'는 진덕(進德)의 일로, '지종종지(知終終之)'는 거업(居業)의 일로 보았다.[43]

이렇게 볼 때, 「신명사도」하면은 학자가 공부를 하면 반드시 '지어지선(止於至善)'에 도달할 뜻을 두어야 하는데, 그 과정이 바로 진덕과 거업임을 나타낸 것이다. 즉 '지(至) - 지지지지(知至至之)'는 충신(忠信)·치지(致知)의 진덕의 일로 시조리에 해당되며, '지(止) - 지종종지(知終終之)'는 수사입성(修辭立誠)·역행(力行)의 거업의 일로 종조리에 해당된다. 요컨대, 이 두 조항은 지어지선에 도달하는 학문의 시종을 드러낸 것이다.

지(止) - 지종종지(知終終之) 옆에 '불천(不遷)' 두 자가 붙어있는데, 이 두 자에 대해서도 후세에 의견이 분분하였다. 조원순이 주도하여 개정한 갑오정유본에는 '불천(不遷)'이 중앙의 '지(止)' 옆에 붙어 '필지(必至)'와 조응을 이루고 있다. 그러나 경술본(1910)에는 원래의 모습대로 돌려 놓았다. 조원순이 바꾸어 둔 것은 『대학』의 '재지어지선(在止於至

---

42) 『주역』「乾卦」文言 九三爻. "九三曰君子終日乾乾夕惕若厲无咎, 何謂也. 子曰, 君子進德修業, 忠信, 所以進德也, 修辭立其誠, 所以居業也. 知至至之, 可與幾也, 知終終之, 可與存義也. 是故, 居上位而不驕, 在下位而不憂, 故乾乾 因其時而惕. 雖危, 无咎矣."

43) 『周易』의 주석서인 程子의 傳 및 朱子의 本義에 보인다.

善)'의 지(止)를 주자가 '필지어시이불천지의(必至於是而不遷之意)'라고 주해한 데에서 착안한 듯하다. 조원순은 이렇게 바꾸어 놓는 것이 정당하며, 그전의 그림은 전사(轉寫)의 오류라고 단정해 버렸다. 조원순의 설은 상당한 설득력이 있다. 그러나 곰곰이 생각해 보면, 그렇게 단순하게 처리할 문제는 아닌 것 같다. 경술본의 개정을 주동한 사람들이 어찌 이런 것조차 모르고 무조건 예전의 것을 따르겠다는 생각만 가졌겠는가?

「신명사도」의 구조는 존양(存養) - 성찰(省察) - 심기(審幾) - 극치(克治)의 수양론으로, 그 궁극적인 목표는 지어지선에 있다. 따라서 지어지선은 반드시 도달해야 할 경지이다. 필지(必至)는 바로 그런 의미를 드러낸 것이다. 총재(冢宰) - 경(敬)에서 지(止)까지 하나의 선으로 연결시켜 놓은 것도 마찬가지 의미이다. 이 구도 속에서 굳이 불천(不遷)을 옆에 부기할 필요는 없다고 생각한다.

그 다음 좌우의 지(至)와 지(止)는 앞에서 살펴보았듯이, 진덕과 거업의 일로 시조리와 종조리에 해당한다. 그칠 바를 알아서 힘껏 그리 나아가 그치는 것이 종조리이고 그것이 지(止)라면, 그것이야말로 불천(不遷)의 뜻이 아닐까? 다시 말하면 중앙의 지(止)는 심성수양의 과정에서 반드시 도달해야 할 목표이기 때문에 필지(必至)라 부기한 것이고, 측면의 동그라미 속의 지(止)는 성학과정의 시종에 있어 종(終)을 의미하는 것으로 마음자세가 강건하여 조금도 흩어짐이 없는 것을 의미한다. 건괘 구삼효의 '종일건건석척약(終日乾乾夕惕若)'이 바로 그런 자세이다. 그러므로 '불천(不遷)'이란 두 자를 그곳에다 부기한 것이라 여겨진다. 따라서 원래의 모습대로 두는 것이 훨씬 깊은 의미를 갖는다고 하겠다.

3. 「신명사도」의 구성 원리

「신명사도」에 대해서는 1988년 경상대학교에서 열린 '남명학 국제 학술회의'에서 대만대학의 장영준(張永儁)이 발표 논문의 한 부분으로 언급한 바 있고,[44] 1990년 '남명학연구소 창립기념 학술발표회'에서 전병윤(全炳允)이 본격적으로 거론하였다.[45] 장영준은 「남명선생지리락조예여인격성취(南冥先生之理學造詣與人格成就)」란 제목의 논문에서 '조남명선생지사상결정(曺南冥先生之思想結晶) − 신명사도전해(神明舍圖詮解)'라는 장을 특별히 설정하고 「신명사명」과 연관해 「신명사도」를 풀이하였는데, 경의로 근본을 세우고 방심을 거두어들이는 것으로 불이법문(不二法門)을 삼고 극기복례로 궁극적인 경계를 삼았다고 하였다.[46] 한편 전병윤은 '신명사도는 유가의 경(敬)을 한눈에 볼 수 있도록 도면화한 것이다'라 전제하고, ○권내와 ○권외로 나누어 살펴본 뒤, "○권외는 ○권내로 진입하기 위한 노력과 정성이며, 또한 역행이라고 생각된다."라고 하여, 권내를 체(體)로, 권외를 용(用)으로 보았다.[47]

장영준의 설은 총체적인 시각에서 「신명사도」의 대체를 논한 것이라 하겠다. 그러나 보다 구체적인 설명이 없어 무엇을 가지고 왜 그렇게 주장했는지 이해되지 않는 부분이 많다. 전병윤의 설은 권내에 중점을 두어 해석함으로써 남명 사상의 실천적이고 현실지향적인 측면과 연결고리를 맺지 못하고 말았다.[48] 또한 전병윤은 전체의 그림을 ○권내와 ○

---

44) 張永儁, 『남명학연구논총』 제1집, 「남명선생의 理學造詣와 人格成就」 참조.
45) 全炳允, 『남명학연구』 창간호, 「남명 조식의 '신명사도' 고찰」 참조.
46) 張永儁, 『남명학연구논총』 제1집, 「남명선생의 理學造詣와 人格成就」 참조.
47) 全炳允, 『남명학연구』 제1집, 「남명 조식의 '신명사도' 고찰」 참조.
48) 圈外를 圈內로 진입하기 위한 노력·정성·力行으로 보는 관점은 지나치게 권내

권외로 나누어 보았는데, 이는 조원순이 상일면(上一面)·하일면(下一面)
으로 나누어 본 것[49]과 차별화한 것으로, 조원순처럼 상·하로 나누는
것보다는 나은 듯하다. 그러나 이렇게 나누어 보는 데에도 여전히 문제
가 있다고 보인다.

　지금까지의 「신명사도」에 대한 연구는 이 정도의 수준에서 머물고 있
다. 사실 그간의 연구는 그림에 나오는 용어의 나열적 설명에 치우쳐 근
본적인 구조를 파악하지 못하고 있을 뿐더러, 그 의미를 일관되게 유기
적으로 연결시키지 못하고 있다. 이제 이런 점을 반성하면서 「신명사도」
의 구조를 3단계로 나누어 그 구성 원리를 살펴보고, 그에 따른 남명의
성리사상을 도출해 내고자 한다.

　「신명사도」는 크게 세 단락으로 나누어져 있다. 하나는 원곽(垣郭)의
안이고, 하나는 원곽의 밖이며, 나머지 하나는 맨 밑에 있는 그림이다.
이 3단계의 구조를 편의상 '곽내'·'곽외'·'하면'으로 이름 붙여 논하기로
하겠다.

　「신명사도」는 인간이 안팎으로 마음을 잘 다스려 지선에 도달하는 것
을 도식화한 것으로, 나라 임금이 나라를 잘 다스려 지치를 이룩하는 것
에 비유한 것이다. 나라를 다스리는 데 비유한 것은 마음을 잘 다스려

　에 비중을 두어 해석했기 때문이다. 필자의 견해로는 인격완성에 있어 곽내는 敬
　을 통한 存心養成, 즉 操存涵養이고, 곽외는 외부의 사물과 응접할 적에 義로
　헤아려 성찰하는 것과 기미를 살펴 邪心을 克治하는 것으로, 存養－省察－克
　治－止於至善이 남명의 수양론의 핵심적인 축이다. 전병윤의 주장은 도가에서
　연단술을 통해 眞人을 추구하는 것과 비슷한 감을 주는데, 그렇다면 이는 현실세
　계의 문제와 무관한 사상으로 귀결되어 남명의 기본정신과 맞지 않는다.

49) 曺垣淳, 『復菴集』 권四, 「論神明舍圖」에 "上一面, 坤順工夫, 而以持敬爲本,
　直內方外, 是也. 下一面, 乾健工夫, 而以立誠爲主, 進德居業, 是也."라 하여
　권내의 上一面과 권외의 下一面으로 나누어 보았다.

나가기가 그만큼 어렵다는 것을 나타낸 것인데, 바꾸어 말하면 나라를 다스리는 요체가 마음을 다스리는 데에 있다는 것을 의미한다.

1) 곽내(郭內)

곽내는 인간의 신체를 의미한다. 곽(郭)이 바로 생명을 부여받은 개체를 가리킨다. 그리고 그 안에 이 신체를 주재하는 태일군이 거주하는데, 그가 머무는 집이 곧 신명사(神明舍)이다. 태일군은 다름 아닌 인간의 마음, 곧 신명이다. 나라를 다스리는 데 비유했기 때문에 태일군이라 한 것이다.

임금이 정사를 펼 때는 천하를 다스리는 표준을 제시해야 한다. 그래야 만민이 그것을 우러르며 따르게 된다. 이 표준은 인간이 떳떳하고 올바른 인간이 되긴 위한 수양의 지표라 할 수 있다. 즉 인간이 주체적으로 자기 자신을 다스려 나아가야 할 길인데, 남명은 그것을 천덕(天德)과 왕도(王道)라 하였다. 「신명사도」의 태일군 앞에 제시된 두 가지 가치 덕목이 바로 그것이다.

천덕과 왕도는 남명이 「무진봉사」에서 밝힌 대로, 안으로 존심(存心)해 홀로 있을 때를 삼가는 것이 천덕이고, 밖으로 성찰(省察)해 실천을 힘쓰는 것이 왕도이다.[50] 요컨대, 천덕은 하늘이 부여한 본성을 터득해 도덕성을 갖추는 것이고, 왕도는 그 천덕을 바탕으로 현실세계에서 시비·선악·사정(邪正) 등을 분별하여 지치(至治)를 이룩하는 것이다.

성리학에서는 일신의 마음을 다스리는 데 경(敬)으로 근본을 삼는다.

---

50) 남명은 「戊辰封事」에서 "存心於內而謹其獨者, 天德也. 省察於外而力其行者, 王道也."라 하였다.

마찬가지로 나라를 다스리는 데 있어서도 이런 자세가 무엇보다 먼저
필요하기 때문에 총재의 이름을 경으로 삼은 것이다. 그리고 나라 임금
이 사직과 운명을 함께할 각오로 나라를 다스려야 지치를 이룩할 수 있
다는 뜻에서 '국군사사직(國君死社稷)' 다섯 글자를 옆에 써 놓았다.

곽내는 태일군이 천덕을 닦고 왕도를 펴는 곳으로, 총재인 경(敬)이
모든 일을 관장한다. 이 총재는 항시 공경한 마음으로 깨어 있어야 한
다. 잠시라도 혼몽한 마음을 갖게 되면 국사가 어긋나게 된다. 학자가
자기 마음을 다스리는 데 있어서도 마찬가지이다. 늘 공경한 마음으로
깨어 있어야지, 잠시만 마음을 놓아버리면 사심이 끼어들어 혼몽해지기
쉽다. 곽외의 귀(鬼)·몽(夢)은 바로 성성(惺惺)하지 못한 마음상태를 가
리킨다.

2) 곽외(郭外)

곽외는 인간의 신체적 외부로부터 일어나는 모든 일을 가리킨다. 인
간이 주경(主敬)을 통해 내적으로 자신을 순선(純善)하게 할 수 있지만,
이는 어디까지나 마음이 발하기 이전의 정시(靜時) 공부이다. 마음이 발
하여 외물과 접촉하게 되는 동시(動時)에는 기미를 살펴 의·불의를 성찰
해야 한다. 그렇게 하지 않으면 떳떳하고 올바른 인격을 완성할 수 없
다. 안에서 존양하는 데 경이 필요하듯이, 밖으로 성찰하는 데에는 의가
절실한데, 조정에 비유하면 이를 담당하는 직관이 바로 백규(百揆)이다.

「신명사도」에 총재의 이름은 경(敬)이라 하고 백규의 이름은 밝히질
않았는데, 김우옹의 「천군전」에 '백규 의(百揆義)'라 분명히 밝히고 있
다. 또한 위의 조원순과 허유가 '백규(百揆) - 치찰(致察)'을 풀이한 데에
서 살펴보았듯이, 백규가 헤아리는 기준이 바로 의리인 것이다. 따라서

백규는 성찰을 담당하는데 그 판단기준이 의(義)임을 알 수 있다. 이는 주자의 경의협지설과 상통하는 것으로, 남명학의 요체라고 하는 경·의가 바로 여기에서 나온 것이다.

사실 선행연구에서 남명학의 요체를 경·의로 보고 이 두 글자의 어원 및 연변과정 등을 자세하게 논구했음에도, 존양의 바탕인 경(敬)과 성찰의 기준인 의(義)의 의미를 연관시켜 설명하지 못하였다. 그리고 기미를 살펴 사욕을 극치(克治)하는 다음 단계에까지 전혀 미치지 못하였다. 그리하여 경·의는 남명이 특별히 새롭게 제기한 독창적인 사상의 지표인 양 여겨져 왔다. 그러나 이는 송대의 유학자들이 다 밝힌 것으로 남명의 독특한 것일 수 없다.

경을 통해 존양을 하고 의를 통해 성찰을 한 상태는 주체적 자아의 확립과 객관적 판단의 기준이 마련된 것이다. 그러나 아직 자신을 온전히 성(誠)하게 하여 지선(至善)에 이른 경지는 아니다. 따라서 때론 사욕이 일어나고 물욕에 끌려가게도 된다. 이때 그동안 축적한 경과 의를 통해 뇌천(雷天) 대장(大壯)의 삼엄한 기상으로 기미를 살펴서 사욕을 곧바로 다스려야 한다. 그래야 지선에 도달할 수 있다. 즉 심기(心機)에 사심(邪心)이나 사욕이 있으면 바로 엄히 다스려야 천덕에 이를 수 있다는 것이다. 곽외의 3면에 있는 '대장기(大壯旂) - 심기(審幾)'는 바로 마음에서 일어나는 사욕의 기미를 삼엄한 기상으로 살피는 것이다. 그리고 사욕이 발견되면 즉시 그것을 다스려야 하는데, 그것을 담당하는 관리가 바로 대사구(大司寇)이다.

남명이 심기(審幾) 옆에 대장기(大壯旂)를 세운 것은 외물과의 접촉에서 일어나는 사욕을 즉석에서 다스려 나가야 한다는 기상을 드러낸 것이다. 여기에 바로 남명학의 특성이 있다. 16세기 성리학이 궁리 위주의 사변화 경향을 보일 때, 남명은 성리학 본연의 수양론에 비중을 두어 존양-성찰-극치의 실천적인 학풍을 드러낸 것이다. 이중에서도 특히 대장기-심기, 대사구-극치로 이어지는 부분, 즉 심기-극치로 연결되는 부분이 남명정신을 대표하는 것이다. 철저하게 자신을 다스리는 실천적인 수양론이다. 이런 정신세계 속에서 천인벽립의 기상이 나왔고, 출처(出處)의 대절을 세울 수 있었던 것이다. 이것이 바로 남명의 성리학이라고 해도 과언은 아닐 것이다.

백규(百揆)가 기미를 살펴 치찰(致察)하고, 대사구(大司寇)가 사욕을 극치(克治)해서 도달하는 경지가 '지어지선(止於至善)'이다. 「신명사도」의 하면의 중앙 네모 속의 '지(止)'가 바로 그것이다. 그래서 그 옆에 '필지(必至)'라고 부기한 것이다. 남명의 수양론으로 볼 때, 이는 명선(明善)·성신(誠身),을 통해 도달하는 지극한 경지이다.[51]

3) 하면(下面)

하면 좌우에 있는 '지(至)-지지지지(知至至之)'와 '지(止)-지종종지(知終終之)'는 『주역』「건괘」 문언 구삼효의 뜻에서 따온 것으로 진덕(進德)·거업(居業)을 나타낸다. 하면은 학자가 공부를 하면 반드시 '지어지선'에 뜻을 두어야 하는데, 그 과정이 바로 진덕과 거업임을 나타낸

---

51) 『學記類編』「易書學庸語孟一道圖」을 보면, 학문의 목표로 제시된 두 축이 明善과 誠身이다. 이런 논리는 「무진봉사」에도 잘 나타나는데, 남명은 선조에게 나라를 다스리는 도는 명선과 성신에 있다고 전제하고, 명선은 窮理을 통해서 성신은 修身을 통해서 이룩된다고 하였다. 또 궁리는 독서를 해서 의리를 講明해 일에 응해 當否를 구하는 것으로 致用에 목적이 있고, 수신은 예가 아니면 보지도 듣지도 말하지도 행하지도 않는 극기복례로 行道에 목적이 있다고 하였다.

것이다. 즉 '지 – 지지지지'는 충신(忠信)·치지(致知)의 진덕의 일로 시조
리에 해당되며, '지 – 지종종지'는 수사입성(修辭立誠)·역행(力行)의 거업
의 일로 종조리에 해당된다. 요컨대, 이 두 조항은 지어지선에 도달하는
학문의 시종을 드러낸 것이다.

조원순은 「신명사도」를 상일면과 하일면으로 나누어 풀이하였는데,
상일면은『주역』「곤괘」육이효를, 하일면은『주역』「건괘」구삼효를
조술한 것으로 보고 있다. 따라서 상일면은 곤순공부(坤順工夫)로 지경
(持敬)을 근본으로 삼아 직내방외(直內方外)를 내세우고, 하일면은 건건
공부(乾健工夫)로 입성(立誠)을 주로 해 진덕·거업을 드러냈다고 보았
다. 그러나 이는 지나치게『주역』의 관점에서 설명한 것으로 「역서학용
어맹일도도(易書學庸語孟一道圖)」와 비교해 보면 그렇게 단순하게 설명
할 수 없음을 금방 알 수 있다. 조원순의 설과 같다면, 상·하가 서로 연
결되지 않아 독립된 것이 되고 만다.

「신명사도」의 하면은 학문의 시종과 도달해야 할 목표를 제시한 것으
로, 위의 곽내·곽외의 존양 – 성찰 – 극치로 이어지는 수양론적 관점과
는 그 의미를 달리 한다. 군이 말하자면 중앙의 '지(止)'는 위의 존양 –
성찰 – 극치를 통해 이룩되는 최고의 목표이고, 좌우의 '지(至)'와 '지
(止)'는 그 학문의 과정을 시종으로 나누어 설명한 것이다.

이상에서 살펴보았듯이, 「신명사도」의 기본 구조는 곽내의 존양과 곽
외의 성찰·심기·극치, 그리고 그런 수양을 통해 도달하는 지어지선, 이
렇게 3단계의 구조로 이루어져 있다. 이중에서 지어지선은 수양의 목표
이고, 수양의 실제에 해당하는 것은 존양 – 성찰 – 심기 – 극치이다.

그러나 이 3단계는 확연히 독립된 구조는 아니다. 곽(郭)이라는 인간
의 신체를 기준으로 곽내와 곽외를 나누었기 때문에 위와 같이 3단계의

구조로 나누어 본 것이지, 실제의 심성수양에 있어서는 존양·성찰, 심기·극치, 그리고 지어지선으로 나누어 보는 것이 더 적절할 것이다. 이런 시각으로 볼 때, '총재－경'에서 하면 중앙의 '지(止)'에 이르기까지 하나의 선으로 연결이 되는데, 그것이 바로 존양－성찰－심기－극치－지어지선이다. 이는 『대학』의 삼강령인 명명덕－신민－지어지선과 같은 의미로 볼 수 있다. 이 종축은 남명학의 정수에 해당하는 것으로 남명의 학문이 수양론에 중점이 두어져 있다는 것을 극명하게 보여주고 있다.

하면은 횡축으로 연결된 것이 아니다. 중앙 네모 속의 '지(止)'는 종축에서와 마찬가지로 심성수양의 목표이고 학문의 목표이고 지치(至治)의 목표이다. 인간이 노력해 이르러야 할 최고의 경지이다. 그 목표에 도달하기 위한 정신자세를 시종으로 나누어 드러낸 것이다.

「신명사도」에 담긴 이런 구성 원리는 수양론적 측면에서 성리학의 요체를 드러낸 것으로, 남명의 학문이 우주론·존재론적인 명제를 밝히는 형이상학에 있지 않고, 철저히 인격완성을 추구하는 데에 초점이 맞추어져 있다는 사실을 입증하는 것이다. 따라서 이는 16세기 성리학이 자기화하는 과정에서 제기된 중요한 학문성향이라 아니할 수 없다. 남명이 손으로 물을 뿌리고 비질하는 절도도 모르면서 입으로 천리를 말한다고 당시의 학풍을 여러 곳에서 지적한 데에서, 우리는 남명의 학문이 우주론적인 본원의 문제보다는 인간의 삶과 직결된 문제로 방향을 잡고 있다는 것을 알 수 있다.

4. 「신명사도」·「신명사명」의 내용

위에서 살펴본 것처럼, 「신명사도」의 구조는 곽내 - 거경·존양, 곽외 - 성찰·심기·극치, 하면 - 지어지선의 세 단락으로 구성되어 있고, 각각의 용어는 그 구도 속에 유기적으로 연관되어 있다. 따라서 외관상으로는 곽내·곽외·하면의 3단계로 되어 있지만, 실제의 수양과정 속에서 볼 때는 존양 - 성찰 - 심기 - 극치 - 지어지선으로 이어지는 맥락을 가지고 있다. 그러므로 곽내·곽외, 상일면·하일면 등으로 나누어 확연히 구분하는 것은 자칫 오류에 빠질 위험성이 크다.

본고에서 「신명사도」를 곽내 - 곽외 - 하면의 3단계 구조로 나누어 본 것은 그림이 갖는 특성을 살려 편의상 구분지은 것에 불과하다. 실제로 개인이 자신을 수양하는 과정에서 보면, 크게 두 가지로 나누어 볼 수 있다. 첫째 존양과 성찰을 통해 명덕을 밝히는 일이며, 둘째 심기와 극치를 통한 한사(閑邪)·극기(克己)의 일이다. 그리고 둘째 단계의 한사·극기를 통해 이룩되는 것이 존성(存誠)·복례(復禮)이다. 이 존성·복례가 바로 지어지선의 경지인데, 여기에 이르면 정(精)·일(一)의 상태에서 함양을 하게 된다. 이는 마치 『대학』첫 장의 명명덕 - 신민 - 지어지선의 삼강령과 같은 의미라 하겠다.

따라서 여기서는 「신명사도」의 그림분석과는 달리 존양과 성찰을 하나로 묶어 명덕을 밝히는 공부로 보고, 심기와 극치를 하나로 묶어 자신의 사욕을 다스리는 극기(克己)로 보고, 복례·존성의 경지를 지어지선으로 보아 세 가지 측면에서 「신명사도」와 「신명사명」의 내용을 종합해 검토해 보기로 한다.

1) 존양(存養)·성찰(省察)

성리학의 핵심 과제는 타고난 본연의 마음이 흐트러지지 않도록 보존해 함양하는 것과 마음이 외부로 사물과 접촉할 때 미혹하지 않기 위해 인식을 정밀하게 하는 것이다. 전자를 존양(存養)이라 하고, 후자를 성찰(省察)이라 한다.『상서』「대우모(大禹謨)」의 '유정유일(惟精惟一)'로 보면 전자는 '일(一)'에 해당되고, 후자는 '정(精)'에 해당된다.

전자는 무엇보다도 경(敬)을 필요로 한다. 따라서 경을 떠나서는 존심양성이 불가능하다. 마음에 이 경을 늘 유지하기 위해서 주일무적(主一無適)·정제엄숙(整齊嚴肅)·수렴기심(收斂其心)·상성성(常惺惺) 등의 방법이 송대 학자들에게서 제기되었다. 송대 이학(理學)을 집대성한 주자는 위의 네 가지 설을 모두 주경공부의 요목으로 보았는데, 남명의「경도(敬圖)」를 보면 주자의 설을 그대로 수용하고 있다.

후자는 마음이 응사접물할 때 시비·선악·사정(邪正) 등을 가리는 것이다. 그 때에 두렷한 가치판단기준이 있어야 하는데, 그것이 바로 의(義)이다. 의는『논어』에 "군자는 의에 밝고, 소인은 이익에 밝다.[君子喩於義 小人喩於利]"라고 한 데서 알 수 있듯이, 이(利)와 상대적인 개념이다. 즉 조금도 사심이 개입되지 않은 공정한 판단을 뜻한다. 사물에 내재해 있을 적에는 리(理)이지만, 인간이 사물에 응접하여 처치할 때 리를 따라 올바르게 조처하는 것이 의이다. 따라서 주자도 마음이 동했을 때 의에 따라 성찰을 하지 않으면 존심양성이 불가능하다고 여겨 경의협지(敬義夾持)를 주장하게 되었다.[52]

그런데 이 의를 확립하기 위해서는 사물의 이치를 궁구하지 않으면

---

52) 黎靖德,『朱子語類』권12,「持守」참조.

안 된다. 이것이 바로 궁리인데, 궁리의 방법으로는 격물치지가 가장 긴요한 것으로 인식되었다. 따라서 성찰은 곧 격물치지의 궁리를 뜻한다고 할 수 있다. 『학기류편』 상권 「위학지요(爲學之要)」에 보면 일신을 다스리는 세 자지 중요한 일을 집안을 다스리는 일에 비유하여 경(敬)은 문호를 지키는 사람이고, 극기(克己)는 도둑을 물리치는 것이고, 치지(致知)는 내부와 외부의 일을 나아가 살피는 것으로 풀이하였다.53) 이는 주자의 말을 요약한 것으로, 학문의 세 가지 중요한 것이 바로 거경(居敬)·치지(致知)·극기(克己)임을 나타낸 것인데, 치지가 바로 성찰을 뜻한다. 또한 『학기류편』 하권 「기도(幾圖)」에도 기권(幾圈) 아래 좌우로 성찰(省察) - 격치(格致), 극기(克己) - 인용(仁勇)을 배열해 놓았으니, 성찰하는 내용이 격물치지임을 알 수 있다.

이상에서 살펴본 존양의 바탕이 되는 경(敬)과 성찰의 기준이 되는 의(義)는 수양과정에서 내외를 다스리는 두 축이다. 그래서 주자 이후로 이학을 일컬을 적에 입버릇처럼 나오는 것이 거경궁리(居敬窮理)이다.54) 우리나라의 성리학에 있어서도 예외는 아니다. 예컨대, 퇴계의 학문을 거경과 궁리로 파악하는 것55)도 이와 같은 점을 반영한 것이라 하겠다.

남명의 성리사상도 기본적으로 이와 같은 데에서 벗어나지 않는다. 남명은 「무진봉사」에서 나라를 다스리는 도는 인주의 명선과 성신에 있다고 하면서 명선은 궁리를 말하는 것이고, 성신은 수신을 말하는 것이라고 하였다.56) 수신은 경(敬)을 근본으로 하니, 남명이 내세운 명선과

---

53) 조식, 『학기류편』 「爲學之要」 '朱子曰學之之博……'. "致知敬克己三事, 以一家譬之, 敬是守門戶之人, 克己則是拒盜, 致知却是去推察自家與外來底事."
54) 黎靖德, 『朱子語類』 권9에 "學者工夫, 惟在居敬窮理二事, 是二事互相發."이라 하였다.
55) 柳正東, 「退溪의 哲學思想研究」 『退溪學報』 제9집 참조.

성신은 대체를 말한 것이고, 이를 구체적으로 말하면 거경과 궁리라 할 수 있다.

위에서 살펴보았듯이, 거경은 존양의 핵심이고, 궁리는 성찰의 핵심이다. 거경이야 마음가짐의 밑바탕이 되는 것이므로 이론이 있을 수 없지만, 궁리의 문제는 깊이 있게 그 내용을 들여다보지 않으면 피상적인 논의를 할 수밖에 없다. 궁리를 막연히 격물치지의 방법론 문제로만 보아서는 안 된다. 궁리한 그 리가 무엇인가를 밝혀야 그의 성리학적 경향이 드러난다. 그렇다면 남명이 궁리한 그 리는 무엇일까?

남명은 "그 궁리를 하는 바의 지경은 독서하고 의리를 강명하여 일에 응해 그 마땅함과 그렇지 않음을 구하는 것이다."[57]라고 하여, 책을 읽고 의리를 강명하여 실제의 일에 응했을 때 그것의 적합성 여부를 살피는 것을 궁리라 하였다. 이런 남명의 궁리에 대한 생각은 정자(程子)의 설과 흡사하다.[58] 남명은 「신명사명」 '외백규성(外百揆省)' 아래의 주에 '학문사변은 사물 위에 나아가 궁리하는 것으로 명명덕의 제일의 공부이다.[學問思辨 即事物上窮理 明明德第一工夫]'라고 하였다. 여기서 '학문사변(學問思辨)'은『중용』의 박학지(博學)·심문(審問)·신사(慎思)·명변(明辨)으로 도문학(道問學)의 일이다. 존양의 밑거름이 경(敬)이고 성찰의 기준치가 의(義)라면, 이 의를 명확하게 하기 위해서는 학문사변의 도문학의 공부가 절실히 요청된다. 이것이 위에서 말한 '독서강명의리'

---

56) 조식,『남명집』권2,「戊辰封事」. "爲治之道, 不在他求, 要在人主明善誠身而已, 所謂明善者, 窮理之謂也, 誠身者, 修身之謂也."

57) 조식,『南冥集』권2,「戊辰封事」참조. "其所以爲窮理之地, 則讀書講明義理, 應事, 求其當否."

58) 조식,『학기류편』권하,「致知」에 "程子曰, 窮理或讀書講明義理, 應事接物, 求其當否而已."라는 말이 보이는데, 남명이「戊辰封事」에서 한 말과 흡사하다.

를 가리킨다. 그리고 '사물의 위에 나아가 궁리하는 것이 명명덕의 제일 공부이다.'[59]라고 한 것이 「무진봉사」의 '일에 응해 그 마땅함과 그렇지 않음을 구하는 것이다.'에 해당되는데, 「신명사명」의 '즉사물상궁리(卽事物上窮理)'가 바로 남명의 현실적이고 실천적인 학문을 낳은 것이다. 즉 남명의 궁리는 인사(人事)를 떠난 것이 아니라고 하겠다.

여기서 우리는 남명이 궁리한 리(理)가 무엇인지 확연히 알 수 있다. 굳이 부언하자면, 그 리는 인간의 일상을 떠난 것이 아니다. 인간의 삶을 이루는 것들과 인간사회를 구성하는 원리와 같은 것들이 그것이다. 인간과 동떨어진 비현실적인 것이 아니다. 그 다음 이 리를 일상생활에서 실천해 나가는 것이 중요한데, 인간이 사물에 응접하여 처치할 때 이 리를 따라 올바르게 조처하는 것이 바로 의(義)이다. 즉 의란 이치에 맞는 것, 적의(適宜)한 것, 사리에 합당한 것, 공평무사한 것, 합리적인 것을 의미한다. 인간이 의(義)를 따라가지 않으면 바로 사리(私利)에 빠지고 만다. 이는 성리학에서 올바른 인간이 되기 위해 가장 경계해야 할 문제로, 실천이 뒤따르지 않으면 아무 의미가 없는 것이다. 따라서 리(理)는 그 자체의 원리로서 존재하는 것이지만, 의(義)는 인간의 실천을 전제로 하는 기준치라 할 수 있다.

이렇게 보면, 남명이 존양과 아울러 강조한 성찰의 줄기가 드러난 셈이다. 성리학에서 일반적으로 말하는 성찰은, 이치를 궁구하는 궁리를 말하는데 그 방법론이 격물치지이다. 그런데 조선조 성리학에서의 궁리는 이기(理氣)·사칠(四七)·성명(性命) 등 인성(人性)과 우주의 원리를 궁구하는 것이 주류를 이루었다. 그런데 위에서 살펴보았듯이, 남명이 궁

---

59) 조식,『학기류편』권상, 「爲學之要」의 「小學·大學圖」 뒤의 雲峯胡氏의 설에 '卽事而窮理, 明明德第一工夫.'라는 말이 보인다.

리한 리(理)는 인사를 떠난 것이 아니었다. 그래서 그 리(理)는 현실의 일용지간에 실천할 수 있는 것이었다. 그리고 그 리를 실천해 나가는 데 적의하게 하는 기준치인 의를 특별히 드러냄으로써 실천적인 생명력을 갖게 하였다.

이것이 바로 「신명사도」의 '백규(百揆) - 치찰(致察)'이며, 김우옹의 「천군전」에 나오는 '백규 - 의'이다. 남명이 성찰의 문제에 있어서 여타의 학자들처럼 형이상학적인 격물치지의 궁리에 머물지 않고, 그 의미를 위와 같이 실천적인 면으로 큰 줄기를 잡음으로써, 그 실천적인 면을 상징적으로 드러낸 것이 의(義)라 하겠다. 그래서 남명의 학문은 '존양(存養) - 경(敬)'과 '성찰(省察) - 의(義)'가 밑바탕을 이루게 된 것이다. 그러나 이 둘은 어디까지나 학자가 내적으로 추구하는 공부 - 명덕을 밝히는 공부 - 이지, 실천의 단계까지 포함하여 말한 것은 아니다. 이런 공부를 통해 존심양성하여 외부와의 접촉에서 실천적으로 대처해 나가는 것은 다음 단계의 심기(審幾)·극치(克治)의 일 - 한사(閑邪)·극기(克己)의 일 - 이다.

2) 심기(審幾)·극치(克治)

앞에서 살펴본 바와 같이 심기(審幾)는 사욕이 일어나는 기미를 살피는 일로 대장기의 삼엄한 기상을 드러내고 있고, 극치(克治)는 사욕의 기미가 발동되면 즉시 극복해 다스리는 것이다. 「신명사도」의 이 부분을 「신명사명」에서 찾아보면, '대장기(大壯旂) - 심기(審幾)'는 '발사자부(發四字符) 건백물기(建百勿旂)'에 해당하고, '대사구(大司寇) - 극치(克治)'는 '구규지사(九竅之邪) 삼요시발(三要始發) 동미용극(動微勇克) 진교시살(進敎廝殺)'에 해당된다. 그러면 여기서 「신명사명」의 내용을 하나

하나 살펴보기로 한다.

「신명사명」의 '발사자부(發四字符)' 아래의 주에 화(和)·항(恒)·직(直)·방(方) 네 글자가 쓰어 있는데, 이것이 네 글자의 부절을 상징하는 사자부(四字符)이다. 「신명사명」이 처음 실린 병오본(1606)을 보면, 이 네 글자의 오른쪽 측면에 원점이 찍혀 있다. 그리고 그 아래에 이에 대한 주석이 이어지는데, 이를 하나하나 살펴보기로 한다.

화·항·직·방 아래에 '예지용화 화중절(禮之用和和中節)'이란 구절이 보이는데, 이는 '화(和)' 자에 대한 풀이이다. '예지용화(禮之用和)'는 『논어』 「학이(學而)」의 '예를 쓸 적에는 화가 귀하다.[禮之用 和爲貴]'에서 따온 말이다. 그 다음 '화중절(和中節)'은 『중용』의 '희로애락이 아직 발하지 아니한 것을 중(中)이라 하고, 희로애락이 발하여 절도에 맞은 것을 화(和)라 한다.[喜怒哀樂之未發 謂之中 發而中節 謂之和]'에서 따온 말이다. 이런 관점에서 보면, 화(和)의 의미는 마음이 발하여 외물과 접할 때 온화한 자세로 대하되 모두 절도에 맞게 한다는 뜻이다.

그 다음 '용신근항 항유구(庸信謹恒恒攸久)'라는 구절이 있는데, 이는 '항(恒)' 자에 대한 풀이이다. '용신근(庸信謹)'은 『주역』 「건괘」 문언(文言) 구이효의 '용언지신(庸言之信) 용행지근(庸行之謹)'에서 나온 말로 '떳떳한 말을 신의 있게 하며, 떳떳한 행동을 삼가다.'는 뜻이다. 따라서 '용신근항(庸信謹恒)'은 그렇게 하는 것이 항(恒)이라는 말이다. 다음 '항유구(恒攸久)'는 『주역』 「항괘(恒卦)」의 뜻에서 따온 듯한데, '유(攸) 자는 유(悠) 자와 통한다. 이렇게 볼 때, 항(恒)의 의미는 언행을 믿음직하게 하고 삼가서 변함이 없다는 뜻이다.

또 그 아래에 '근독혈구(謹獨絜矩)' 네 자가 있는데, 이는 『주역』 「곤괘」 문언의 '경이직내(敬以直內) 의이방외(義以方外)'를 가리킨다. '근독

(謹獨)'은『중용』의 '신기독(愼其獨)'이니 거경(居敬)하는 것이고, '혈구(絜矩)'는『대학』의 '혈구지도(絜矩之道)'니 내 마음을 미루어 남의 마음에 미치는 것으로, 마음이 발하여 외물과 접촉하는 올바른 자세이다.「신명사명」이 최초로 보이는 병오본에는 '근독혈구(謹獨絜矩)'라고만 되어 있는데, 그 뒤의 임술본(1622)에는 '근독직혈구방(謹獨直絜矩方)'이라 하여, 근독이 직(直)의 풀이이고 혈구가 방(方)의 풀이임을 밝히고 있다.

이런 원주(原註)의 풀이를 통해 볼 때, 이 네 글자는 사신이 왕명을 받들 때와 마찬가지로 마음이 외부의 사물과 접촉할 때 본연의 마음을 잃지 않는 실천 덕목이다. 그래서 부절로 상징한 것이다. 요컨대, 이 네 가지 덕을 실천하는 마음자세로 나아가야 사욕이 일어나지 않게 된다.

다음 '건백물기(建百勿旂)'에 대해 알아보자. 백물(百勿)은 예가 아닌 것, 즉 법도에 맞지 않는 것은 모두 하지 말라는 것이다.『논어』「안연」에 안회가 인(仁)을 실천하는 조목을 묻자, 공자가 '예가 아니면 보지 말고, 예가 아니면 듣지 말고, 예가 아니면 말하지 말고, 예가 아니면 행하지 말라.[非禮勿視 非禮勿聽 非禮勿言 非禮勿動]'라고 하였다. 이를 사물(四勿)이라 하는데, 안회와 같이 아성(亞聖)의 경지에 오른 사람은 네 가지 금지로 인(仁)을 실천할 수 있지만, 일반인은 사욕을 금지하는 조항이 백 가지나 되도록 어느 것인들 예가 아니면 하지 말겠다는 자세를 가져야 사욕을 물리칠 수 있다. 그래서 그 아래 원주에 이를 '인지방(仁之方)'이라 한 것이다.

그리고 '건백물기(建百勿旂)' 바로 아래에 '지행존성(知行存省)'이란 주석이 있는데, 이는 백물(百勿)의 의미를 지(知)·행(行)과 존양(存養)·성찰(省察)의 차원에서 부연 설명한 것이다. 즉 하지 말아야 할 것을 알면 그것을 실행해야 하고, 거경(居敬)하여 존심(存心)하면 의(義)에 따라 성찰해야 한다는 논리이다.

인간의 신체에 있어서 명맥(命脈)이 생사를 결정한다. 맥(脈)은 인간의 신체에 있어 피가 흐르는 길, 즉 혈관이다. 피는 심장에서 나와 사지로 흐른다. 이런 의미로 보면 원주(原註)의 '명맥(命脈)'은 지(知) → 행(行), 존양 → 성찰을 나타낸 것이다. 자신을 수양하는 데 있어 내적인 덕을 함양해 외부로부터 생기는 사욕에 끌려가지 않고 자신을 철저히 지키며 실천해 나가는 것을 의미한다. 그것이 바로 인을 실천하는 방법이다.

이상에서 살펴본 '발사자부 건백물기'의 내용은 심기(審幾)에 해당한다고 할 수 있다. 다음으로 「신명사명」의 '구규지사(九竅之邪) 삼요시발(三要始發) 동미용극(動微勇克) 진교시살(進敎廝殺)'에 대해 알아보기로 한다.

구규(九竅)는 인간의 신체에 있는 아홉 구멍을 가리킨다. 이 구멍을 통해 사심(邪心)이 일어난다. 그중에서 눈·귀·입은 인심의 사욕이 발하는 중요한 곳이기 때문에 삼요(三要)라 한 것인데, 「신명사도」의 세 관문이 바로 그것이다. '삼요시발' 아래의 주에 '기(己)' 한 글자가 있는데, 이는 기지사욕(己之私欲)을 말한다. 이 사욕이 미미하게 일어날 때, 즉 기미가 싹틀 때, 곧바로 용감하게 극복해야 한다. 이것이 '동미용극'의 뜻이다. 또한 적을 발견했으면 용감하게 나아가 섬멸하도록 해야 하니, 그것이 바로 '진교시살'이다. '시살'은 즉석에서 섬멸한다는 뜻으로, 사욕을 즉석에서 극복해 물리치는 것을 말한다. 이 사욕을 물리치는 임무를 맡은 관원이 바로 대사구(大司寇)이다. 「신명사도」의 대사구 옆에 '극치(克治)'를 써 넣은 것이 바로 이런 의미이다.

이렇게 「신명사명」의 위의 구절을 풀이해 보면, "아홉 구멍의 사심(邪心)은 세 군데 중요한 기관을 통해 처음으로 나타난다. 그 마음의 일어

남이 미미할 때 용감하게 극복하고, 나아가 섬멸하도록 해야 한다."는
뜻으로, 남명의 수양론에 있어 극치에 해당된다.

3) 지어지선(止於至善)

「신명사도」의 논리구조 속에서 보면, 존양(存養)－성찰(省察)－심기
(審幾)－극치(克治)를 통해 도달하는 경지가 바로 지어지선(止於至善)이
다. 「신명사명」에서는 이를 '단지복명(丹墀復命) 요순일월(堯舜日月)'이
라 하였다. 곧 적을 섬멸하고 돌아와 임금에게 복명하니, 요·순 시대의
세월처럼 태평하다는 것이다. '단지(丹墀)'는 붉은 계단 이라는 말로 임
금이 사는 궁월을 가리킨다.

「신명사명」의 '단지복명' 아래의 주에 '존성(存誠)'·'존성지지선(存誠
止至善)'이라 하고, '요순일월' 아래의 주에는 '복례(復禮)'라 하였다. 이
주에 의하면 이는 사심(邪心)·사욕(私欲)을 물리치고 성심(誠心)을 보존
한 단계, 즉 한사존성(閑邪存誠)·극기복례(克己復禮)의 경지를 말한다.

수양이 이 단계에 이르면 사욕이 일어나지 않아 전일한 마음을 유지
할 수 있다. 마음이 세 관문을 통해 발동하지 않기 때문에 고요히 들어
앉아 함양할 수 있다. 「신명사명」의 "세 관문을 닫으니 깨끗한 들판이
끝이 없다. 마음이 전일한 데로 돌아오니, 시동처럼 가만히 연못처럼 묵
묵히 들어앉아 자신을 함양한다.[三關閉塞 淸野無邊 還歸一 尸而淵]"라
고 한 대목이 바로 그런 경지이다.

5. 맺음말

이상에서 「신명사도」와 「신명사명」을 중심으로 남명의 성리사상을 살펴보았다. 위에서 살펴보았듯이, 남명은 학문의 방법으로 존양－성찰－심기－극치－지어지선의 기본구도를 내세우고 있다. 그런데 이를 좀 더 간략히 말하자면, 존양·성찰·극치의 3단계 수양론이라 할 수 있다. 『학기류편』을 보면, 서산 진씨(西山眞氏)의 다음과 같은 말을 채록해 놓았는데, 남명의 이런 성리학적 사고와 일맥상통하는 논리이다.

> 학문의 방법에는 세 가지가 있으니, 성찰과 극치와 존양이다. 이 세 가지 가운데 하나라도 없어서는 안 된다. 학자가 마음을 다스리는 것은 마치 병을 다스리는 것과 같다. 성찰은 맥을 짚어보고 병의 원인을 아는 것이고, 극치는 약을 써서 병을 제거하는 것이며, 몸을 조섭해서 나타나지 않는 병을 막는 것이다.[60]

서산 진씨의 이 말은 병을 다스리는 것으로 비유를 들었기 때문에 성찰－극치－존양의 과정으로 예를 든 것이다. 그러나 성리학적 수양론 속에서 보면, 경(敬)을 통한 내적인 존양, 의(義)를 통한 외부의 성찰, 사욕의 기미를 살펴 곧바로 물리치는 심기(審幾)·극치(克治), 그리고 조금도 흐트러짐이 없는 마음을 보존해 본성을 함양하는 것이 기본골격이다.

이 가운데서 존양에 가장 긴요한 것이 경(敬)이고, 성찰하는 데 척도가 되는 것이 의(義)이다. 이 둘이 이른바 남명학의 요체라고 하는 것으

---

60) 조식, 『學記類編』 上卷. "學問之道有三 省察克治存養 三者不容闕一也 夫學者之治心 猶治疾然 省察者 視脈而知疾 克治者 用藥而去疾 存養者 調護以杜未形之疾也"

로 남명이 그토록 강조한 것인데, 이는 위와 같은 구도 속에서 파악해야
한다. 그렇지 않고 남명학의 요체가 경·의라고 주장하는 것은 별 의미가
없다. 이 경·의는 자신을 세우는 데 가장 먼저 필요한 것이다. 그래서 남
명이 그렇게 내세운 것이다.

　그러나 이것만으로 학문의 길이 완성되는 것은 아니다. 대장기(大壯
旂)의 펄럭이는 깃발처럼 삼엄한 기상으로 사심(邪心)의 기미를 항상 살
펴야 하고, 기지사욕(己之私欲)이 발동하면 즉시 나아가 물리쳐야 한다.
존양·성찰이 내면을 기르는 외부를 살피는 것이고, 심기·극치는 외적으
로 그것을 실행하는 것이다. 심기·극치를 통해 사심·사욕을 막고 극복
해 성(誠)을 보존하고 예(禮)로 돌아가야 한다. 그것이 바로 지선(至善)에
머무는 것이다. 이것이 바로 실천적인 학풍을 낳은 기본원리이다. 다시
말해, 남명학은 존양·성찰의 경·의와 심기·극치의 실천, 이 두 축으로
되어 있다.

　이처럼 남명의 학문은 인식론이나 우주론적인 문제보다는 철저히 수
양론 쪽에 비중이 두어져 있는데, 『학기류편』에 있는 「역서학용어맹일
도도」를 보면 이를 한 눈에 알 수 있다. 이 그림은 『주역』·『상서』·『논
어』·『맹자』·『대학』·『중용』의 요지를 융회관통하여 하나의 도표로 완
성한 것으로, 남명의 성리사상을 잘 드러내주고 있다. 또한 남명이 「신
명사도」에서 나타낸 학문적 의도와도 일맥상통한다.

　흔히 성리학의 특성을 거경궁리(居敬窮理)라 하는데, 거경은 인격수양
에서 누구든지 본질적으로 인정하는 것이다. 문제는 궁리인데, 이를 막
연히 격물치지의 인식론적인 것으로 돌려버려서는 안 될 것이다. 요컨
대, 궁리의 성격과 그 리(理)가 무엇인지, 어떤 것인지를 밝히는 일이 중
요하다. 이런 관점에서 16세기 후반의 성리학자들의 궁리가 어떤 것이

었는지를 따져보면, 대체로 대부분의 학자들이 사칠(四七)·이기(理氣)·인심도심(人心道心) 등의 본원적인 명제에 몰두하고 있었음을 부인할 수 없다. 그러나 남명의 궁리는 그런 명제들에 대한 탐구가 아니었다. 그것은 바로 책을 읽고 의리를 드러내 밝혀 일상의 일에서 그것이 합당한지 아닌지를 찾는 것이었다.

이렇게 볼 때, 남명이 궁구한 리는 구체적인 인간의 일상생활과 떨어진 이치가 아니었음을 알 수 있다. 한 마디로 말하면, 남명의 궁리는 현실을 떠난 궁리가 아니다. 「신명사명」의 '내총재주(內冢宰主) 외백규성(外百揆省)'의 원주에 "이는 사물 위에 나아가 궁리하는 것이다."[61]라고 하였으니, 남명의 궁리가 현실에서 고원한 우주와 존재에 관한 궁리가 아님을 알 수 있다. 따라서 남명의 궁리는 치용(致用)을 목표로 했다고 할 수 있다.[62]

이상에서 「신명사도」·「신명사명」을 중심으로 남명의 성리사상이 어떤 것인지, 어떤 의미를 가지고 있는지를 살펴보았다. 결론적으로 말하자면, 남명의 학문은 철저하게 성리학에 뿌리를 두고 있는데, 그의 성리사상의 핵심은 존양 - 성찰 - 극치의 수양론에 있다는 것이다.

이는 우리나라 학술사에 있어서 매우 중요한 의미를 갖는다. 16세기 중반 성리학이 개화하여 자기의 논리를 세울 때, 여타의 학자들과는 달리 철저하게 수양론 위주의 성리학을 내세움으로써, 학문이 현실과 괴

---

61) 조식, 『남명집』(임술본) 권1, 「神明舍銘」. "卽事物上窮理"

62) 남명은 「戊辰封事」에서 "窮其理 將以致用也"라 하여 궁리의 목적을 치용에 두었다. 남명은 학문에 있어 致用을 중시했는데, 이는 현실과 동떨어진 학문을 해서는 안 된다는 자각이라 보여진다. 요컨대, 남명의 窮理는 인간과 우주에 대한 본원적인 문제에 대한 궁리가 아니라, 인간의 현실적인 삶과 연관된 궁리라고 하겠다.

리된 채 형이상학적으로 흘러 공허한 것이 되지 않고 일상의 실천을 통해 인격완성을 추구하는 쪽으로 나아간 것이다. 이점은 인간의 심성과 우주의 원리를 구명하는 쪽으로 흐른 그 뒤의 학문사조와 뚜렷이 구별되는 것으로, 일상생활의 현실적인 문제에 관심을 보이는 학문의 길을 연 것으로 평가된다.

또한 존양이나 성찰은 성리학자들이 다 같이 중시하는 것이므로, 남명의 독자적인 성리사상이라고 하기는 어렵다. 다만 성찰의 격물치지는 곧 궁리를 의미하는데, 그 궁리의 내용이 '현실에 쓸모 있는[致用]'것이어야 한다는 것과 궁리한 그 리를 실천하는 데 기준이 되는 의(義)의 가치를 크게 부각시켜 드러낸 것이 특징적인 것이다. 그리고 여기서 더 나아가 사욕을 적극적으로 다스리는 극기(克己) - 삼엄한 대장기를 세워놓고 사욕의 기미를 살피는 심기(審幾)와 사심이 발동되면 즉시 나아가 물리치는 극치(克治) - 가 남명사상의 독특한 면이다. 이것이 바로 남명의 수양론에 치중한 성리학으로, 그의 천왕봉처럼 우뚝한 천인벽립의 기상을 낳은 것이고, 출처의 대절을 드러낸 것이고, 사생취의(舍生取義)의 기절(氣節)을 보인 것이다.

※ 이 글은『남명학연구』제4집(경상대 남명학연구소, 1995)에 게재한 것을 수정 보완한 것이다.

제10장
남명시의 도학적 성향

1. 남명은 성리학자인가

남명 조식(1501~1572)은 성리학자인가? 현대 연구자들 중에는 남명학을 성리학(性理學)이라 하는 사람도 있고, 원시유학(原始儒學)에 가까운 학문이라 하는 사람도 있고, 양명학(陽明學)이라 하는 사람도 있고, 노장사상(老莊思想)에 물든 학문이라 하는 사람도 있다.[1] 심지어 『남명집』에는 이기론·심성론 등의 성리설이 없기 때문에 성리학이 아니라고 하는 사람도 있다.[2] 남명사상을 다양한 관점에서 바라보는 것은 나쁠 것이 없다. 그러나 남명학은 이런 다양한 평가와는 무관하게 그 실체가 있다.

학자는 시대적 산물이다. 그가 살던 시대, 그가 살던 지역을 떠나서는 그 어떤 사상도 존재할 수 없다. 남명도 예외는 아니다. 그가 살던 16세기 조선사회는, 정치적으로는 훈구세력과 신진사림이 첨예하게 대립하여 여러 차례 사화(士禍)가 일어났고, 학술적으로는 성리학이 정착하여 한창 발양하던 시기였다. 이 시대에는 그 어떤 사인(士人)도 사화라는 정치적 소용돌이를 피할 수 없었다. 그래서 그들은 자신들의 존재방식에 대해 심각한 고민을 하였고, 그런 과정을 통해 자신들의 정체성을 보다 분명히 자각하게 되었다.

이런 과정 속에서 재야 사인들의 학문성향과 현실대응양상도 다양한 모습으로 나타났다. 현실대응의 측면에서 보면, 물외(物外)에서 은일자

---

1) 崔錫起, 「南冥思想의 本質과 特色」, 『韓國의 哲學』 제27호, 경북대 퇴계연구소, 1999.
2) 나성, 「성리학과 남명철학 : 南冥哲學 定立을 위한 提言」, 『南冥學報』 제3호, 남명학회, 2004.

적하는 유형이 있는 반면, 적극적으로 현실세계의 문제에 개입하여 비판을 서슴지 않는 유형이 있었다. 학술적 측면에서 보면,『성리대전』을 통해 폭넓게 성리학을 수용하는 경우와『주자대전』을 중심으로 주자학에 경도되는 경우가 있었으며, 이론적으로 깊이 침잠해 의리를 발명하려는 학자가 있는 반면, 이론탐구보다는 실천궁행(實踐躬行)에 역점을 두어 자신을 성현의 경지로 끌어올리려 한 학자도 있었다.

이처럼 16세기는 자기 개성을 드러내며 학술이 매우 활성화되던 시기이다. 그런데 이런 다양성을 우려하며 하나의 이념노선을 주창한 사람이 퇴계 이황(1501~1570)이다. 그는『성리대전』을 통해 성리학을 폭넓게 수용하던 학풍에서 주자학을 위주로 하는 학문으로 단일화를 꾀하였다. 그리하여 그는 조선 초 정도전(鄭道傳)이「불씨잡변(佛氏雜辨)」을 지어 불교를 배척하고 성리학적 노선을 분명히 하였듯이, 성리학 내부에서 주자학과 다른 설에 대해 벽이단(闢異端)의 기치를 세웠다.

이렇게 전개된 16세기 학술사 속에서 남명이 추구했던 학문을 어떻게 평가해야 할 것인가? 퇴계는 남명에 대해, "우리 학문에 힘쓰지만, 이런 사람들은 으레 학문이 깊지 못하다."[3]라고 하였다. 이 말을 보면, 퇴계도 남명의 학문에 대해 '우리 학문'이라고 인정한 것이다. 다만 그는 남명의 학문이 의리에 투철하지 못해 노장사상이 침투한 것으로 보았다.[4] 퇴계의 이런 평에 의하지 않더라도, 남명이 16세기 조선의 성리학자라는 사실은 쉽게 발견할 수 있다.

남명은 경서 가운데 사서(四書)를 위주로 했는데 그 중에서『대학』을

---

3) 李滉,『퇴계집』권19, 書,「答黃仲擧」. "用工於吾學, 例不深邃."
4) 上同. "其所論曺楗仲之爲人, 亦正中其實矣. 其於義理未透, 此等人多是老莊爲祟, 用工於吾學, 例不深邃, 何怪其未透耶, 要當取所長耳."

가장 중시했으며,5) 그 다음으로『근사록』·『심경』·『성리대전』등 성리
서를 중시했다.6) 주지하다시피 사서는 주자학을 대표하는 경서이다. 또
한 남명이 사서 가운데『대학』을 특별히 중시한 것은, 주자의 학문관을
그대로 수용하고 있음을 보여준다. 게다가 남명은 성리서를 정독하면서
자신을 수양하는 데 도움이 되는 문구를 간추려『학기(學記)』라는 독서
기를 만들 정도로 성리서에 침잠했다. 또 그 과정에서 성리학의 요지를
간추려 도표화하였는데, 그 가운데 5개도는 자작도이다.7) 이런 사실을
두고 볼 때, 남명은 분명 송학(宋學)을 폭넓게 수용한 조선성리학자라고
하겠다.

이를 보면, 남명학이 조선성리학의 범주에 있다는 것은 이론의 여지
가 없다. 다음 자료는 이를 더욱 증명해 준다.

---

5) 조식,『남명집』권2「答仁伯書」에 "於今直把大學看, 傍探性理大全一二, 年
   常常出入大學一家, 雖使之燕之楚, 畢竟歸宿本家. 作聖作賢, 都不出此家內
   矣. 晦菴平生得力, 盡在此書, 豈欺後人耶."라 하였고,「示松坡子」에는 "學者
   須精熟四書, 眞積力久, 則可以知道之上達, 而窮易庶不難矣.……朱子曰平
   生精力, 盡在大學, 程子曰, 語孟旣治, 則六經可不治而明矣. 學者博文之工
   夫, 當如是矣夫."라 하였다.

6) 조식,『남명집』권2「與金肅夫」에 "海家篋中, 有靑衣近思錄小帙, 須取而熟
   思之."라 하였고,「題李君所贈心經後」에는 "是書也, 正似白晝大市中平天冠
   也. 萬古如長夜, 人倫爲禽獸, 只應默默送了一世而已."라고 하였으며,「書李
   原吉所贈心經後」에는 "是書者, 其惟不死之藥乎. 必食而知其味, 好而知其
   樂, 可久可安, 朝夕日用而不自已也. 努力無怠, 希顔在是."라 하였다.

7) 남명의『學記』에 수록된 도표는 모두 24개이다. 그 가운데 17개도는 남명이 직접
   그린 自作圖로 알려져 왔었는데, 근래 이 가운데 12개도는 원대 유학자 程復心
   의『四書章圖纂括總要』에서 옮겨온 것임을 논증한 연구가 발표되어, 남명이 손
   수 그린 것은「孤虛旺相圖」및「易書學庸語孟一道圖」·「誠圖」·「幾圖」·「心
   爲嚴師圖」등 모두 5개도인 것으로 밝혀졌다.

조식은 집안에서 관혼상제에는 모두『주자가례』를 따르며, 유속(流俗)에 휩쓸리지 않았다. 학생들을 가르칠 적에는 매양『근사록』·『성리대전』등의 책을 부지런히 읽게 했는데, 모두 몸으로 이해하여 자득하는 것을 급선무로 삼고, 입으로 읽기나 하는 말단적인 공부는 달가워하지 않았다. 그는 항상 "요즘 초학자들이 고원한 이치만 말하길 좋아하여 쇄소응대의 예절도 모르면서『역학계몽(易學啓蒙)』·『태극도설(太極圖說)』등의 글을 먼저 배운다. 이는 심신에 아무런 도움이 없을 뿐만 아니라, 끝내 명예를 구하는 쪽을 나아가게 된다."고 하였다. 일찍이 이런 뜻으로 이황에게 편지를 보내 이런 풍습을 금하려 하였다.[8]

이처럼 남명은 일상의 예는『주자가례』를 따르고, 학생들에게는 성리서를 가르치되 자득을 중시하고,「태극도설」등 형이상학보다는 쇄소응대의 하학(下學)을 먼저 힘쓰게 하는 학문정신을 가지고 있었다. 이것이 성리학이 아니고 무엇이겠는가? 이기론·심성론 등 성리설이 있어야 성리학자라고 한다면, 조선시대 수많은 학자들은 성리학자가 아니란 말인가? 이런 설은 실상과 매우 거리가 있는 설이므로 수용할 수가 없다.

2. 남명은 도학자인가

'남명은 도학자인가?' 이 질문에 대한 평가도 남명학 자체에 대한 평가만큼이나 이견이 분분하다. 퇴계 이후 주자학만을 정통으로 인정하는

---

8)『명종실록』21년 12월 무자일조. "曺植, 居家, 凡喪祭冠婚, 皆倣朱文公家禮, 不混於流俗. 敎學者, 每勤讀近思錄性理大全等書, 皆以體會自得爲急了, 屑屑於口讀之末. 常以近日初學之士, 好談高遠, 不知灑掃應對之節, 而先學啓蒙太極圖等書. 無益於身心, 而卒歸於爲名, 嘗以是貽書李滉, 欲禁此習."

학자들의 시각으로는, 개방적이고 박학성을 가진 남명학이 순정하게 느껴질 리 없다. 따라서 남명에 대해서도 도학자로 인정하는 데 인색하다.

도학이란 무엇인가? 『송사』에는 특별히 「도학열전」이라는 항목이 있는데, 권427 「도학1」에는 도학의 연원에 해당하는 주돈이(周敦頤)·정호(程顥)·정이(程頤)·장재(張載)·소옹(邵雍) 등 소위 북송오군자(北宋五君子)가 수록되어 있고, 「도학2」에는 그 가운데서 이정(二程)의 문인들이 수록되어 있고, 「도학3」에는 주희(朱熹)와 장식(張栻)이 유일하게 들어 있고, 「도학4」에는 주자의 문인들이 수록되어 있다.

여기서 알 수 있듯이, 육구연(陸九淵)과 그의 문인들은 「도학열전」에서 빠져 있으며, 주자와 동시대 여조겸(呂祖謙)·진량(陳良)·섭적(葉適) 등 학자들도 모두 빠져 있다. 진량은 자신의 학문을 스스로 '도학'이라 일컬었으며,9) 여조겸은 주자·장식과 함께 '동남삼현(東南三賢)'으로 일컬어지던 학자로 주자와 함께 『근사록』을 만들 정도로 도학과 관련이 깊은 인물이다. 그런데 「도학열전」에서는 이들을 모두 제외하고 있다. 이를 보면, 「도학열전」을 지은 사관(史官)의 시각이 매우 편협하게 작용한 것을 한 눈에 알 수 있다.

그러면 그들은 '도학'을 어떻게 정의하고 있는가? 『송사』 「도학열전」에는 주자에 대해 다음과 같이 말하고 있다.

> 송나라가 남쪽으로 옮긴 뒤 신안(新安)의 주희(朱熹)가 정씨(程氏)의 정전(正傳)을 얻었는데, 그의 학문은 친절함이 그보다 더하였다. 대저 그는 격물치지(格物致知)를 우선으로 하고, 명선(明善)과 성신(誠身)을 학문의 요점으로 삼았다. 분서갱유에 없어지고, 한유(漢儒)들에 의해 지리해지고, 위진남북조(魏晉南北朝) 시대에 침체되었던 『시경』·『서경』 등 육경

---

9) 이용주, 『주희의 문화이데올로기』(이학사, 2003) 39면 참조.

의 글과 공자·맹자의 유언이 주자에 이르러 모두 환히 크게 밝혀졌고, 차
례대로 각기 제 위치를 얻게 되었다. 이것이 바로 송유의 학문이 제자백가
를 넘어서 위로 맹자에게 접하는 것이리라.[10]

이들이 생각하는 주자의 도학은, 격물치지(格物致知)를 우선으로 하
고, 명선(明善)과 성신(誠身)으로 학문의 요점을 삼는 것이다. 이는 진리
탐구의 도문학(道問學)과 심성수양의 존덕성(尊德性)을 학문의 양대 목
표로 삼되 격물치지를 우선시하는 논리이다.

그런데 이런 주자의 학문 성향만을 도학이라 부른다면, 그것은 너무
편협한 소견이 될 수밖에 없다. 또한 이것이 '도학'의 의미를 충분히 갖
추었다고 할 수도 없다. '도학'이란 '도를 추구하는 학문'으로, 유교의 도
를 현실에 구현하는 학문이다. 정자로부터 주자로 이어지는 학맥의 학
자들이 의도적으로 사용한 이 '도학'이라는 용어는, 유교의 정통을 회복
하고자 하는 일군의 학자들이 자기정화와 사회개혁을 위해 전개한 일종
의 문화운동이었다. 따라서 도덕으로 정신무장을 하여 세상을 정화하려
는 일종의 사회개혁운동이라 할 수 있다.

이런 관점을 갖고, 다시 중국 역사 속에서 '도학'이라는 용어를 찾아
보기로 한다. 주자와 동시대 주자학을 위학(僞學)으로 규정하고 도학자
들을 물리치고자 했던 사람들은 '도학'을 다음과 같이 정의하였다.

신이 삼가 보건대, 근세의 사대부들이 이른바 '도학'이라고 하는 것은,

---

10) 『宋史』 권427, 列傳 186, 「道學一」. "迄宋南渡 新安朱熹得程氏正傳 其學加
    親切焉 大抵以格物致知爲先 明善誠身爲要 凡詩書六藝之文 與夫孔孟之遺
    言 顚錯於秦火 支離於漢儒 幽沉於魏晉六朝者 至是皆煥然而大明 秩然而
    各得其所 此宋儒之學 所以度越諸子 而上接孟氏者歟"

그들의 설에 "<우리는> 신독(愼獨)으로 능함을 삼고, 실천[踐履]으로 고상
함을 삼으며, 정심(正心)·성의(誠意)·극기복례(克己復禮)로 일을 삼는다."
라고 하는 것입니다. 이와 같은 것들은 모두 학자들이 다 배우는 것인데,
그들은 자기들만이 그런 것들을 능히 한다고 생각합니다. 그러나 그들이
하는 행위를 공평히 살펴보면, 그 이름을 빌어 그들의 거짓을 이루려 하는
것에 거의 가깝지 않겠습니까?11)

이 글에는 당대 도학에 대한 개념이 선명하게 드러나 있다. 곧 '신독
(愼獨)으로 능함을 삼고, 실천[踐履]으로 고상함을 삼으며, 정심·성의·극
기복례로 일을 삼는다.'는 것이, 남송 시대 사람들이 말하는 '도학'이다.
여기서 말하는 '신독'은 『대학』과 『중용』에 나오는 '혼자만 아는 바의
생각을 삼가는 것'으로, 아직 겉으로 드러나지 않은 마음속의 생각이다.
이는 성리학의 수양론에 있어서 성찰(省察)에 해당한다. 실천[踐履]은 앎
을 자기 몸으로 행하는 것이다. 이는 성리학의 수양론에서 역행(力行)에
해당한다. 성의·정심은 『대학』 팔조목의 행(行)에 관한 조목인데 성찰
(省察)에 해당하며, 극기복례는 사욕을 물리쳐 예로 돌아가는 것으로 성
리학적 수양론의 극치(克治)에 해당한다.

이렇게 볼 때, 이는 모두 마음이 발하고 난 뒤의 성찰 – 극치로 이어지
는 자기실천의 수양에 관한 내용이다. 즉 마음이 이미 발한 뒤의 자기실
천을 강조하는 논리이다. 그렇다면 이들이 말하는 '도학'은 마음이 아직
발하지 아니하였을 때 존심양성(存心養性)의 함양을 전제로 하되, 마음
이 이미 발한 뒤에는 성찰 – 극치에 역점을 두어 자기 몸에 도를 구현함

11) 『宋史紀事本末』 권21, 「道學崇詘」(四庫全書 제353책). "臣伏見, 近世士大夫
有所謂道學者, 其說, 以謹獨爲能, 以踐履爲高, 以正心誠意克己復禮爲事.
若此之類, 皆學者所共學也, 而其徒乃謂己獨能之, 夷考其所爲, 則又大不然,
不幾於假其名, 以濟其僞者耶."

으로써 사회풍상을 개혁하려 하는 것이다. 요컨대 도를 자기 몸을 통해 실천해 보임으로써 사회의 정의를 이룩하고자 하는 학문을 도학이라 정의할 수 있다.

그렇다면 우리나라에서는 도학을 어떻게 인식하였을까? 송학을 받아들여 자신들의 이념으로 삼은 고려 말 신진사대부들은 송학을 막연히 도학으로 인식하였다. 그러다 이색(李穡, 1328~1396)에 이르러 '정주도학(程朱道學)'이라는 말이 비로소 등장한다. 그의 시에 "정주의 도학은 천명을 궁구했고, 이백·두보의 재명(才名)은 『시경』 국풍(國風)의 경지일세."12)라고 한 것이나, "정주의 도학은 천지에 짝하니, 곧바로 일월에 걸려 서서히 운행하네."13)라고 한 것이 이를 입증한다.

조선시대 학자들의 '도학'에 대한 생각은 두 가지로 나누어 볼 수 있다. 하나는 '우리나라에서 도학이 누구로부터 비롯되었는가?'에 관한 도통론적 시각이고, 다른 하나는 도학에 대한 논의가 구체화되는 16세기 이후 도학에 대한 개념정립의 문제이다. 후자는 특히 문묘종사의 문제와 맞물려 보다 선명한 인식을 드러낸다.

조선 초 최고의 학자였던 권근(權近, 1352~1409)은 정도전(鄭道傳, 1337~1398)이 도학을 밝히고 이단을 물리치는 것으로 임무를 삼았다고 하였으며,14) 그의 문인 김반(金泮)은 '이제현(李齊賢, 1287~1367)이 도학을 창명(唱鳴)했고, 이색이 그 정통을 전했으며, 권근이 그 종지(宗旨)를 얻었다.'고 도통론을 전개하였다.15) 한편 박서생(朴瑞生)은 길재(吉再,

---

12) 李穡, 『牧隱詩稿』 권8, 「憶梅花」. "程朱道學窮天命, 李杜才名騁國風."
13) 李穡, 『牧隱詩稿』 권10, 「寄贈金敬叔少監」. "程朱道學配天地, 直揭日月行徐徐."
14) 鄭道傳, 『三峰集』 권10, 「心理氣篇」 權近 註. "先生常以明道學闢異端爲己任."
15) 『세종실록』 권62, 세종 15(1433) 2월 9일(계사)일조 참조.

1353~1419)의 「행장」에서 "선생은 일찍이 도학을 밝히고 이단을 물리치는 것으로 일을 삼으셨다."16)라고 하였다.

이를 종합해 보면, 조선 초의 도학에 대한 인식은, 이단인 불교를 배척하고 정주학을 밝힌 학문으로 정리할 수 있다. 그리고 그 역할을 한 주요 인물이 이제현·이색·정도전·길재 등이라고 할 수 있다.

그런데 도학에 대한 이런 인식은 16세기에 이르면 상당히 첨예하면서도 다양하게 나타난다. 남명은 도학에 대해 구체적인 언급을 하지 않았지만, 아래 인용문을 보면 그가 생각하는 도학의 의미를 짐작할 수 있다.

> 온 조정이 각립하여 흑과 백이 분명합니다. 그런데 <아무개는> 권문세가에 줄을 대고 아래·위를 위협하며 흑을 백이라 합니다. 비록 옛날의 권간(權奸)도 이보다는 더하지 않았을 것입니다. 이른바 도학의 종사(宗師)라는 사람이 과연 이와 같단 말입니까?17)

여기서 남명이 말하는 '도학의 종사'가 누구를 지칭하는지는 알 길이 없다. 다만 그가 말하는 도학사상이 어떤 것인지는 짐작할 수 있다. 즉 권력에 아부하는 사람이 아니고, 흑을 흑이라 하고 백을 백이라 하는 사람이 도학자이다. 따라서 이때의 '도학'은 범범하게 정주학을 일컫는 것이 아니다. 송대 사람들이 말한 것처럼 성찰-극치를 통해 자기실천이 철저한 사람을 가리킨다. 이런 견해는 그의 문인 정인홍(鄭仁弘, 1535~1623)에게 보다 선명히 나타난다.

---

16) 吉再, 『冶隱集』권상 「言行拾遺」. "嘗以明道學闢異端爲事."
17) 조식, 『남명집』권2, 「與成大谷書」. "擧朝角立, 黑白昭昭, 而交手權門, 威制上下, 轉黑爲白. 雖古權奸, 蔑以加此. 所謂道學宗師者, 果如此乎."

<남명>선생께서 아시는 바는 옛 사람의 말과 고인의 행실이었고, 선생께서 급히 여기셨던 것은 내면을 향하는 것과 실천[踐履]하는 것이었다. 하루 또 하루 처음부터 끝까지 조금의 틈도 보이지 않으셨다. 선생의 함양하는 힘과 도달한 조예의 공은 헤아릴 수 없는 점이 있다. 더구나 사림이 화를 당한 뒤 사습(士習)이 무너지고 의식이 혼몽해져서 사람들은 도학을 보기를 큰 도시 상점의 천자가 쓰는 평천관(平天冠)처럼 피할 뿐만이 아니었다. 그런데 선생께서는 분발하여 일어나 그런 풍속을 돌아보지 않고 만 길의 우뚝한 정신을 수립하였다. 그래서 무너진 사풍(士風)을 점점 새롭게 하였고, 없어진 도학을 다시 밝게 하였다. 그러니 무너진 것을 다시 일으켜 세운 공이 우리나라에서 아직까지 없었던 일이다.[18]

내암은 남명에 대해 두 가지 측면에서 도학자임을 말하고 있다. 하나는 기묘사화 이후 사습이 무너져 선악과 의리(義利)를 분간하지 못하고 혼몽한 인식을 하던 시대에 도학을 다시 밝혔다는 것이고, 하나는 남명의 공부가 자기 내면을 향해 존양하고 성찰하며 그것을 자기 몸으로 실천하는 것을 위주로 했다는 것이다. 후자는 남명의 도학에 대한 성향을 말한 것이고, 전자는 도학이 없어진 시대에 도학을 다시 일으켜 밝혔다는 것이다.

이런 남명과 정인홍이 생각하는 도학, 유교의 도를 몸으로 실천하여 세도를 부지하는 학문을 말한다. 이들이 말하는 도학은, 도를 입으로 말하고 머리로 생각하는 것이 아니라, 몸으로 체득하고 실천하는 것을 말한다. 그래서 남명은 하학(下學)을 하지 않고 상달(上達)만 일삼는 것

---

18) 조식, 『남명집』, 鄭仁弘 撰「南冥先生文集序」. "所識者, 前言也, 往行也, 所急者, 向裏也, 踐履也. 日復一日, 終始無間, 其涵養之力, 造詣之功, 蓋有不可量者, 而當士林斬伐之餘, 士習偸靡, 醉夢成風, 人視道學, 不啻如大市中平天冠, 而先生奮起不顧, 竪立萬仞, 使士風旣偸而稍新, 道學旣蝕而復明. 扶頹拯溺之功, 在我東國, 宜亦未有也."

을 매우 부정적으로 보았으며,19) 손으로 비질을 하고 물을 뿌리는 것도 모르면서 천리를 말하는 것에 대해 심각하게 우려하였다.20) 이를 보면, 이들이 생각하는 도학이 오히려 시대정신에 더 적합하고, 도덕적 실천을 통한 사회개혁운동이라는 송대 도학의 정신에 더 가깝다고 하겠다.

동시대 이와 비슷한 인식을 보인 사람이 정개청(鄭介淸, 1529~1590)이다. 그는 "내 생각으로는 여러 성인들이 서로 전한 도학의 요점은 경(敬)·의(義)·예(禮)에 불과할 뿐이다."21)라고 하였다. 경의는 남명학의 핵심으로 존양·성찰의 척도이며 예는 실천규범이라 할 수 있으니, 남명이 생각하는 도학과 근사한 개념이다.

한편 이이(李珥, 1536~1584)는 도학에 대해 이들과는 생각을 달리하였다.

　　객이 말하기를 "한(漢)나라 이후로 독서인이 없지 않았다. 그대가 이른바 도학이라고 하는 것은 어떤 학문인가?"라고 하자, 주인(율곡)이 답하기를 "비루하구나, 그대의 말씀이여. 도학이란 격물치지(格物致知)하여 선을 밝히고, 성의(誠意)·정심(正心)하여 자기 몸을 닦아서 자기 몸에 덕을 온축하면 천덕(天德)이 되고, 정치에 그것을 베풀면 왕도(王道)가 되는 것이다. 독서는 격물치지 중의 한 가지 일일뿐이다. 독서하되 실천하는 것이

---

19) 조식,『남명집』권2「與吳子强書」에 "熟看時尙, 痼成麟楦驢鞁, 渾世皆然, 已急於惑世誣民. 雖有大賢, 已不可救矣. 此實師門宗匠者, 專主上達, 不究下學, 以成難救之習, 曾與之往復論難, 而不肯回頭."라고 하였다.

20) 조식,『남명집』권2에「與吳御史書」에 "性與天道, 孔門所罕言. 和靜有說, 程先生止以莫要輕說, 君不察時士耶. 手不知灑掃之節, 而口談天上之理, 夷考其行, 則反不如無知之人. 此必有人譏無疑矣."라 하였고,「與退溪書」에는 "近見, 學者手不知灑掃之節, 而口談天理, 計欲盜名, 而用以欺人, 反爲人所中傷, 害及他人, 豈先生長老無有以呵止之故耶."라고 하였다.

21) 鄭介淸,『困齋先生愚得錄』권1,「論學-道學之要」. "丹書曰, 敬勝怠義勝欲, 孔子曰, 敬以直內, 義以方外, 商書曰, 以義制事, 以禮制心, 孔子曰, 義以爲質, 禮以行之, 愚謂千聖相傳道學之要, 不過敬義禮而已."

없다면 앵무새가 흉내를 내는 말과 무슨 다른 점이 있겠는가? 양 원제(梁元帝)는 만권의 책을 읽었는데 끝내 위(魏)나라 포로가 되었으니, 이런 것을 도학이라고 할 수 있겠는가?[22]

이이는 '격물치지하여 선을 밝히고, 성의·정심하여 천덕과 왕도를 행하는 것'을 도학으로 정의하였다. 격물치지는 궁리(窮理)로 도문학(道問學)에 해당하고, 성의·정심은 그 이치를 자기 몸에 실천하는 것으로 존덕성(尊德性)에 해당한다. 천덕은 인욕을 제거하고 천리를 보존해 천인합일(天人合一)이 된 성인의 경지이다. 왕도는 그런 성인이 현실세계에 펼치는 왕도정치를 말한다. 이러한 이이의 도학에 대한 인식은, 앞에서 살펴본 『송사』「도학열전」에서 말한 주자의 도학과 비슷하지만, 송대 사람 및 정인홍이 말한 도학의 개념과는 일정하게 다르다. 즉 격물치지를 하나의 축으로 하고, 성의·정심을 하나의 축으로 했다는 것이다. 전자는 지도(知道)의 측면이고, 후자는 행도(行道)의 측면인데 그 안에는 천덕과 왕도가 다 들어 있다.

위와 같은 도학에 대한 개념을 정립한 이이는 우리나라 도통론을 논하면서 도학자를 선정할 적에 종래의 정몽주(鄭夢周, 1337~1392)를 도학의 시조로 보는 시각에 반론을 제기했다. 그의 관점에서 정몽주는 사직지신(社稷之臣)이지 도학자는 아니다.[23] 이이가 생각하는 우리나라 최초

---

22) 李珥, 『栗谷先生全書』 권15, 잡저 2, 「東湖問答」 己巳 〇月課. "客曰, 自漢以後, 非無讀書之人也. 所謂道學者, 何學耶. 主人曰, 陋哉, 子言. 夫道學者, 格致以明乎善, 誠正以修其身, 蘊諸躬則爲天德, 施之政則爲王道. 彼讀書者, 格致中一事耳. 讀書而無實踐, 有何異於鸚鵡之能言耶. 如梁元帝讀書萬卷, 竟爲魏俘, 此亦可謂道學乎."

23) 이이, 『율곡선생전서』 권31, 「어록上」, 金振綱所錄. "鄭圃隱號爲理學之祖, 而以余觀之, 乃安社稷之臣, 非儒者也."

의 도학자는 조광조(趙光祖, 1482~1519)다. 그는, 조광조가 도학을 창도해 밝혀 임금을 요·순으로 만들고 백성을 요순시대 백성으로 만드는 것을 자기 임무로 삼았기 때문에 도학자로서의 요건을 갖추었다고 본다.[24] 즉 행도(行道)의 측면에서 인정한 것이다. 그리고 퇴계에 대해서는, 주자가 만든 법을 몸소 행하고 마음으로 터득하여 후생의 본보기가 되었다는 점에서 도학자로 인정하였다.[25] 이이는 퇴계가 이학(理學)에 침잠한 점을 높이 여겨 도학자로 보았는데, 이는 행도(行道)의 측면보다는 지도(知道)에 중점을 둔 것이다.

이처럼 이이는 지도와 행도의 관점에서 조광조와 퇴계만을 우리나라 도학자로 인정하고, 그 외의 이언적(李彦迪, 1491~1553)이나 남명은 인정하지 않았다. 이언적에 대해서는 사람됨이 충효하고 독서와 저술을 했지만 행도의 측면이 부족하다고 하여 도학자로 추중하지 않았고,[26] 남명에 대해서는 그의 문인들이 도학자로 추중하는 것은 실상에서 지나치다고 하면서 '한 시대의 일민(逸民)' 또는 '처사(處士)'로 평하였다.[27] 이

---

24) 이이, 『율곡선생전서』 권34, 부록二, 「年譜下」. "吾東方能倡明道學, 以堯舜君民爲己任者, 無如靜菴."

25) 上同. "謹守朱門成法, 躬行心得, 可爲後生矜式者, 無如退溪."

26) 李珥, 『石潭日記』 卷上, 隆慶元年丁卯. "若李文元, 則只是忠孝之人, 多讀古書善於著述耳. 觀其居家, 不能遠不正之色, 立朝不能任行道之責. 乙巳之難, 不能直言抗節, 乃至累作推官參錄僞勳. 雖竟得罪, 顙亦泚矣, 烏可以道學推之耶. 噫, 文元, 雖不可當道學之名, 而其賢, 則世不可多得, 斯人之不容於世, 豈不可痛惜哉."

27) 李珥, 『석담일기』 권상, 隆慶六年壬申. "謹按, 曺植, 遯世獨立, 志行峻潔, 眞是一代之逸民也. 第見其所論著, 則於學問, 無實見. 所上疏章, 亦非經濟之策. 雖使行乎世, 有所施設, 未可必能成治道也. 門人推重, 至謂植道學君子, 則誠過其實矣. 雖然, 近代所謂處士者, 終始完節, 壁立千仞, 如植比無幾. 星官南師古會語人曰, 今歲處士星無光, 不久而植沒, 植可謂應世非常之士哉."

는 지도와 행도의 측면에서 모두 인정하지 않은 것이다.

이이의 견해를 송대 사람들이 "신독(愼獨)으로 능함을 삼고, 실천[踐履]으로 고상함을 삼으며, 정심(正心)·성의(誠意)·극기복례(克己復禮)로 일을 삼는다."라고 한 도학의 개념과 비교해 보면, 그가 말하는 행도는 사인(士人)의 자기실천[行]이 아니라, 사회적 실천[推行]에 해당한다. 이는 천덕의 측면이 아니라 왕도의 측면에서 말한 것이다. 또 송대 사람들이 말하는 신독(愼獨)·천리(踐履)·성의정심(誠意正心)·극기복례(克己復禮)는 모두 천덕에 합하는 자기실천의 측면에서 말한 것으로, 이이가 말하는 지도의 측면은 애초 들어 있지 않다.

요컨대 이이가 생각하는 도학은 송대 사람 및 정인홍이 천덕의 측면에서 말한 도학과 상당한 거리가 있다. 엄격히 말하자면, 이이는 지도와 왕도의 측면에서 말한 것이고, 송대 사람 및 정인홍은 천덕의 측면에서 말한 것이다. 남명학의 핵심은 존양-성찰-극치로 이어지는 수양론에 있다. 이점으로 보면 남명이야말로 송대 사람들이 말한 도학자적 요건을 완벽하게 갖춘 인물이라고 하겠다.

더구나 지금까지도 경상우도 지역에는 남명을 도학자라고 칭하는 데 조금의 이견도 없다. 당색(黨色)이나 학파를 떠나 모든 사람들이 당연한 것으로 받아들인다. 오히려 남명을 도학자가 아니라고 하면, 이상하게 생각한다. 이는 오래된 공론이다. 또한 설화에 나타나는 도학자전승에서 이이·이황·서경덕(徐敬德)·송익필(宋翼弼)·조식·김인후(金麟厚) 등의 순으로 그 분량이 많은데, 이는 대개 도학자의 지명도와 일치한다고 한다.[28] 이를 보아도 남명을 도학자라고 아니 할 수 없을 것이다.

---

28) 尹柱弼, 「설화에 나타난 道學者像」, 『남명학연구』 제7집, 경상대 남명학연구소, 1997.

18세기 경상우도를 대표하는 박태무(朴泰茂, 1677~1756)는 남명에 대해 다음과 같이 칭송하였다.

> <선생은> 작록(爵祿)을 보시길 자신을 더럽히는 것처럼 하였으니, 동강(桐江)에 살던 엄자릉(嚴子陵 : 嚴光)의 무리였을까? 소장(疏章)을 올려 아뢰길 근면하고 간절하게 하였으니, 이윤(伊尹)·부열(傅說)처럼 세상을 널리 구제하려는 뜻이 있으셨네. 기절(氣節)을 힘써 뜻을 고상하게 하였으니, 태원(太原)의 주당(周黨)의 무리였을까? 학문이 순수하고 심원하였으니, 정자(程子)·주자(朱子)의 정학(正學)을 얻으셨네. 나는 선생이 어느 정도의 경지에 오른 분인지 잘 모르겠네. 한 마디로 말한다면 "성인의 진퇴의 뜻을 터득하셨고, 군자의 도를 행하고 간직하는 기미를 살피셨네. 높기는 천 길 하늘을 나는 봉황새 같으셨고, 만 리 상공을 나는 큰기러기처럼 속세를 훌쩍 떠나셨네. 그러니 우리 동방을 통틀어도 다시 태어나기 어려운 호걸이시네."라고 하겠네. 만약 선생이 백이(伯夷)와 같은 세상에 태어나셨다면, 완악한 사람은 청렴해지고 나약한 사람들은 자신을 세웠을 것인데, 선생이 백이에게 양보했을까? 백이가 선생에게 양보했을까?[29]

엄광(嚴光)과 주당(周黨)은 후한 광무제 때 사람으로 모두 출사하지 않고 은거한 이들이다. 남명이 벼슬하지 않은 것을 두고서, 엄광·주당과 같은 인물로 의심을 하는 사람들이 있었는데, 박태무는 엄광과 주당을 끌어다 남명이 그들과 다르다는 점을 분명히 하였다. 그리고 그런 의심을 불식시키기 위해 '남명선생은 경세제민의 이상으로 보면 이윤·부열

---

29) 朴泰茂,『西溪集』권4,「謁墓南冥先生文」. "視爵祿而若洸, 桐江子陵之徒歟. 章奏勤懇, 有伊傅匡救之意. 勵氣節而高尙, 太原周黨之流歟. 學問純深, 得程朱淵源之正, 則吾未知先生是何如人也. 一言蔽曰, 得聖人進退之義, 占君子行藏之機, 卓乎如千仞之鳳, 飄然如萬里之鴻, 而振東方不再出之豪傑也. 若使先生與伯夷, 並世而生, 使頑懦廉而立, 先生讓伯夷耶, 伯夷讓先生耶."

과 같은 뜻을 품었고, 학문의 순수성으로 보면 정자·주자의 정학을 얻은 분이다.'라는 어투로 단호하게 말하고 있다.

이런 인식을 보면, 어떻게 남명을 조선시대 도학자라고 아니할 수 있겠는가? 그래서 나는, '남명은 조선시대 아주 위대한 도학자'라고 생각한다. 그 이유는 송대 사람들이 말한 도학자적 성향을 그대로 지니고 있을 뿐만 아니라, 무도한 시대에 도를 몸으로 실천해 보임으로써 타락한 세도를 부지시켰기 때문이다.

3. 남명학의 본질은 무엇인가

남명은 불교나 노장사상도 수양에 필요하다면 수용할 수 있다는 개방적인 학문성향을 가지고 있었다. 그가 퇴계처럼 주자학만으로 정신무장을 하지 않고, 『성리대전』에 수록된 여러 학자들의 설을 취한 것도 이런 성향을 대변한다. 그는 다양한 사상을 받아들여 자신의 몸에 도를 체득하고 그것을 몸소 실천하는 데 중점을 두었기 때문에 성리설의 사소한 동이득실에 그다지 깊은 관심을 갖지 않았다. 그는 분명히 지엽보다는 근본을 중시하는 근본주의자였다.

남명의 「원천부(原泉賦)」에는 근본을 중시하는 정신이 잘 나타나 있다. 남명사상의 핵심이 경·의라면, 이 「원천부」은 그 근원에 해당한다. 이 글에서 말하는 '원천(原泉)'은 '근원이 있는 샘물'을 뜻하고, 이 부(賦)는 학문에 근본이 있어야 함을 강조한 것이다. 남명은 이 「원천부」에서 '근본'을 수차 강조하였고, 그 근본에 대해 다양한 예를 들었다. 그리고 학문의 경우로 범위를 좁혀, 하학인사(下學人事)가 상달천리(上達天理)

의 근본이 되고, 온갖 이치는 본성에 갖추어져 있으니 본성이 근본이 되고, 만 가지 다양함은 한 가지 이치에 귀결되니 한 가지 이치가 근본이 된다고 하였다.[30] 그리고서 다음과 같이 결론을 맺었다.

경계하노니,	戒曰
마음이 사물에 응접할 때,	心以應事
온갖 감정이 흔들고 부추기네.	百感搖挑
학문을 하여 근본을 세우면,	學以爲本
온갖 감정이 흔들지 못하리.	感罔能撓
감정에 빠질 수 있는 것은 근본이 없기 때문이고,	可汨則無本
감정에 흔들릴 수 있는 것은 마음 씀이 없기 때문.	可撓則用熄
경공부를 통해 근원을 함양하고,	敬以涵養
하늘의 법칙에 근본 하라.	本乎天則[31]

여기서 ‘백감(百感)’은 희로애락애오욕의 칠정(七情)과 같은 감정이다. 이런 감정은 절도에 맞지 않으면 악하게 된다.[32] 따라서 학문을 통해 근본을 세워야 이런 감정에 마음을 빼앗기지 않을 수 있다. 그리고 그 요점은 경공부(敬工夫)를 통해 근원을 함양하여 천리(天理)에 근본을 하게 하는 것이다. 이런 사유가 인간의 마음에 국한하지 않고 그 외연이 확대

---

30) 이에 관한 원문은 다음과 같다. “同不死於谷神, 實氣母之沆瀣. 故祀典之崇本, 必先河而後海. 思亟稱於宣尼, 信子輿之心迪. 推洿水於習坎, 宜德行之素積. 究人事之下行, 根天理之上達. 萬里具於性本, 混潑潑而活活. 隨取用而有餘, 猶窟宅之生出. 合川流而敦化, 皆大本之充實.”

31) 조식, 『남명집』 권1, 「原泉賦」.

32) 오하마 아키라[大濱晧] 지음, 이형성 옮김, 『범주로 보는 주자학』(예문서원, 1997), 「제4장 性」 참조. 남명의 『學記類編』 제11도 「心統性情」에도 이런 내용이 보인다.

될 때 학문적 근본, 사회적 근본, 정치적 근본, 나라의 근본 등으로 나타
난다. 「민암부(民巖賦)」는 이런 차원에서 '정치적 근본'을 논한 글이다.

「원천부」에 보이듯이, 천리에 근본을 하기 위해서는 근원을 함양해야
하는데, 그 공부의 핵심은 거경(居敬)이다. 그런데 이 거경은 정시(靜時)
의 존양(存養)과 동시(動時)의 성찰(省察)을 관통한다. 남명은 이런 공부
의 핵심을 도표화하였는데, 그것이 바로 『학기류편(學記類篇)』의 「역서
학용어맹일도도(易書學庸語孟一道圖)」이다.

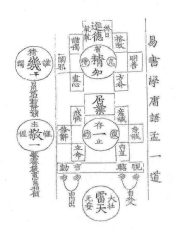

이 도표는 사서(四書) 및 『주역』・『서경』의 요지를 하나로 합해 놓은
것이다. 이 「역서학용어맹일도도」은 크게 세 권역으로 되어 있다. 제1권
역은 진덕(進德)에 해당하는 것으로 그 핵심은 『서경』「대우모(大禹謨)」
'유정유일(惟精惟一)'의 '정(精)'이다. 이 정(精)은 지(知)만 의미하는 것이
아니라, 성찰(省察)까지 포함하기 때문에 '성(省)' 자와 '지(知)'를 상하에
배치하였다. 또 박문(博文)과 극기(克己)까지 포함하기에 '박(博)' 자와
'극(克)' 자를 동서로 표기하였다. 지(知)와 성찰(省察), 박문(博文)과 극기

(克己)를 아울러 표기했다는 것은『대학』삼강령으로 보면, 격물·치지와 성의·정심·수신을 다 포함하는 명명덕(明明德)에 해당한다.

이 제1권역은 이발(已發)의 성찰공부인데, 성찰을 올바로 하려면 이치를 분명히 알아야 하기 때문에 지(知)가 함께 거론된 것이다. 그러나 지(知)에 치중하기보다는 행(行)에 중점이 두어져 있다. 그래서 도표 왼쪽에 다시 원을 그리고 그 안에 '기(幾)' 자를 써넣은 것이다. 이는 '심기(審幾)'를 가리키는 것으로, 지(知)를 통해 기미를 정밀하게 살피는 것이다. 그래서 이 권역에 '신독(愼獨)'이 두 군데나 등장하고 있다.

제2권역의 거업(居業)은 무엇을 의미하는가? 도표 원 속에 있는 '일(一)'은「대우모」'유정유일(惟精惟一)'의 '일(一)'로, 마음을 전일하게 하는 것이다. 그 '일(一)' 자 위의 '존(存)'은 존양을 말하고, 아래의 '지(止)'는『대학』의 '지어지선(止於至善)'을 가리킨다. 또 좌우의 '약(約)'은 '약례(約禮)'를 말하고 '복(復)'은 '복례(復禮)'를 말한다. 이는 진덕공부를 통해 마음이 전일해지고, 지선의 경지에 이른 상태로, 미발(未發)의 존양공부를 말한다. 존양공부에는 경공부가 요점이기 때문에 왼쪽에 다시 원을 그려 '경(敬)' 자를 크게 쓰고, 주변에 경공부에 해당하는 '주일무적(主一無適)'의 '주일(主一)'과 '상성성(常惺惺)'의 '성성(惺惺)'을 써넣은 것이다.

제3권역 원 안의 '뇌천(雷天)'은『주역』「대장괘(大壯卦)」를 가리킨다.「대장괘」는 외괘(外卦)가 뇌(雷)이고 내괘(內卦)가 천(天)이다.「대장괘」의 상사(象辭)에 "군자는 이 괘의 뜻으로써 예가 아니면 실천하지 않는다.[君子 以 非禮弗履]"라고 하였으니, 이는 극기복례한 상태에서 예가 아니면 보지 않고 듣지 않는 것이다. 또 원 안에 소자로 '무망(无妄)'이라 표기한 것은『주역』「무망괘(无妄卦)」를 의미한다.「무망괘」는「복

괘(復卦)」 다음에 위치하는데, 도에 복귀하면 정리(正理)에 합해 망령됨
이 없기 때문에 진실무망(眞實無妄)을 뜻한다. 제3권역에 있는 「대장괘」
와 「무망괘」는 성찰과 존양을 통해 회복된 진실무망한 마음을 뜻한다.

여기서 우리는 남명학의 본질을 다음과 같이 정리할 수 있다.

첫째, 공부의 제1단계 진덕공부(進德工夫)는 격물·치지와 성의·정심·
수신 및 박문(博文)·극기(克己)를 모두 포함하는 유정공부(惟精工夫)인
데, 그 중에서 이발(已發)의 성찰에 중점이 있다.

둘째, 공부의 제2단계는 진덕공부를 통해 성취된 뒤의 거업공부(居業
工夫)로 미발(未發)의 존양을 말하는데, 주일무적·상성성의 경공부가 그
핵심에 있다.

셋째, 진덕공부와 거업공부를 통해 본연의 도를 회복한 상태를 『주역』
의 「대장괘」와 「무망괘」를 통해 진실무망으로 표현한 것이다.

이 그림을 잘 관찰하면 사욕을 물리치고 천리를 보존하는 수양론에
그 핵심이 있음을 알 수 있다. 그리고 그 요점이 심기의 성찰과 거경의
존양이라 할 수 있다. 이런 그의 성리사상을 가장 단적으로 압축해 표현
한 또 하나의 그림이 「신명사도(神明舍圖)」이다.

이 「신명사도」는 곽내(郭內)의 존양, 곽외(郭外)의 성찰·심기·극치, 그리고 하면의 지어지선으로 구성되어 있다. 존양은 미발시의 공부로 그 핵심이 경공부이기 때문에 곽내의 모든 일을 주관하는 총재의 이름을 경(敬)으로 삼은 것이다. 성찰은 이발시의 공부로 기미를 살피는 것이 핵심이다. 성찰을 담당하는 직책이 백규(百揆)인데, 그 이름은 의(義)이다. 이는 『주역』「곤괘(坤卦)」의 '경이직내(敬以直內) 의이방외(義以方外)'에서 연유한 것이다. 심기(審幾)는 『대학장구』성의장 주자의 주에 보이는데, 이는 성찰의 구체적 방법에 해당한다. 또 성찰은 심기를 위해 격물치지를 해야 하고, 극기는 심기를 위해 인(仁)·용(勇)이 필요하다.[33] 극치(克治)는 심기를 통해 사욕이 발견되면 즉시 나아가 물리치는 것이다. 그 임무를 맡은 직책이 대사구(大司寇)이다. 이렇게 해서 도달하는 경지가 하면의 지어지선이다.

이런 「신명사도」의 논리를 간추리면, 존양－성찰－극치의 삼단계 수양론이라 할 수 있다. 「신명사도」를 부연한 「신명사명(神明舍銘)」을 보면, '내총재주(內冢宰主) 외백규성(外百揆省)'이라 하였는데, '내총재주' 밑에는 '존양(存養)'의 '존(存)' 자를 표기했고, '외백규성' 밑에는 '택선(擇善)'·'치지(致知)'·'고집(固執)'·'역행(力行)'을 표기해 성찰의 조목을 지(知)는 물론 행(行)으로까지 확대시켜 놓았다.

그리고 그 뒤에 '발사자부(發四字符) 건백물기(建百勿旗)'라는 문구가 있는데, 이는 총재와 백규가 상의해 담당 관리에게 부절을 주어 기미를 살피게 하는 것이다. 그리하여 기미가 움직임을 포착하면 장수를 시켜 섬멸하도록 한다. 그리고 임금에게 복명하니, 요순의 세월이 되는 것이다.[34] '요순의 세월'은 바로 지어지선의 경지이다. 사욕이 말끔히 제거되

---

33) 남명의 『학기류편』「幾圖」에 그렇게 표현되어 있다.

고 천리만이 보전된 상태이기 때문에 다시 미발의 함양이 지속되는 것
이다.

이상에서 살펴보았듯이, 「역서학용어맹일도도」·「신명사도」·「신명사
명」 모두 존양 – 성찰 – 극치로 이어지는 수양론으로 구성되어 있다. 이
는 모두 진덕하고 수업하여 천덕에 합치하는 것이라 할 수 있다. 그런데
「신명사도」를 보면 태일군 앞에 '천덕(天德)'과 '왕도(王道)'가 '경(敬)'
좌우에 나란히 쓰여 있다. 이는 태일군이 추구하는 두 가지 목표이다.
곧 하나는 나를 성인으로 만드는 내성(內聖)의 천덕이고, 하나는 밖으로
그것을 세상에 펴는 외왕(外王)의 왕도이다. 또 「신명사명」을 보아도
'명당포정(明堂布政)'·'요순일월(堯舜日月)' 같은 정치적 표어가 선명히
드러나 있다. 이는 한 개인으로 보면 심신을 수양하여 천덕을 얻는 것이
최고의 목표이지만, 국가적 차원에서 보면 왕도정치를 펴서 요순의 태
평성대를 만드는 것이 최고의 목표임을 드러낸 것이다.

남명의 목표는 개인적으로 내성을 통해 천덕을 이룩하는 것이고, 사
회적으로 그 덕을 펴 왕도를 행하는 것이다. 그러나 그가 살던 현실은
그의 이상을 실현할 수 없었다. 그래서 그는 왕도의 꿈을 현실에 펼 수
없었지만, 그는 죽을 때까지 왕도의 이상을 버리지는 않았다.

남명은 유년기·청년기를 한양에서 살았다. 그는 20세 때 과거시험에
낙방한 뒤 인근 산사에서 과거공부를 하고 있었는데, 25세 때『성리대전』
을 읽다가 원유(元儒) 허형(許衡)이 "이윤(伊尹)의 뜻에 뜻을 두고 안자
(顔子 : 顔回)의 학문을 배워, 벼슬길에 나가면 큰일을 이룩함이 있고, 초
야에 숨어 살면 자신을 지킴이 있어야 한다. 대장부는 마땅히 이와 같이
해야 한다."는 말에 이르러 깊이 깨닫고 위기지학(爲己之學)에 뜻을 두

---

34) 「神明舍銘」에 "動微勇克 進敎廝殺 丹墀復命 堯舜日月"이라고 하였다.

었다고 한다.35)

이 시점은 남명의 생애에 있어 매우 중요한 전환점이 되었다. 그는 이후로 안회가 되겠다고 거듭 다짐을 하였고, 평생 그런 결심을 저버리지 않았다. 그리하여 친구 이준경(李浚慶)이 『심경부주(心經附註)』를 선물로 보내오자, 책 뒤에다 "노력하여 게을리 하지 마라. 안회처럼 되는 길이 이 책에 있다.[努力無怠 希顔在是]"라고 썼으며, 안회의 입장에서 「행단기(杏壇記)」를 지어 도를 부지하려는 자신의 의지를 기술하였다.

남명이 안회가 되기를 바란 것은, 도를 펼 수 없으니까 안빈낙도하겠다는 뜻이 아니며, 은일지향적인 삶으로 방향을 전환한 것은 더욱 아니다. 도를 펼 수 없으니까 세상에 나가지 않고 재야를 택하겠다는 것이며, 그것은 도를 지키고 간직하겠다는 뜻이다. 이는 왕도를 행할 수는 없는 무도한 시대에 도를 부지하는 것으로 자신의 사명을 삼은 것이며, '극기복례'·'삼월불위인(三月不違仁)' 등 안회의 수양을 몸소 실천하겠다는 구도의 의지를 표명한 것이다.

무도한 시대에 도를 부지하는 길은 도를 구해 몸으로 실천하는 것밖에 없다. 요컨대 남명학의 본질은 안회가 되기를 희구하고 평생 구도의 길을 걸으며 존양 – 성찰 – 극치의 수양을 극대화했다는 데 있다.

---

35) 조식, 『남명집』권4, 金宇顒 撰 「行狀」. "年二十五, 偕友人肄擧業於山寺, 讀性理大全, 至魯齋許氏語有曰, 志伊尹之志, 學顔子之學, 出則有爲, 處則有守, 丈夫當如此, 先生於是, 惕然警發, 憫然自失, 始悟從前所趣之非, 而古人所謂爲己之學者, 盖如此也. 遂喟然發憤, 竟夜不就席, 遲明揖友人而歸."

4. 남명시에 나타난 도학적 성향

1) 천덕(天德)의 성취를 위한 구도적 수행

남명의 학문성향에 대해 문인 정인홍(鄭仁弘)은 "선생께서는 경전에서 널리 구하고, 제자백가를 두루 통한 뒤에 번다한 것을 수렴하여 간결하게 요약하고, 다시 자기 몸에 돌이켜 실천하는 데로 나가서 스스로 일가의 학문을 이룩하셨다."36)라고 하였다. 이는 경전을 근간으로 하되 제자백가에 두루 통하는 박구방통(博究旁通), 위기지학을 위해 요점을 간추리는 염번취간(斂繁就簡), 그 요점을 자신에게 돌이켜 실천하는 데로 나가는 반궁조약(反躬造約)으로 정리할 수 있다.

정인홍은 또 "학문은 반드시 자득으로 귀함을 삼았다. 그래서 말씀하시기를 '단지 책의 글자에 의지해 의리를 강명(講明)해서 실득이 없는 자는 끝내 그 뜻을 받아들여 실용하는 것을 보지 못했다. 마음으로 터득하고 입으로는 말하기 어려운 듯이 해야 하니, 학자는 말 잘하는 것으로 귀함을 삼지 않는다.'고 하셨다."37)라고 하였으며, 『선조수정실록』에도 "조식의 학문은 마음에서 터득하는 것으로 귀함을 삼고, 치용(致用)·실천으로 급함을 삼아 강론하고 변석하는 말을 좋아하지 않았다."38)라고 하였다. 이를 보면, 후인들은 자득과 치용·실천을 남명학의 특징으로 파

---

36) 정인홍 撰, 「行狀」, 『남명집』 卷頭. "盖先生旣以博求經傳, 旁通百家, 然後斂繁就簡, 反躬造約, 而自成一家之學."

37) 上同. "學必以自得爲貴 曰徒靠冊字上講明義理 而無實得者 終不見受用 得之於心 口若難言 學者不以能言爲貴"

38) 『선조수정실록』 권6, 선조 5년 정월 무오일조. "植之爲學 以得之於心爲貴 致用踐實爲急 而不喜爲講論辨釋之言"

악하고 있다.

이를 정리하면, 남명의 학문성향은 박구방통－염번취간－반구자득－반궁실천으로 이어지는 특징을 갖는다. 이 가운데 반구자득은 구도자의 입장에서 매우 간절한 것이고, 반궁실천은 자득을 통해 그 도를 내 몸에 완성해 나가는 것이다. 이처럼 남명의 학문은 이 반구자득과 반궁실천에 핵심이 있다. 그러면 이런 그의 학문성향이 시 속에 어떻게 나타나는 살펴보기로 하자.

남명은 「무제(無題)」라는 시에서 다음과 같이 노래하고 있다.

노나라 들판에는 기린이 부질없이 늙어갔고,	魯野麟空老
기산(岐山)에는 봉황이 날아와 몸짓하지 않았네.	岐山鳳不儀
그 문물제도마저 지금은 다 없어졌으니,	文章今已矣
우리 도를 끝내 어디에 의지하리.	吾道竟誰依[39]

기린과 봉황은 태평성대에 나타나는 상서로운 징조다. 기산(岐山)은 주나라 근거지인데, 봉황은 다시 날아오지 않고 있다. 기린은 공자를 상징한다. 태평성대를 이룰 성인이 쓰이질 못해 부질없이 늙어갔다. 앞의 두 구는 주나라의 도가 쇠한 시대에 공자가 왕도를 펴지 못한 안타까움을 드러낸 것이다. 공자는 태평성대를 이룩하지는 못했지만, 춘추대의를 밝혀 놓았다. 제3구는 공자가 만들어 놓은 그 문물마저 다 없어진 자기 시대의 현실로 시선을 옮긴 것이고, 결구는 그 도를 지닌 인물이 없는 안타까운 현실을 표현한 것이다. 그래서 이 시는 무도한 시대에 도에 대한 간절한 그리움을 표현한 것이라 할 수 있다.

이런 도에 대한 간절한 그리움은 도를 자득하고자 하는 구도정신으로

---

39) 조식, 『남명집』 권1, 「無題」.

드러난다.

> 훈도 지낸 그대는 그 옛날 양웅(揚雄)처럼, 廣文頗似子雲家
> 고전을 연구하여 득력(得力)이 많기도 하지. 稽古由來得力多
> 활법(活法)은 바퀴 깎던 윤편(輪扁)이 알았으니, 活法會須堂下斲
> 다섯 수레 서적도 무사(無邪)에 달렸다네. 五車書在一無邪40)

이 시는 남명의 벗 이원(李源, 1501~1568)에게 지어 준 「청향당팔영(淸香堂八詠)」 가운데 제7수다. 이 시에서 말하는 '활법(活法)'은 자득을 의미한다. 당하에서 수레바퀴를 깎던 윤편이라는 목수가 제 환공(齊桓公)에게 "성인이 남긴 책은 성인의 찌꺼기일 뿐입니다."라고 한 것처럼, 경전의 문자는 조박(糟粕)이고 그 속에 담긴 본지(本旨)를 터득해야 한다는 논리이다. 그리고 남명은 자득의 방법으로 무사(無邪)를 권하고 있다. 무사는 한사존성(閑邪存誠)을 말한다. 남명은 이 시에서 서적을 쌓아 놓고 이론적 탐구를 하기 보다는 본지를 자득하는 공부가 낫다는 것을 말한 것이다. 이런 인식은 다음 시에서도 잘 나타나 있다.

> 살아 있는 향기를 죽은 향기로 보지 말라, 生香莫作死香看
> 생사의 기로는 알기가 참으로 어렵나니. 生死路頭知者難
> 선현들 비록 가셨지만 그 형상은 남았으니, 先哲雖亡模樣在
> 그 형상의 이면을 깊이 들여다보아야 하리. 要須模樣裏深看41)

이 시의 제목은 '대를 그리면서[畵竹]'이다. 대를 그리면서 남명은 그림 속의 대를 통해 살아 있는 향기를 맡으라고 한다. 그림 속의 대를 두

---

40) 조식, 『남명집』 권1, 「淸香堂八詠-經傳」.
41) 조식, 『남명집』 권1, 「畵竹」.

고 아무리 필법을 논해도 그것은 사향(死香)에 불과하다. 선현이 남긴 서책도 마찬가지다. 그 문자 속의 이치를 논하는 것으로는 생향(生香)을 맡을 수 없다. 그래서 그는 문자의 이면을 깊이 들여다보라고 권한다. 깊이 들여다보기를 통해 자득하는 깨달음, 그것이 성현의 도이다.

그런데 이 깊이 들여다보기는 서책이나 그림을 볼 적에만 해당하는 것이 아니다. 자신의 의식이나 본성을 들여다볼 적에도 절실히 필요하다. 자기실천을 극구 강조한 남명에게서 이런 인식은 자아성찰로 나타난다. 남명의 글을 보면, 자아성찰에 관한 언급을 곳곳에서 만날 수 있다. 예컨대 그는 산을 오르고 내리면서 선을 좇는 것은 산을 오르는 것처럼 어렵고, 악을 좇는 것은 산을 내려오는 것처럼 쉽다는 성찰을 하고 있다.42)

남명은 사물과 접할 적에 심기(審幾)를 극구 강조하였는데, 이는 「신명사도」를 통해 살펴본 것처럼 삼엄한 긴장감이 깃들어 있다. 이런 고도의 긴장감은 종종 시어로 나타난다. 남명의 시에 자주 보이는 시어 중 하나가 '루(累)' 자와 '진(塵)' 자이다. 여기서는 '루' 자가 들어간 시를 뽑아 시인이 자신을 어떻게 성찰하고 있는지 살펴보기로 한다.

한 해의 소식은 관장하는 때가 많기도 하지,　一年消息管多時
이름과 향기가 묻혀 세상 사람이 모르더라도.　名與香埋世不知
그러나 이름과 향기 모두 나의 루가 되는 것,　摠是名香爲己累
한양에서 몇 명이나 고향으로 돌아왔던가?　洛陽曾得幾人歸43)

42) 조식, 『남명집』 권2, 「遊頭流錄」. "初登上面, 一步更難一步, 及趨下面, 徒自擧足而身自流下, 豈非從善如登, 從惡如崩者乎."
43) 조식, 『남명집』 권1, 「無名花」.

이 시는 절친한 벗 성운(成運)에게 준 것인데, 제목이 「무명화(無名花)」이다. 아마 이름 없는 꽃을 보고 그 향기를 맡다가 문득 이름과 향기가 자신의 루가 됨을 느낀 듯하다. 무명화를 보고 자신의 루를 성찰한 시인은, 무도한 세상에서 자신의 루를 성찰하지 못하는 세인들에게 그 씁쓸함을 돌려버린다. 이 시의 키워드는 명(名)과 향(香)이다. 그런데 그것이 기루(己累)가 되는 것을 깨닫는 순간 시적 긴장은 고조되고, 시인은 다시 자아를 성찰한다. 다시 다음 시를 보자.

아름다운 풀로 봄 산은 푸름이 가득한데,   瑤草春山綠萬圍
시내의 옥구슬 좋아 오래도록 앉아 있었네.   爲憐溪玉坐來遲
세상을 살다보면 세루가 없을 수 없기에,   生世不能無世累
이 물과 구름 그들에게 돌려주고 돌아왔네.   水雲還付水雲歸[44]

이 시는 하동 삼신동 신응사(神凝寺)에서 지은 것이다. 신응사 앞의 시냇가 바위에 앉아서 시인은 한 동안 하얀 물거품이 옥구슬처럼 튀어오르는 것을 보고 있었다. 그 물 속에는 흰 구름이 떠가고, 주위는 봄날의 신록으로 푸르기만 하다. 시인과 자연은 어느덧 하나가 되었다. 그러나 시인은 그렇게 영원히 자연과 하나가 될 수 없다. 문득 자신을 돌아보니, 세상에 나아가 할 일이 있다. 그래서 하얀 물방울과 하나가 되었던 시적 자아는 물·구름과 분리되어 현실의 자기 모습을 되찾는다. 그리고 그의 머릿속에 떠오른 것은 '세상의 얽매임[世累]'이다.

앞에서는 이름과 향기가 나를 얽어매는 루가 되었고, 여기서는 세상 살이가 나를 얽어매는 루가 되었다. 그래서 시인의 마음은 무명화를 보고서도 하얀 물방울을 보고서도 문득 자신을 돌아보고 루를 발견한다.

---

44) 조식, 『남명집』 권1, 「讀書神凝寺」.

그리하여 시인은 다음과 같이 노래한다.

한 마리 학은 구름 뚫고 천상으로 날아가고,　　獨鶴穿雲歸上界
한 줄기 물은 옥구슬 흘려 인간세계로 보내네.　　一溪流玉走人間
이제 알겠네, 무루가 도리어 루가 되는 줄을,　　從知無累翻爲累
마음 속 산하는 보지 않았다고 말해야겠네.　　心地山河語不看[45]

이 시는 쌍계사(雙谿寺) 위에 있는 불일폭포에서 지은 것이다. 학은 천상으로 날아가고, 옥구슬 같은 하얀 물방울은 떨어져 아래 인간세상으로 흘러간다. 하얀 물방울은 티가 없는 자연 그대로다. 앞의 「무명화」에서 본 무명화의 향이다. 그러나 그 향기도 인간세상에서는 때로 루가 된다. 옥구슬 같은 청정한 물방울도 그것이 청정하기 때문에 세상에 나가면 루가 될 수 있다. 시인은 그 청정함이 루가 되는 것을 알기 때문에 마음속에 깊이 간직하려 한다.

그런데 이런 루는 자기 내면의 향기나 청정과 무관하게 외부로부터 생긴 것이다. 그러므로 시인은 루가 싫어서 그런 진면목을 감추려 한다. 그러나 그 루가 자신의 심성에서 발견되면 앞의 「신명사도」・「신명사명」에서 보이듯이, 주저 없이 그것을 물리친다. 「욕천(浴川)」이란 시를 보자.

온 몸에 사십 년 동안 쌓인 티끌,　　全身四十年前累
천 섬 맑은 물에 다 씻어 버렸네.　　千斛淸淵洗盡休
티끌이 오장육부 속에 다시 생기면,　　塵土倘能生五內
곧바로 배를 갈라 저 물에 씻어내리.　　直今剖腹付歸流[46]

---

45) 조식, 『남명집』 권1, 「靑鶴洞」.
46) 조식, 『남명집』 권1, 「浴川」.

이 시는 남명이 49세 때 거창 감악산(甘岳山) 아래 포연(鋪淵)이란 못에서 문인 임희무(林希茂) 등과 목욕하고 지은 것이다. 이 시는 남명정신을 대표하는 것으로 널리 알려져 있는데, 「신명사도」에 보이는 심기－극치로 이어지는 수양론을 단적으로 표현한 것이다. 남명은 성찰을 통해 기미를 살피고 사욕이 발견되면 즉시 이를 물리치려 하였다. 그는 경의검을 지니고 다니며, '내명자경(內明者敬)'을 통해 수시로 존양하고, '외단자의(外斷者義)'로 한 치의 사욕도 개입되지 않게 하였다. 이 시의 결구에 보이는 '곧바로 배를 갈라 저 물에 씻어내리'라는 정신이 바로 경의검으로 불의·사욕을 베어내는 것이다.

남명은 이처럼 경의검으로 자신의 마음속 티끌[累]을 베어내고 또 베어냈다. 그렇게 해서 얻어진 경지가 바로 극기복례로, 「역서학용어맹일도도」 제3권역 원 안의 '뇌천(雷天) 대장(大壯)'이고, 「신명사명」의 '요순일월'이다. 이는 심기－극치를 통해 본연의 상태로 다시 돌이킨 것이다. 이런 경지를 노래한 것이 바로 「지뢰음(地雷吟)」이다.

역상(易象)은 분명하여 지뢰 복괘에 나타나 있는데,	易象分明見地雷
인심은 어찌하여 선단(善端)이 열리는 것 모르는지.	人心何昧善端開
다만 선단은 우산(牛山)의 나무에 돋아나는 싹 같으니,	祗應萌蘖如牛木
소나 양이 날마다 뜯어먹지 못하게 해야 하리.	莫遣牛羊日日來[47]

『주역』「복괘(復卦)」는 외괘가 지(地)고 내괘가 뢰(雷)다. 이 괘는 음이 극성한 뒤 일양(一陽)이 시생하는 형상을 말한다. 시인은 이를 두고 '선단이 열리는 입구'로 생각하였다. 뒤의 두 구는 『맹자』「고자 상」에

---

47) 조식, 『남명집』 권1, 「地雷吟」.

보이는 내용으로, 우산(牛山)의 나무 그루터기에서 싹이 계속 돋아나는 것처럼 사람의 본성에는 착한 성품이 있음을 비유한 것이다. 이 시의 메시지는 복(復)에 있고, 그 복은 앞에서 언급한 극기복례의 이미지를 형상한 것이다.

이런 본연으로의 복귀는 앞의 「원천부」에서 보았듯이, 근원 내지 근본을 중시하는 사고와 맞닿아 있다. 남명의 시를 가만히 들여다보면, 이런 근본주의적인 사고가 곳곳에 발견된다. 일례로 「직녀암(織女巖)」이라는 시를 보면, "베틀에서 나오는 하얀 천을, 잘라다 소 등에 말리네. 청색·황색 원래 물들지 않았으니, 순수하여 인간 세상을 사양하네."48)라고 노래하였다. 직녀암 아래의 하얀 물결을 흰 천에 비유한 듯한데, 물들지 않은 흰 천의 순백을 시인은 느낀 듯하다. 이 색깔의 순백은 바로 본연(本然)이다. 여러 색이 뒤섞이지 않은 자연 그대로의 색이다.

그렇다면 그 본연은 무엇인가? 그것은 곧 천(天)이다. 유학에서는 사람의 본성이 하늘에서 부여받은 것으로 인식한다. 『중용』에 '천명지위성(天命之謂性)'이라 한 것이 천(天)과 인(人)의 관계를 설정한 것이다. 인간은 하늘의 메시지를 받으며 긴장관계를 유지하고, 거기에서 본성을 본다. 이 긴장관계는 경천(敬天) 또는 외천(畏天)으로 발전하고, 다시 솔성(率性)의 도를 이탈하지 않기 위해 계신공구(戒愼恐懼)와 신독(愼獨)의 긴장을 철저히 유지한다.

남명의 마음은 이 본연에서 우유함영하는 것이다. 그래서 평생의 공력을 모아 그 천에 오르려 하였다. 그는 61세 때 홀연히 삼가(三嘉)에서 덕산(德山)으로 이주하였는데, 굳이 깊은 산 속으로 이사를 할 하등의

---

48) 조식, 『남명집』 권1, 「織女巖」. "白練機中出, 分來牛背乾, 靑黃元不受, 渾爲謝人間."

이유가 없었다. 그럼에도 그가 지리산 속으로 이주를 한 것은 무엇 때문일까? 그가 덕산으로 이주하여 지은 「덕산복거(德山卜居)」라는 시를 보면, 그 이유를 알 수 있다.

> 봄 산 어느 곳엔들 향기로운 풀이 없겠는가마는,　　春山底處無芳草
> 　　　　　　　<내가 이곳으로 이사를 한 이유는>
> 천왕봉이 상제 거소에 가까운 것 사랑하기 때문.　　只愛天王近帝居
> 맨손으로 여기 왔으니 무엇을 먹고 사나?　　　　　白手歸來何物食
> 은하 같은 십리의 물 아무리 마셔도 남으리.　　　　銀河十里喫猶餘[49]

　이 시의 제2구에 바로 남명이 덕산으로 이사를 온 이유가 선명히 드러나 있다. 그는 천왕봉에 마음이 있었던 것이다. 그리고 그것은 천왕봉이 상제가 사는 천에 가까이 다가가 있는 것을 사랑해서이다. 남명은 하늘과 맞닿아 있는 천왕봉을 통해 하늘에 오르려 하였다. 이것이 바로 인간이 자신을 극도로 수양해서 하늘과 하나가 되기를 추구하는 천인합일이다. 이 경지가 바로 본연의 경지로, 인욕이 제거되고 천리만이 보존된 경지다. 61세의 노성한 남명은 자신의 생의 마지막 부분을 천왕봉을 보며 이런 완성을 추구하였다. 그래서 남명의 마지막 도반은 천왕봉이었다.

　이처럼 남명학의 본원은 함양에 있다. 그것은 극도의 긴장 속에 본연의 마음이 조금도 흐트러지지 않고 지속되는 『중용』의 '지성무식(至誠無息)'의 경지를 유지하는 것이다. 이 극도의 정적인 함양이 천덕을 추구하는 공부다. 이런 인식도 그의 시에 나타난다. 남명의 시에는 절개나 지조를 상징하는 솔·대·국화·매화 등이 자주 등장한다. 남명은 산해정에 살 때, 대를 심으며 "이 대는 외로울까, 외롭지 않을까, 소나무 곁에

---

49) 조식, 『남명집』권1, 「德山卜居」.

있으니 외롭지 않을 거야. 찬바람 서릿발을 기다리지 않아도, 푸르고 푸른 네 모습 볼 수 있으리."⁵⁰⁾라고 하여, 사계절 변치 않는 대의 푸름을 솔에 비유해 사랑하였다. 그런데 빛깔의 불변은 솔과 다름없지만, 대는 바람에 흔들린다. 그래서 다음과 같이 노래했다.

세 친구 서 있는 소슬한 한 가닥 오솔길,　　　三益蕭蕭一逕通
한미한 이 어려운 일 사랑함이 가련하네.　　　最憐寒族愛難功
아무래도 싫구나, 솔과 한 편이 아닌 대가,　　　猶嫌未與髥君便
바람 부는 대로 몸을 맡겨 흔들리는구나.　　　隨勢低昻任却風⁵¹⁾

'세 친구'는 도연명(陶淵明)으로부터 유래한 대·솔·국화이다. 이 셋은 모두 불변의 절개를 의미하기 때문에 군자의 지조를 대변하는 상징물이다. 빛깔의 이미지로 보면 대나 솔은 한 겨울에도 푸름을 지닌 불변을 상징한다. 그런데 남명은 어느 순간 이 둘을 동·정의 측면에서 보았다. 하나는 정적이고, 하나는 동적이다. 그래서 그는 대가 솔과 한 편이 되지 않은 것을 나무란 것이다.

그런데 다시 그 소나무 위에 달이 떴다.

서늘한 송뢰 소리에 마음도 소슬한데,　　　寒聲淅瀝頻蕭颯
그 위에 달이 걸려 청정하고 삼엄하네.　　　天桂交加淨復森
어딘들 저처럼 좋은 나무 없을까마는,　　　何處獨無繁好樹
덕을 지키지 못하고 마음을 변하누나.　　　不常其德二三心⁵²⁾

---

50) 조식,『남명집』권1,「種竹山海亭」. "此君孤不孤 髥叟側爲隣 莫待風霜看 猗猗這見眞"
51) 조식,『남명집』권1,「淸香堂八詠-竹風」.
52) 조식,『남명집』권1,「淸香堂八詠-松月」.

불변의 소나무에 걸린 밝은 달, 이는 바로 본원의 함양을 통해 이룩한 경지를 표현한 것이다. 불변은 정(靜)의 이미지와 통하고, 밝음은 혼몽하지 않고 성성하게 깨어있는 정신이다. 그의 시에 자주 등장하는 명월주(明月珠)가 그것이다. 정시의 함양에 성성하게 깨어 있는 정신, 그것이 바로 이 시의 소나무와 달이 하나가 된 이미지다. 역시 긴장감이 흐른다. 그 긴장은 경(敬)을 통해 유지되고, 그것은 불변의 항상심이다. 계속해서 다음 시를 보자.

상원에 일찍 피는 소도 자랑하지 마소,	上園休許小桃誇
진흙 속에 피는 군자화를 누가 알리오.	淤裡誰知君子花
작은 화분 속에 담겨 함양하는 그 속내,	留得小盆涵養意
달 뜨고 밤 깊어야 은은한 향기 나느니.	暗香將月夜深和[53]

상원(上園)은 상국의 정원을 가리키는 듯하고, 소도(小桃)는 정월 보름쯤에 일찍 피는 복사꽃의 일종이다. 이 꽃은 아마도 눈 속에 피어나는 설중매처럼 한 해 가장 먼저 피는 꽃인 듯하다. 군자화(君子花)는 주돈이(周敦頤)의 「애련설(愛蓮說)」에 보이는 연꽃을 말한다. 연꽃은 처염상정(處染常淨)이라는 말에서 보듯 어려운 환경 속에서도 청정함을 항상 지키는 이미지를 갖는다.

남명이 연꽃을 이처럼 극찬한 것은 함양의 의미를 읽었기 때문이다. 어려운 환경에서 변치 않고 자신의 고결함을 지키는 연꽃에서, 자신이 그토록 중시하는 심성의 함양을 본 것이다. 「취증숙안(醉贈叔安)」이라는 시에 "남의 말 겸허하게 받아들이니, 그 마음 명경지수 같네. 티끌 속에 묻혀 있을 때, 주재함이 없으면 어찌 지키리."[54]라고 한 데서, 그런 뜻을

---

53) 조식, 『남명집』 권1, 「淸香堂八詠-盆蓮」.

알 수 있다. 함양은 변치 않고 자신의 본연을 지키는 힘이다. 시인의 마음에 가득한 이런 정신은 화분에 심겨져 있는 연꽃을 통해 다시 발현되었다. 그리고 그 함양의 결정체인 향기는 고요하게 깊은 밤 밝은 달이 되어 환하게 빛난다.

남명의 공부는 동적인 것이 아니라, 매우 정적이다. 그것은 그가 공부를 하면 할수록 더욱더 함양에 치중했기 때문이다. 남명학을 깊이 들여다보지 않으면 매우 동적인 것으로 오해하기 쉽다. 강직한 상소를 하고, 현실의 불의에 대해 비판을 서슴지 않고, 그의 문인들이 대거 의병을 일으킨 등등의 역동적인 모습이 눈에 들어온다. 그러나 그것은 남명학에서 사욕의 기미가 발견되어 즉석에서 물리치는 잠시의 역동성에 불과하고, 나머지 대부분은 깊이 침잠하여 함양하는 것이 주를 이룬다. 그것은 '연묵이뇌성(淵默而雷聲) 시거이용현(尸居而龍見)'이라는 뇌룡정의 이름이나, 계부당(鷄伏堂) 또는 산천재(山天齋)의 당호를 통해서 잘 드러난다. 이런 정신을 잘 나타낸 것이 바로 「서검병증조장원원(書劍柄贈趙壯元瑗)」의 '신유인불유(神游刃不游)'이다. 정신은 활발발하게 살아 그 빛이 밤하늘의 북두에 닿지만, 칼날은 미동도 하지 않고 정적인 긴장을 유지하는 것이다.

그런데 이런 연묵(淵默)의 함양은 곧 안회의 '삼월불위인(三月不違仁)'의 정신과 닿아 있다. 안회가 '석 달 동안 인을 어기지 않았다.'는 것은 오랫동안 한 순간도 인욕이 발동되지 않고 정시의 함양이 가능하였다는 것을 말한다. 남명이 도달하려 한 것도 그 경지였기에, 남명학의 본원은 연묵의 함양에 있는 것이다. 이 연묵의 함양은 본성을 기르고 안정시킨다.

이와 관련된 의식이 남명시에 유난히 눈에 띄는 '망(忘)' 자이다. 예컨

---

54) 조식, 『남명집』 권1, 「醉贈叔安」. "○虛受人, 其中也水, 塵或汩之, 無主何守."

대 「봉삼산탁이장(奉三山卓爾丈)」에 '망아우망년(忘我又忘年)'이라 하였
고, 「화상현좌(和上賢佐)」에 '이군망아아망신(已君忘我我忘身)'이라 하였
고, 「차호음제사미정운(次湖陰題四美亭韻)」에 '종연망세미망기(縱然忘世
未忘機)'라 하였으며, 이 외에도 이와 유사한 이미지가 여러 곳에 보인다.

이 '망(忘)' 자에 대해 연구자들은, 망아적 세계관에 대한 관심을 단적
으로 보여주는 것이라 논평하였다.55) 이런 시구에는 실제로 나도 잊고,
그대도 잊고, 나이도 잊고, 몸도 잊고, 세상도 잊고, 기미도 잊고 싶어 하
는 정서가 드러나 있다. 이 '망' 자는 시에서 실제로 망아적·망세적 세계
관을 드러내고 있다. 그런데 그렇게 보면, 남명의 세계관을 너무 피상적
으로만 이해하는 것이다. 존양 – 성찰을 통해 고도의 성성한 정신세계를
추구한 남명이 자신도 세상도 잊으려고만 했다면 그것은 남명의 세계관
과 일치하지 않는다.

이에 관해 우리는 『성리대전』에 실린 다음 일화를 주목해 볼 필요가
있다.

　　　장재(張載)가 정명도(程明道)에게 묻기를 "성(性)을 안정시키기가 능치
　　않습니다. 부동할 적에도 외물에 루(累)가 되는 것은 어째서입니까?"라고
　　하자, 정명도가 답하기를 "인정은 각각 가린 바가 있기 때문에 능히 도에
　　나아가지 못합니다. 그 해로움은 자기 내면을 옳게 여기면서 사사로이 하
　　고 지혜를 쓰는 것입니다. 사사로이 하면 어떤 의지를 갖고 자취에 응하는
　　일을 할 수 없고, 지혜를 쓰면 명각(明覺)으로 자연을 삼을 수 없습니다.
　　지금 외물을 싫어하는 마음으로 물체가 없는 것을 비추는 경지를 구하는
　　것은 거울을 돌려놓고 비추는 것을 찾는 것과 같습니다. 따라서 외물을 그
　　르게 여기고 내면을 옳다고 여기기는 것은 내외를 둘 다 잊는 것만 못합

55) 정우락, 「남명의 事物接近에 대한 이론과 그 문학적 형상화의 일국면」, 『남명학
　　연구논총』 제5집, 남명학연구원, 1997.

니다. 둘 다 잊으면 담담하여 일이 없습니다. 일이 없으면 안정되고, 안정
되면 밝아지고, 밝아지면 어느 물사가 루가 되겠습니까?"라고 하였다.[56]

이는 『근사록』에도 보이는 유명한 일화이다. 이 글의 키워드는 양망
(兩忘)이다. 양망은 물아(物我)를 다 잊는 것이다. 그런데 주관과 객관을
다 잊는다고 해서, 그것이 망아·망세를 추구하는 것은 결코 아니다. 주
자는 스승 이연평에게 제사를 지내면서 제문에 '신세양망(身世兩忘) 유
도시자(唯道是資)'라 하였다.[57] 이는 주관과 객관을 다 잊음으로써 오로
지 도에 근본을 함을 말한 것이다. 이는 망아·망세와 다르다. 즉 양망은
나의 주관적 견해[身]와 대상을 통한 인식[世]을 모두 물리치고 오로지
도에 따라 인식하는 것으로, 내외의 모든 사적인 견해가 배제된 지극한
중용의 도를 의미한다. 다시 말해 양망의 목표는 물아를 잊는 데 있는
것이 아니라, 도를 구하는 데 있는 것이다.

남명의 시에 보이는 '망' 자도 나를 잊고 세상도 잊고 싶다는 망아적·
망세적 세계관이라기보다는 함양을 통한 상성성(常惺惺)의 정신상태, 즉
중용의 도가 항상 유지되는 마음을 노래한 것으로 볼 수 있다. 그렇지
않다면, 남명사상은 망아적 노장의 세계관이나 망세적 은둔사상으로 경
도될 것이다. 또 평생 연묵의 함양에 치중하여 천덕을 자기 몸에 이룩하
려고 한 남명에게는, 망아적·망세적 세계관이라는 해석보다 이런 해석
이 더 잘 어울린다.

---

56) 『성리대전』권33, 「性理五-心性情」. "張子厚問伯淳曰, 定性未能, 不動猶累
    於外物, 何也. 曰, 人之情, 各有所蔽, 故不能適道, 其害在於是內而自私也用
    智也. 自私則不能以有爲爲應迹, 用智則不能以明覺爲自然. 今以惡外物之
    心, 而求照無物之地, 是反鑑而索照也. 與其非外而是內, 不若內外之兩忘
    也. 兩忘則澄然無事矣. 無事則定 定則明, 明則何物之爲累哉."
57) 『性理群書句解』, 朱熹 撰, 「祭延平李先生文」.

연묵의 함양은 본성을 안정시키고 밝게 하여 물사에 구애되는 루를 없앤다. 앞에서 살펴본 내면의 루와 외부로부터의 루를 모두 없앨 수 있는 것은 연묵의 함양을 통한 솔·달·연꽃으로 상징된 불변의 밝고 성성하고 향기 나는 고도의 정신세계이다.

「신명사명」을 보면 사욕의 기미를 살펴 물리치고 나면 다시 요순의 일월로 돌아간다. 즉 동적인 심기－극치를 통해 다시 정적인 존양을 유지하는 것이다. 이런 경지가 앞에서 살펴본 「청향당팔영」의 「송월(松月)」과 「분연(盆蓮)」이다. 이런 정서는 남명시에 산견되는데, 「무제」라는 시를 보자.

비 내려 산의 남기 싹 씻어 내니,	雨洗山嵐盡
뾰쪽한 산봉우리 그림에서 본 듯.	尖峯畵裏看
초저녁 구름이 낮게 떠 드리우니,	歸雲低薄暮
보는 이의 정취가 절로 한가롭네.	意態自閑閑58)

비 온 뒤의 청명한 하늘에 우뚝한 산봉우리는 제월광풍(霽月光風)과 같은 경계이고, 저녁나절 산허리에 걸린 구름은 아래의 세속을 보이지 않게 하는 단절을 의미한다. 이런 경지를 「강정우음(江亭偶吟)」에서는 "새롭게 보이는 강물 푸른 옥보다 깨끗한데, 얄미워라 제비가 차서 물결이 이는 것.[新水淨於靑玉面 爲憎飛燕蹴生痕]"이라 읊었다. 푸른 옥보다 깨끗한 강물이 잔잔하게 흘러가는 것은 함양하는 도학자의 맑은 정신을 표현한 것이다. 따라서 그 정적을 깨뜨리는 제비는 당연히 얄미운 존재가 될 수밖에 없다.

남명은 이런 연묵의 함양을 통해 자신의 본성을 온전히 회복하려 하

---

58) 조식, 『남명집』 권1, 「無題」.

였고, 궁극적으로 인욕을 다 제거하여 천리에 합하기를 구하였다. 이것이 안회가 되기를 희구한 것이다. 그는 "천자는 천하로 영토를 삼지만 안자(顏子 : 顏回)는 만고로 영토를 삼았으니 누항(陋巷)은 그의 영토가 아니었으며, 천자는 만승(萬乘)으로 지위를 삼지만 안자는 도덕으로 지위를 삼았으니 곡굉(曲肱)이 그의 지위는 아니었다."⁵⁹⁾라고 하였다. 즉 안회의 도덕은 만고불변이라는 말이다.

또 그는 "대장부의 이름은 푸른 하늘의 밝은 해와 같아서, 사관이 청사(靑史)에 기록해 두고, 온 세상 사람들이 그들의 입에 새겨야 한다."⁶⁰⁾라고 하였는데, 밝은 덕으로 역사와 민중의 마음에 새겨지는 것이 바로 위에서 말한 '만고로 영토를 삼는다.'는 것이다.

연묵의 함양을 통해 인욕을 제거하고 천리와 합한 천인합일의 경지는 인간의 현실세계와 무관할 것 같은데, 남명은 천의 세계에 올라 천의 세계에 머물지 않고 다시 인간의 세계에서 자기 존재를 찾고 있다. 여기에 남명의 현실주의정신이 잘 나타나 있다. 조선전기 사대부들이 즐겨 완상한 이상산수화를 보면, 인간의 현실세계와 멀찌감치 떨어져 있다. 남명의 안회에 대한 인식도 망세적 은일사상으로 경도되었다면, 도덕으로 이름이 나 청사에 이름이 새겨지고 민중들의 입에 오르내리는 것이 영예롭다는 생각은 하지 못하였을 것이다.

안회의 만고불변의 도덕은 바로 남명이 이룩하고자 하는 경지이다. 그런 정서를 시로 나타낸 것이 다음 시이다.

---

59) 조식, 『남명집』권2, 「陋巷記」. "天子以天下爲土 而顏子以萬古爲土 陋巷非其土也 天子以萬乘爲位 而顏子以道德爲位 曲肱非其位也"

60) 조식. 『남명집』권2, 「遊頭流錄」. "大丈夫名字 當如靑天白日 太史書諸冊 廣土銘諸口"

진시황은 불사약으로 장생을 희구했지만,   服藥求長年
고죽군의 아들 백이·숙제만 못하다네.   不如孤竹子
수양산에서 고사리만 캐 먹었지만,   一食西山薇
만고토록 오히려 죽지 않았으니.   萬古猶不死[61]

마지막 구의 '만고불사'가 바로 위에서 말한 남명의 현실주의정신을 보여주는 대목이다. 그것은 백이·숙제의 이름이 청사와 민중들의 마음에 새겨져 만고토록 전해져 내려오는 것을 뜻한다.

2) 왕도(王道)의 이상과 현실의 간극

앞에서 살펴보았듯이, 남명은 자신을 극도로 수양해 천도의 경지와 합하기를 추구하였지만, 그의 마음은 천의 세계가 아니라 인간의 세계에 있었다. 남명이 당시의 학풍이 하학을 버려두고 상달만을 급급히 추구하는 것을 비판한 것도 현실에 중심을 두어야 한다는 사고를 반영한 것이다. 이런 의식이 시에도 나타나 있다.

이 물가에서 날마다 어기지 않고 즐기나니,   斯干日日樂無違
이를 버리고 천리를 말하면 기이할 것 못돼.   捨此談天未是奇
지리산 삼장골도 산수가 이와 비슷하지,   智異三藏居彷佛
주자의 무이구곡도 물이 이곳과 유사하리.   武夷九曲水依俙[62]

이 시는 사미정(四美亭) 주인 문경충(文敬忠, 1494~1555)을 찾아가 노닐며 지은 것으로 추정된다. 첫 구의 '낙무위(樂無違)'는 타고난 본성의

---

61) 조식, 『남명집』 권1, 「無題」.
62) 조식, 『남명집』 권1, 「無題」.

덕을 즐기며 어기지 않는다는 것으로, 안회의 '삼월불위인'과 맞닿아 있는 의식이다. 둘째 구의 '이런 즐거움을 버리고 천리를 말하는 것은 기이할 것이 못 된다'는 것은, 현실세계에서 천리를 구현해야 한다는 정신이 잘 나타나 있다. 그래서 그는 자신이 만년에 거처로 택한 지리산 덕산의 삼장골을 떠올린다. 그곳은 그가 거주하는 현실의 공간이다.

조선시대 사대부들은 심성을 수양하는 장소로 산수가 아름다운 곳을 택해 천리가 유행하는 것을 관조하며 즐겼다. 즉 현실세계에서 벗어나 자연에 마음이 가 있었다. 그래서 흔히 탈속적 정서나 선취적(仙趣的) 경향을 띄기도 한다. 그런데 위의 시에 나타난 남명의 시각은 그런 자연 속에서 고원한 저 하늘의 세계에 마음이 가 있지 않고, 자기가 처한 현실 공간에 마음이 있다. 삼장골이 바로 그것이다. 이것이 남명의 현실주의정신이다.

이처럼 현실 공간에 늘 시선을 둔 시인의 의식은 그의 시 곳곳에 나타나 있다. 그 대표적인 예를 하나 들어본다.

천 척이나 되는 고회(高懷) 걸 곳이 없네,	高懷千尺掛之難
방장산 상상봉 꼭대기에 걸어볼까.	方丈于頭上上竿
옥국관(玉局觀)에 삼세의 문적이 있을 테니,	玉局三世須有籍
훗날 내 이름자 몸소 볼 수 있겠지.	他年名字也身看[63]

이 시는 두류산에서 지은 것이다. 두류산은 방장산·지리산으로도 불렸다. 첫 구의 '고회'는 자신의 이상이다. 그 이상은 하도 커서 이 세상에 걸어둘 곳이 만만치 않다. 그래서 그가 떠올린 곳이 하늘과 맞닿은 지리산 천왕봉이다. 그는 이런 거대한 이상을 표현하면서 현실세계의

---

63) 조식,『남명집』권1,「頭流作」.

천왕봉으로 그 이미지를 삼았다. 즉 천상의 세계나 신선의 세계에 있는 어떤 장소가 아니고, 또 조선이 아닌 중국의 어떤 곳도 아니다. 바로 자기가 살고 있는 현실 공간이다. 이러한 이미지는 다음 시에 '고산(高山)'으로 나타난다.

큰 기둥 같은 높은 산이,	高山如大柱
한 쪽 하늘을 지탱하고 있네.	撑却一邊天
잠시도 내려놓은 적 없지만,	頃刻未嘗下
또한 자연스럽지 않음이 없네.	亦非不自然[64]

앞에서 살펴보았듯이, 천(天)은 근원에 해당한다. 천은 인간이 본성을 부여받은 근원적 존재로, 주재자이며 리(理)이다. 그 리를 지탱하는 현실 세계의 존재가 고산이다. 그래서 고산은 단순히 산이 아니라, 하늘과 인간의 세계를 이어주는 연결고리다. 고산은 현실세계를 지탱하여 천리를 유행하게 하는 상징적 이미지로 위의 시에 보이는 고회가 이입된 형상이다. 즉 고회를 걸어놓은 천왕봉이 바로 이 시의 고산이다.

그렇다면 작자는 천리를 지탱하는 고산 같은 존재를 자처한 것이고, 그것은 당대 현실에 그것을 구현하고 싶어 하는 작자의 소망이다. 그 소망은 무엇일까? 그의 사상으로 미루어보면, 그것은 당대에 왕도정치를 구현하여 자기 임금을 요순으로 만들고, 자기 시대 백성을 요순시대 백성으로 교화하는 것이다. 그래서 그는 「행단기(杏壇記)」에서 '행단(杏壇)'이라는 역사 유적에 대해 공자가 도학을 강론하고 의리를 창도하여 천리의 정대(正大)함을 밝힌 곳으로 그 의미를 부여하였다. 이는 바로 왕도정치의 이상을 들어낸 것이다. 그는 다시 「엄광론(嚴光論)」에서 엄

---

64) 조식, 『남명집』 권1, 「偶吟」.

광(嚴光)에 대해 '성인의 도를 추구한 사람'으로 인정하였다. 이 역시 왕
도정치의 이상을 가지고 있던 인물로 엄광을 평가한 것이다. 또한 「신명
사도」의 신명사(神明舍) 계단 아래에 천덕과 함께 왕도를 써 넣은 것도
그런 이상을 드러낸 것이다.

남명은 왕도정치를 희구하였기 때문에 「행단기」에서 노나라 장문중
(臧文仲)의 패도를 강도 높게 비판하였고, 「기서사옹(寄西舍翁)」에서는
"구구하게 제갈량은 끝내 무슨 일로, 손권에게 사정하여 겨우 삼국이 되
게 했나."[65]라고 하여, 제갈량이 출사한 것을 폄하하였다.

이처럼 남명은 기본적으로 왕도정치의 이상을 늘 염원하였다. 다음
시를 보면 그런 의식이 그대로 드러나 있다.

풍기 고을 원님은 괜찮은 사람,	可矣豊基倅
길을 가다 내 집까지 찾아주었네.	行騑繫我門
입으로 왕도정치 낱낱이 말하니,	箇箇談王口
오늘날 세인의 존경을 받는구나.	於今爲世尊[66]

주세붕(周世鵬, 1495~1554)은 1530년 9월 산해정으로 남명을 방문하여
시를 수창하였는데, 위의 시는 주세붕의 시[67]에 남명이 화답한 것이다.
1530년은 기묘사화 이후 권간의 압제가 극심하던 때이다. 이런 시대에 왕
도정치의 이상을 말하는 주세붕을 만나 남명은 의기가 투합한 듯하다.

그러나 현실정치는 이런 왕도정치를 펼 수 있는 인재를 등용하지 못
해 권간과 외척이 득세하고 있었다. 왕도정치를 이상으로 한 남명에게

---

65) 조식, 『남명집』 권1, 「寄西舍翁」. "區區諸葛終何事, 膝就孫郎僅得三."
66) 조식, 『남명집』 권1, 「在山海亭次周景游韻」.
67) 주세붕의 시는 다음과 같다. "幽居青山下, 三江入海門, 無窮看動處, 獨識靜爲尊."

이런 괴리된 현실은 비판과 탄식의 대상이 될 수밖에 없다. 아래 시는 이런 현실정치에 대한 개탄을 노래한 것이다.

> 그대는 오봉루(五鳳樓)에서 일한 수완을 가졌건만,　　之子五鳳樓手
> 태평성대에도 밥 한 그릇을 얻어 못하네.　　　　　堯時不直一飯
> 명월주(明月珠)는 큰 대합 속에 감추어져 있건만,　　明月或藏老蚌
> 임금은 어찌하여 가짜만을 옳다 하는지.　　　　　山龍烏可騫檀[68]

이 시는 절친한 벗 성운(成運)에게 보낸 것이다. 성운은 조정에서 왕도를 펼 만한 수완을 가진 사람이다. 즉 오래 묵은 대합 속에 든 명월주와 같다. 남명은 '명월'을 자주 언급하였는데, 이는 연묵의 함양을 통한 성성한 정신 즉 천덕을 가리킨다. 그런데 그 폭을 넓혀 미루어 나가면 왕도가 된다. 그래서 명월, 또는 명월주는 고도로 정제된 천덕을 펴서 왕도를 이룩하는 능력이나 수완으로도 나타난다. 남명의 문인 하항(河沆)이 직접 전해 들었다는 '수중명월(手中明月) 전자당우(傳自唐虞)'가 바로 그것이다.[69] '요순으로부터 전해 받은 자기 손에 있는 명월'은 요순의 도를 펼 왕도를 말한다.

이런 명월을 가진 벗 성운은 세상에 쓰이질 못하고 있다. 그것이 당대 현실이다. 위의 시에 '요시(堯時)'라고 표현하였지만, 그것은 역설이다. 요순의 시대를 염원하는데, 현실은 명월을 가진 사람이 밥 한 그릇의 녹을 받지 못하고 있다. 이 역설은 현실이 요순의 시대가 아님을 더 강하게 폭로한 것이다.

왕도정치를 펴는 사람은 천리를 이 땅에 구현하는 사람이다. 그런데

---

68) 조식, 『남명집』 권1, 「寄健叔」.
69) 李瀷, 『星湖僿說』 권9, 「河松亭」.

그런 인재가 쓰이지 못하는 세상은 위의 시에서처럼 '가짜'가 판을 친
다. 다음 시는 이 '가짜'를 미워하는 시각이 그대로 노출되어 있다.

천풍은 큰 사막에 거세게 불고,   天風振大漠
쏜살같은 구름은 가렸다 흩어졌다 하네.   疾雲紛蔽虧
솔개가 날아 하늘에 오름은 당연하지만,   鳶騰固其宜
까마귀가 하늘에 이르러 무엇을 하려는지? 烏戾而何爲[70]

앞의 두 구는 우주의 근원을 말한 것인데, 홍몽미판(鴻濛未判)의 태초
를 역동적으로 묘사한 것이다. 매우 혼란스러운 듯하지만, 천(天)의 세계
를 표현한 것에 지나지 않는다. 그런 천의 리를 인간은 볼 수가 없다. 그
래서 『중용』에서는 솔개와 물고기를 통해 천리가 위·아래에 나타난 것
을 말한 것으로 보았다.[71] 즉 솔개가 날아 높은 하늘에 이르러 떨어지지
않고 떠 있고, 물고기가 연못에서 빠지지 않고 떠 있는 것을 통해 천리
가 유행하는 것을 보는 것이다.

솔개는 천리가 유행하는 것을 볼 수 있는 상징물이다. 그러나 까마귀
는 솔개만큼 높은 하늘에 이르지도 못하고, 날갯짓을 하지 않고 정지한
듯이 떠 있지도 못한다. 한 마디로 사이비다. 사이비는 실제로 도를 가
지고 있지 않는데, 그런 척하는 것이다. 그래서 공자는 사이비를 덕을
해치는 존재로 배척하였다. 앞에서 살펴본 '권문세가에 줄을 대고 아래·
위를 위협하며 혹을 백이라 하는 가짜 도학의 종사(宗師)'가 그런 부류다.

이처럼 가짜를 미워하는 마음은 근본에 충실한 사고에서 기인한다.
따라서 까마귀 같은 사이비를 배척할 뿐만 아니라, 천덕을 추구하지 않

---

70) 조식, 『남명집』권1, 「漫成」.
71) 주희, 『중용장구』제12장, "詩云, 鳶飛戾天, 魚躍于淵, 言其上下察也."

고 명리(名利)를 위해 부화뇌동하는 소인배들도 비판의 대상이 될 수밖에 없다. 이런 부류를 남명은 구름에 비유하여 다음과 같이 읊었다.

제멋대로 취사(取捨)하는 인정 나무랄 것도 못되지만,　取舍人情不足誅
어찌 알았으리, 구름마저 심하게 아첨할 줄을.　　寧知雲亦獻深諛
앞서 갠 날을 틈 타 다투어 남쪽으로 내려왔다가,　先乘霽日爭南下
다시 날이 흐려지자 경쟁하듯 북쪽으로 달려가네.　却向陰時競北趨[72]

남명은 임금이 있는 북쪽으로 쏜살같이 내닫는 구름을 보면서, 암울한 시대에 권귀에게 아첨하는 자들을 떠올렸다. '음시(陰時)'가 그 시대 배경으로 등장하고, 그 정점을 향해 모여드는 구름이 매우 역동적으로 실감나게 그려져 있다. 왕도를 이룩할 명월주의 인재는 쓰이질 않고 가짜 도학의 종사가 득세한 세상, 그리고 그곳을 향해 온갖 간신배가 모여드는 것이 남명이 바라본 현실이다. 그가 수차 벼슬을 사양하고 끝까지 출사하지 않은 것은 이런 현실에서는 왕도를 이룰 수 없었기 때문이다.

남명은 가짜가 횡행하는 정치판을 정확히 읽고 그들과 거리두기를 하였다. 다음 시에 그런 정서가 보인다.

사람들이 바른 선비를 사랑하는 것,　　　人之愛正士
호피를 좋아하는 것과 서로 흡사해.　　好虎皮相似
그가 살아 있을 적엔 죽이려 하다가,　生則欲殺之
그가 죽은 뒤엔 한껏 칭찬을 하지.　　死後方稱美[73]

이 시는 정치적 속성을 예리하게 파헤친 것이다. 이방원이 정몽주를

---

72) 조식, 『남명집』 권1, 「謾成」.
73) 조식, 『남명집』 권1, 「偶吟」.

죽인 뒤 충신으로 포장한 것과 같은 권력자의 속셈을 남명은 알았던 것이다.

이처럼 남명은 정치권과 거리두기를 하였지만, 그렇다고 현실을 저버리지 않았다. 정치권이 부패했다고 현실에 등을 돌려 은둔을 희구하지 않았다. 그는 오히려 더 적극적으로 자신의 몸에 도를 간직해 무도한 현실에 도를 부지하려 했고, 한편으로는 기회 있을 때마다 상소를 통해 임금에게 현실을 직시하여 백성과 나라를 구제할 것을 직언하였다. 그러나 조정에서 그의 말을 귀담아 들을 사람은 아무도 없었다. 다음 시는 그런 분위기를 잘 나타내고 있다.

굶주림을 참는 데 굶주림을 잊는 일이 있을 뿐,	忍飢獨有忘飢事
모두를 백성을 위해 조처 없이 손을 놓고 있네.	摠爲生靈無處休
집주인은 잠만 자고 전혀 이들을 구제하지 않아,	舍主眠來百不救
푸른 산이 저녁나절 시냇물 속에 거꾸로 서 있네.	碧山蒼倒暮溪流[74]

이 시는 첫 구부터 절박한 현실을 핍진하게 그리고 있다. 굶주림을 참는 데는 구제의 손길을 기다리는 희망이 있어야 한다. 그런데 그런 희망이 전혀 없으니, 굶주림을 잊어버리는 일밖에 없다. 백성을 구제하는 조처는 아무도 하지 않고, 그들이 죽어가는 것을 보고만 있는 참담한 상황이다. 집주인은 임금이다. 그런 절박한 현실에서 임금은 잠만 자고 있다. 당대 조정의 벼슬아치들이 어떻게 현실에 대처하고 있는지를 제3구에 와서 단적으로 그려냈다. 그래서 제4구처럼 현실은 전도되어 망해 가는 모습으로 나타나 있다. 이런 절박한 민생에 대한 묘사는 "늘어나는 백발에 온갖 근심스러운 생각, 슬피 우는 백성들은 풍년에 더 굶주리네. 뱃

---

74) 조식, 『남명집』 권1, 「有感」.

속의 답답한 생각 글로 다 쓸 수 없지만, 황강에 사는 늙은이 당신은 잘 알겠지."75)라고 한 데서 잘 나타나 있다.

남명은 이 답답함을 어쩔 수 없어 달밤에 혼자 울었다. 이런 그의 마음은 이희안(李希顔)과 성운 등 그의 절친한 벗들만이 알았다. 절친 성운은 「묘비문」에 다음과 같이 썼다.

> 그는 세상사를 잊지 못해 나라를 걱정하고 백성을 가엽게 여겼다. 매번 달 밝은 청명한 밤이면 홀로 앉아 슬피 노래를 부르고, 노래를 마친 뒤에는 눈물을 흘렸다. 그러나 곁에 있는 사람들은 전혀 그의 그런 마음을 알지 못했다.76)

남명의 답답함은 나라와 백성 때문이었다. 그가 세상사를 잊지 못한 것도 밤에 혼자 운 것도 망해 가는 나라와 죽어 가는 백성들 때문이었다. 도를 구해 세도를 부지하고, 왕도를 펴 세상을 구제하고 싶었던 도학자였기에 그 눈물은 뜨거웠을 것이다.

정치현실에 대한 정확한 인식은 남명을 외롭게 했다. 천덕을 추구하여 자기 시대에 도를 부지하려는 것이 얼마나 외롭고 고단한 길이겠는가? 다음 시는 이런 자신의 모습을 잘 그려내고 있다.

무리를 떠나 혼자가 되었으니,	離羣猶是獨
비바람을 막기가 절로 어려우리.	風雨自難禁
늙어가니 머리카락 다 없어지고,	老去無頭頂

---

75) 조식,『남명집』권1,「贈黃江」. "侵陵白髮愁爲橫 嗚咽蒼生稔益飢 果腹噎懷書不得 黃厖老子爾能知"

76) 조식,『남명집』, 成運 撰 墓碑文.(한국문집총간 제31책 462쪽 "不能忘世, 憂國傷民, 每値淸宵皓月, 獨坐悲歌, 歌竟涕下, 傍人殊不能知之也."

상심하다 보니 속이 다 타버렸네.	傷來燬腹心
농부는 아침에 모여서 밥을 먹고,	穡夫朝耦飯
야윈 말은 한낮에 그늘에서 쉬네.	瘦馬午依陰
죽음에 이른 고목이 무엇을 배우리,	幾死查寧學
하늘에 오르려 오르락내리락 할 뿐.	升天只浮沈[77]

세속인들처럼 부화뇌동하지 않고 멀찌감치 거리를 두고 홀로 서 있는 독수(獨樹)는 영락없는 남명 자신의 모습이다. '독(獨)'은 '홀로'라는 의미지만, 이 시의 이미지로 보면 독수는 고목이기 때문에 '홀로 선 우뚝한 나무'다. '풍우(風雨)'는 외부로부터 몰아치는 비난의 화살이다. 무리와 함께 하지 않아도 비난이 있게 마련인데, 우뚝하게 뛰어나면 무리에서 그냥 두지 않는 것이 고금의 세태다. 그런 풍상을 맞으며 독수는 평생을 살다보니, 신체적으로 노쇠할 뿐만 아니라, 속이 다 타버린 상태다. 그러나 아직까지 농부들과 야윈 말의 훌륭한 쉼터가 되고 있다. 제5,6구는 남명의 마음이 현실의 어려운 민생에 있음을 단적으로 보여준다. 그러나 이제 자신은 늙었다. 그래서 자신을 '등걸[查]'에 비유하여 죽음을 눈앞에 둔 힘없는 존재로 묘사하고 있다.

이 시의 비장미는 죽을 때까지 참담한 민생의 현실에서 눈을 떼지 못하는 데 있다. 출사를 하지 않고 은거하여 천덕을 추구할 경우 독선기신(獨善其身)하는 경우가 흔하다. 그런 부류의 지식인들은 은일자적하거나 안빈낙도하면서 세상과 일정하게 단절하는 세계관을 갖는다. 그런데 남명의 경우는 세속적 지식인들과 일정하게 거리두기를 하면서도 결코 민생의 현실에서 조금도 눈을 떼지 않고 있다. 이는 왕도정치를 펴고 싶은 이상이 누구보다 강렬했음을 의미한다. 이런 점에서 남명의 현실주의정

---

77) 조식, 『남명집』 권1, 「咏獨樹」.

신은 그 빛을 발한다.

남명은 죽을 때까지 세상사에 눈을 떼지 않고 근심을 하고 눈물을 흘렸지만, 그의 내면에 갈등이 없었던 것은 아니다. 날로 쇠해 가는 현실을 보며 현실권에서 떠나고 싶은 생각을 하는 것은 자연스러운 일이다. 남명에게도 현실을 훌쩍 떠나고 싶은 생각이 있었다. 그러나 그는 초나라 굴원(屈原)이 그랬듯이 세상사를 잊을 수 없었다. 그래서 민생의 곁에 서 있는 독수 같은 실존을 앞의 「영독수(咏獨樹)」에서 노래한 것이다. 끝내는 현실에 독수로 서 있었지만, 백이(伯夷)처럼 현실과의 단절을 꿈꾸지 않은 것도 아니다.

이러한 정서는 백이와 고사리[薇], 유하혜(柳下惠)와 연꽃[蓮]으로 비유되어 나타난다. 『맹자』에 자주 언급되었듯이, 백이는 성지청자(聖之淸者)의 대표적 인물이고, 유하혜는 성지화자(聖之和者)의 대표적 인물이다. 백이는 무도한 세상과의 단절을 통해 자신의 고결한 지조를 잃지 않은 사람이고, 유하혜는 더러운 임금이나 낮은 관직도 사양하지 않고 현실에 나아가 도를 편 사람이다. 백이와 유하혜를 양극으로 볼 때, 남명은 어디쯤 위치하고 있을까? 이 거리를 그의 시를 통해 살펴보기로 한다.

남명은 임훈(林薰, 1500~1584) 등과 안의(安義) 화림동(花林洞 : 玉山洞)을 유람할 적에 "저 풍광을 다 묘사하지 말게 하라, 내년에 고사리 캐러 다시 오리니."[78]라고 노래하여, 고사리를 캐러 오겠다는 다짐을 하였다. 여기서 '고사리는 캐러 온다'는 말은 백이·숙제처럼 수양산으로 들어가겠다는 뜻이다. 즉 고사리는 백이를 지칭하는 상징어로, 자신도 백이처럼 현실권을 떠나겠다는 뜻이다.[79]

---

78) 조식, 『남명집』권1, 「遊安陰玉山洞」. "莫敎摸寫盡, 來歲採薇歸."
79) 조식의 『남명집』에는 「遊安陰玉山洞」 외에도 「無題」·「山中卽事」 등에 '고사

그런데 남명은 이런 생각을 하면서도 현실을 떠나지 못했던 것은 백이와 현실인식이 달랐기 때문이다. 백이는 『맹자』에 "어지러운 정치가 행해지는 곳과 어지러운 백성이 사는 곳에 차마 거주하지 않았다.…… 주(紂)임금 때 북해의 물가로 피해 천하가 깨끗해지기를 기다렸다."[80]고 한 것처럼, 무도한 세상과는 과감하게 거리를 두는 인물이다. 그러나 남명은 그런 청절을 높이 존중하면서도 자신의 정체성은 그와 다르다는 점을 분명히 하였다. 다음 자료를 보자.

> 어떤 사람이 남명선생에게 "당신은 엄광과 비교해, 누가 더 낫다고 생각하느냐?"고 묻자, 남명선생은 "아, 자릉(子陵 : 嚴光)의 기절을 내가 어찌 따라갈 수 있겠는가? 그러나 자릉은 나와 도를 함께 하는 사람이 아니다. 나는 이 세상을 잊지 못한 자로, 공자를 배우고자 하는 사람이다."라고 하셨다.[81]

앞에서 살펴보았듯이, 남명은 엄광을 '성인의 도를 추구하는 사람'으로 인정하였다. 이는 자신처럼 왕도를 이상으로 하고 있다는 말이다. 그런데 위 인용문을 보면, 왕도를 이상으로 해도 엄광은 현실을 등진 사람이다. 그리고 자신은 엄광과 달리 '세상을 잊지 못하는 자'라고 변별하고 있다. 백이도 성인이지만 그는 세상을 등진 인물이다. 공자도 성인이지만 끝까지 현실을 등지지 않은 사람이다. 남명은 결국 백이나 엄광처럼 현실을 훌쩍 떠나버리는 것을 택하지 않고, 공자처럼 끝까지 현실에

리[薇]'가 등장하는데, 은연중 伯夷와 연결되어 있다.

80) 『맹자』「만장 하」제1장.

81) 조식, 『남명집』(아세아문화사 영인본) 裵紳 撰, 「行錄」. "又有問者曰, 先生孰與嚴子陵. 曰惡, 子陵氣節, 其可跂歟. 然子陵與吾不同道, 余未忘斯世者也, 所願學孔子也."

남는 길을 택했음을 명백히 한 것이다.

　이처럼 남명은 백이와 엄광을 인정하고 그들과 같은 삶을 꿈꾸기도 했지만, 자신의 정체성을 드러내 밝힘으로써 그들과의 변별성을 분명히 했다. 그렇다면 남명의 위치는 백이가 서 있는 물외가 아니고 유하혜가 서 있는 현실권이다. 앞에서 살펴보았듯이 유하혜는 적극적으로 현실에 나아가 참여하는 성향의 인물이다. 백이가 서 있는 곳이 왼쪽 끝이라면, 유하혜가 서 있는 곳은 오른쪽 끝이다. 남명은 유하혜를 연꽃에 비유해 다음과 같이 표현하였다.

> 연꽃에 유하혜 풍도가 있는 것이 사랑스러워,　　　只愛芙蕖柳下風
> 잡아당겨 보았더니 연못 벌 속에 뿌리 내렸네.　　拔而還止于潢中
> 고죽군은 생각이 편협해 응당 싫어하겠지만,　　　應嫌孤竹方爲隘
> 맑은 향기 멀리 뿌려 나에게까지 이른다네.　　　　遠播淸香到老翁[82]

　연못의 진흙 벌 속에 뿌리 내린 연꽃은, 더러운 현실의 세속에 살면서도 자신의 지조를 잃지 않은 인물에 비유된다. 역사 속에서 유하혜가 그 대표적 인물이다. 남명은 그런 연꽃이 겉으로만 그렇게 보이는 것인지 잠시 의심하여 잡아당겨 보았다. 그랬더니 그 연꽃은 더러운 진흙 벌 속에 뿌리를 튼튼히 내리고 있어 뽑히지 않았다. 남명은 그런 연꽃에서 백이를 떠올렸다. 백이는 무례한 시골 사람과 함께 거처하는 것을 마치 조복(朝服)을 입고 숯이나 흙덩이 위에 앉아 자신을 더럽히는 것처럼 여겼던 사람이다. 백이라면 진흙 벌에 몸을 더럽히지 않고 서둘러 떠났을 것이다. 그러나 연꽃은 그 속에 뿌리를 내리고 있되 자신의 지조를 잃지 않고 맑은 향기를 퍼뜨리고 있다. 즉 남명은 유하혜의 출사를 취한 것이

---

82) 조식, 『남명집』 권1, 「詠蓮」 제2수.

아니고, 현실을 차마 버리지 못하고 그곳에 머물러 향기를 퍼뜨린 점을
취한 것이다.

그것이 자신의 정체성이었다. 그래서 그는 또 이렇게 읊었다.

꽃봉오리 늘씬하고 푸른 잎 연못에 가득한데,	華盖亭亭翠滿塘
덕스런 향기, 누가 이와 더불어 향기를 낼까?	德馨誰與此生香
보게나, 저 연꽃 묵묵히 진흙 벌 속에 있지만,	請看默默淤泥在
해바라기처럼 햇빛을 따라 가지는 않는다네.	不是葵花向日光[83]

해바라기는 향일성 꽃의 대명사로 일컬어진다. 해는 임금, 즉 당시의
권력을 의미한다. 늘 권력을 지향하는 무리들 속에 있으면서도 자신을 잃
지 않고 향기를 내는 사람, 그것이 남명이 연꽃을 통해 찾은 정체성이다.

그렇다고 남명의 성향이 유하혜와 전적으로 닮은 것은 아니다. 그렇
다면 남명이 서 있는 위치는 어디쯤일까? 연꽃처럼 현실권이지만, 유하
혜가 서 있는 오른쪽 끝이 아니라 중앙에 가까운 오른쪽이다. 그곳은 왕
도를 이상으로 하지만 이룰 수 없는 현실공간의 가장자리다. 남명은 그
곳에 자신을 두고 거기서 안회가 되려 했으며 공자를 배우려 했다.

4. 맺음말

남명의 시는 전문 시인의 시에 비해 수사가 떨어지는 것이 사실이다.
더구나 조선 사람들이 까다롭게 느낀 평측에 맞지 않는 경우도 있다. 따
라서 중국의 유명한 시인의 시에 비하면, 문학성이나 예술성이 떨어진

---

83) 조식, 『남명집』 권1, 「詠蓮」 제1수.

다. 그러나 나는 그가 전문시인이 아니고 도학자였다는 점을 강조하고
자 한다. 그것도 사화가 한창 일어나 사회의 기강을 부지해야 하는 시대
에 도를 구한 도학자였다. 그렇다면 시인으로서의 품격보다는 그가 추
구한 구도의 염원, 또는 심신수양을 통해 천덕을 이룩함으로써 한 시대
의 도덕을 부지하려 했다는 측면에서 시인의 정신세계를 더 높이 칭송
할 만하다.

남명은 조선성리학이 발흥하는 시기에 머리로 공부를 하지 않고, 몸
으로 공부를 한 도학자이다. 그래서 그는 반구자득의 깨달음을 중시했
고, 그 깨달음을 자신의 몸에 실천해 나가는 반궁실천을 강조했다. 또
존양-성찰-극치의 수양론으로 본원을 끝없이 함양하였다. 그는 이러
한 실천을 통해 천덕을 성취하려 하였고, 그것을 통해 왕도를 구현하고
자 하는 이상을 가졌다. 비록 그가 왕도를 이룩하지는 못했지만, 그는
인간이 하늘과 합하는 길을 평생 추구한 위대한 구도자였다. 그래서 나
는 안회의 '극기복례'·'삼월불위인'의 경지에 오른 인물로는 후세에 남
명만한 학자가 없다고 생각한다. 그는 25세 때 안회가 되기를 목표로 한
뒤, 끝임 없는 노력을 통해 안회의 경지에 오른 인물이다. 이 점에서 안
회 이후 그 경지에 오른 인물로는 단연 남명이 최고이다.

남명의 시에는 천덕의 성취를 위한 구도적 수행, 왕도를 현실세계에
이룩하고 싶은 이상과 그럴 수 없는 현실의 간극이 잘 나타나 있다. 천
덕의 성취를 위한 구도적 수행에는 「역서학용어맹일도도」·「신명사도」·
「신명사명」 등에서 살펴본 존양-성찰-극치의 수양론이 그대로 드러
나 있는데, 특히 연묵의 함양이 본원을 이룬다. 그는 왕도의 이상을 현
실에 구현할 수 없었지만, 백이나 엄광처럼 현실을 떠나 은일자적하지
않고, 연꽃처럼 오염된 현실세계에서 함양을 통해 이룩한 천덕의 향기

를 퍼뜨리려 하였다. 남명의 시에는 연묵의 함양을 통해 고도로 정제된 솔·명월·연꽃 등의 맑고 밝은 성성한 정신세계가 들어 있고, 또 고사리로 상징되는 백이보다는 연꽃으로 상징되는 유하혜에 자신의 정체성을 둔 현실주의정신이 빛나고 있다.

※ 이 글은 『남명학연구』 제22(경상대 남명학연구소, 2006)에 게재한 것을 수정 보완한 것이다.

제11장
남명의 산수유람관

1. 머리말

우리 역사상 1519년에 일어난 기묘사화는 고려 시대 무신난만큼이나 엄청난 변화를 가져왔다. 정국을 꽁꽁 얼어붙게 하였음은 물론, 학계에까지 그 여파가 미쳐 한 동안 학자들이 성리서를 꺼려하는 분위기마저 조장하였다.[1] 사회 분위기는 극도로 경색되었고, 사기가 위축된 사림은 정치권에 발을 붙이지 못하고 그들의 생활근거지인 향리로 돌아갔다.

조선 시대 사대부는 대부분 지방에 근거지를 둔 중소지주 출신들이었다. 그러므로 벼슬에서 물러났을 경우, 그들의 삶의 본거지인 향리로 돌아가는 것은 자연스런 일이었다. 그런데 기묘사화로 출사의 길이 막혀 버리자, 아예 진출을 포기하고 향리에 은거하는 것이 한 시대의 풍조를 이루었다. 그리하여 그들은 성리학에 더욱 침잠해 학문을 성취하고, 자연과의 융화를 통해 심성을 수양하려 하였다. 곧 학문과 도덕을 부지하는 것을 그들의 임무로 인식한 것이다. 그리고 그렇게 함으로써 상대적으로 학문적·도덕적 우위성을 확보하려 하였으며, 또 그렇게 하는 것이 사회적으로 그들의 존립기반을 공고히 하는 길이기도 하였다.

기묘사화로 인하여 사림들이 중앙지향적 사고를 버리고 향리에 은거하게 됨으로써 지방의 학문을 크게 진작시키는 결과를 가져왔고, 나아가 성리학이 크게 발흥하는 분위기를 만들었다. 그리고 세상에 나아가

---

1) 曺植의 『南冥集』「題李君所贈心經後」(한국문집총간 제31책 501면 상, 이하 '『南冥集』'은 모두 한국문집총간에서 인용한 것임.)에 보면, 이 시대의 분위기를 비유적으로 잘 표현하고 있는데, 학자들이 『心經』등 성리서를 꺼려하여 마치 殺身之具처럼 여긴다고 하고 있다.

지 않고 학문에만 전심하게 됨으로써 오히려 큰 학문을 성취해 그 시대
의 정신적인 지주로 자리 잡았다. 이런 사람으로 16세기 전반기의 대표
적 인물을 들면, 청송(聽松) 성수침(成守琛, 1493~1564)을 첫 손가락에 꼽
을 수 있다. 성수침은 서울 북악산 밑에 은거하다가 뒤에 파주 우계(牛
溪)로 옮겨 살았는데, 그가 죽자 원근의 사람들이 '산림(山林)이 비었다.'
고 할 정도로 당대의 정신적인 지주였다.[2] 그래서 산림은 학문과 도덕
이 높은 도학자가 사는 곳으로 인식되기 시작하였다.

16세기 이와 같은 인물로는, 명종 8년(1552년)에 유일(遺逸)로 천거된
이희안(李希顔, 1504~1559), 조식, 성제원(成悌元, 1506~1559), 조욱(趙昱,
1499~1557) 등이 있고, 명종 21년(1566년)에 천거된 이항(李恒, 1499~ 1576),
성운(成運, 1497~1579), 임훈(林薰, 1500~1584) 등이 있다. 이들은 모두 지
방에 은거하며 학덕으로 이름이 높았던 분들이다. 이희안은 경상도 초
계(草溪)에, 조식은 경상도 삼가에, 조욱은 경기도 용문산에, 이항은 전
라도 태인(泰仁)에, 성운은 충청도 보은에, 임훈은 경상도 안의에 은거하
고 있었다.

이처럼 16세기 중엽에는 사화의 여파로 큰 학자들이 각 지방에 은거
하며 학문에 침잠하고 있었다. 그러면서 이들은 자신들이 은거하고 있
는 인근의 산을 유람하며 그들의 기절(氣節)과 지취(志趣)를 고취시켰다.
그럼으로써 이들은 전시대 사람들보다 사(士)의 자세를 더욱 확고히 견
지하였으며, 자아에 대한 각성도 훨씬 진보되어 있었다. 그래서 이들은
산수를 유람하면서도 단순히 자연경관을 구경하는 데서 그치지 않고,
부단히 마음을 닦고 성품을 기르는 정신자세를 가졌다. 그리고 역사적 현
장을 통해 사(士)로서의 올바른 삶의 가치를 다시 확인하고 다짐하였다.

---

2) 李肯翊, 『燃藜室記述』 권11, 명종조 유일 成守琛 조 참조.

이들 가운데는 산수유람을 통해 느낀 그들의 정신세계를 글로 남겨
놓은 경우도 있다. 이런 자료들은 그들의 정신적인 일면을 살펴보는 데
매우 귀중한 단서를 제공해 주기도 한다. 따라서 이런 산수유람록을 통
해 이들의 정신세계를 엿보는 일은 의미 있는 일일 것이다. 본고에서는
이와 같은 관점에서 남명 조식의 산수유람에 대한 기본관점이 어디에
있는가를 살펴보고, 그가 남긴 「유두류록(遊頭流錄)」을 통해 그의 정신
세계의 일면을 고찰해 보고자 한다.

2. 산수유람에 대한 기본관점

남명은 58세 때인 1558년에 이공량(李公亮)·이희안(李希顏)·이정(李
楨)·김홍(金泓) 등과 두류산 쌍계사 방면을 유람하고 「유두류록」을 남겼
다. 그는 이 글의 말미에서 자신이 두류산을 즐겨 찾은 이유에 대해 언
급하면서, 그때까지 11번이나 두류산을 유람하였다고 기술하고 있다. 그
리고 전부터 두류산 한쪽 귀퉁이를 빌어 자신이나 온전히 하며 살고 싶
었지만 그렇게 하지 못하고 있는 현실을 안타깝게 여기고 있다.[3] 이를
보면 남명은 언제부터인가 두류산에 깊숙이 은거하려는 마음을 늘 품고
있었던 것 같고, 그런 생각을 갖고 58세까지 무려 11번이나 두류산 곳곳
을 유람하였다는 사실을 알 수 있다.[4]

---

3) 조식, 『남명집』 권2, 「流頭流錄」 25일조. "余嘗往來玆山, 曾入德山洞者三, 入
   靑鶴·神凝洞者三, 入龍遊洞者三, 入白雲洞者一, 入獐項洞者一, 豈直爲貪
   山貪水而往來不憚煩也. 百年齋計, 唯欲借得華山一半, 以作終老之地已. 事
   與心違, 知不得住, 徘徊顧慮, 涕洟而出, 如是者, 十矣."
4) 조식, 『남명집』 권2, 「유두류록」 25일조. "嘗有詩曰, 頭流十破死牛脇, 嘉樹三

이처럼 남명은 여러 차례 두류산을 유람하여 그 사정을 상세히 알고 있었다. 그 덕분에 동행한 벗들이 남명에게 유람록을 쓰도록 권유했다고 한다. 이렇게 해서 쓴 「유두류록」에는 남명의 산수유람에 대한 견해가 잘 드러나 있다. 여기서는 「유두류록」을 통해 남명의 산수유람에 대한 기본관점이 어디에 있는가를 추적해 보기로 하겠다.

예전 사람들은 산수유람을 통해 기상을 고취하거나 시야를 확대하고자 하였다. 따라서 산수가 빼어난 승경을 구경하며 노니는 차원이 아니라, 심신을 단련하고 호연지기를 기르려는 의도를 가지고 있었다. 『맹자』에 "공자가 노나라 동산(東山)에 올라 노나라를 작다고 하시고, 태산(泰山)에 올라 천하를 작다고 하셨다."5)라고 한 것이, 바로 그런 높다란 정신세계를 가져 시야가 확대된 것을 의미한다. 또한 신라의 화랑들이 멀리 산수를 돌아다니며 심신을 단련한 것도 이와 같은 맥락에서 이해할 수 있다.

남명의 산수유람도 기본적으로는 이런 일반적인 성격을 가지고 있다. 예컨대, 남명이 불일암(佛日菴)·불일폭포(佛日瀑布)를 유람하면서 "정신과 기운이 매우 상쾌하였다."라고 기술하고 있는 것이 바로 그런 점을 드러낸 것이다.6) 즉 남명도 산수유람을 통해 일차적으로 활달하고 높은 기상을 북돋우려 하였다는 사실을 알 수 있다.

그러나 남명은 성리학 가운데 수양론을 학문의 근간으로 한 실천주의 성리학자였다. 또한 그는 자기 시대를 혼란한 시대로 판단해 세상에 나아가려 하지 않고 물러나 학문에 침잠하며 도의(道義)를 부지하겠다는

巢寒鵲居. 又曰, 全身百計都爲謬, 方丈於今已背盟."
 5) 주희, 『맹자집주』「진심 상」제24장. "孔子登東山而小魯, 登泰山而小天下."
 6) 조식, 『남명집』권2, 「유두류록」19일조 참조.

생각을 확고히 하고 있던 처사였기 때문에 성리학적 세계관 속에서 사
(士)로서의 자아각성이 철저했던 사람이다. 그러므로 그의 산수유람은
다른 인사들의 유람과는 달리 자아에 대한 깊은 성찰을 보이고 있으며,
어떤 사건을 통해 인간의 심성에 관한 문제를 심도 있게 제기하고 있다.
이런 점에서 그의 산수유람은 산수를 통해 기상을 고취하는 데서 머물지
않고, 자아에 대한 성찰과 심성수양에까지 확대되고 있음을 알 수 있다.

그런데 남명은 이런 차원에서 머물지 않고, 산수를 통해 고인을 생각
하고 역사를 생각하였다. 그는 산수를 유람하면서 산수를 단순한 자연
경관으로 보지 않고 유구한 역사가 깃들어 있는 산수로 인식하였으며,
그 속에 어떤 인물이 어떤 삶의 자세를 가지고 살았는가에 관심이 주어
졌다. 그러면서 그는 자신의 삶의 자세를 새롭게 다짐하였고, 현실의 사
정을 은근히 그 속에 드러내었다. 그래서 그가 지나는 곳에 역사적인 인
물의 흔적이 있으면 그에 대해 생각하고, 그 삶의 의미를 다시 되새겼으
며, 그가 살던 세상을 다시 조명하였다.

예를 하나 들어보기로 한다. 남명이 하동을 거쳐 쌍계사로 들어갈 때,
악양현을 지나다 강가의 삽암(鍤岩)이라는 곳에 이르렀다. 그때 그는 삽
암을 보고, 그곳에 살던 고려 말의 한유한(韓惟漢)을 떠올렸다. 여기서
이 대목에 대한 「유두류록」의 기록을 직접 들어보자.

> 눈 깜빡할 사이에 악양현을 지났는데, 강가에 삽암이라는 곳이 있었다.
> 이곳이 바로 녹사 한유한의 옛 집이 있던 곳이다. 한유한은 고려가 어지럽
> 게 될 것을 알고, 처자를 이끌고 이곳에 들어와 살았다. 조정에서 불러 대
> 비원 녹사로 삼았으나, 그날 저녁에 달아나 버려 그가 간 곳을 아무도 몰
> 랐다고 한다. 아, 나라가 망하려고 할 때에 어찌 어진 이를 좋아하는 일이
> 있을 수 있겠는가?7)

한유한은 최충헌의 무신집권 시대 사람으로 처자를 이끌고 대대로 살던 송도를 떠나 두류산으로 들어가 숨어살던 사람이다. 조정에서 대비원 녹사(大悲院錄事)의 벼슬자리를 내렸으나 끝내 나아가지 않고 깨끗한 지조를 지키며 살았다. 말하자면, 한유한은 무신들의 무도한 정권에 나아가지 않고 자신의 절개를 지키며 숨어살던 사람이다.

남명은 이곳에서 삽암을 통해 한유한을 상기시켰고, 그의 삶의 자세를 되새겼으며, 그가 이곳에 은거한 이유를 그 시대의 상황 속에서 찾았다. 곧 남명은 산수 자연의 경관을 인간의 삶이 스미어 있는 것으로 이해한 것이다. 그래서 산수를 보고 예전의 인간을 생각했고, 다시 그가 살던 세상을 생각하였다. 이렇게 되면 산수는 단순한 자연물이 아니고, 인간이 살아가는 삶의 현장이 된다. 바꾸어 말하면, 산수를 완상의 대상으로만 바라보지 않고, 인간의 삶이 배어 있는 자연으로 생각하는 것이다.

남명은 이와 같은 시각으로 산수를 바라보고 있는데, 다음 자료는 이점에 대한 남명의 견해를 가장 잘 요약해 보여주고 있다.

내가 이번 유람에서 높은 산과 큰 내를 보아 오면서 소득이 없었던 것이 아니다. 그러나 한유한·정여창(鄭汝昌)·조지서(趙之瑞) 세 군자를 높은 산과 큰 내에 견주어 본다면, 십 층의 산봉우리 위에 다시 옥 하나를 더 얹어 놓은 격이고, 천 이랑의 물결 위에 둥그런 달 하나가 비치는 격이라 하겠다. 바다와 산을 거치는 삼백 리 여정 동안 세 군자의 자취를 하루 사이에 보았다. 물을 보고 산을 보고, 그리고 고인을 보고 그가 살던 세상을 보았다. 산 속에서 열흘을 보내면서 가졌던 좋은 생각이 하루 만에 언짢은 생각으로 바뀌었다. 뒷날 정권을 잡은 자가 이 길로 지나간다면 어떤

---

7) 조식,『남명집』권2,「유두류록」16일조. "瞥過岳陽縣 江上有錘岩者 乃韓錄事 惟韓之舊庄也 惟韓見麗氏將亂 携妻子來栖 徵爲大悲院錄事 一夕遁去 不知所之 噫 國家將亡 焉有好賢之事乎"

생각이 들지 모르겠다.8)

남명은 이 유람 기간 동안 악양현 삽암에서 한유한을 생각했고, 화개현 도탄(陶灘)에서 정여창을 떠올렸고, 정수역(旌樹驛) 객관 앞의 정문(旌門)을 보고 조지서를 생각했다. 그리고 나서 남명은 산수의 아름다움보다 이 세 군자의 덕을 더 아름답게 여기며 그들을 만나게 된 것에 대해 더 큰 의미를 부여하고 있다. 그래서 그는 이런 자신의 유람에 대해 '간수간산(看水看山) 간인간세(看人看世)'라고 간명하게 그 의미를 요약했다. 곧 물을 보고 산을 보고, 그리고 그 산과 물을 통해 그곳에 살던 고인을 보고 그가 살던 세상을 보았다는 말이다. 이 '간수간산 간인간세'라고 한 여덟 자의 말이 바로 남명의 산수유람에 대한 기본관점이다.

위 인용문에서 '높은 산과 큰 내를 보아 오면서 소득이 없었던 것이 아니다.'라고 한 것은 바로 '간수간산'에 해당한다. '산을 보고 물을 보는 것'은 누구나 바라는 바로, 산수유람을 통해 기상을 고취하고 시야를 확대하는 것을 의미한다. 그래서 남명은 높은 산과 큰 내를 보고서 소득이 있었다고 하였고, 산 속에서 열흘을 보내면서 그런 즐거움을 맛보며 좋은 마음을 가졌었다고 하였다. 이는 산수를 통해 느끼는 본연의 즐거움에 해당된다.

그러나 남명은 높은 산과 큰 내를 유람하면서, '아, 아름답다!'고 감탄이나 하고 마는 데서 그치지 않았다. 높은 산을 오르면서 인간이 선한 데로 나아가기가 그처럼 어렵다는 것을 생각했고, 산을 내려오면서 인

---

8) 조식, 『남명집』권2, 「유두류록」24일조. "看來高山大川 非無所得 而比韓鄭趙三君子於高山大川 更於十層峯頭冠一玉也 千頃水面生一月也 海山三百里 獲見三君子之迹於一日之間 看山看水 看人看世 山中十日好懷 翻成一日不好懷 後之秉鈞者 來此一路 不知何以爲心耶"

간이 악으로 나아가기가 그처럼 쉽다는 것을 생각했다.[9] 곧 산수유람을 하면서 자신에 대해 끝없이 성찰을 한 것이다. 산을 보고 물을 보는 것이지만, 그것을 통해 자아를 돌아보고 인간의 심성을 살펴본 것이다. 이는 남명이 성리학적 세계관에 입각해 심성을 수양하는 데 철저했음을 보여주는 단면이다.

이런 점에서 우선 남명의 산수유람은 다른 사람들의 산수유람과 구별된다. 단순히 산수를 즐기는 차원이거나 기상을 고취하고 시야를 확대하는 차원에 머물지 않고, 산수를 통해 자신의 심성을 수양하려는 자세를 가진 것이다. 이는 남명이 성리학적 수양론에 중점을 두어 그것을 실천하려는 자세를 늘 가지고 있다는 증거이기도 하다. 그가 만년에 성성자(惺惺子)라는 방울을 차고 다니며 마음이 흐트러지지 않도록 경책(警責)한 점을 두고 볼 때, 이 당시에도 그런 자세를 가지고 있었다고 여겨진다.

그런데 남명의 산수유람은 자신의 심성을 수양하는 단계에서만 머물러 있지 않았다. 그는 산수를 통해 고인을 생각하고, 다시 그 고인을 통해 그가 살던 시대를 생각하는 데로 나아갔다. 곧 '간산간수'하는 데에서 '간인간세'하는 차원으로 나아간 것이다. 다시 말해 산수를 통해 역사를 보고, 역사를 통해 다시 현실을 본 것이다. 이런 점에서 남명의 산수유람에 대한 기본관점은 성리학자들의 심성을 수양하는 일반적 차원과 다르다고 할 수 있다. 기본적으로는 산수를 통해 심성을 돌아보고 살피는 일이 중요하다. 그러나 여기에만 머물러서는 현실과 동떨어진 도학자적 세계관에 머물 수밖에 없다. 남명은 현실주의자이고 실천주의자

---

9) 조식, 『남명집』권2, 「유두류록」19일조. "初登上面 一步更難一步 及趨下面 徒自擧足 而身自流下 豈非從善如登 從惡如崩者乎"

였다. 그는 산수를 통해 역사를 생각하고, 그것을 통해 다시 현실을 비추어 보았다.

그러면 이런 관점을 전제로 남명이 특별히 부각시킨 이 '세 군자'에 대해 더 구체적으로 살펴보기로 한다. 한유한은 고려 무신집권기에 세상이 어지러워질 것을 예감하고 두류산에 숨어살며 자신의 지조를 지킨 인물이다. 정여창은 점필재 김종직의 문인으로 한훤당(寒暄堂) 김굉필(金宏弼)과 함께 도학을 크게 일으킨 인물이다. 그는 무오사화 때 종성(鍾城)으로 유배되었다가 1504년에 세상을 떠났는데, 그해 갑자사화가 다시 일어나 연산군에게 부관참시를 당했다. 조지서는 연산군이 세자였을 때 세자시강원 보덕을 지냈는데, 학문을 싫어하는 세자에게 풍간(諷諫)을 하고 진강(進講)을 강요하다가 미움을 받았다. 그 때문에 연산군이 그를 미워해 갑자사화에 연루시켜 참살(斬殺)하였다.

그러면 남명은 왜 이 세 사람을 부각시켜 '군자(君子)'로 호칭하면서 추앙하고 있는 것일까? 이 세 사람의 특징을 다시 되새겨 보자. 한유한은 난세에 나아가지 않고 출처(出處)의 대절(大節)을 보인 인물이고, 정여창은 당시 도학의 유종(儒宗)이었는데 사화에 희생된 분이며, 조지서는 세자를 올바로 인도하려다 미움을 사 뒤에 억울하게 죽은 분이다. 남명은 의도적으로 이들을 거론하여 그 분들의 삶의 의미를 다시 되새겼다. 그렇게 하여 그 시대의 무도함을 드러냈고, 그 분들의 가치를 부각시켰다. 그리고 그것을 통해 자연스럽게 자신의 삶의 자세와 자기 시대의 모습을 은연중 덧붙여 놓았다. 또한 남명은 이를 통해 보다 철저히 자신의 정신자세를 가다듬고 있다.

남명은 그렇게 함으로써 자기 시대의 정신을 새롭게 진작시키려 하였다. 그래서 이 세 군자의 가치를 '십 층 산봉우리 위의 옥'과 '천 이랑

물결 위에 비친 달'로 비유해 크게 표창하고, 이 세 군자를 만난 의미를
산수를 통해 얻은 소득보다 더 높이 드러내었다. 이것이 바로 남명이 산
수유람을 통해 추구한 '간인간세'의 관점이다. 따라서 산수를 통해 심성
수양에 치중하는 도학자들의 정신과는 다른 관점이라고 하겠다.

물론 이 '간산간수 간인간세'의 관점이 남명 특유의 것이라고만 할 수
는 없다. 그전 사람들 가운데도 산수유람을 통해 고인을 생각하고 그 덕
을 기린 경우가 있다. 그러나 남명의 경우처럼 고인을 통해 그 세상을
생각하는 '간인간세'의 관점에까지 나아간 경우는 아직 보지 못했다. 예
컨대, 점필재 김종직의 「유두류록」에는 쌍계사의 돌에 새겨진 글씨를
보고 최치원이 난세를 만나 세상에 용납되지 못하여 산수에 몸을 의탁
하였다는 언급을 하고 있고,[10] 탁영 김일손의 「두류기행록(頭流紀行錄)」
에도 최치원에 대해 선불(禪佛)을 좋아해서 그에 의탁하였다고 하고 있
다.[11] 이 두 편의 글이 산수를 통해 고인을 추상한 점에서는 남명의 유
람록과 다를 바 없다.

그러나 이 두 편의 유람록에서는 남명의 경우처럼 그 인물의 특징적
인 면모를 특별히 부각시켜 드러내지 않고 있으며, 최치원에 대해 불교
에 심취했다거나 신선이 되었다거나 하는 점에 대해 언급하면서도 엄격
한 포폄의 뜻을 보이지 않고 있다. 또한 최치원이 살던 세상에 대해 언
급하면서도 그 시대의 무도함과 학자의 삶의 자세에 대해 분명한 인식

---

10) 金宗直,『佔畢齋集』권2,「遊頭流錄」. "崔孤雲嘗遊於此 刻石在焉 孤雲不羈
    人也 負氣槪遭亂世 非惟不遇於中國 而又不容於東土 遂嘉遯物外 溪山幽
    閴之地 皆其所遊歷 世稱神仙 無愧矣"
11) 金馹孫,『濯纓集』권5,「頭流紀行錄」. "摩挲苔蘚 多少感慨 第讀其詞偶儷
    而好爲禪佛作文 何也 豈學於晩唐 而未變其習耶 將仙逸隱淪 玩世之衰 而
    與時偃仰 托仰於禪佛 以自韜晦耶 不可知也"

을 보이지 못하고 있다. 이런 점에서 이 분들이 영남사림의 대표적인 인물이지만, 아직 사(士)의 자기의식이 철저하지 못했던 측면을 보여주는 부분이다.

남명도 「유두류록」에서 쌍계사 입구 바위에 새겨진 '쌍계석문(雙磎石門)'을 보고 언급한 것이 있는데, 단지 그 글씨의 크기와 깊게 새긴 점에 대해 언급하고 있을 뿐, 최치원의 삶의 자세에 대해서는 한 마디 언급도 없다. 이를 바꾸어 얘기하자면, 남명은 최치원에 대해 앞에서 언급한 세 군자와 같이 특별히 거론할 만한 점을 발견하지 못한 것이라 할 수 있다. 여기서 남명의 '간인간세'하는 관점이 김종직이나 김일손과 확연히 다르다는 것을 알 수 있다. 결국 이는 남명에게 있어서 퇴처(退處)한 사(士)로서의 자의식이 앞 시대 사람들보다 한층 분명해졌다는 것을 의미하는 것이다.

이상에서 남명의 산수유람에 대한 기본관점을 알아보았다. 요약하면, 하나는 산을 보고 물을 보며 기상을 고취하고 시야를 확대함은 물론 산수를 통해 심성을 수양하는 데까지 나아가는 이른바 '간산간수'의 관점이고, 또 하나는 거기서 머물지 않고 산수를 통해 고인을 보고 나아가 그가 살던 세상을 보는 이른바 '간인간세'의 관점이다.

3. 「유두류록」에 나타난 정신세계

1) 자아에 대한 성찰과 심성수양

남명의 「유두류록」이 다른 유람록과 다른 점은 산수의 자연경관에 대한 묘사가 적고, 유람하는 동안 일어난 일이나 산수를 보고 느낀 점을 기록한 것이 많다는 것이다. 그런 경향이 짙어서 그런지 산수유람을 하면서 자아에 대한 깊은 성찰을 하기도 하고, 함께 유람하는 벗들에게 정신자세를 일깨우거나 의(義)를 부추기는 발언을 서슴지 않고 있어 수양론을 중시한 성리학자로서의 면모를 유감없이 드러내고 있다. 이는 곧심성수양에 관한 남명의 견해를 표명한 것으로, 그의 성리학적 사유가 어디에 초점이 두어져 있는가를 보여주는 중요한 자료일 수 있다. 따라서 이 점을 집중 조명해 보는 것은, 남명의 유람록에 나타난 정신세계를 살펴보는 일임은 물론, 남명의 성리학이 어떤 지향을 하고 있는가를 밝히는 하나의 단서가 될 수도 있다.

남명은 조선조 성리학이 개화하는 시기의 성리학자로서 학문이 형이상학적으로 사변화되는 것을 우려해 철저히 실천적인 수양론을 중시한 분이다.12) 이처럼 남명은 애초 학문의 방향을 수양론을 중시하는 쪽으로 잡았기 때문에 만년에 특히 경(敬)·의(義)를 크게 드러내 학문의 요체로 삼았다. 남명은 늘 이런 마음가짐을 가지고 있었기 때문에 산수를 유람하면서도 자신에 대해 끝없는 성찰을 하고 있고, 벗들과의 대화에서도 떳떳하고 올바른 인간자세를 은연중 깨우치고 있다. 남명은 「유두류록」을 쓴 1558년 음력 4월 19일 불일폭포·불일암 등지를 유람하였는데, 그때 가파른 비탈길을 오르고 내리면서 느낀 감회를 다음과 같이 서술하였다.

> 당초 위쪽으로 오를 적에는 한 발자국을 내디디면 다시 한 발자국을 내딛기가 어렵더니, 아래쪽으로 달려 내려올 때에는 단지 발만 들어도 몸이 저절로 흘러 내려가는 형세였다. 이것이 어찌 선을 좇는 것은 산을 오르는

---

12) 최석기, 「南冥의 神明舍圖·神明舍銘에 대하여」, 『남명학연구』 제4집, 경상대학교 남명학연구소, 1995.

것과 같고, 악을 좇는 것은 무너져 내리는 것과 같은 일이 아니겠는가?[13]

 남명은 한 발자국도 내딛기 어려운 비탈길을 오르면서, 사람들이 선을 행하기 어려운 것이 이와 같다는 것을 새삼 느꼈다. 그리고 비탈길을 내려오면서 저절로 달려 내려올 수밖에 없는 것을 보고, 또 사람들이 악한 데로 나아가기가 이처럼 쉽겠다는 생각을 하였다. 여기서 알 수 있듯이, 남명은 산을 오르고 내리면서 무심히 자연의 경관이나 구경하고 감탄하는 감각적 느낌만을 갖지 않았다. 한 순간 마음을 단속하지 않으면 악으로 빠지기 쉽다는 것을 새삼스럽게 느낀 것이다. '선을 따르기가 산을 오르는 것처럼 어렵다.[從善如登山]'는 말은 본디 『국어(國語)』「주어(周語)」에 나오는 말인데, 남명 문하에 전해진 전법문자였다.[14]

 그리고 '악을 좇는 것은 무너져 내리는 것과 같다.'는 말 속에는, 잠시도 마음이 흐트러지지 않도록 철저히 단속해야 한다는 뜻이 들어 있다. 이는 곧 마음이 다른 데로 흐트러지지 않도록 전일(專一)하게 해야 한다는 것을 의미하며, 그것은 심학(心學)의 근원으로 일컬어지는 '인심유위(人心惟危) 도심유미(道心惟微) 유정유일(惟精惟一) 윤집궐중(允執厥

---

13) 조식, 『남명집』권2, 「유두류록」19일조. "初登上面, 一步更難一步, 及趨下面, 徒自擧足, 而身自流下, 豈非從善如登, 從惡如崩者乎."

14) 松亭 河受一은 남명 문하의 '小學君子'로 불린 覺齋 河沆의 조카이자 제자이다. 또 그의 제자가 謙齋 河弘度인데, 송정이 겸재에게 "닭이 울면 일어나 부지런히 선을 행하는 자는 舜의 무리라고 하였는데, 옛날 남명 선생께서 그 뜻을 깊이 터득하셨고, 우리 각재 선생은 남명 선생에게 직접 가르침을 받아 그 도를 들었다. -중략- 너희들은 내 문하에서 나왔으니, 큰 임무나 무거운 책임은 지지 못한다 할지라도 산에 오르는 것과 같은 노력은 깊이 이루어야 할 것이다."라고 하였다. 여기서 '산에 오르는 것과 같은 노력'이 바로 善을 따르려는 노력을 일컫는다.

中)'15)의 '유일(惟一)'에 해당한다. 그리고 이 '유일'의 상태를 유지하기 위해 필요한 것이 바로 '경(敬)'인 것이다. 남명은 평소 이런 데 대한 생각이 철저했던 분으로, 경과 의를 자신을 수양하는 양대 관건으로 인식해 일(日)·월(月)로 비유하기까지 한 분이다.

그런데 이러한 생각은 누구에게나 쉽게 일어나는 것이 아니다. 남명이 성리학에 깊이 침잠하여 부단히 실천적인 수양의 자세를 가졌기 때문에 가능했던 것이다. 바로 학문의 힘이라고 할 수 있다. 이를 보면 남명의 학문은 성리학에 근본하고 있고, 그 중에서도 수양론에 입각한 철저한 실천위주의 학문을 주창하고 있다는 사실을 알 수 있다.

이처럼 남명은 산수유람을 하면서 성리학적 사유를 바탕으로 자아에 대한 깊은 성찰을 보이고 있는데, 다음 자료는 이와 같은 그의 인식차원을 보다 구체적으로 선명하게 보여주고 있다.

밤에 우점(郵店)으로 갔는데, 겨우 한 말[斗]들이 정도밖에 안 되는 한 칸 방이어서 허리를 구부리고 들어갔다. 방안에서는 다리를 뻗을 수가 없었고, 벽은 바람도 가리질 못했다. 처음에는 답답하여 견디지 못할 듯싶었는데, 조금 뒤에는 네 사람이 이마를 맞대고 베개를 나누어 베고서 단잠에 빠져 밤을 보냈다. 이를 보면, 사람의 습성[習狃之性]이라는 것은 주의하지 않으면 눈 깜박할 사이에 낮은 데로 치닫는 것임을 알 수 있다. 앞에서도 그 사람이고 뒤에서도 그 사람인데, 앞서 청학동에 들어갔을 적에는 마치 신선이 사는 낭풍(閬風)에 오른 듯했는데도 오히려 만족해하지를 않았고, 신응동(神凝洞)에 들어갔을 때에도 마치 신선이 사는 요지(瑤池)에 오른 듯했는데도 오히려 부족하게 여겨, 은하수에 걸터앉아 하늘나라로 들어가거나 학을 부여잡고 하늘 높이 날아올라 문득 인간 세상에 내려오지 않을 것처럼 하더니, 뒤에 와서는 모두 좁은 방에서 몸을 구부리고 자면서

---

15) 이는 『서경』 「大禹謨」에 보인다.

도 그것을 자기의 분수로 달게 받아들이고 있다. 이것이 비록 현재의 위치
에 적응해 안주하는 것이지만 평소 습성을 기르는 것이 높지 않아서는 안
되며, 평소 거처하는 것이 작고 낮아서는 안 되는 것임을 알게 하는 것이
다. 그리고 선하게 되는 것도 습성을 말미암는 것이고, 악하게 되는 것도
습성을 말미암는 것임을 알게 하는 것이다. 또한 끊임없이 발전하는 것도
그 사람이 행하기에 달린 것이고, 끊임없이 퇴보하는 것도 그 사람이 행하
기에 달린 것인데 단지 한번 발을 들어 어느 쪽으로 두느냐에 달려있는
것이다.16)

이는 남명이 유람을 마치고 돌아오다가 현 하동군 옥종면 정수리에
있던 정수역(旌樹驛)에서 하룻밤을 묵으면서 느낀 감회를 서술한 것인
데, 한 마디로 인간의 습성에 대해 언급한 것이다. 습성은 인간의 심성
이 어떤 쪽으로 익숙해져서 길들여지는 것을 의미한다. 남명은 청학동·
신응동에 들어가 노닐 때 신선이 된 듯이 활달하게 가졌던 마음과 비좁
은 방에서 오그리고 자야 하는 현실을 기꺼이 수용하는 마음, 이 두 마
음의 이중성을 두고서 심성을 길들이는 문제에 대해 새삼 그 중요성을
일깨운 것이다.

남명은 비좁은 방에서 움츠리고 자는 사람들의 모습을 통해, 자신을
향상시키는 쪽으로 습성을 항상 유지하고 있지 않으면 잠깐 사이에 낮
은 데로 치달려 내려갈 수 있다는 것을 감지하였다. 그는 이러한 사실을

---

16) 조식,『남명집』권2,「유두류록」24일조. "夜就郵店, 一室僅如斗大, 伽僂而入,
房不展脚, 壁不蔽風, 方初怫然如不自容, 旣而四人抵頂交枕, 甘寢度夜, 可
見習狃之性, 俄頃而便趨於下也. 前一人也, 後一人也, 前入靑鶴洞, 若登閶
闔風, 猶以爲不足, 又入神凝洞, 方似上瑤池, 猶以爲不足, 又欲跨漢入靑霄 控
鶴沖空, 便不欲下就塵寰. 後之屈身於坏塿之間, 又將甘分然, 雖是素位而安,
可見所養之不可高, 所處之不可小下也. 亦見爲善由有習也, 爲惡由有狃
也. 向上猶是人也, 趨下亦猶是人也, 只在一擧足之間而已."

통해 이 습성을 어떻게 갖느냐에 따라 선으로 나아갈 수도 있고 악으로
나아갈 수도 있으며, 자신을 향상시킬 수도 있고 자신을 퇴보시킬 수도
있다는 생각하게 되었다. 그래서 그는 자신을 향상시키고 선으로 나아
가기 위해서는 평소 높은 가치를 추구하고자 하는 쪽으로 습성을 길러
나가야 하고, 자신을 처신하는 데 있어서도 비천한 데에 몸을 두지 말아
야 한다는 주장을 하기에 이른 것이다.

  그런데 인간의 습성은 하루아침에 바뀌어지는 것이 아니다. 마음을
거기에 두고 부단히 노력을 기울여야 한다. 잠시 선으로 나아가는 마음
을 가졌다고 해서 바로 그런 경지가 지속되는 것은 아니다. 인위적으로
노력하지 않아도 저절로 그렇게 되기 위해서는 끊임없는 노력이 있어야
한다. 남명은 이 점을 절실히 느끼고 있었던 것이다. 그래서 그는 다음
과 같은 말을 하고 있다.

  그리고 또 사람들에게 경계하여 말하기를 "명산에 들어온 자치고 누군
  들 그 마음을 씻지 않겠으며, 누군들 스스로 소인이라 말하려고 하겠는가?
  그러나 끝내 군자는 군자가 되고, 소인은 소인이 된다. 한번 햇볕을 쬐는
  정도로는 유익함이 없다는 것을 알 수 있다."라고 하였다.17)

  명산을 찾아 마음을 상쾌하게 했다고 해서 바로 군자가 되는 것은 아
니다. 군자가 되는 길은 평소 자신의 덕성을 부단히 닦아 나가는 데 있
다. '한번 햇볕을 쬔다.'는 말은『맹자』에 나오는 '하루 햇볕을 쬐고, 열
흘 춥게 한다.[一日曝之 十日寒之]'에서 따온 말로, 잠시 마음의 티끌을
씻어 버렸다는 말이다. 사(私)·이(利)를 추구하던 마음을 잠시 갖지 않는

_____

17) 조식,『남명집』권2,「유두류록」20일조. "又以警人曰, 入名山者, 誰不洗濯其
   心, 肯自謂曰小人乎. 畢竟君子爲君子, 小人爲小人, 可見一曝之無益也."

다고 해서 바로 공(公)·의(義)의 마음으로 돌아가는 것이 아니다. 부지런히 심성을 갈고 닦지 않으면 그런 마음을 얻을 수 없다.

또한 남명은 산수를 유람을 하면서 벗들에게 정신세계를 높다랗게 가질 것을 깨우치거나 의(義)를 북돋우고 있는데, 이 점도 역시 끝없이 자신을 돌아보고 단속하는 심성수양의 한 측면이라고 할 수 있다. 남명은 신응사 앞의 시냇가에 있는 반석 위에 올라 죽 벌여 앉아 있을 때, 다음과 같은 말을 하여 주위를 경책하고 있다.

> 절에 도착하자, 문 안으로 들어갈 겨를도 없이 곧장 앞 시냇가의 반석으로 달려가 그 위에 벌여 앉았다. 그때 인숙(寅叔 : 李公亮)과 강이(剛而 : 李楨)를 가장 높은 돌 위에 올려 앉히고서 말하기를, "그대들은 위급한 경우를 당하더라도 그 자리를 잃지 말게. 만약 몸을 하류에 두게 되면 다시는 그곳으로 올라갈 수 없게 될 것이네."라고 하였더니, 그들이 웃으며 말하기를, "청컨대, 이 자리를 잃도록 하지나 마시게."라고 하였다.[18]

이 말은 정신을 높은 경지에 올려놓고 어떤 어려움이 있어도 그것을 잃지 않도록 해야 한다는 뜻을 담고 있다. "청컨대 천 석들이 종을 보게나, 크게 치지 않으면 울리지 않는다네. 어찌하면 나도 두류산처럼, 하늘이 울어도 울지 않을 수 있을까?"[19]라고 읊은 데서도 확연히 드러나듯이, 남명은 천 석들이 종처럼 크고 천왕봉처럼 우뚝한 정신세계를 이루려고 하였다. 그런 정신세계를 가져야 의연하게 자신을 세울 수 있다고

---

18) 조식, 『남명집』권2,「유두류록」20일조. "到寺未暇入門, 徑趨前溪盤石, 列坐其上. 獨推坐寅叔·剛而於最高石頭曰, 君等雖至於顚沛, 毋失此地, 若置身下流, 則不得上矣. 笑曰, 請毋失此坐."

19) 조식, 『남명집』권1,「題德山溪亭柱」. "請看千石鍾, 非大扣無聲, 爭似頭流山, 天鳴猶不鳴."

생각한 것이다.

반석 위에 이공량(李公亮)과 이정(李楨)을 밀어 올리고 한 이 말도, 이와 같이 흔들림이 없는 높다란 정신자세를 가져야 한다는 의미를 가지고 있다. 그래서 그는 '몸을 하류에 두게 되면 다시는 그곳으로 올라갈 수 없게 될 것이네'라고 하여, 다시 경계를 하고 있다. 이처럼 남명은 응사접물(應事接物)하면서 한 순간도 마음을 놓지 않고 심성을 수양해 높은 정신세계를 추구하도록 일깨우고 있다.

다음은 유람을 하면서 접한 어떤 사건을 통해 넌지시 의(義)를 북돋아 주고 있는 일면을 나타내 주는 자료이다.

> 새벽에 흰 죽을 먹고 동쪽 고개를 올랐는데, 이 고개를 삼가식현(三呵息峴)이라 한다. 고개가 높다랗게 하늘에 가로놓여 있어, 이 고개를 오르는 자는 두어 걸음에 세 번씩 가쁜 숨을 내쉬어야 한다. 그 때문에 고개 이름을 그렇게 지은 것이다. 두류산의 원기(元氣)가 여기까지 1백 리나 흘러내렸건만 여전히 높다랗게 뻗어 내리며 조금도 낮아지려 하지 않는다. 우옹(愚翁 : 李希顔)이 강이(剛而)의 말을 타고 혼자 채찍을 휘둘러 먼저 고개에 올랐다. 제일 높은 봉우리에 올라 말을 세우더니, 말에서 내려 돌에 걸터앉아 부채질을 하였다. 우리 일행은 한 걸음 한 걸음씩 나아가는데, 사람과 말이 모두 비가 내리듯이 땀을 흘렸다. 한참 뒤에야 겨우 고개에 도착하였다. 내가 문득 우옹에게 면박을 주어 말하기를, "그대는 말을 탄 기세에 의지해 나아갈 줄만 알고 그칠 줄을 모르니, 뒷날 의로 나아가는 데 있어서는 반드시 남의 앞에 있을 것이네. 그러니 참으로 좋은 일이 아니겠는가?"라고 하자, 우옹이 사과하기를, "내 이미 그대의 꾸지람하는 말이 있을 줄 알았네. 내 스스로 내 죄를 알겠네."라고 하였다.[20]

---

20) 조식,『남명집』권2,「유두류록」24일조. "晨噍白粥, 登東嶺. 嶺曰三呵息峴, 嶺高橫天, 登者數步三呵息, 故名之. 頭流元氣, 到此百里來, 偃蹇而猶未肯小下者也. 愚翁乘剛而馬, 獨鳴鞭先登, 立馬第一峯頭, 下馬據石而揮扇, 衆皆

삼가식현은 현 하동군 악양면과 적량면 사이에 있는 삼하실재를 가리 킨다. 이 고개를 오를 때 이희안이 말을 타고 앞서 올랐던 모양이다. 이 를 보고서, 남명은 간과하지 않고 일침을 놓았다. 그런데 그냥 꾸짖는 투로 말을 하지 않고 의미심장한 뜻을 덧붙여 놓았다. 곧 말을 타고 단 숨에 고개를 오른 이희안의 행동을 두고 거침없이 의(義)로 나아가는 것 에 비유한 것이다.

의(義)는 남명이 경(敬)과 함께 나란히 중시한 성찰(省察)과 극치(克治) 의 덕목으로 이(利)와는 상대적인 말이다. 그런데 남명은 이희안이 힘들 이지 않고 먼저 고개에 오른 것을 덮어두고, 슬쩍 앞서 나아가는 점만 들추어서 의에 관한 일로 바꾸어 놓았다. 농담도 이쯤 되면 대단히 고단 수라 하겠다.

이상에서 살펴본 것처럼, 남명은 산수유람을 하면서 자연경관의 빼어 나고 아름다운 점을 보고 경탄하는 데서 그치지 않고 끝없이 자신을 돌 아보며 심성에 대해 관찰하고 있다. 그래서 다른 유람록이나 유산기가 대체로 자연의 빼어난 경치를 기술하는 데 치우쳐 있는 반면, 남명의 유 람록은 유람을 하면서 접한 어떤 사건을 통해 마음을 가다듬고 나아가 인간으로서의 올바른 자세를 가다듬는 데에 초점이 맞추어져 있다. 그 가운데 특히 자아에 대한 깊은 성찰과 벗들에게 의(義)를 북돋우고 우뚝 한 정신세계를 깨우치는 경책성 발언이 주를 이룬다. 이런 측면을 두고 볼 때, 수양론에 중점을 두어 실천을 중시한 성리학자로서의 면모를 다 시 확인해 볼 수 있다.

寸寸而進, 人馬汗出如雨, 良久乃至. 植忽面折愚翁曰, 君憑所乘之勢, 知進 而不知止, 能使他日趨義, 必居人先, 不亦善乎. 翁謝曰, 吾已料君應有峭說, 吾果知罪."

2) 역사에 대한 회고와 현실인식

앞에서 살펴보았듯이, 남명은 산수를 유람하는 데 있어 기본적으로 산을 보고 물을 보고 그리고 인간을 보고 세상을 보는 이른바 '간산간수(看山看水) 간인간세(看人看世)'의 유람관을 가지고 있었다. 그래서 단순히 산수를 보는 데서 그치지 않고 산수를 통해 고인을 생각했고, 다시 그 사람이 살던 세상을 생각했다. 그는 이와 같은 역사에 대한 회고를 통해 자신의 지절(志節)을 새롭게 다짐했고, 역사라는 거울을 통해 현실 문제를 비추어 보며 다시 자기 시대를 걱정했다.

따라서 그의 유람은 산수에 대한 탐닉의 차원을 넘어서고 있다. 즉 산수라는 평면적 공간을 넘어 역사라는 수직적 시간을 간직한 산수로 인식되고 있으며, 그 시간과 공간 속에 살다간 사람들의 삶이 담겨 있다. 이처럼 산수를 산과 강으로만 보지 않고 인간의 삶의 역사가 깃들어 있는 것으로 보는 시각은, 현실사회에 대한 깊은 애정을 드러낸 것이기도 하다. 여기서는 「유두류록」에 나타난 남명의 이런 정신세계를 살펴보기로 하겠다.

남명은 이 유람 기간 동안 모두 6명의 역사 속의 인물을 만났다. 우선 사천만(泗川灣)에서 출발하기 전에 장암(場巖)의 쾌재정(快哉亭)에서 고려의 장군이었던 이순(李珣)을 만났고, 하동 악양현 삽암(鍤巖)에서 고려 말 지절을 지킨 한유한(韓惟漢)을 만났으며, 화개현 도탄(陶灘)에서 정여창(鄭汝昌)을 만났고, 쌍계사 석문에서 최치원(崔致遠)을 만났으며, 옥종(玉宗) 정수역(旌樹驛)에서 조지서(趙之瑞)와 그의 부인 정씨(鄭氏)를 만났다. 그런데 이순에 대해서는 별다른 언급이 없고, 최치원에 대해서는 글씨에 대해 언급하고 있을 뿐이다. 그러나 한유한·정여창·조지서 및 그의 부인에 대해서는 그분들의 존재를 부각시켜 말하고 있다. 이 부분을 차례로 들어보기로 한다.

　가) 한유한은 고려가 어지러워질 것을 알고, 처자를 이끌고 이곳에 들
　　　어와 살았다. 조정에서 불러 대비원 녹사로 삼았으나, 그날 저녁에
　　　달아나 버려 그가 간 곳을 아무도 몰랐다고 한다. 아, 나라가 망하
　　　려고 할 때에 어찌 어진 이를 좋아하는 일이 있을 수 있겠는가? 선
　　　한 사람을 선하게 여기는 정도로만 어진 이를 좋아하는 것은 섭자
　　　고(葉子高)21)가 용을 좋아한 것만도 못한 일이니, 나라가 어지러워
　　　망하려는 형세에 아무런 도움도 되지 못한다. 문득 술을 청해 가득
　　　부어 놓고 거듭 삽암을 위해 길이 탄식을 하였다.22)

　나) 선생은 바로 천령(天嶺 : 함양) 출신의 유종(儒宗)이다. 학문이 깊고
　　　독실하여 우리 도학의 실마리를 이어주신 분이다. 처자를 이끌고
　　　산으로 들어갔으나 나중에 내한(內翰)을 거쳐 안음현감으로 나아갔
　　　다가 교동주(喬桐主 : 연산군)에게 죽임을 당했다. 이곳은 삽암(鈒
　　　岩)과 십리쯤 떨어진 곳이다. 명철(明哲)의 행(幸)·불행(不幸)이 어
　　　찌 운명이 아니겠는가?23)

　다) 저녁에 정수역(旌樹驛)에 도착했다. 객관 앞에 정씨(鄭氏)의 정문
　　　(旌門)이 서 있었다. 정씨는 승선(承宣) 조지서(趙之瑞)의 아내이

---

21) 葉子高는 춘추 시대 葉縣의 수령을 지낸 沈諸亮을 가리킨다. 그는 용을 대단히
　　좋아해 자기 주변의 곳곳에 용을 새겨 놓았는데, 하늘의 용이 그 소문을 듣고 내
　　려왔다고 한다.
22) 조식,『남명집』권2,「유두류록」16일조. "惟韓見麗氏將亂, 携妻子來栖, 徵爲
　　大悲院錄事, 一夕遁去, 不知所之. 噫, 國家將亡, 爲有好賢之事乎. 善善之好
　　賢, 又不如葉子高之好龍, 無補於亂亡之勢. 忽呼酒滿, 重爲鈒岩長息也."
23) 조식,『남명집』권2,「유두류록」16일조. "先生, 乃天嶺之儒宗也. 學問淵篤, 吾
　　道有緒, 挈妻子入山, 由內翰, 出守安陰縣, 爲喬桐主所殺. 此去鈒岩, 十里地.
　　明哲之幸不幸, 豈非命耶."

자, 문충공(文忠公) 정몽주(鄭夢周)의 현손녀(玄孫女)이다. 승선은 의인이었다. 그 기상이 우뚝한 절벽과 같아 높은 바람이 불어오면 곁에 있는 절벽이 벌벌 떠는 것과 같았다. 그는 연산군이 선왕의 업적을 능히 잇지 못할 것을 미리 알고서 물러나 있은 지 10여 년이 되었는데, 오히려 화를 면치 못했다. 부인은 적몰(籍沒)되어 죄인이 되었으나, 젖먹이 두 아이를 데리고서도 신주를 지고 다니면서 조석으로 상식을 폐하지 않았다. 절개와 의리를 둘 다 이룬 경우가 지금 여기에 있다 하겠다.24)

이 세 자료는 모두 역사 속의 인물을 현인으로 평가하여 표창하고 있는 것이 특징인데, 한유한은 난세에 세상에 나아가지 않고 지절(志節)을 지킨 인물로, 정여창은 도학(道學)의 유종(儒宗)으로서 포악한 군주를 만나 억울하게 희생된 인물로, 조지서는 의인(義人)이었는데 포악한 군주를 만나 억울하게 희생된 인물로, 조지서의 부인 정씨(鄭氏)는 절개(節槪)를 지킨 인물로 그리고 있다.

이런 평가에서 공통점을 발견한다면, 그것은 지조와 절개를 지켰다는 측면이다. 곧 이 분들은 모두 역사 속에서 지조와 절개를 굳게 지켜 후세에 모범이 될 만한 인물들이다. 남명은 이 점을 얘기하고 싶었던 것이다. 목숨을 아까워하지 않고 지조와 절개를 지키고 의롭게 행동하는 군자다운 정신을 자기 시대에 절실히 필요로 한 것이다. 여기서 우리는 남명의 정신세계를 새롭게 엿볼 수 있다.

남명은 한유한·정여창·조지서 이 세 사람을 군자로 일컬으며 큰 산과

---

24) 조식,『남명집』권2,「유두류록」24일조. "夕到㫋樹驛, 舘前竪有鄭氏㫋門. 鄭氏, 趙承宣之瑞之妻, 文忠公鄭夢周之玄孫. 承宣, 義人也. 高風所擊, 隔壁寒慄, 知燕山不克負荷, 退居十餘年, 猶不得免. 夫人沒爲城朝, 乳抱兩兒, 背負神主, 不廢朝夕祭. 節義雙成, 今亦有焉."

큰 내를 본 것보다 이들을 만난 것에 더 큰 의미를 부여하고 있다. 그런데 그는 이들이 보여준 삶의 자세를 존모하고 표창하는 데에서 머물지 않고, 역사적 사건에 대한 탄식을 통해 자기 시대의 정치에 대해 경계하는 뜻을 덧붙이고 있다. 위 인용문 가)에서는 한유한의 경우를 두고서 '선한 사람을 선하게 여기는 정도로만 어진 이를 좋아하는 것은 섭자고(葉子高)가 용을 좋아한 것만도 못한 일이니, 나라가 어지러워 망하려는 형세에 아무런 도움도 되지 못한다.'라고 하여, 개인의 인물에 대한 평가를 넘어 위정자의 속성을 들추어 경계하고 있다.

남명은 한유한을 생각하며 왜 이토록 긴 탄식을 하였을까? 그것은 바로 한유한의 경우를 자기의 처지와 비슷하게 공감하고 있기 때문이었을 것이다. 남명은 어진 이를 천거하여 말직에 임용하는 것이 어려움에 처한 나라를 구제하려는 군주의 진정에서 우러나온 충심으로 보지 않았다. 그것은 어진 이를 좋아한다는 명성을 얻어 난국을 진정시키려는 고도의 정치적 술책으로 보았다. 그래서 남명은 여러 차례 벼슬자리에 임명되었으나 나아가지 않았다. 그리고 한유한이 대비원 녹사라는 말직에 임용되었을 때 나아가지 않고 달아난 점을 높이 여긴 것이다.

또한 정여창의 경우를 두고, 남명은 천거되어 나아갔다가 연산군에게 억울하게 죽은 점을 거론하였다. 도학의 유종이었다는 점에 대해 길게 언급할 듯한데, 이에 대해서는 한 마디로 줄이고 바로 그의 죽음을 들고 나왔다. 그리고 명철한 이를 죽이는 어지러운 시대상을 드러내 탄식하였다. 위 인용문 나)의 '명철의 행·불행이 어찌 운명이 아니겠는가?'라고 한 말은, 자기 시대에 대한 엄한 경고가 아닐 수 없다. 명철한 이가 등용되어 세상을 다스려야 하는데, 명철한 이가 뜻을 펴 보지 못하고 죽은 것을 운명으로 돌려버렸다. 남명의 이 말에 대해 퇴계 이황은 "참으로

천고 영웅의 탄식을 불러일으키고 지하에서 귀신을 울릴 수 있는 말이
다.”라고 평하였다.25)

조지서의 경우도 마찬가지이다. 그가 의인인 점을 들추어 인물 성격
을 천인벽립의 기상을 가진 인물로 드러내고서, 바로 그가 억울하게 죽
게 된 점을 들어 그 시대를 탄식하였다. 이상에서 살펴본 것처럼, 이 세
자료는 모두 특정 인물을 통해 그 시대의 문제점을 크게 드러낸 것이 특
징인데, 여기에 바로 남명정신이 담겨 있다. 그는 지조와 절개를 지키거
나 의롭게 살다간 역사적 인물을 통해, 그 시대의 혼란함과 군주의 무도
함을 드러내었다. 그리고 그런 역사적 사실을 통해 자기 시대의 어려움
을 드러내고, 자신의 삶의 자세를 다졌다. 한 시대의 정신을 부지하려는
뜻을 그 속에 담아 놓은 것이다.

남명은 이들처럼 역사에 떳떳한 이름을 남기기를 원했다. 그래서 자
신의 삶의 자세를 엄격히 했고 천왕봉처럼 흔들리지 않는 정신세계를
이룩하려 하였다. 그런 그였기에 위 세 군자의 경우와 바위에 이름을 새
겨 넣은 사람들을 들어 다음과 같이 말하고 있다.

　　또한 보건대, 산 속에는 바위에다 자기의 이름을 새겨 둔 것이 많았는
데, 이 세 군자의 이름은 결코 바위에 새겨져 있지 않았다. 그러나 반드시
이들의 이름은 길이 세상에 전해질 것이다. 그러니 바위에 이름을 새기는
것이 만고의 역사를 바위로 삼는 것과 어찌 같겠는가?26)

남명은 또 이 세 군자를 통해, 만고에 길이 전해질 지절을 지키고 의

---

25) 이황, 『퇴계집』 권43, 「書曺南冥遊頭流錄後」 참조.
26) 조식, 『남명집』 권2, 「유두류록」 24일조. “且看, 山中題名於石者多. 三君子不
曾入石, 而將必名流萬古, 曷若以萬古爲石乎.”

로운 일로 이름을 남기는 것이 장부가 해야 할 일임을 거론하고 있다. 이점도 남명이 평생을 두고 추구한 정신세계인데, 「누항기(陋巷記)」에 잘 나타나 있다. 「누항기」는 공자 문하의 수제자인 안회를 두고 쓴 글인데, 그 가운데 "천자는 천하로 영토를 삼지만 안자(顔子 : 顔回)는 만고(萬古)로 영토를 삼았으니, 누항(陋巷)은 그의 땅이 아니다. 천자는 만승(萬乘)으로 지위를 삼지만 안자는 도덕(道德)으로 지위를 삼으니, 곡굉(曲肱)이 그의 지위가 아니다. 그러니 그의 땅이 얼마나 넓으며, 그의 지위가 얼마나 큰가?"라는 말이 있다.

여기서 눈여겨 볼 대목이 '안자는 만고로 영토를 삼았다.'는 말이다. 안자는 끼니를 잇지 못할 정도로 어려운 생활을 하면서도 도덕을 추구하는 것을 자신의 임무로 삼아 그 정신을 잃지 않은 사람이다. 그래서 그 이름이 만고에 길이 전해지고 있다. 천자의 영토인 '천하'가 공간적 개념으로 당대의 부귀를 상징하는 것이라면, 안자의 영토인 '만고'는 시간적 개념으로 역사에 길이 남을 명예를 뜻한다. 위 인용문에서 '만고로 바위를 삼는다.'는 말이 바로 이런 말이 아니고 무엇이겠는가? 남명은 평생 '안회의 학문'을 배우려 하였다. 그런 그였기에 이런 정신을 더욱 뚜렷하게 보여주고 있는 것이다.

이처럼 남명은 만고의 역사에 떳떳한 이름을 남기려고 하였다. 그래서 그는 바위에 이름을 새기는 것에 대해 다음과 같이 말하고 있다.

> 대장부의 이름은 마치 푸른 하늘의 밝은 해와 같아서 사관이 책에 기록해 두고, 넓은 땅 위에 사는 사람들의 입에 새겨져야 한다. 그런데 구구하게 숲속 잡초 사이 원숭이와 이리가 사는 곳의 돌에 새겨 영원히 썩지 않기를 구하려 한다. 이는 아득히 날아가 버린 새의 그림자만도 못한 것으로, 후세에 그것이 어떤 새인지 어찌 알겠는가?27)

다음은 남명이 역사에 대한 회고를 통해 다시 현실에 대해 어떻게 인식하고 있는지 살펴보기로 한다. 남명은 두류산 깊숙이 묻히기를 원했지만, 현실세계를 완전히 등지고 자연에 몰입하려는 것은 아니었다. 그는 유람을 하면서 역사적인 인물을 만나 사(士)의 지절(志節)과 의(義)를 다시 확인하였고, 그것을 통해 자신의 생의 의지를 한층 더 굳건히 다졌다. 이는 사의식의 재확인이며, 사의 현실에 대한 인식이다. 그렇지 않다면 그 인물에 대해 추모하고, 그 시대에 대해 탄식할 필요가 없다.

남명은 이처럼 역사에 대한 회고를 통해 사(士)로서의 자기의식이 보다 선명해졌다. 그 가운데 현실문제와 관련해 나타나는 사의식의 일면을 살펴보기로 하겠다. 우선 민생 문제와 관련해 현실을 어떻게 인식하고 있는지 알아보자.

쌍계사와 신응사 두 절은 모두 두류산 한복판에 있어 푸른 산봉우리가 하늘을 찌르고 흰 구름이 문을 잠근 듯하여 인적이 뜸할 듯하다. 그런데도 이곳까지 관아의 부역이 폐지되지 않아 양식을 싸 들고 모여든 무리들이 끊이질 않고 오가고 있다. 이제는 이들이 모두 흩어져 떠나갈 형편에 이르렀다. 절의 중이 고을 목사에게 편지를 써서 조금이라도 완화해 주기를 바랐다. 그들이 하소연할 데가 없음을 안타깝게 생각해 편지를 써 주었다. 산에 사는 중의 형편이 이러하니, 산촌 백성들의 사정을 알 만하다. 정사는 번거롭고 세금은 과중해 백성과 군졸이 유리걸식하며 흩어져 부자간에 서로 돌보지 못하고 있다.28)

27) 조식, 『남명집』권2, 「유두류록」 19일조. "大丈夫名字, 當如靑天白日, 太史書諸册, 廣土銘諸口. 區區入石於林莽之間, 猩狸之居, 求欲不朽, 邈不如飛鳥之影, 後世果烏知何如鳥耶."

28) 조식, 『남명집』권2, 「유두류록」 22일조. "雙磎·神凝兩寺 皆在頭流心腹 碧嶺插天 白雲鎖門 疑若人煙罕到 而猶不廢公家之役 贏粮聚徒 去來相續 皆至散去 寺僧乞簡於州牧 以舒一分等 憐其無告 裁簡與之 山僧如此 村氓可知

이 자료는 쌍계사를 둘러보고 신응사로 들어가 묵을 때의 일을 기록한 것이다. 이들 일행은 20일 신응사에 들어갔는데, 21일·22일 양일간 온 종일 비가 내려 꼼짝 못하고 절에 들어앉아 있었다. 그때 이 절의 승려를 통해 고충을 듣고, 그들의 부탁으로 진주목사에게 편지를 쓴 것이다. 남명은 이들을 통해 승려들이 부역에 끊임없이 시달리는 사정을 알았고, 나아가 산간 마을 백성들이 번거로운 부역과 과중한 세금 때문에 가족이 뿔뿔이 흩어지게 된 현실을 절감했던 것으로 보인다.

남명은 백성들의 이런 실정을 피부로 느끼면서, 자신들이 한가롭게 유람이나 하고 있는 것에 대해 돌아보게 되었다. 그래서 그는 느낀 점을 다음과 같이 시로 읊었다.

높은 물결 우레와 벼락이 다투는 듯 요란하고,	高浪雷霆鬪
신령스런 봉우리는 해와 달이 간 듯 묘하네,	神峯日月磨
신령스런 이곳에서 함께 고담을 나누었는데,	高談與神宇
얻은 것이 과연 무엇인가?	所得果如何

제1구는 신응사 앞의 개울물이 요란하게 장광설을 내며 흐르는 모양을 형용한 것이고, 제2구는 신응사 주위의 산봉우리가 신비롭게 생긴 것을 형용한 것이다. 제3구의 '고담(高談)'은 일행이 신응사에 머물며 주고받은 담론인데 제1구의 '고랑(高浪)'과 그 이미지가 연결되어 높고 청량한 느낌을 주고 있으며, '신우(神宇)'는 신응사 주위의 별천지를 의미하는 말로 제2구의 '신봉(神峯)'과 자연스럽게 이어지고 있다. 그래서 '고담'과 '신우'는 세속적 근심이 사라진 탈속적 분위기를 자아낸다. 그런데 마지막 구는 갑자기 그런 분위기로부터 반전하여 소득이 무엇인지를

矣 政煩賦重 民卒流亡 父子不相保"

묻고 있다.

그렇다면 이 마지막 구의 '소득이 과연 무엇인가?'는 무엇을 의미하는 것일까? 이 시를 앞뒤 문맥 속에서 보지 않으면 그 뜻을 파악하기 어려울 듯하다. 그러나 앞에서 이미 승려들의 실정을 통해 번거로운 부역과 과중한 세금에 시달리는 민생문제를 거론했다. 그리고 이 시를 그 뒤에다 붙여 놓았다. 그렇다면 이 시의 마지막 구는 바로 그런 느낌을 삽입한 것이 아닐까? 신우에서 며칠 고담을 준론했는데, 얻은 것은 '고(高)'나 '신(神)'의 경지가 아니고 답답한 현실뿐이었다는 말이 아닐까.

여기서 알 수 있듯이, 남명은 세속과 동떨어진 곳을 유람하면서도 현실문제에 민감한 반응을 보이며 민생을 걱정하고 있다. 이는 남명이 산수에 묻혀 있거나 산수를 노닐면서도 현실에 대한 생각을 조금도 늦추지 않고 있다는 것을 의미한다. 다음 자료는 이런 그의 현실인식과 관련해 보다 시야의 폭이 넓어진 것을 보여주는 좋은 자료이다.

> 서로 더불어 사방을 두루 돌아보았다. 동남쪽으로 검푸르게 높이 솟아 있는 것은 남해의 뒷산이고, 정동 쪽으로 파도가 넘실거리듯이 뻗어 있는 것은 하동·곤양의 산들이고, 또 그 너머 동쪽으로 가물가물 하늘에 치솟아 검은 구름처럼 보이는 것은 사천의 와룡산이다. 그 사이에 혈맥이 이리저리 서로 뒤엉킨 것처럼 보이는 것은 강과 바다의 포구가 경락(經絡)처럼 얽혀 있는 것이다. 이처럼 우리나라는 산하의 견고함이 위(魏)나라가 보배로 여기는 것 이상이어서, 만경(萬頃)의 너른 바다에 임해 있고 백치(百雉)의 높은 성곽에 의거해 있다. 그런데도 보잘것없이 추한 섬 오랑캐에게 창생들이 거듭 곤란을 겪었다. 그러니 어찌 자신의 길쌈하는 실이 적은 것은 돌아보지 않고 주(周)나라 왕실이 망할 것을 근심한 과부와 같은 걱정을 하지 않겠는가?[29]

---

29) 조식, 『남명집』권2, 「유두류록」 24일조. "相與四顧流觀 東南面蒼翠最高者 南

이 자료는 돌아오는 길에 삼가식현에 올라 사방을 조망하며 느낀 감회를 적은 것이다. 남명은 이 고개에서 산과 강과 바다가 어우러진 형세를 보고서 외세의 침략을 받아 어려움을 겪는 민생을 생각했다. 높은 고갯마루에 올라 산천의 형세를 둘러보며 민생을 생각한다는 것은 쉬운 일이 아니다. 민생이 도탄에 빠진 것을 절실히 느끼고 그들을 구제해 줄 생각을 밤낮으로 한 사람이 아니면 그런 생각이 일어나지 않을 것이다.

여기서 '우리나라는 산하의 견고함이 위나라가 보배로 여기는 것 이상이어서, 만경의 너른 바다에 임해 있고 백치의 높은 성곽에 의거해 있다.'는 말은, 우리나라의 바다와 산의 형세로 보아 외세의 침략에 쉽게 무너지지 않을 요새로 되어 있다는 뜻이다. 남명은 그런 산천경개를 바라보며, 천험(天險)의 지세를 가지고 있으면서도 섬 오랑캐인 왜놈들에게 자주 침략을 받아 창생이 어려움을 겪고 있는 현실을 생각했다. 그리고 그런 생각을 한 자신을, 분수에 맞지 않게 나라를 걱정한 주나라 과부에 빗대었다. 그러나 우리는 남명의 그런 탄식을 통해 그의 첨예하게 드러난 현실인식을 읽을 수 있다.

남명은 이처럼 현실문제를 등한시하지 않았다. 그는 일찍이 사류(士類)들과 이야기를 나누다 당시 정치의 잘못과 민생의 곤궁에 대해 말이 미치면 팔을 걷어 부치고 울먹이다가 눈물을 흘리기까지 하였다.[30] 남명이 세상을 뜨자 성운(成運)이 「묘비문」을 지었는데, 그 중에 "그는 세

海之殿也 正東之彌漫蟠伏 波浪相似者 河東·昆陽之山也 又東之隱隱嵩天 如黑雲者 泗川之臥龍山也 其間如血脉之交貫錯綜者 江河海浦之經絡去來 者也 山河之固 不啻魏國之寶 臨萬頃之海 據百雉之城 猶爲島夷小醜 重困 蒼生 寧不爲嫠緯之憂乎"

30) 李肯翊,『燃藜室記述』권11, 明宗朝遺逸 曺植條. "嘗與士子語 及時政闕失 生靈困悴 未嘗不振腕哽咽 至於流涕"

상사를 잊지 못하여 나라를 걱정하고 백성을 애달파 하였다. 매번 달 밝은 밤이면 홀로 앉아 슬피 노래를 부르고, 노래를 마친 뒤에 눈물을 흘렸다."[31]라고 썼다. 성운은 20 여 세 전후부터 남명과 벗하여 평생 가장 가까웠던 사이로, 누구보다도 남명을 잘 알 던 사람이다. 성운이 절친한 벗을 먼저 보내면서 지은 묘비에 이와 같이 말하였으니, 남명의 평소 현실문제에 대한 자세를 적시한 것이라 하겠다.

이와 같은 남명의 현실인식은, 현실에 유용한 학문을 해야 한다는 그의 학문정신에서 기인한 것이다. 『선조수정실록』에 남명의 학문에 대해 "조식의 학문은 마음으로 터득하는 것을 귀하게 여기고, 치용(致用)과 실천으로 급무를 삼았다."[32]고 하였다. '마음으로 터득하는 것'은 자득(自得)을 의미한다. 학문하는 사람은 자득을 해야 실제의 일에 그 정신을 자유자재로 활용할 수 있다. '치용'과 '실천'은 배운 것을 현실에 쓰는 것이다. 그렇다면 학문의 목표가 배운 것을 현실에 유용하게 쓰고 실천하기 위한 데 있는 것이니, 현실과 불가분의 관계일 수밖에 없다. 즉 남명의 치열한 현실인식은 바로 그의 학문정신에서 비롯된 것이다.

다음 자료는 이와 같은 점을 단적으로 드러내 주는 좋은 본보기이다.

　　문을 나서서 겨우 수십 걸음을 걸었을 때, 어린 아이가 앞을 가로막으면서 말하기를, "도망친 종을 쫓아왔는데, 이 길 아래쪽에 있으나 아직 잡지를 못하였습니다."라고 하였다. 우옹(愚翁 : 李希顔)이 재빨리 하인 네댓 사람을 시켜 주위를 둘러싸게 하였는데, 잠시 뒤에 남녀 여덟 명을 묶

---

31) 조식,『남명집』권두, 成運 撰「墓碑文」. "不能忘世 憂國傷民 每植淸宵皓月 獨坐悲歌 歌竟涕下"
32) 實錄廳,『宣祖修正實錄』제6권, 선조 5년 정월 무오일조. "植之爲學 以得之於 心爲貴 致用實踐爲急"

어서 말 머리에 데리고 왔다. 이윽고 말을 몰아 길을 떠나면서 함께 탄식하기를, "우연히 처리한 일인데 원망하는 사람도 있고, 고맙게 여기는 사람도 있으니 어떤 조물주에게 부림을 당했단 말인가?"라고 하였다. 나는 다시 속으로 탄식하면서 말하기를 "우옹이 50년 동안이나 팔짱을 끼고 앉아 있어서 주먹이 메주덩이처럼 굳어졌을 것이니, 황하와 황수(湟水) 유역 천만 리의 땅을 능히 수복하지는 못할 것이지만, 한번 숨을 쉬는 짧은 사이에 아랫사람을 지휘하고 계략을 낼 수 있었으니, 참으로 큰 솜씨라 이를 만하다."라고 하고서, 서로 더불어 배꼽을 잡고 웃다가 길을 떠났다.[33]

이는 이희안이 갑작스런 일을 만나 능숙하게 처리하는 것을 보고, 남명이 그의 정치적 수완을 높이 칭찬한 말이다. 그런데 이 말을 음미해 보면, 배운 것을 현실에 잘 활용할 수 있어야 한다는 의미를 읽을 수 있다. 곧 현실적 쓰임에 이바지할 수 있는 실제적인 학문을 해야 한다는 것이다. 여기서도 남명의 현실주의적 세계관을 엿볼 수 있다.

4. 맺음말

이상에서 남명의 산수유람에 대한 기본관점과 「유두류록」에 나타난 정신세계의 일면을 살펴보았다. 산수유람을 즐기는 것은 어느 시대 사람들이고 마찬가지일 것이다. 대체로 산수유람을 즐기는 사람들은 기상

---

33) 조식, 『남명집』 권2, 「유두류록」 11일조. "出門甫數十步, 有小兒前控曰, 追逋奴來也, 只在此路下, 未捕. 愚翁遽揮丘史四五人, 左右匝之, 俄而縛致馬頭, 果八箇男女. 遂策馬去, 共嘆曰, 偶然下手, 有怨有德, 斯何造物所使耶. 吾復竊嘆曰, 愚翁袖手五十年, 拳如醬末子, 縱未能收地於河湟千萬里, 猶得指揮方略於呼吸之間, 可謂眞大手矣. 相與折倒而去."

을 고쳐하고 시야를 확대하려는 생각을 가지고 있다. 그런데 조선 시대 성리학자들의 경우는 심성을 수양하는 문제가 그들의 최대의 관심사였기 때문에 끊임없이 자연과의 융화를 통해 자신의 심성을 닦으려 하였다. 그래서 그들은 인근의 명산을 유람하며 심신을 연마하고 지취(志趣)를 고쳐하였다.

남명도 기본적으로 이런 생각을 가지고 있었다. 특히 그는 수양론을 중시한 실천적 성리학자였기에 빼어난 경관을 보고 정신을 상쾌하게 하는 데에서 머물지 않고, 자아에 대한 깊이 있는 성찰을 게을리 하지 않았다. 그래서 어떤 사건을 접하면 항상 자신을 돌아보고 마음자세를 가다듬거나, 동행한 벗들에게 의(義)를 북돋우고 높다란 정신세계를 고쳐시켰다. 우선 이런 점에서 그가 남긴 「유두류록」은 여타 다른 사람들의 유람록과 그 성격이 구별되어야 할 것이다.

그 다음 그는 이런 성리학자적 자세에서 한 걸음 더 나아가, 산과 물을 보고서 그 산과 물을 통해 역사를 떠올렸다. 곧 그 산과 물을 역사가 깃들어 있는 산수로 인식한 것이다. 그래서 그 곳에 살던 옛 사람을 생각했고, 그가 살던 시대를 생각했다. 특히 지조와 절개를 세워 후세에 사표가 될 만한 인물에 대해서는 그 분의 특징적인 면모와 그 시대의 어지러운 측면을 드러내 삶의 가치를 크게 부각시켰다. 겉으로는 역사를 통해 탄식하는 뜻을 드러냈지만, 속에는 자기 시대의 무도함에 대한 경계의 의미를 담아 놓았다. 이 점이 그의 산수유람에 대한 독특한 관점으로, '산을 보고 물을 보고 그리고 그를 통해 고인을 보고 그가 살던 세상을 본다.'는 이른바 '간산간수(看山看水) 간인간세(看人看世)'의 산수유람관이다.

그는 기본적으로 이런 유람관을 가지고 있었기에, 산수유람을 하면서 자아에 대한 깊은 성찰을 보이고, 심성수양의 문제에 대해 조금도 마음을 늦추지 않았다. 또한 역사를 회고하며 역사적인 인물을 통해 그 시대의 모순을 예리하게 파헤쳤고, 그를 통해 다시 자기 시대의 현실을 비추어 보았다. 그래서 자연스럽게 현실문제에 깊은 관심을 보이고 있으며, 특히 민생의 어려움에 대해 깊이 상심하고 있다.

남명의 「유두류록」에 나타난 이와 같은 정신세계는 곧 그의 사의식을 반영한 것이라 할 수 있다. 1519년 기묘사화가 일어난 뒤로부터 약 반세기 동안은 사림이 기를 펴지 못하고 외척과 권신이 정권을 농락하던 경색된 정국이었다. 남명은 이런 시대에 물러나 있으면서 사(士)의 자세를 더욱 확고히 하였고, 사로서의 자아에 대한 각성을 새롭게 한 인물이다. 그리하여 사로서의 정신적 자세를 더욱 높게 가지려 하였는데, 이런 정신세계가 바로 이 「유두류록」에 자연스럽게 배여 있는 것이다. 남명은 이처럼 사로서의 철저한 자기각성과 확고한 사의 자세를 가졌기에, 뒷시대 이이(李珥)로부터 "세도를 만회한 공은 우리나라 여러 군자의 아래에 있지 않을 것이다. 그의 천인벽립의 기상은 완악한 사람을 청렴하게 하고 나약한 사람을 일으켜 세울 수 있으니, 이른바 백세의 스승이다."라는 극찬을 들었다.[34]

마지막으로 남명의 이 「유두류록」을 퇴계가 보고 평한 말이 있는데, 이 가운데 일부분을 인용해 이 글을 맺으려 한다.

> 조남명의 「유두류록」 중에서, 그가 승경을 두루 찾아다니며 구경한 것 외에 일에 따라 뜻을 붙여 놓은 것을 보건대, 분개하고 격앙하는 말이 많아 다른 사람으로 하여금 정신이 번쩍 들게 하여 그 사람됨을 상상해 볼 수 있게 한다. 그 가운데 '하루 동안 햇볕을 쪼이는 것은 아무런 도움이

---

34) 李瀷, 『星湖僿說』 권9, 「退溪南冥」 참조.

없다.'고 한 말이나, '위로 향하고 아래로 달려가는 것은 단지 한번 발을 드는 사이에 달려 있을 따름이다'라고 한 말은 모두 지론이다. 그리고 이른바 '명철의 행·불행이 어찌 운명이 아니겠는가?'라고 한 말은, 참으로 천고 영웅의 탄식을 불러일으키고 지하의 귀신을 울릴 수 있는 말이다.35)

※ 이 글은 『남명학연구』 제5집(경상대 남명학연구소, 1996)에 게재한 것을 수정 보완한 것이다.

---

35) 이황, 『퇴계집』 권43 「書曹南冥遊頭流錄後」. "曹南冥遊頭流錄, 觀其遊歷探討之外, 隨事寓意, 多感憤激昂之辭, 使人凜凜, 猶可想見其爲人. 其曰一曝之無益, 日向上趨下, 只在一擧足之間, 皆至論也. 而所謂明哲之幸不幸等語, 眞可以發千古英雄之歎, 而泣鬼神於冥冥中矣."

제12장
남명의 왜구침입에 대한 우려와 대책

1. 머리말

16세기 조선은 명나라와의 관계가 원만하였으나, 국토의 변경에서는 야인과 왜적의 침입으로 평안한 날이 드물었다. 국내의 정치상황은 15세기 말부터 시작된 훈구세력과 신진사림의 충돌로 사화가 발생하고, 도학정치가 실패한 뒤 외척정치가 시작됨으로써 정국은 경색되고 사기는 위축되었다. 이런 시대배경 속에서 출사를 포기하고 학문에 전념하는 학자들이 늘어났으며, 16세기 중반에 이르면 지방 곳곳에 이름난 학자들이 두각을 드러낸다. 그리하여 학문의 지방화가 급속하게 이루어졌고, 도덕과 윤리의 실천을 강조하는 도학이 크게 대두되었다.

이 시기 영남에는 이언적(李彦迪)·이황(李滉)·조식(曺植)·임훈(林薰)·이희안(李希顏), 호남에는 이항(李恒)·김인후(金麟厚), 충청도에는 성운(成運)·성제원(成悌元), 근기지방에는 성수침(成守琛)·서경덕(徐敬德)·조욱(趙昱) 등이 학덕으로 이름이 높았다. 이 가운데 특히 퇴계 이황과 남명 조식의 문하에 학자들이 대거 모여들어 학단을 형성함으로써 영남학의 양대 산맥을 이루었고, 전국적으로 그 영향을 미쳤다.

퇴계와 남명의 학문적 차이에 대해서는 현대 학자들의 다양한 견해가 있지만, 남명의 문인 김우옹(金宇顒)이 선조에게 아뢴 다음과 같은 내용은 그 핵심을 간파한 것으로 생각된다.

> 남명의 치지(致知) 공부는 이황(李滉)처럼 넓고 크지는 못한 듯합니다. 그러나 그의 궁행실천(躬行實踐) 공부는 매우 독실하여 정신과 기백(氣魄)이 사람을 경동시키고 깨우치는 점이 있습니다. 그러므로 그의 문하에

서 공부한 사람은 절도 있는 행실이 있어 일을 맡을 만한 자가 많습니다. 신 같은 자는 자질이 노둔하여 하나도 얻은 것이 없습니다.1)

『대학』 팔조목으로 보면 격물(格物)·치지(致知)는 지(知)에 해당한다. 그리고 실천궁행은 팔조목의 성의(誠意)·정심(正心)·수신(修身)의 행(行)에 해당한다. 김우옹은 선조의 질문에 답하면서, 퇴계의 학문은 격물치지에, 남명의 학문은 궁행실천에 각기 장점이 있다고 말했다. 이는 퇴계가 궁행실천에 미흡하고, 남명이 격물치지를 경시했다는 말이 아니다. 퇴계나 남명 모두 이 두 가지를 병행했지만, 두 사람을 비교해 논하자면 그런 장점이 있다는 것이다. 즉 퇴계는 의리탐구에 더 주력하고, 남명은 실천궁행에 더 힘을 쓴 것이 그들의 학문적 특징이라 하겠다.

이런 학문적 차이는 현실을 바라보는 시각에서도 영향을 미쳤을 것으로 보인다. 의리탐구에 치중하면 논리적 변별이나 의리를 분변하는 사고가 향상될 것이고, 실천궁행에 치중하면 응사접물할 적에 심성을 함양하고 성찰하고 극기하는 현실대처능력이 제고될 것이다.

이 글은 이와 같은 남명의 학문성향이 구체적인 현실 상황에 어떻게 대처하고 있는지를 살펴보기 위해 시도되었는데, 그가 살던 16세기의 왜변에 주목하여 남명의 현실인식 및 왜구침입에 대한 우려와 대책을 살펴보는 것을 목적으로 한다. 우선 16세기의 왜변을 이해하기 위해 1510년에 일어난 삼포왜변과 1555년에 일어난 을묘왜변을 중심으로 그 배경과 조정의 대처를 알아보고 나서, 남명의 현실주의적 학문정신과 왜변에 대한 인식 및 그에 대한 대책을 중점적으로 살펴보도록 하겠다.

---

1) 『선조수정실록』 권7, 선조 6년(1573) 9월 1일(무인). "對曰, 其致知之功, 似不若滉之博大也. 然其躬行踐履之工甚篤, 精神氣魄, 有動窹人處. 故遊其門者, 多有節行, 可任事之人. 若臣者, 資材駑拙, 未有一得也."

2. 16세기 왜변(倭變)과 조정의 대처

1) 삼포왜변과 조정의 대처

조선은 1419년(세종 1) 대마도를 정벌한 뒤, 회유책으로 웅천(熊川)의 제포(薺浦), 동래(東萊)의 부산포(釜山浦), 울산(蔚山)의 염포(鹽浦) 등 삼포(三浦)를 개항하여 무역을 허락하였다. 삼포에는 주로 대마도 왜인들이 항시 머물러 살았는데, 이들을 항거왜인(恒居倭人)이라 한다. 초기 삼포에 거주를 허락한 왜인의 수는 제포에 30호, 부산포에 20호, 염포에 10호였다. 그런데 대마도는 땅이 척박하여 우리나라에 와 살기를 희망하는 자들이 많았고, 대마도주도 그들에게 세금을 걷는 것을 이롭게 여겨 금지하지 않음으로써 그 숫자가 날로 번성해졌다. 그리고 이들의 세력이 점차 커짐으로써 폐단이 생기기 시작했다.[2]

중종 즉위년(1506) 중종반정의 주역인 박원종(朴元宗)은 우의정으로서 삼포의 왜노가 번성하여 그 변고를 예측하기 어렵다고 하면서, 변방의 장수를 잘못 임명해 왜노에게 모욕을 당하는 경우가 있다고 아뢰었다.[3] 이어 장령 김언평(金彦平)은 10월 4일 다음과 같이 아뢰었다.

> 지난 폐조(廢朝 : 연산군)에서는 임금이 도리를 잃고 주색에 빠져 나라의 저축이 고갈되었습니다. 10년 치의 공물과 부세를 징수할지라도 오히려 부족하게 여겨 삼포의 왜인들에게 식료(食料)로 주던 것까지 빼앗았습니다. 이 때문에 왜인들이 날로 더욱 분해하고 원망하며 변경의 백성을 살

---

2) 『연산군일기』 권40 연산군 7년(1501) 7월 5일(신해) 및 권48 연산군 9년(1503) 2월 18일(을묘).
3) 『중종실록』 권1, 중종 1년(1506) 9월 28일(갑진).

해하고 장수를 위협하고 욕보였습니다. 그래서 국가에서 치욕을 당한 것이 심했습니다. 도이(島夷)들은 변덕과 거짓을 수시로 부리니, 조공하기 위해 왕래한다는 명분을 내세우지만 변덕스러운 심보는 헤아리기 어렵습니다.……지금부터 삼포의 수령은 잘 선택해 적임자를 얻어야 왜인들을 달래고 통제하는 도리를 얻어 변경의 백성들을 조금 소생시킬 수 있을 것입니다.[4]

이 말을 보면 중종이 즉위한 뒤 정국안정을 위해 제시한 여러 개선책 중 왜인을 잘 달래며 통제할 수 있는 유능한 장수나 수령을 선발해 삼포에 파견하는 것을 주요 정책의 하나로 삼은 것을 알 수 있다. 중종은 1506년 10월 13일 경상도 관찰사로 부임하는 장순손(張順孫)에게 근래 왜적이 치성하여 변장들이 모욕을 당하고 백성들이 편히 살 수 없다는 점을 언급하면서 수령들에 대한 출척(黜陟)을 엄격하고 분명하게 할 것을 당부하고, 변장을 욕보인 일을 조사해 아뢰라고 하였다.[5] 이를 보면 왜인들을 회유하여 달래면서 한편으로는 엄격하게 통제하는 것이 당시 조정의 정책이었음을 알 수 있다.

1506년 12월 3일 조강(朝講)에서 왜적의 일을 논하였는데, 시강관 이세인(李世仁)은 대마도주에게 통유(通諭)해 변장을 욕보인 왜노를 추국하여 치죄해야 한다고 하였으며, 영사 유순정(柳順汀)은 조정이 적왜(賊倭)에게 모욕을 당한 것을 문책해야 한다고 하였다. 그리하여 조정에서

---

4) 『중종실록』권1, 중종 1년 10월 4일(기유). "頃在廢朝, 上失其道, 荒淫酒色, 國儲虛竭. 雖徵十年之貢賦, 猶爲不足, 乃奪三浦倭人所息之稅. 以此倭人, 日益憤怨, 殺害邊民, 怯辱將帥, 國家受辱, 甚矣. 島夷變詐無常, 雖名爲朝貢往來, 其心反覆難測.……自今以後, 三浦守令, 須精擇得人, 庶得撫御之道, 使邊境小蘇也."

5) 『중종실록』권1, 중종 1년 10월 13일(무오).

는 대마도주에게 변장을 욕보인 왜노를 잡아 추국할 것을 요구했다.6) 이는 대마도주를 통해 왜인들에 대한 통제를 강화한 정책이다.

1507년 4월 2일 경상도 경차관 김준손(金駿孫)이 '왜인이 변방의 민가에 불을 놓았다.'고 치계를 하자, 그 다음 날 병조의 당상관들과 재상들이 빈청에 모여 회의를 하였다. 5월 13일에는 제포에서 방화한 왜인의 일에 대해 복명하면서 해결책을 세울 것을 건의하였고, 5월 21일에는 삼공과 예조·병조의 당상관들이 모여 의논한 결과, 당초 정한 제포의 30호, 부산포의 20호, 염포의 10호 외에는 모두 쇄환할 것을 대마도주에게 통고하기로 하였다.7) 이는 왜인들의 소요에 대해, 조선 정부에서 매우 강경하게 대응한 정책이라 할 수 있다.

1508년 5월 대마도주가 삼포에서 소요를 일으킨 적왜 삼포라사야문(三甫羅沙也文)을 잡아 보내자, 경상도 관찰사는 그 자를 효수해 왜인들에게 보였다.8) 그럼으로써 한 동안 왜인들의 소요사태는 일어나지 않고 잠잠하였다.

이후 조정에서 논의한 주요 대책은, 왜인들에게 모욕을 당한 변장들의 자질에 문제가 있다는 점과 통사(通事)들이 은밀히 왜인들과 내통을 하고 있다는 점 등이었다. 이는 내부적으로 문제를 야기하지 않도록 관원을 단속한 정책이라 할 수 있다. 이에 반해 젊은 관료들은 정벌을 주장했다. 사헌부 감찰 박전(朴佺)은 정벌하는 것이 우환을 없애는 방법이라고 상소를 올렸지만, 그의 의견은 받아들여지지 않았다.9) 그리고 조정

---

6) 『중종실록』 권1, 중종 1년 12월 3일(정미).
7) 『중종실록』 권2, 중종 2년 4월 2일(을해), 4월 3일(병자), 5월 13일(을묘), 5월 21일(계해).
8) 『중종실록』 권6, 중종 3년 5월 27일(갑자).
9) 『중종실록』 권8, 중종 4년 3월 24일(병진).

에서는 변장을 특별히 선발하여 부산포 첨사에 이우증(李友曾), 염포만
호에 이순(李珣), 웅천현감에 조윤손(曹潤孫)을 임명했다.[10] 결국 조선
정부는 강경책을 쓰지 않고 회유책을 쓰면서 유능한 장수를 선발해 왜
인들에 대한 통제를 엄하게 하려고 하였다.

그러나 번성해진 왜인들을 통제하기는 사실상 어려웠다. 결국 1510년
4월 부산포첨사 이우증이 항거왜인을 박대하며 사역을 시킨 것과 웅천
현감이 제포의 항거왜인에게 출입을 제한하고 양료(糧料)를 제대로 지
급하지 않은 것에 불만을 품은 왜인들이 대마도 왜군과 연합해 염포·부
산포·동래·제포·웅천·거제로 동시에 침입하였다. 그리하여 4일에는 부
산포, 5일에는 웅천을 공격해 곧바로 함락시켰으니, 이것이 이른바 삼포
왜변이다.[11]

1510년 4월 11일 대마도 경차관[12]으로 파견된 강중진(康仲珍)의 치계
에 의하면, 4월 5일 왜노가 웅천성을 포위하고 공격하여 하루 종일 전투
를 하다가 밤에 무너져 6일 웅천현감 한륜(韓倫)은 성을 버리고 김해로
도주하였다.[13] 이에 조정에서는 급히 적을 막을 방략을 진달하게 하였
고, 4월 9일 좌의정 유순정(柳順汀)을 도체찰사로, 병조참판 안윤덕(安潤
德)을 경상도 도순찰사로 삼았다가, 13일 다시 유순정을 도원수로, 함양
군(咸陽君) 박영문(朴永文)을 도순찰사로, 안윤덕을 부원수로, 우의정 성

---

10) 『중종실록』 권8, 중종 4년 4월 12일(계유).
11) 『연려실기술』에는 "삼포에 사는 왜인 大趙馬奴와 古守長 등이 대마도의 왜인을
    유인해 병선 수백 척을 거느리고 1510년 4월 4일 길을 나누어 와서 永登浦·薺
    浦·熊川·釜山浦의 여러 진을 침범하여 세 성이 함락되었는데, 만호 梁智遜은
    도망하고 僉使 김세균과 이우증은 적에게 잡혔다."고 하였다.
12) 당시 조정에서는 대마도는 조선에 조공을 바치고 작위를 받기 때문에 경차관을
    파견했고, 일본에는 통신사를 파견했다.
13) 『중종실록』 권11, 중종 5년 4월 11일(병신).

희안(成希顔)을 도체찰사로 삼았다.

4월 14일 절도사 김석철(金錫哲)이 올린 치계에 의하면, 왜인들은 부산포 첨사 이우증의 목을 베어 분을 풀었으니 예전처럼 삼포에 살도록 허락해 주면 군사를 철수하겠다고 화친을 청하였다.[14] 도원수 유순정은 떠나기 전 중종에게 다음과 같이 아뢰었다.

　　신은 들건대 조종조에서 왜노 60호를 우리 땅에 살도록 허락했으나, 이는 영구히 살게 하는 것이 아니었습니다. 그래서 왕래하는 데에 관한(關限)이 있고, 출입할 적에 변장에게 고하게 되어 있습니다. 그런데 뒤에 방금(防禁)이 엄하지 않아서 60호 외에 고기잡이를 칭탁하고 온 자를 추방하지 않음으로써 무리가 점점 많아져 교화에 복종하지 않더라고 국가에서 그대로 내버려 두었습니다. 그래서 식자들이 근심한 것입니다. 또 왜노들이 삼포의 성 밑에 살면서 우리 백성들과 서로 심복이 되었습니다. 예전 사람이 말하기를 "종기를 따는 것은 아프지만 안으로 곪게 하는 것보다는 낫다."라고 하였습니다. 이번 기회에 다시는 왜인을 삼포에 들이지 말아야 합니다.[15]

이에 중종은 '정토하기로 결정하였으니, 방어하는 계책을 견고하게 하지 않을 수 없다.'고 하여, 화친을 받아들이지 않고 정벌하기로 결정하였다. 그리고 조정에서는 4월 21일 대마도주의 서계에 회답하여 왜인이 약속을 어긴 사실을 주지시켰다.

---

14) 『중종실록』 권11, 중종 5년 4월 14일(기해).
15) 『중종실록』 권11, 중종 5년 4월 19일(갑진). "聞祖宗朝, 約束倭奴六十戶, 許居我地. 然非欲恒居, 其往來有關限, 其出入告邊將, 其後防禁不嚴, 六十戶外, 托釣魚來者, 不卽驅除, 以致徒衆寔繁. 雖或梗化, 國家置之度外, 識者已憂之. 且此倭奴, 處三浦城底, 與我國人民, 相爲心腹. 古人有言曰, 潰癰雖痛, 勝於內食, 乘此之釁, 勿令還入三浦, 可也."

부원수 안윤덕은 21일 밀양에 주둔하면서 김해와 창원에 진을 치고 협공하여 제포와 웅천성의 왜적을 공격하여, 22일 제포의 적을 40급 베고 상당수를 사로잡았다.16) 당시 방어사였던 황형(黃衡)과 유담년(柳聃年)이 모두 맹장이었는데, 돌을 잘 던지는 자들을 모집해 돌로 적의 방패를 부수어 승기를 잡았다.17) 왜적이 퇴각하자 다시 육로와 수로로 협공하여 왜적 295급을 베었다.18)

4월 29일 도원수 유순정이 올린 장계에 의하면, 당시 삼포의 왜란으로 희생당한 우리나라 사람은 웅천 58명, 제포 53명, 부산포 91명, 영등포 95명이었고, 부상을 당한 사람이 20명이었다.19) 적이 일시에 무너지자, 중종은 4월 26일 왜인과 야인을 예전처럼 후대하라고 전교를 내려 포용정책을 폈다.20) 그리고 6월에는 구금했던 왜인 일부를 타일러 석방하게 했다.21)

1512(중종 7년) 일본국왕이 붕중(弸中)을 보내 화친을 청하자, 조정의 관원들을 대거 참여시켜 가부를 논의하게 하였는데, 주화와 척화로 갈려 결정을 하지 못하였다. 그러자 중종은 "우리나라에서 문죄(問罪)하는 군사를 일으킨다면 대마도와 같은 소소한 오랑캐는 마른 가지 꺾듯 썩은 나무 넘어뜨리듯 단번에 섬멸할 수 있다. 그러나 우리와 일본은 여러 대 동안 우호를 유지하였기 때문에 차마 군사를 출동시킬 수 없어 도외시하고 스스로 새로워지는 길을 열어주는 것이니, 정성을 바치고 화친

---

16) 『중종실록』 권11, 중종 5년 4월 21일(병오), 22일(정미).
17) 이긍익, 『연려실기술』 권7, 「三浦倭變」.
18) 『중종실록』 권11, 중종 5년 4월 22일(정미), 4월 24일(기유).
19) 『중종실록』 권11, 중종 5년 4월 29일(갑인).
20) 『중종실록』 권11, 중종 5년 4월 26일(신해).
21) 『중종실록』 권11, 중종 5년 6월 13일(정유).

을 바라고 싶거든 대마도주가 몸소 성친(盛親) 및 반란을 일으킨 무리를 잡아가지고 원문(轅門)에 와서 항복하고, 잡아간 우리나라 사람을 돌려보내라. 그러면 너희 나라가 정성을 보이는 것이다. 그렇게 하지 않고서 무슨 낯으로 화친을 청하는가?"라는 말로 왜국사신을 떠보자고 하였다.22)

중종은 왜인들이 거짓이 많다는 점을 들어 화친을 끊고 접대를 하지 않으려 하였고, 젊은 신하들도 화친을 반대했다. 그러나 대신 유순정·성희안 등이 화친을 극력 주장하여 6월 23일 중종은 화친을 허락했다.23)

이후 삼포의 왜변은 어느 정도 안정되었지만, 조정에서는 왜적에 대한 대책으로 골머리를 앓았다. 1522년 비변사 제조들은 여러 섬을 수색 토벌하여 왜적이 머물러 있지 못하도록 하자고 건의하였으나, 경솔하게 수색 토벌하다가 많은 사람이 상하게 될까 염려하여 실행하지 못하였다.24) 그 후에도 삼포 이외의 지역에서 또 다른 왜구들에 의해 소소한 왜변이 일어났다.

2) 을묘왜변과 조정의 대처

1525년 소규모 왜변이 있은 뒤 약 20년 간 왜변이 일어나지 않았다. 그러다 1544년(중종 39년) 4월 12일 경상도 사량진(蛇梁鎭)에 왜선 20여 척이 쳐들어왔다.25) 그리하여 조정에서는 다시 왜변에 대해 대책을 마련하느라 분주했다. 당시 주로 거론된 사안은 봉수군이 적의 동태를 잘

---

22) 『중종실록』 권16, 중종 7년 윤5월 1일(갑술).
23) 『중종실록』 권16, 중종 7년 6월 23일(을축).
24) 『중종실록』 권45, 중종 17년 6월 22일(정유).
25) 『중종실록』 권102, 중종 39년 4월 17일(을유).

감시하는 것과 변방의 성을 잘 방어하는 것이었다.26) 그 해 5월 21일 병
조에서는 왜구가 침입하는 길목인 가덕도에 진을 설치하자고 건의하였
다. 그 다음날 조정 대신과 논의를 거쳐 사량진 왜변 이후 왜인을 대우
하는 문제는 일본국왕의 사신 이외에는 일체 거절하기로 결정하였으며,
중론에 따라 가덕도에 진을 설치하도록 하였다.27)

　1545년 명종이 즉위한 뒤에도 왜인들에게 강경한 자세를 취하여 왜인
의 숫자를 조약에 따라 일일이 대조하도록 하였으며, 1548년에는 대마도
주가 세견선(歲遣船)을 5척 늘리고 심처왜인(深處倭人)에게 도서와 관작
을 다시 줄 것을 청하였으나 거절하였다.28)

　1552년(명종 7년) 5월 제주도 남쪽 정의현(旌義縣) 천미포(川尾浦)에
왜선 1척이 침입하여 백성을 살해하고 재물을 약탈하는 사건이 발생했
으나,29) 곧 소탕되고 왜적 망고삼부라(望古三夫羅)를 생포하였다. 그 다
음 해에는 왜적이 중국 객상(客商)들과 함께 표류해 와 관군을 죽였는
데, 삼포나고라(三甫那古羅)·양고라(揚古羅)를 생포하여 망고삼부라와
함께 명나라로 가는 사신 편에 포로로 보냈다.30)

　1555년(명종 10년) 5월 10일경 왜선 60여 척이 전라도 달량진(達梁鎭)
으로 쳐들어왔다. 전라병사 원적(元績)이 달려갔으나 다음날 왜적이 성
을 포위하고 공격하여 마침내 함락되었다. 원적과 장흥부사 한온(韓蘊)
이 죽고, 영암군수 이덕견(李德堅)은 생포되었다. 그리고 승세를 몰아 난

---

26) 김문자, 「임진왜란기의 정보전달과 통신에 대하여」, 『조선왕조 속의 한국과 일본』,
　　경인문화사, 2004, 65~67면 참조. 16세기 중반까지 연안에서 한양까지 봉수를 통
　　한 연락망 체계는 갖추어져 있지 않았던 것으로 밝혀졌다.
27) 『중종실록』 권103, 중종 39년 5월 22일(기미).
28) 『명종실록』 권8, 명종 3년 10월 8일(기유).
29) 『명종실록』 권13, 명종 7년 5월 30일(신해).
30) 이긍익, 『연려실기술』 권11, 「乙卯倭變」.

포마도(蘭浦馬島)·장흥부 병영(長興府兵營)·강진현(康津縣)·가리포(加里浦)를 함락시켰으며, 민간인을 살상하고 노략질을 한 것이 이루 헤아릴 수 없었다.[31]

이 당시 침입한 왜적은 대마도 왜인이 아니라 중국 연안을 약탈하는 왜구들이었다.[32] 조정에서는 거상(居喪) 중인 무사들을 전원 기복(起復) 시켰고, 호조판서 이준경(李浚慶)을 도순찰사로 삼고, 김경석(金景錫)과 남치근(南致勤)을 방어사로 삼아 적을 막게 하였다.[33] 그리고 다른 도의 정병을 시급히 파견하게 하였다.[34] 당시 조정에서는 삼포왜변과는 다른 상황임을 인식하고 있었으며, 그에 대한 대책도 회유가 아닌 격퇴로 정해졌다.

당시 왜적들은 영암까지 쳐들어와 백성들은 모두 성 안에 모여 있었다. 전라도 관찰사 김주(金澍)가 영암에 와서 방책을 강구할 때, 어떤 사람이 전주부윤 이윤경(李潤慶)이 지략이 있다고 하여 김주가 이윤경을 가장(假將)으로 삼아 영암성을 지키게 하였다. 이윤경은 영암성을 사수할 계책을 세우고 군졸을 무마하며 심력을 다하였다. 5월 24일 왜적이 동서로 진을 나누어 성을 포위하자, 25일 이윤경과 급파된 방어사 김경석은 날랜 군사를 뽑아 성 밖으로 나가 싸우게 하자, 왜적이 후퇴해 향교로 들어갔다. 그러자 아군은 승세를 타고 추격하여 왜적 104급을 베었다. 또 북쪽으로 달아는 왜적 6급을 베었고, 남치근이 구원하러 오다가 적을 만나 11급을 베었다.[35]

---

31) 상동.
32) 『명종실록』 권18, 명종 10년,5월 18일(신해)조 沈連源·鄭士龍의 啓辭에 보임.
33) 상동.
34) 『명종실록』 권18, 명종 10년 5월 26일(기미).
35) 『명종실록』 권18, 명종 10년 5월 29일(임술).

6월 1일 전라도 관찰사 김주가 올린 장계에 다음과 같이 말하고 있다.

　　왜적들이 달량성을 함락시킨 뒤로 승승장구하자, 인심이 어수선하여 두
려워하기만 하고 나가서 싸우려 하지 않았습니다. 적이 쳐들어온다는 소
식을 한번 들으면 바로 흩어지고 물러나려 하여 사세가 지탱하기 어려웠
습니다. 그때 전주부윤 이윤경이 군사 3천여 명을 거느리고 영암에 진을
치고 지켰는데, 명령이 분명하고 은혜와 위엄을 함께 보이자, 성 안에 있
는 군졸들이 한결같은 마음으로 호응하여 그에게 의지해 믿을 만한 사람
으로 여겼습니다. 순찰사 이준경이 나주에 이르러 '형제간이라 절제하기
어렵다'.고 여기고서 일부러 영암성에 공문을 보내 이윤경을 나오라고 했
는데, 이윤경은 '국가의 후한 은덕을 받았으므로 마땅히 죽음으로써 보답
해야 하니 의리상 나갈 수 없다.'고 하고서, 그대로 성 안에 머물며 군사들
의 마음을 진정시켰습니다. 왜적들이 성 밖의 민가에 불을 지르고 노략질
을 하며 성을 포위하려 하자, 성 안의 장사들이 서로 돌아보며 얼굴빛이
하얗게 질려 적을 쳐부술 생각이 없었습니다. 그러자 이윤경이 앞장서서
의리를 주창하며 거느릴 정병을 뽑아 방어사와 함께 힘을 합쳐 적을 베고
포획하자, 적의 기세가 크게 꺾였습니다. 방어하고 적을 포획한 공은 이윤
경이 제일입니다.[36]

　　이긍익의 『연려실기술』에도 이윤경이 충의와 지략으로 영암성 전투
에서 승리한 공을 위주로 기술하고 있다. 이윤경은 그 공을 높이 인정받

---

36) 『명종실록』 권18, 명종 10년 6월 1일(갑자). "全羅道觀察使金澍狀啓, 倭賊自達
梁陷城之後, 乘勝長驅. 我國人心洶懼, 不思進戰, 一聞聲息, 輒欲散退, 勢難
支持. 全州府尹李潤慶, 領兵三千餘名, 屯守靈巖, 號令分明, 恩威並行, 在城
軍卒, 一心向附, 倚以爲恃, 而巡察使李浚慶到羅州, 以爲兄弟之間, 有難節
制, 故移文靈巖, 使之出來, 而潤慶答以受國厚恩, 當以死報, 義不可出去, 仍
在靈巖, 以鎭軍情. 及倭賊焚蕩城外民家, 將欲圍城, 城中將士, 相顧失色, 無
計破賊, 潤慶爲先倡義, 抄所領精兵, 與防禦使, 同力斬獲, 賊勢大挫. 夫捍禦
捕獲之功, 唯潤慶爲最云."

아 8월 2일 전라도 관찰사에 임명되었다.37)

이윤경·이준경 형제는 남명이 어릴 적부터 친하게 지낸 벗이었다. 『남명집』에는 남명이 전주부윤 이윤경에게 보낸 편지가 1통 전한다. 이윤경은 1554년 1월 3일 전주부윤에 임명되어38) 1555년 8월 1일까지 재직하였으니, 남명은 이 기간에 이윤경에게 편지를 보낸 것임을 알 수 있다.

을묘왜변 이후에도 1559년 5월 청홍도(淸洪道) 남포현(藍浦縣)에 왜적이 출현하였는데,39) 이 당시의 왜적들은 대체로 중국 연안에서 노략질을 하다 표류해 온 자들이었다.40) 이 뒤로 1587년까지는 왜변에 관한 기록이 『조선왕조실록』에 보이지 않는다.41)

1555년 을묘왜변 이후 조선 조정에서는 왜인들을 엄격하게 통제하여 대마도나 왜국의 요구를 거의 들어주지 않았다. 1567년 5월 일본은 사신을 보내 ① 제포를 개방할 것, ② 포백척(布帛尺)을 사용하도록 할 것, ③ 대마도 세견선 30척의 대중소를 정하지 말 것, ④ 왜인 희구(熙久)의 접대를 허락할 것, ⑤ 왜인 20명 접대를 허락하고 도서를 지급할 것 등을 요구해 왔다. 이에 대해 조정에서는 ⑤에 대해서만 찬반의 견해가 갈렸을 뿐, 나머지는 모두 허락하지 않았다.42)

조정에서는 수십 차례의 왜변에 대해 강온 양면의 정책으로 대처했

---

37) 『명종실록』 권18, 명종 10년 8월 2일(갑자).
38) 『명종실록』 권16, 명종 9년 1월 3일(갑진).
39) 『명종실록』 권25, 명종 14년 5월 26일(정유).
40) 『명종실록』 권25, 명종 14년 9월 11일(기묘).
41) 『선조실록』 권21, 선조 20년 3월 2일(신묘) 경상도 암행어사 李廷立이 "지금의 왜변은 우연히 변경을 침범한 것에 비할 바가 아닙니다. 전선을 넉넉히 준비하여 대거 침입했습니다."라고 回啓한 것을 보면, 임진왜란이 일어나기 직전 왜적의 침략이 시작되었음을 알 수 있다.
42) 『명종실록』 권34, 명종 22년, 5월 16일(경오).

고, 변장들을 선발해 보내며 방어책을 강구하였다. 그러나 왜변을 없애
는 적극적인 조처를 취하지 못하고 그때마다 미온적이거나 임기응변식
의 대응을 하였다. 그 이유는 무엇일까?

이에 대해서는 여러 관점에서 생각해 볼 수 있다. 우선 당시 조선 사
회의 정치사회적인 상황을 살펴보면, 여러 차례의 사화로 국론이 분열
되어 있었고, 외척정치의 부패로 민심이 이반되고 기강이 해이해져 있
었다. 따라서 당시 집권층에는 왜적을 막을 구심점이 없었다고 해도 과
언이 아니다. 그것은 젊은 관료들이나 임금이 적을 토벌하자고 해도 원
로대신들이 반대한 데서 확인할 수 있다. 즉 대신들은 정치적으로 첨예
한 상황에서 적을 토벌하는 데 진력할 수 없었던 것이다.

두 번째로 생각해 볼 수 있는 것이, 사화로 인해 경세적 안목을 가진
인재들이 조정에 포진해 있지 않았다는 점이다. 이 시기를 대표하는 남
명 같은 학자는 아예 재야의 길을 택했고, 퇴계 이황과 하서(河西) 김인
후(金麟厚) 등도 을사사화 이후 조정에서 물러나 고향으로 돌아가는 분
위기였다. 이는 명종 정권에 양심적 지식인들이 등을 돌린 것이다. 즉 윤
원형을 중심으로 한 외척세력이 발호하는 시기인지라, 국가적인 차원에
서 왜변에 대해 지혜를 모으지 않고 임기응변으로 대처한 측면이 있다.

세 번째는 퇴계의 왜적에 대한 대처인식에서 확인할 수 있듯이, 무력
으로 진압시키는 것보다 그들을 회유해 가르치는 것이 낫다는 견해가
있었다는 것이다. 이는 성리학이 발달하면서 문치주의를 표방하는 정신
이 확대된 소치라 하겠다.

네 번째는 당시 관료들의 부패에서 찾을 수 있다. 남명이 지적했듯이
당시 외척정치 하에서 내직에 있는 고위관료는 자기 당파를 강화하는
데 치중했고, 외직에 있는 관리들은 내직의 고위관료에게 줄을 대고 출

세를 꾀하거나 치부(致富)하는 데 혈안이 되어 있었다. 따라서 적임자가
아닌 사람이 장수나 수령이 됨으로써 인심이 이반되어 있었다. 이런 상
황에서 조정에서는 적을 토벌하는 적극적인 정책을 펴기가 어려웠던 것
이다.

3. 남명의 현실인식과 어왜대책(禦倭對策)

1) 현실주의적 학문정신

앞에서 살펴보았듯이, 퇴계는 남명에 비해 의리탐구에 장점이 있고,
남명은 퇴계에 비해 실천궁행에 장점이 있다고 하였다. 이런 남명의 학
문정신을 단적으로 입증해 주는 것이 그가 퇴계에게 보낸 편지에 "근래
학자들을 보건대, 손으로 물 뿌리고 비질하는 절도도 모르면서 입으로
천리를 말하고 있습니다."[43]라고 한 것이다.

이 말에는 여러 가지 함의가 있다. '근래 학자'들이라고 한 것이 당대
일반적 사인들을 가리키는 것이겠지만, 퇴계에게 보낸 편지에서 굳이
이 문제를 거론하였으니, 그의 문도들을 겨냥해 한 말이다. 곧 퇴계학파
의 학문성향이 지적탐구로 경도되어 있음을 지적한 것이다. '손으로 물
을 뿌리고 비질하는 절도'는 『소학』의 쇄소응대진퇴지절(灑掃應對進退
之節)을 의미하는 것으로, 지적탐구에 앞서 갖추어야 할 효제충신(孝悌
忠信)의 인간자세이다. 그리고 '입으로 천리를 말하다.'라는 것은 몸의
행실도 반듯하게 하지 못하면서 이론적으로만 형이상의 도를 논한다는

---

43) 조식, 『남명집』 권2, 「與退溪書」. "近見學者, 手不知灑掃之節, 而口談天理."

말이다. 남명은 이런 학문을 기세도명(欺世盜名)하는 학문으로 배척하였다.

남명이 추구하는 학문은 입으로 천리를 논하는 것이 아니라, 몸으로 효제충신을 실천하는 학문이다. 남명은 이런 학문정신을 확고하게 가지고 있었기에, 문인 오건(吳健)에게 보낸 편지에서 "성(性)과 천도(天道)는 공자 문하에서도 드물게 말한 것이네. 정자(程子)의 문인 윤화정(尹和靖 : 尹焞)이 성과 천도에 대해 말을 하자, 정자는 '가벼이 말하기를 구하지 말라.'고 제지하였네. 그대는 오늘날 사습(士習)을 살펴보지 않았는가? 손으로 물 뿌리고 비질하는 절도도 모르면서 입으로 천상의 이치를 말하고 있는 것을. 그런데 그들의 행실을 공평한 시각으로 살펴보면, 도리어 무지한 사람만도 못하네. 이는 반드시 남들이 꾸짖어도 자신의 학문에 대해 의심이 없기 때문일 것일세."44)라고 한 것이다.

16세기 중반 이후 퇴계와 기대승(奇大升)이 사단칠정(四端七情)에 대해 여러 차례 편지를 왕복하며 논쟁을 하자, 퇴계학파에서는 성리논변이 학문의 중심으로 부각되었다. 남명은 이런 담론이 학계에 급속하게 전파되자, 이를 심각한 문제로 우려한 것이다. 이런 그의 학문정신을 입증하는 것이 그의 벗 성운(成運)이 지은 「묘비문」의 다음과 같은 말이다.

일찍이 학자들에게 말하기를 "오늘날의 학자들은 절실하고 가까운 덕을 버리고 고원한 것만을 추향한다. 학문을 하는 것은 애초 어버이를 섬기고, 형을 공경하고, 어른을 공경하고, 어린이를 자애하는 데에서 벗어나지 않는다. 혹 이를 힘쓰지 않고 갑자기 성리의 깊은 뜻을 탐구하려 하면 이는 인사(人事) 위에서 천리를 구하는 것이 아니다. 그래서 끝내 마음에 실

---

44) 조식, 『남명집』 권2, 「與吳御史書」. "性與天道, 孔門所罕言. 和靖有說, 程先生止以莫要輕說, 君不察時士耶, 手不知灑掃之節, 而口談天上之理, 夷考其行, 則反不如無知之人, 此必有人譴, 無疑矣."

득이 없을 것이니 깊이 이 점을 경계해야 한다."라고 하였다.45)

효(孝)·제(悌)·자(慈)는 인간에게 가장 가깝고 절실한 일이다. 높은 차
원의 진리를 탐구하는 것도 중요하지만, 그것의 궁극적 목적은 탐구 자
체에 있는 것이 아니라, 인간의 현실적 삶에 바탕을 두어야 한다는 것이
다. 그래서 남명은 인간의 구체적 현실에 근거하지 않은 지식을 탐구하
는 것은 실질적인 소득이 없다고 보고 있다. 이것이 그의 실지공부론(實
地工夫論)이다. 그는 불교에 대해서도 상달천리(上達天理)의 측면에서는
불교와 유교가 같지만 인사에 시행할 때 실천할 실지가 없기 때문에 유
가에서 배우지 않는다고 한 것46)이 이를 말해준다. 이 실지공부론이 바
로 현실주의정신이다. 내가 지금 서 있는 여기로부터 시작하는 공부가
남명의 현실주의적 학문정신이다.

남명의 현실주의적 학문정신은 입으로 천리를 말하는 공허한 담론이
아니라, 인간의 실제의 일을 통해 배운 것을 돌이켜 체득해 나가는 것이
다. 그는 이런 실지공부를 하지 않고서 지식과 견문만을 넓히는 것은 구
이지학(口耳之學)에 불과하다고 보았다.47)

어느 시대건 학문의 진정성 문제는 수시로 돌이켜 보아야 하고, 조금
이라도 실지에서 벗어나면 지적과 비판이 뒤따라 한다. 그렇지 않으면
경도되어 되돌릴 수 없는 폐해를 낳게 된다. 16세기 중반 이후 성리학이

---

45) 조식, 『남명집』 卷頭, 成運 撰 「墓碑文」. "嘗語學者曰, 今之學者, 捨切近趨
高遠, 爲學, 初不出事親敬兄悌長慈幼之間, 如或不勉於此, 而遽欲窮探性理
之奧, 是不於人事上求天理, 終無實得於心, 宜深戒之."
46) 조식, 『남명집』 권2, 「乙卯辭職疏」. "其爲上達天理, 則儒釋一也. 但施之於人
事者, 無脚踏之, 故吾家不學之矣."
47) 조식, 『남명집』 권2, 「戊辰封事」. "由下學人事, 上達天理. 又其進學之序也,
捨人事而談天理, 乃口上之理.也. 不反諸己, 而多聞識, 乃耳底之學也."

크게 발달하던 시기에 남명이 학문의 진정성 문제를 꺼내 당대 학풍의 문제점을 지적한 것은 실로 큰 의미가 있다. 아무도 그것을 비판할 안목을 갖고 있지 않았으므로 모두 그 유행 속에 휩쓸렸는데, 남명만은 그 점을 직시했던 것이다.

남명의 실지공부론은 격물·치지를 통해 지(知)를 추구한 뒤 성의·정심·수신을 통해 심성을 수양하는 실천적 노력[行]을 기울이는 데에 핵심이 있다. 이 행은 앎을 내 몸을 통해 실현하는 자기실천을 의미한다. 남명의 이런 학문방법은 반구자득(反求自得)과 반궁실천(反躬實踐)으로 요약할 수 있다.

반구자득은 '그런가 보다.'라고 인식하는 피상적인 차원에서의 앎이 아니라, 그 앎을 자기화하는 것을 말한다. 즉 독서나 사색을 통해 어떤 진리를 알고 나면, 그것을 내 것으로 만들기 위해 실제의 일을 통해 깨닫는 것이다. 남명은 '단지 문자에만 의지해 의리를 강명하여 실득이 없는 자는 마음으로 받아들여 실용하면서 터득하는 점을 끝내 알지 못한다.'고 하면서 자득을 강조하였다.48) 이는 지식을 저장하기만 하는 독서는 소용이 없고, 그 지식을 자기화하는 과정에서 깨달음이 수반되어야 학문의 힘이 생긴다는 점을 강조한 것이다.

이렇게 깨달음이 오는 자득을 거치면 그 앎은 완성된다. 그러면 그 다음에는 그것을 자신의 몸으로 부단히 실천해 나가야 한다. 이 점이 그의 학문의 장점에 해당하는 반궁실천이다. 남명의 학문에 대한 당대 조정의 평을 보면, 이 점이 집중 부각되어 있다.

---

48) 조식,『남명집』卷頭, 鄭仁弘 撰「行狀」. "學必以自得爲貴, 曰徒靠册字上, 講明義理, 而無實得者, 終不見受用得之於心."

> 남명의 학문은 마음으로 터득하는 것을 귀하게 여기고 치용(致用)과 실
> 천으로 급무를 삼아서, 강론하고 변석하는 말을 하는 것을 좋아하지 않아,
> 일찍이 학도들을 위해 경서를 강론하거나 해설한 적이 없었으며, 단지 자
> 신에게 돌이켜 구해 스스로 그 뜻을 터득하게 하였다. 그래서 그 정신과
> 기풍이 사람을 격동시키는 점이 있었다.[49]

남명은 학생들에게 강의하는 방식의 교육이 아니라, 학생 스스로 탐
구하는 교육방법을 썼다. 남명에게 있어서의 자득은 실천을 위한 앎의
자기화이다. 격물치지의 지(知)를 이룩하면, 그 다음에는 자기 몸으로 그
앎을 실천해 나가는 성의·정심·수신의 행(行)이 수반되어야 하고, 그 다
음에는 사회로 확대해 나가는 제가·치국·평천하의 추행(推行)이 뒤따라
야 한다. 행(行)은 자기 몸으로만 하는 것이지만, 추행(推行)은 자기 몸으
로 하는 것을 통해 다른 사람에게로 펴나가는 것이다.

'치용(致用)'이라는 말은 송나라 때 정자(程子)가 '경전을 궁구하는 것
은 장차 실용에 이바지하기 위해서이다.[窮經將以致用]'라고 한 데서 비
롯되었다. 즉, 공부는 지적탐구 자체에 의미가 있는 것이 아니라 사회적
효용성을 가져야 한다는 논리이다. 이후로 이 말은 경전해석을 하면서
본지를 터득해 당대 현실에 적용할 논리를 찾아야 한다는 진보적 성향
의 경학가들이 즐겨 사용하였다. 조선후기 실학을 본격적으로 제창한
이익(李瀷)이 이 말을 역설하고 있는 데에서 그런 점을 확인할 수 있다.

그렇다면 남명의 경우도 학문을 하는 이유가 단지 자신의 행실을 반
듯하게 하는 실천궁행에만 있는 것이 아니라, 그것의 사회적 유용성·실

---

49) 『선조수정실록』 권6, 선조 5년 1월 1일(무오). "植之爲學, 以得之於心爲貴, 致
用踐實爲急, 而不喜爲講論辨釋之言, 未嘗爲學徒談經說書, 只令反求而自
得之. 其精神風力, 有竦動人處, 故從學者多所啓發."

용성까지 겸해야 한다는 점을 말한 것이다. 위 인용문에서 치용과 실천을 급선무로 여겼다는 점은 눈여겨 볼 내용이다. 도학을 행도(行道)와 지도(知道)의 측면에서 논할 때, 퇴계는 지도의 측면에서 남명은 행도의 측면에서 장점이 있다.[50] 그런데 행도의 측면만을 보면, 정암(靜庵) 조광조(趙光祖)는 치용 쪽으로만 나아간 면이 없지 않은 반면, 남명은 실천을 중시하면서 치용을 겸하고 있다는 점에서 서로 다른 점이 발견된다. 중종 연간 도학정치를 주창하다 실패한 조광조는 도덕적 실천이 미흡한 상태에서 치용에 급급한 면이 있다. 이런 점에서 남명은 실천을 통한 치용을 생각한 것이다.

이처럼 남명의 학문은 심신을 수양하는 데 있었기 때문에 『중용』의 명선(明善)·성신(誠身)의 두 축으로 보면, 성신에 중점이 두어져 있다. 성신은 나의 심신을 진실무망(眞實无妄)의 성(誠)의 경지로 끌어올리는 것이다. 이렇게 하는 데 필요한 공부를 남명은 경(敬)·의(義)로 압축했다. 경·의는 그가 늘 지고 다닌 경의검에 새긴 '안으로 마음을 밝게 하는 것은 경이고, 밖으로 일을 결단하는 것은 의이다.[內明者敬 外斷者義]'라고 한 데서 명확히 드러난다.

마음이 움직이기 이전에 주체적으로 하늘로부터 부여받은 명덕을 밝히는 공부의 핵심은 마음을 경(敬)에 두는 것이고, 마음이 움직인 뒤 응사접물할 적에 판단하는 척도는 의(義)에 두어야 한다는 것이다. 경(敬)은 동정과 시종을 관통하기 때문에 마음이 움직이기 이전이건, 마음이 움직이고 난 뒤이건 연속되는 것으로 보아야 한다. 성리학에서는 이처럼 마음을 경에 두는 공부를 거경(居敬)이라 한다.

---

50) 최석기, 「남명시에 나타난 도학적 성향」, 『남명학연구』 제22집, 경상대 남명학연구소, 2006, 71~117면 참조.

마음이 외부의 사물을 만났을 때 대응하는 척도를 의(義)로 보고, 이를 마음이 움직이기 이전의 경과 함께 대등하게 내세운 것이 남명의 경의학이다. 의를 보다 근원적인 경에 포함시켜 경의협지(敬義夾持)를 주장하는 것이 주자학적 사유인데, 남명은 마음이 움직이고 난 뒤의 성찰을 중시하는 관점에서 의를 경과 병렬구조로 파악함으로써 자신의 학문적 특성을 단적으로 드러냈다. 이는 실천을 중시한 그의 학문정신을 반영한 것이다. 그래서 필자는 남명의 경의학을 '거경행의(居敬行義)의 학문'이라고 하였다.51) 마음을 경에 두고 의를 실천하는 학문이다. 여기서 행의(行義)는 마음이 움직이고 난 뒤의 성찰에 관한 것이기 때문에 성찰을 통해 기미가 발견되면 즉석에서 물리치는 극기(克己)까지 포함한다.

주자학은 동정에 있어서, 보다 근원적인 정(靜)에 치중하여 주정주의(主靜主義)로 나아갔다. 존양·성찰·극기의 심성수양론으로 보면, 존양에 더 중점을 두어 경(敬)만을 내세우는 것이 그런 성향을 말해준다. 조선시대 성리학자들도 심성수양을 논할 때, 남명처럼 경·의를 대등하게 거론하기보다는 경만을 언급하는 경우가 많다. 남명의 문인 김우옹(金宇顒)이 선조에게 말할 것을 보아도 그런 성향이 농후하다.

이런 분위기가 무르익을 때 의(義)를 경(敬)과 대등하게 거론했다는 점에서, 남명의 학문은 여타 성리학자들과 변별성을 갖는다. 그렇다면 그의 학문적 특성은 거경(居敬)보다는 행의(行義)에서 찾을 수 있다. 행의는 실천의 문제로, 근원적인 주정주의에 치중하지 않고 실제의 행사 속에서 심성을 수양하는 역동적 성격을 갖는다. 예컨대 '시동처럼 가만히 있다가도 용처럼 신묘하게 드러나고, 연못처럼 침묵을 지키고 있다

---

51) 최석기, 「남명의 성학과정과 학문정신」, 『남명학연구』 창간호, 경상대 남명학연구소, 1991, 88~89면 참조.

가도 뇌성처럼 소리를 친다.[尸居而龍見 淵默而雷聲]'라는 문구처럼 정
중동의 역동적 정신을 보여주고 있는 것이다.

2) 현실인식과 어왜대책

(1) 현실에 대한 인식과 해결책 제시

위에서 살펴본 바와 같이 남명의 경의학은 행의(行義)에 특징이 있고,
그것은 현실의 실제적 행사를 살피는 데 중점을 두고 있기 때문에 현실
문제에 대한 인식이 남보다 예리할 수 있다. 그가 올린 상소에는 자기
시대의 정치·사회적인 문제들에 대해 매우 예리하게 문제점을 지적하
며 개혁을 요구하고 있는 것을 발견할 수 있는데, 여기서는 주로 이런 자
료를 통해 그의 현실인식과 그가 제시한 해결책을 살펴보기로 하겠다.

먼저 당대 학술동향에 대한 인식을 살펴보기로 한다. 앞에서 살펴보
았듯이, 남명은 당시의 학문이 하학인사(下學人事)를 경시하고 상달천리
(上達天理)만을 추구하는 것에 대해 퇴계에게 편지를 보내 바로잡아야
한다는 견해를 제시했고, 문인 오건(吳健)에게 보낸 편지에서도 이 문제
를 거론하였다. 한 시대에 유행하는 학술의 문제점을 당시 사람들은 간
파하기 어려운 법이다. 실제로 16세기 중반의 그 어떤 학자도 이 문제에
대해 남명처럼 심각하게 우려하는 발언을 하고 있는 것이 발견되지 않
는다. 이를 보면 학술동향에 대한 그의 예리한 현실인식을 알 수 있다.
이는 그의 학문이 거경행의의 실천성, 그 가운데서도 특히 성찰에 역점
을 둔 데에서 기인했다고 여겨진다.

다음은 상소문을 통해 그의 현실정치에 대한 인식을 살펴보도록 한
다. 지금 전하는 『남명집』에는 ① 「을묘사직소(乙卯辭職疏)」, ② 「정묘

사직정승정원장(丁卯辭職呈承政院狀)」, ③「무진봉사(戊辰封事)」, ④「사선사식물소(謝宣賜食物疏)」 등 4편의 상소문이 실려 있다. ①은 1555년 단성현감에 제수되었을 때 사양하는 상소이고, ②는 1567년 상서원 판관(尙瑞院 判官)에 제수된 것을 사양하면서 승정원에 올린 것이고, ③은 1568년 선조의 구언(求言)에 응대한 상소이고, ④는 1571년 선조가 음식물을 내려준 것에 대해 사례하면서 올린 상소이다.

①에서는 자신이 출사할 없는 이유 2가지를 제시한 뒤, 변방의 왜변에 대한 대책과 임금의 학문에 대해 언급하고서 정심(正心)으로 신민(新民)의 주를 삼고, 수신(修身)으로 취인(取人)의 근본을 삼을 것을 진달한 내용이다. 이 상소는 나라의 총체적 부실과 변방의 일을 언급한 데에서 현실을 진단하는 첨예한 의식이 드러나 있다. ②는 자신의 몸을 대신해서 나라를 부흥시킬 방안으로 '구급(救急)' 두 글자를 올린다는 것인데, 나라의 근본·기강·원기·예의·사습 등의 퇴폐와 사회적 병폐를 열거하면서 이런 폐단을 급히 구제하지 않으면 안 된다는 점을 역설한 것이다. ③은 갓 즉위한 선조의 구언에 응대한 것으로, 백성을 잘 다스리는 요점을 명선(明善)과 성신(誠身)을 통한 군덕(君德)으로 보고, 왕도를 언급하며 수신(修身)·용인(用人)·서리망국(胥吏亡國)·기강확립(紀綱確立)·형정(刑政) 등의 구체적 통치행위에 대해 아뢴 것이다. ④는 나라가 거의 망할 지경에 이르렀으니 임금이 위엄을 보이며 의(義)를 행하라는 내용으로, '군의(君義)' 두 글자를 바친 것이다.

이 4편의 상소에는 모두 현실문제에 대한 그만의 독특한 통찰과 인식이 보이는데, ①에서는 임금의 정심·수신을 통한 인재등용을 역설하고, ②에서는 위급한 상황을 구제하길 건의하고, ③에서는 왕도를 위한 군왕의 덕을 확립하라 아뢰고, ④에서는 군왕으로서의 의(義)의 실천이 당면한 현실의 급선무임을 일깨우고 있다. 그런데 이런 해결책을 제시하기 전에 그가 진단한 당시의 현실에 대한 인식은 매우 심각하게 그려져 있다.

①에서 남명은 출사할 수 없는 두 번째 이유를 언급하면서, 나라가 근본이 이미 망해 천심·인심이 모두 떠나서 태풍이 불면 곧 쓰러질 듯하다고 하였다. 그런데 상하 관원들은 병폐를 치유할 생각은 않고 그럭저럭 세월만 보내고 있다고 지적하였으며, 내직에 있는 관원은 파벌을 형성하고 외직에 있는 자들은 백성을 수탈하는 데 혈안이 되어 있다고 하였다. 그래서 자신은 밤낮으로 이런 시국을 근심하며 탄식을 한다고 하였다. 이것이 남명의 인식한 현실이다.

그런데 남명의 상소를 논하는 요즘 사람들은 이런 남명의 현실인식에 초점을 맞추지 않고, 남명이 아래와 같이 한 말에 더 귀를 기울인다.

> 자전(慈殿 : 문정왕후)께서는 생각이 깊으시기는 하지만 깊숙한 궁중에 사시는 한 과부에 지나지 않으시고, 전하(殿下 : 명종)께서는 아직 어리시니 단지 선왕께서 남기신 한 고아에 지나지 않으십니다. 그러니 천 가지 백 가지 천재와 억만 갈래로 나누어진 인심을 무엇으로 감당해 내며, 무엇으로 수습하겠습니까?[52]

남명이 문정왕후를 '과부'로 표현하고 명종을 '고아'로 표현한 것은 분명 상대를 자극하기에 충분한 표현이다. 그러나 핵심은 여기에 있는 것이 아니다. 이 말은 문정왕후나 명종 모두 궁중에 살고 나이가 어려 현실의 심각한 문제점을 잘 모르고 있다는 점을 강조하기 위해 쓴 수사

---

52) 조식,『남명집』권2,「乙卯辭職疏」. "慈殿塞淵, 不過深宮之一寡婦, 殿下幼沖, 只是先王之一孤嗣. 天災之百千, 人心之億萬, 何以當之, 何以收之耶."

에 불과하다. 이것을 가지고 남명이 직언을 했다고 말하는 것은 난센스다.

①에서 또 주목되는 것이 왜적의 침입에 대한 국방 문제인데, 그 핵심은 뇌물을 받고 장수를 임명해 적임자를 얻지 못해서 생긴 문제로 진단하고 있는 것이다. 그리고 이런 난맥상을 구제할 수 있는 유일한 해결책은 임금의 마음에 달려있다는 점을 강조하며 정심·수신에 힘쓸 것을 주문한 것이다.[53]

②에서 남명은 나라의 근본이 무너진 것을 구체적으로 열거하였다. 이 상소는 『선조수정실록』에는 선조 즉위년(1567) 10월 5일에 올린 것으로 되어 있고, 『선조실록』에는 1571년 5월 15일에 올린 것으로 되어 있다. 『선조실록』에는 1571년 5월 15일 음식물을 내려준 것에 사례하며 올린 상소가 또 실려 있는데, 그 내용 중 '전 수종친부 전첨 신 조식(前守宗親府典籤臣曺植)'이라는 말이 있는 것으로 보아, 종친부 전첨에서 체직된 뒤에 올린 것을 알 수 있다. 따라서 자신을 대신해 '구급(救急)' 2자를 올린다고 한 상소는 『선조수정실록』에 따라 1567년으로 보는 것이 옳다.

남명은 이 상소에서 국가와 사회가 병든 상황 20가지를 열거하면서 모두 17개의 '진(盡)' 자를 썼다. 모두 극한 상황에 이르렀음을 강조한 것이다. 그는 이어서 "이를 방치하고 구제하지 않으면서 헛된 명분만을 일삼아 말을 잘하는 사람만을 따르고 있습니다. 또한 산림에 버려진 사람을 찾아 어진 이를 구한다는 미명을 얻으려 하고 있습니다. 그러나 명분은 실질을 구제하기에 부족합니다. 이는 마치 그림 속의 떡이 굶주림을 구제하기 부족한 것과 같아, 지금의 급한 상황을 구제하는 데 전혀 도움

---

53) 상동. " 伏願殿下, 必以正心爲新民之主, 修身爲取人之本, 而建其有極, 極不極, 則國不國矣."

이 되지 못합니다. 청컨대 완급과 허실을 잘 분간하여 조처하소서."54)라고 하였다.

　여기서 남명의 현실인식은 명분이 아닌 실질에 있음을 알 수 있다. 급한 상황을 구제하기 위해서는 어진 이를 불러들여 민심을 수습하는 정도의 미봉책으로는 안 된다는 말이다. 성리학은 본래 명분론이 강하다. 그런데 조선성리학은 16세기 사화를 거치면서 사(士)의 존재방식에 대한 심각한 자기성찰을 통해 명분론이 더 강화되었다. 선조가 즉위하여 사림정치시대가 열리자 붕당과 맞물려 군자·소인에 관한 논쟁이 일어났고, 성리학 가운데서도 주자학만을 정통으로 인식하여 벽이단(闢異端) 논쟁이 일어났으며, 임진·병자 양란을 거치면서 춘추대의론이 강화되었다. 그리하여 17세기 후반에 이르면 주자학만을 절대 존신하는 경직된 학풍이 조성되었으니, 이념 논쟁을 통해 명분만 강화시킨 결과를 가져왔다. 그래서 그 강화된 이념은 현실의 실제와 괴리되었다. 남명이 위의 상소에서 '명분은 실질을 구제하기에 부족하다.'고 한 것은 이런 당대의 병폐를 꿰뚫어 보고서 한 말이다.

　③은 군덕(君德)에 초점을 맞추어 논한 상소인데, 『중용』의 명선(明善)·성신(誠身)을 통해 임금의 덕을 닦고 그런 덕에 근본을 해서 인재를 등용해 소인을 물리치고 군자를 등용해야 한다는 점을 논한 것이다. 이 상소에는 구체적으로 서리(胥吏)가 나라를 망친다는 서리망국론을 언급하고 있는 것이 눈에 띈다.

---

54) 조식, 『남명집』 권2, 「丁卯辭職呈承政院狀」. "舍置不救, 徒事虛名, 論篤是與, 竝求山野棄物, 以助求賢美名, 名不足以救實, 猶畫餠之不足以救飢, 都無補於救急, 請以緩急虛實, 分揀處置."

　예로부터 권신(權臣)으로서 나라를 마음대로 했던 자도 있고, 외척으로
서 나라를 마음대로 했던 자도 있으며, 부인이나 환관으로서 나라를 마음
대로 했던 자도 있습니다. 그러나 오늘날처럼 서리가 나라를 마음대로 했
던 것은 아직 들어보지 못했습니다. 정권이 대부에게 있어도 안 되는데,
하물며 서리에게 있는 데 있어서이겠습니까?……군대와 백성에 관한 온
갖 정사 및 한 나라의 기밀에 관한 일이 모두 도필리(刀筆吏)의 손에서
나오고 있습니다. 그들은 매우 사소한 일일지라도 대가를 주지 않으면 일
을 행하지 않습니다. 그래서 재물은 안으로 모여들고 백성들은 밖으로 흩
어져서 열에 하나도 남지 않았습니다.……토산물을 바쳐야 하는 사람은
구족(九族)의 것을 모으고 가산을 팔아 관청에 내지 않고 사가(私家)에다
내는데, 본래 값의 백배가 아니면 서리들이 받지 않습니다. 나중에는 그와
같이 계속 납부할 수가 없어서 빚을 지고 도망치는 자들이 줄을 잇고 있
습니다. 어찌 조종이 전해 주신 고을 백성의 공납이 엄연히 쥐새끼 같은
아전들이 나누어 갖는 것이 될 줄을 생각이나 했겠습니까?……오늘날 사
람들이 모인 무리 중에 도적질하는 자가 있으면 장수에게 명을 내려 죽이
거나 체포하게 하는데, 하루도 걸리지 않습니다. 그런데 서리나 아전들이
도적질을 하고, 모든 관아의 하리(下吏)가 한 무리가 되어 나라의 심장까
지 들어가 점거를 하고서 나라의 맥을 해쳐 없어지게 하고 있습니다.[55]

　이 상소는 임금이 성덕을 닦아 올바른 인재를 등용해야 함을 역설한
것이다. 그런데 이는 대체를 논한 것이고, 그 안을 자세히 들여다보면
그 시대의 가장 고질적인 문제를 끄집어내고 있다. 그것이 바로 서리망

---

55) 조식,『남명집』권2,「戊辰封事」. "自古權臣專國者, 或有之, 戚里專國者, 或
有之, 婦寺專國者, 或有之, 未聞有胥吏專國, 如今之時者也. 政在大夫, 猶不
可, 況在胥吏乎.……軍民庶政, 邦國機務, 皆由刀筆之手, 絲粟以上, 非回俸,
不行. 財聚於內, 而民散於外, 什不存一.……賫持土貢者, 合其九族, 轉賣家
業, 不於官司, 而納諸私室, 非百倍, 則不受, 後無以繼之, 逋亡相屬, 豈意祖
宗州縣臣民貢獻, 嚴爲齟鼠所分之有乎.……今人之相聚者, 有草竊, 則命將
誅捕, 不竢終日, 小吏爲盜, 百司爲群, 入據心胸, 賊盡國脈."

국론이다. 남명은 이를 지적한 뒤, 임금이 덕을 닦아 기강을 세우고 형벌을 엄히 해서 폐단을 일거에 개혁하지 않으면 안 된다는 것을 진언하였다.

이 상소는 원론적으로 군덕(君德)을 언급한 것이 아니라, 현실의 폐단을 구체적으로 지적하고 개혁방안을 제시했다는 점에서, 남명의 현실인식과 해결책은 실질적인 것이었다고 하겠다. 남명의 서리망국론은 그 후 관제개혁을 주장하는 사람들에 의해 부단히 인용되면서 지론으로 받아들여졌다.

④의 상소는 전에 올린 '구급(救急)'·'군덕(君德)' 등의 급선무에 대해 임금이 결단을 하여 위엄을 보이고 기강을 바로잡지 않으면 안 된다는 점을 주지시킨 내용이다. 그러므로 현실의 구체적인 문제를 가지고 논하지는 않았다. 그러나 그는 국가의 총체적 위기를 "전하의 나라 일은 이미 잘못되어 한 가닥도 손을 쓸 곳이 없습니다. 그런데도 신료들과 여러 관리들은 빙 둘러서서 바라보기만 할 뿐, 구제하지 못하고 있습니다. 이들은 이미 어떻게 해 볼 수 없다는 것을 알고서, '어찌 할꼬?'라고 걱정하지 않은 지가 오래되었습니다."라고 진단하고서, 임금이 앞장서서 이를 혁파해 나가지 않으면 안 된다는 점을 역설하였다. 그리고 마지막으로 '군의(君義)' 2자를 올려 '임금이 의리를 행하라.'고 주문하였다.

앞에서 살펴보았듯이, 남명의 사상에서 의(義)는 정시(靜時)의 공부인 경(敬)과 상대적인 동시(動時)의 공부로 등장한다. 따라서 의(義)는 응사접물하는 실제의 행사에서 마음을 성찰하는 척도가 되며, 악의 기미가 발견되면 즉석에서 물리치는 극치(克治)까지 포함한다. 이를 통해 '군의(君義)'를 다시 생각해 보면, 임금이 현실을 냉철히 살펴보고 의를 척도로 사리(私利)만을 추구하는 소인배를 몰아내 국가의 기강을 세우라는

말이 된다. 이러한 논리는 그의 「신명사도」를 통해 다시 확인해 볼 수 있다.[56]

이상에서 살펴보았듯이, 남명의 현실인식은 대체를 범론하는 수준이 아니라, 매우 구체적인 현실의 폐단을 지적하여 문제점을 드러내고 그에 대한 해결책을 제시하고 있다. 이런 점에서 그의 상소문은 시폐(時弊)를 극론했다는 차원이 아니라, 당대 현실에 대한 깊은 통찰력으로 도려내야 할 고질을 정확히 인식한 바탕 위에서 임금으로서 조처해야 할 해결책을 제시한 것이라 하겠다. 남명의 상소문을, '재야 학자가 목숨을 두려워하지 않고 임금에게 바른 말을 한 것'이라는 점에만 초점을 맞추면, 그것은 공허한 구호에 지나지 않게 된다.

(2) 왜구의 침입에 대한 우려와 어왜대책 강구

앞에서 살펴보았듯이, 조선전기는 빈번한 왜구의 침입으로 백성들이 피해를 당했는데, 조정의 미온적 대처로 침입한 적을 막기에 급급했다. 남명은 30세 때인 1530년경부터 처가가 있는 김해로 이주하여 신어산(神魚山) 밑에 산해정사(山海精舍)를 짓고 학문에 몰입하였다. 김해는 바다에 접한 고을이어서 왜구의 침입에 민감하였을 것이고, 또 동래의 부산포, 웅천의 제포 등 항거왜인이 사는 곳과 멀지 않아 왜인들에 대한 정보도 많이 접할 수 있었을 것이다. 따라서 김해에서 15년 동안이나 산 남명도 왜인에 대해 얻어들은 것이 적지 않았을 것으로 여겨진다.

남명의 왜구에 대한 언급은 현존하는 기록상으로는 1555년 단성현감

---

56) 최석기, 「남명의 神明舍圖·神明舍銘에 대하여」, 『남명학연구』 제4집, 경상대 남명학연구소, 1995, 155~193면 참조.

을 사직하며 올린 「을묘사직소」에 처음으로 보인다.

　　또한 신이 보건대, 근래 변방에 왜적의 변란이 있어서 여러 관료들이
제때에 밥을 먹지 못할 정도로 분주합니다. 신은 이 소식을 듣고 스스로
놀라지 않았습니다. 그것은 이 사변이 20년 전에 일어났을 것인데, 전하의
신묘한 위엄에 힘입어 이제 비로소 터진 것이지, 하루 저녁에 생긴 변고가
아니라고 생각했기 때문입니다. 평소 조정에서는 재물을 받고 관리를 등
용해 왔습니다. 그래서 재물을 모으기는 하였으나, 백성은 흩어지게 하였
습니다. 그리하여 끝내 장수 중에는 적합한 인물이 없고, 성에는 군졸이
없게 되었습니다. 왜적이 무인지경으로 들어오듯 침입하였으니, 어찌 그
것이 괴이한 일이겠습니까? 이번에도 대마도의 왜놈들이 일본 본토의 왜
적들과 몰래 결탁하여 향도가 되어서, 만고에 전해질 치욕스런 왜변을 일
으킨 것입니다. 그런데 왕의 신령스런 위엄이 떨치지 못해서, 우리 군사가
머리를 조아리듯이 순순히 적에게 성을 내주고 말았습니다. 이 어찌 옛 신
하를 대우하는 것은 주나라 때 법보다 엄격하면서 왜적을 포용하는 은덕
은 도리어 망한 송나라 때보다 더한 것이 아니겠습니까? 세종대왕께서 남
쪽 지방을 정벌하시고, 성종대왕께서 북쪽 지방을 정벌하신 일로 보면, 어
찌 오늘날의 일과 같은 점이 있었습니까?[57]

　남명은 1555년 10월 11일 단성현감에 제수되었다.[58] 그리고 이 상소는
그 해 11월 19일조에 실려 있다. 앞에서 살펴보았듯이, 1555년에 일어난

57) 조식, 『남명집』권2, 「乙卯辭職疏」. “且臣見近日邊鄙有事, 諸大夫旰食, 臣則
　　不自爲駭者, 嘗以爲此事發在二十年之前, 而賴殿下神武, 於今始發, 非出於
　　一夕之故也. 平日朝廷, 以貨而用人, 聚財而散民, 畢竟將無其人, 而城無軍
　　卒, 賊入無人之境, 豈是怪事耶. 此亦對馬倭陰結向導, 作爲萬古無窮之辱,
　　而王靈不振, 若崩厥角, 是何待舊臣之義, 或嚴於周典, 而寵寇賊之恩, 反加
　　於亡宋耶. 視以世宗之南征, 成廟之北伐, 則孰與今日之事乎.”
58) 『명종실록』권19, 명종 10년 10월 11일(임신).

을묘왜변은 5월 10일경에 일어났다. 그러니까 남명이 단성현감을 사직하는 상소를 올릴 적에 을묘왜변에 대해 알고 있었을 것이다.

남명은 을묘왜변이 일어난 것을 '오래 전에 이미 일어났을 일로 하루 아침에 생긴 변고가 아니다.'라고 인식하고 있다. 그리고 그 원인을 '용인(用人)의 부패'에서 찾고 있다. 재물을 받고 관리를 등용해 변방의 장수가 적임자가 아니었기 때문에 군졸은 흩어지고 수비는 허술하여 왜적이 무인지경으로 들어오듯이 침입하였다는 것이다. 이것이 그가 진단한 현실의 모순이다. 이에 그는 「을묘사직소」에 보이듯 임금에게 정심·수신을 통해 백성을 새롭게 변화시키고 올바른 사람을 등용할 것을 주문한 것이다. 결국 그가 볼 때 왜변도 취인(取人)의 잘못에서 비롯된 것이기에 그 해결책을 임금에게 진달한 것이다.

위 인용문 말미에 "이번에도 대마도의 왜놈들이 일본 본토의 왜적들과 몰래 결탁하여 향도가 되어서, 만고에 전해질 치욕스런 왜변을 일으킨 것입니다."라고 한 것을 보면, 그는 왜변을 일으키는 소굴을 대마도의 왜인들로 지목하고 있음을 알 수 있다. 그 다음의 '왕의 신령스런 위엄이 떨치지 못한 것'은 나라의 기강이 해이해져 관리등용의 부패가 만연한 것을 말한다. 그리고 그는 세종과 성종의 일을 예로 들어 왜적의 소굴을 소탕하는 정책을 펴지 못하는 것에 대해 안타까워하고 있다. 요컨대 남명은 대마도의 왜적을 정벌하여 우환을 근본적으로 없애는 정책을 펴야 한다고 주장한 것이라 볼 수 있다.

남명은 1510년에 일어난 삼포왜변에 대해서는 언급한 것이 없다. 그것은 그의 나이 10세 때 일어난 사건인데다 그가 한양에서 살고 있을 때의 일이므로, 김해에 거주할 때 그에 관한 이야기를 들었을 정도여서 실감하기 힘들었을 것이다. 그러나 1555년의 을묘왜변은 온 나라를 들끓게 한 큰 변란이었으므로 그는 왜변에 대해 다시 생각할 수 있는 기회가 되었던 것으로 보인다. 그리하여 「을묘사직소」에 근본이 무너진 나라의 문제점 중 하나로 거론한 것일 것이다.

남명이 언제부터 무엇 때문에 왜변과 그에 대한 대책을 심각한 현실 문제로 생각했는지는 자세치 않다. 다만 분명한 것은 1555년 을묘왜변 이후 이에 대해 심각하게 고민한 흔적이 보인다. 1558년 지리산 쌍계사 방면을 유람하고서 쓴 「유두류록」에서 그는 다음과 같이 말하고 있다.

> 서로 더불어 사방을 바라보니, 동남쪽에 검푸른 빛으로 가장 높이 솟은 것은 남해의 뒷산이고, 정동쪽에 파도처럼 넓게 퍼져 서려 있는 것은 하동·곤양의 산들이다. 또 동쪽으로 보일락 말락 하늘에 높이 솟아 검은 구름과 흡사한 것은 사천의 와룡산이다. 그 사이에 혈맥처럼 서로 관통하고 엉킨 것은 강과 바다포구의 물이 경락처럼 드나드는 것이다. 이처럼 우리나라는 산하의 견고함이 위(魏)나라가 보배로 여기는 것보다 훨씬 견고하여, 만경창파의 너른 바다에 임해 있고 백치(百雉)의 높은 성곽에 의거해 있다. 그런데도 오히려 하찮은 섬 오랑캐들 때문에 거듭 백성들이 곤경에 빠지니, 어찌 그 옛날 길쌈하는 실이 적은 것은 돌아보지 않고 주나라 왕실이 망할 것을 근심한 과부와 같은 걱정을 하지 않겠는가?[59]

남명은 하동군 악양면에서 적량면으로 넘어오는 삼가식현이라는 고개에 올라 남해를 조망하면서 왜적의 침입을 걱정하고 있다. 유쾌한 유람에서 돌아오는 길에 이런 인식을 한다는 것은 평소 그에게 이 점이 늘

---

59) 조식, 『남명집』 권2, 「遊頭流錄」. "相與四顧 流觀東南面 蒼翠最高者 南海之殿也 正東之彌漫蟠伏 波浪相似者 河東昆陽之山也 又東之隱隱嵩天如黑雲者 泗川之臥龍山也 其間如血脉之交貫錯綜者 江河海浦之經絡去來者也 山河之固 不啻魏國之寶 臨萬頃之海 據百雉之城 猶爲島夷小醜 重困蒼生 寧不爲嫠緯之憂乎"

걱정거리였음을 암시한다. 그는 강과 바다와 산이 얽혀 있는 해안의 지형지세를 잘 활용하면 왜적이 침입할 수 없는 보장(保障)의 형세를 구축할 수 있다고 상상을 해 본 것이다. 우리 국토의 지형을 혈맥(血脉)과 경락(經絡)에 비유한 것도 매우 의미 있는 발언이다. 혈맥은 피를 운반하는 통로이고, 경락은 기를 통하는 통로이다. 그 통로에는 요충지가 있다. 이는 지형지세에 익숙하여 이를 잘 활용하면 적을 쉽게 방어할 수 있다는 견해이다. 그의 사후 이순신이 이런 점을 십분 활용하여 해전에서 승리한 것을 생각한다면, 남명의 이런 견해는 선경지명이라 할 수 있다.

남명은 또 1567년에 올린 「정묘사직정승정원장」에서도 '오랑캐까지 우리를 업신여겨[夷狄凌加]'라고 하여, 온갖 폐단을 열거하는 가운데 왜적의 침입을 다시 거론하였다. 이 역시 왜구의 침입을 당시의 가장 심각한 현안 중 하나로 인식하고 있는 것이다.

남명은 1569년에 지은 것으로 알려진 「책문제(策問題)」[60]라는 글에서 이 점을 문도들에게 본격적으로 꺼내 환기시킨다.

　　지금 고명한 덕을 지닌 임금이 보위에 계시면서 나라를 잘 다스리고 있는데도, 도이(島夷)가 변란을 일으키고 있다. 품어 안아 길러주는 은혜를 베풀어주는데도 그들이 함부로 날뛰면서 일으키는 화란은 비할 바가 없다. 아무런 까닭 없이 남의 나라 장수를 죽이고, 간사한 마음을 품고서 우리 임금의 위엄을 침범하였다. 제포(薺浦)를 돌려달라고 청한 것은, 그것이 불가한 줄을 알면서도 우리 조정의 의사를 차례로 시험하려는 것이다. 또 대장경을 30부 인출(印出)해 가길 청한 것은, 이를 반드시 얻고자 함이 아니라, 우리나라를 한번 우롱해 보자는 것이다. 그런 적에게 손뼉을 치고 뺨을 부르르 떨거나 몽둥이를 잡고 눈을 부라리면서 말하기를 '반드시 네 모가지를 뽑아버리겠다.'고 하면, 비록 삼척동자라도 그것이 공갈임을 알

---

60) 「南冥先生編年」에 69세 때 「策問題」을 지었다고 하였다.

것이다.[61]

일본이 조선에 대장경을 인출해 달라고 청한 것은 1396년(태조 5년)부터이다.[62] 이후 계속해서 대장경을 요구하여 1407년(태종 7년) 9월 1일 왜인 다다랑덕웅(多多良德雄)에게 대장경 1부를 주어 보냈다.[63] 이후로도 일본 국왕은 물론 대내전(大內殿) 및 각 지역의 왜인들이 대장경을 요구해 왔다. 그리하여 가끔씩 대장경을 주었다는 기록이 보인다.[64]

1537년 1월 13일 일본국왕은 사신 동양동당(東陽東堂)을 보내, 통신사를 청하고 대장경을 구하였다. 이에 대해 조정에서는 논란 끝에 4월 14일 사신에게 불교를 숭상하지 않은 지 오래되어 인출한 책이 없다고 핑계를 하고 주지 않았다.[65] 그리고 이 뒤로는 대장경을 달라는 왜인들의 요구가 실록에 보이지 않는다. 남명이 「책문제」에서 '대장경'을 거론한 것도 아마 이 때의 일을 기억한 듯하다.

'제포를 돌려달라고 청한' 일은 실제로 조선왕조실록에 보이지 않는다. 조정에서는 삼포왜변 이후 1512년 대마도주와 새로운 약조를 맺었는데, 이것이 이른바 임신약조이다. 삼포에 왜인의 거주를 금하고 제포만 개항하며, 종전 세견선 50척을 반감하여 25척으로 줄이고, 세사미두(歲

---

61) 조식, 『남명집』권2, 「策問題」. "方今聖明在上 治具畢張 而島夷爲亂 卵育之恩有加 而跳梁之禍無比 無故而殺元帥 懷詐而干主威 請還薺浦者 知其不可 而歷試朝意也 請要三十印去者 非欲必得 而愚弄國家也 鼓掌彈頰 撫杖而瞋目曰 必拔爾之項 雖三尺童子 猶知其恐動也"

62) 『태조실록』권9, 태조 5년 3월 29일(병술).

63) 『태종실록』권14, 태종 7년 9월 1일(신해).

64) 文宗 즉위년인 1450년 12월 13일(계미), 왜인 宗金이 대장경을 청해 善山府 得益寺에 보관하던 대장경 3천 8백 권을 주었다는 기록이 보인다.

65) 『중종실록』권84, 중종 32년 4울 14일(임술).

賜米豆)도 반으로 줄여 1백 석만 준다는 것이 이 조약의 요지이다. 이를
보면 여기서 '제포를 돌려달라고 청한'은 제포에 항거왜인들에게 허용
했던 권익을 돌려달라는 말인 듯하다.

남명은 왜인들의 요구를 간교한 술책으로 판단하고 있으며, 겁만 주
는 식의 호통으로는 그들을 통제할 수 없기 때문에 적을 제압하는 대책
이나 적의 공격을 막을 계책을 가지고 있어야 한다는 것이다. 남명은 이
글의 마지막에 다음과 같이 당시 조정의 대처를 비판하며 문도들에게
대책을 주문하고 있다.

> 임금이 발끈 화를 내어 위엄을 조금 더하려 하면, 신하들은 '변경의 오
> 랑캐를 자극해 말썽을 일으킨다.'고 하며, 뇌물을 받은 역관 한 놈의 목을
> 베어 나라의 기밀을 누설하는 일을 엄히 단속하려 하면, 신하들은 '겸손한
> 말로 온순하게 대하는 것만 못하다.'고 한다. 사정이 이과 같으니 과연 적
> 에 대응할 말이 없고, 적을 막을 계책이 없는 것인가?[66]

1553년 3월 국가의 기밀을 누설한 역관을 추국하라는 기록이 보이는
데,[67] 남명은 아마도 이 일을 거론한 듯하다. 이 대책을 보면, 남명은 당
시의 왜변과 그에 대한 조정의 대응을 소상히 알고 있었으며, 그런 대처
로는 왜구의 침입을 막을 수 없다고 생각해 시급히 대비책을 마련해야
한다고 판단한 듯하다.

그러면 동시대 퇴계는 왜변에 대해 어떻게 대처하고 있는지 살펴보기
로 한다. 1544년 4월 12일 경상도 사량진(蛇梁鎭)에 왜선 20여 척이 쳐들

---

66) 조식, 『남명집』 권2, 「策問題」. "王赫斯怒 稍加威靈 則曰挑邊生事 斬一譯史
以厲機事 則曰莫若卑辭順對 若是則果無以對之之策 亦無禦之之策歟"
67) 『명종실록』 권14, 명종 32년 3월 2일(무인).

어온 사건이 발생하자, 조정에서는 다시 왜인들에 대한 대우를 어떻게 할 것인가를 두고 고심하였다. 즉 왜인을 사절하고 통신하지 않아야 한다는 주장과 개유(開諭)하는 것이 낫다는 주장으로 갈려 있었다. 중종은 대마도의 왜인들조차도 오는 것을 허락하지 않음으로써 국가의 위엄을 보여야 한다고 하였다. 이 일은 명종이 즉위한 뒤에도 최대의 현안으로 떠올랐다. 그래서 당시 우참찬이었던 신광한(申光漢)은 조심스럽게 왜인과의 화친을 아뢰었다.[68] 당시 일본 국왕이 사신을 보내 애걸하였으므로 이에 대한 논의가 다시 일어났고, 이언적(李彦迪)도 왜인과의 강화를 주장하였다.[69]

홍문관 전적으로 있던 퇴계도 7월 27일 일본과 강화하는 것이 낫다는 상소를 올렸다. 그는 왜인들에게 스스로 새롭게 변할 수 있는 기회를 주고, 우리 백성들도 화를 당하지 않도록 하기 위해서 화친을 해야 한다는 점을 언급하고서, 다음과 같이 말하였다.

> 이적(夷狄)과 화친하는 방법에는 조종(操縱)하고 신축(伸縮)하고 가부(可否)하는 권(權)과 세(勢)가 있어야 하는데, 이 권과 세를 항상 우리에게 있게 하고 적들에게 있게 해서는 안 됩니다. 신도 조정의 뜻이 이를 중히 여겨 이처럼 굳게 거절하자는 논의를 주장하는 줄 압니다. 그러나 저들에게 죄가 있으면 거절하고, 새롭게 변화면 화친을 허락하는 것입니다. 이번은 그 권·세가 우리에게 있어 은덕을 베푸는 것이 마땅할 때입니다. 화친을 해야 할 때를 당한 것을 시의(時宜)라고 하니, 어찌 시기를 놓칠 수 있겠습니까. 그 권한을 가지고 그 세력을 잊은 채 무심히 대처하면, 저들은 반드시 큰 덕으로 여기고 모두 마음을 기쁘게 하여 서로 거느리고 와서 정성을 바칠 것입니다. 이것이 이른바 오랑캐를 교화시킨다고 하는 것이

---

68) 『명종실록』 권1, 명종 즉위년 7월 26일(병술).
69) 『명종실록』 권1, 명종 즉위년 7월 27일(정해).

니, 화친은 말할 것이 못됩니다.[70)]

　이 말은 아무리 이적(夷狄)이라도 교화시키는 것이 최선이라는 논조로 말한 것이다. 이에 대해 당시 영의정이었던 윤인경(尹仁境)은 신광한의 말보다 더욱 우원(迂遠)하여 의논할 가치가 없다고 하였고, 명종도 거절하기로 한 조정의 결정을 바꿀 뜻이 없다고 하였다.[71)]

　이러한 퇴계의 왜인에 대한 대처를 보면, 남명의 경우와 매우 다른 점을 발견할 수 있다. 퇴계는 은덕을 베풀어 교화시키는 정책을 선호하고, 남명은 그런 유화책보다는 견고한 방어책을 강구해야 한다는 실전대비를 중시하고 있다. 이 역시 두 사람의 학문정신이 서로 다른 것을 잘 보여주는 것이다.

4. 맺음말

　임진왜란 때 그 어느 학파보다도 남명의 문인 또는 재전문인들이 가장 많이 의병을 일으켜 구국항쟁에 나섰다. 이는 분명 남명의 영향에 의한 것이다. 이에 대한 기왕의 연구는 대체로 남명의 경의사상에서 의(義)의 측면과 연관시켜 설명하였다. 그러나 필자는 이 경·의의 의(義)는

---

70) 『명종실록』 권1, 명종 즉위년 7월 27일(정해)조. "與夷狄和親之道, 固當有操縱伸縮可否之權之勢, 而此權此勢, 必常令在我, 而不可令在彼也. 臣亦知朝廷之意, 以此爲重, 而爲是堅拒之議矣. 然有罪則絶之, 自新則許之, 此正權勢之在我, 而施當其可也. 當其可之謂時, 何可違也. 有其權忘其勢, 而無心以處之, 則彼必爲大德而咸悅於其心, 相率而投款矣. 是所謂化之也, 和不足言矣."

71) 上同. "仁境回啓曰, 觀此李滉上疏, 其辭意尤爲迂遠於申光漢之言, 決不可議爲. 答曰, 朝議已定, 予意亦以爲難改也."

정의(正義)·절의(節義)·대의(大義) 등의 의(義)와는 다른 개념으로, 마음
이 움직인 뒤의 성찰·극기와 관련된 행위의 준칙이라 생각한다. 즉 남명
은 문인들에게 사회의 정의를 늘 역설한 것이 아니라, 의를 척도로 한
실천궁행을 늘 말했기 때문에 그런 실천적 학문정신이 임란을 당해 곧
바로 창의를 하게 한 것이라고 본다. 그의 거경행의(居敬行義)의 학문정
신은 사회적 정의를 부르짖은 사회운동의 차원이 아니라, 자신을 변화
시키기 위한 구도적 수행정신인 것이다. 이 정신이 몸에 익숙해짐으로
써 기변(機變)을 당해 곧장 떨쳐 일어나게 한 것이다. 문인 김우옹이 퇴
계와 남명의 학문을 비교해 논하면서 "그의 문하에서 공부한 사람은 절
도 있는 행실이 있어 일을 맡을 만한 자가 많습니다."라고 한 것이 이런
의미를 말해 준다.

남명의 생질 이준민(李俊民, 1524~1590)은 문무를 겸한 재주를 가지고
있던 선조대의 명신이다. 임란이 일어나기 전에 그가 선조와 나눈 대화
중 아래 인용문처럼 왜구를 대단치 않게 여긴 말이 있다.

> 또 한 마디 할 말이 있는데, 전날 경연에서 고 재상 이준민은 이야기가
> 변방의 일에 미치자, "전하께서는 왜인을 근심하십니까? 왜인은 근심할
> 것이 못됩니다."라고 하였다. 내가 "무슨 까닭으로 그런 말을 하는가?"라
> 고 묻자, 이준민은 "왜인은 짧은 옷소매에 단검을 들고 맨발로 달리지만,
> 그 외에는 다른 장기가 없습니다. 그러니 어찌 우리의 적수가 되겠습니까.
> 신의 외숙 남명도 항상 이렇게 말했습니다."라고 하였다.[72]

여기서 보이듯이, 이준민은 외숙인 남명도 항상 왜인들에 대해 근심

---

72) 『선조실록』 권39, 선조 26년 6월 17일(경자). "又有一言, 昔在經筵, 故宰相李俊
民, 語及邊事. 俊民曰, 上憂倭乎, 倭不足憂也. 予曰, 何故. 俊民曰, 倭人短衫
短劍跣足以趨, 他無長技, 此豈足爲賊者乎. 臣叔曺植, 常如是言之."

할 것이 못된다고 말했다는 기록이 보인다. 이로 인해 최근 남명의 왜구에 대한 생각까지도 폄하하는 견해가 제기되어 "당시는 왜적의 준동이 잦아 장차 큰 변란이 있을 것을 예측할 수 있는 상황이었는데도, 남명은 왜인들이 전혀 근심할 대상이 못된다고 말했다고 한다."라고 하면서, 시비론에 매몰된 조선 성리학자들의 단견(短見)으로 파악하였다.[73] 이에 대해 필자는 동의하지 않는다.

그렇다면 우선 필자가 앞에서 논한 남명의 왜구에 대한 우려와 대책이 어디에서 나온 것인지를 해명해야 할 것이다. 또한 「책문제(策問題)」를 어떻게 해석할 것인가도 함께 논의해야 할 것이다. 이를 모두 빼버리고 그의 학문자세를 시비론으로 몰아가는 것은 진실과 동떨어진 견해일 뿐만 아니라, 탐구하고자 하는 의도가 무엇인지 속내가 자못 의심스럽다. 남명의 학문을 시비론으로 보는 것은 매우 적절치 못한 견해지만, 여기서는 이 문제에 대해 논의하는 것이 적절치 않기 때문에 다음 기회로 미룬다.

위 인용문에서 이준민이 왜인을 대단치 않게 말한 것은 다른 관점에서 보아야 한다. 우선 이는 짧은 소매의 옷을 입고, 단검을 들고, 맨발로 달리는 왜병의 무장에 대해 하찮게 여긴 것이지, 왜구의 침입과 노략질에 대해 우려할 만한 것이 못된다고 말한 것이 아니다. 역설적으로 생각해 보자. 갑옷을 입고 장검을 들고 말을 탄 무장 군인과 왜병의 무장을 비교해 보면, 왜병은 보잘 것 없이 여겨질 것이다. 이준민과 남명은 이 점을 지적한 것이지, 왜구의 침입에 대해 대수롭지 않게 여긴 것은 아니다.

또한 위무 당당한 왕의 군대가 섬 오랑캐를 응징할 때의 위엄으로 말

---

73) 서의식, 「남명 조식의 학문자세와 그 현대적 음미」, 『남명학보』 제7호, 남명학회, 2008, 47면 참조.

하면, 왜병은 남명이 언급한 대로 짧은 소매의 옷에 단검을 들고 맨발로 달리는 하찮은 적으로 여겨질 수 있다. 남명은 이런 측면에서 그와 같이 말한 것이라고 추정해 볼 수도 있다. 이는 당당한 왕의 군대와 비교가 되지 않는 작은 적이라는 의미를 강조하기 위해 한 발언으로 볼 수도 있다.

그리고 조선은 산하가 견고하니 내치(內治)가 잘되면 짧은 소매에 단검을 들고 맨발로 달리는 왜구 정도야 쉽게 제어할 수 있다는 자신감을 드러낸 것으로도 볼 수 있다. 이는 그가 상소문에서 용인(用人)의 부패를 누차 지적한 데서 간접적으로 확인할 수 있다. 다시 말해 왜구를 무시한 것이 아니라, 조선 내부의 정치력 부재에서 오는 폐단 때문에 충분히 방어할 수 있는 왜적의 침입을 막지 못하고 있다는 통탄이라 할 수 있다. 남명은 왜적을 응징하는 적극적인 대처를 생각하고 있었기 때문에, 세종 때 대마도를 정벌하여 위엄을 보였듯이 그렇게 대처해야 한다는 점에서 조정의 결단을 촉구한 발언으로 보인다.

그런데 이를 곡해하여 '임박한 미래의 상황마저 제대로 예상하지 못한 단견'74)이라고 말하는 것은 당시 상황과 남명의 정신에 대해 잘 모르고 한 논평이다. 16세기 동아시아 해역에서의 무역과 해구(海寇) 발생 및 서양세력의 진출 등 당시의 새로운 변화75)에 대해, 남명은 물론 조정에서도 그 정세를 제대로 파악하지 못하고 무지했다는 점에서 보면, 왜구의 복장에 관한 단편적인 소견을 가지고 남명이나 이준민을 비판할 것이 못된다고 본다.

---

74) 이 말은 서의식이 2008년 11월 8일 서울대학교 교육정보관 101호에서 열린 남명학회 2008년 추계학술회의 발표자료집『남명의 학문사상과 교육』42면에 보이는데,『남명학보』제7호에 실린 논문에서는 이 문구를 삭제하였다.
75) 한명기,「임진왜란과 동아시아 질서」,『임진왜란과 한일관계』, 경인문화사, 2005, 111~115면 참조.

이 글의 요지를 결론적으로 말하면 다음과 같다. 남명은 인간의 구체적 현실에 근거하지 않은 지식을 탐구하는 것은 실질적인 소득이 없다고 보았으니, 이것이 그의 실지공부론이다. 이는 내가 지금 서 있는 여기로부터 시작하는 남명의 현실주의적 학문정신이다. 4편의 상소문을 통해 본 남명의 현실인식과 해결책을 보면, 임금의 정심·수신을 통한 인재등용, 위급한 상황을 구제할 것, 왕도를 위한 군왕의 덕을 확립할 것, 군왕으로서의 의(義)의 실천이 당면한 급무임을 일깨우고 있다.

왜구의 침입에 대한 우려와 대책을 보면, 그는 왜변의 원인을 용인(用人)의 부패에서 찾아 재물을 받고 관리를 등용해 변방의 장수가 적임자가 아니었기 때문에 군졸은 흩어지고 수비는 허술하여 왜적이 무인지경으로 들어오듯 침입하였다고 진단하였다. 또한 겁만 주는 식의 호통으로는 그들을 통제할 수 없기 때문에 적을 제압하는 대책이나 적의 공격을 막을 계책을 가지고 있어야 한다고 하였다. 즉 남명은 퇴계처럼 회유나 포용이 아니라, 강력한 정토(征討)를 하거나 지형지세를 이용해 적을 막을 튼튼한 방어책을 마련해야 한다고 생각한 것이다. 이런 점이 명백히 드러나는데, '임박한 미래의 상황마저 제대로 예상하지 못한 단견'이라고 보는 것은 사료를 충분히 검토하지 않은 그야말로 단견이라고 밖에 할 수 없다.

※ 이 글은 『남명학』 제15집(남명학연구원, 2010)에 게재한 것을 수정 보완한 것이다.

제13장
남명학과 퇴계학

1. 남명과 퇴계에 대한 후세의 논평

1) 조선시대 학자들의 평

조선시대 학자들 가운데 누가 진정한 도학자인가에 대해서는 여러 가지 견해가 제기되었다. 혹자는 정몽주(鄭夢周)라 하고, 혹자는 조광조(趙光祖)라 하며, 혹자는 이황(李滉)이라 하고, 혹자는 조식(曺植)이라 하였다. 이처럼 분분한 설이 제기된 것은 도학과 도학자에 대한 개념이 서로 달랐기 때문이다. 그런데 16세기 학봉(鶴峯) 김성일(金誠一, 1538~1593)은 조선시대 도학자에 대해 다음과 같이 말했다.

> 또 근래의 일로 말하자면, 퇴계·남명 두 선생은 한 세상에 나란히 출생하여 도학을 창도해 밝혀 인심을 선하게 하고 인간사회의 기강을 부지하는 것으로 자기의 책임을 삼으셨다. 그래서 사인들이 훈도되고 변화하여 흥기하거나 사숙한 자가 많았다.[1]

이러한 언급은 남명과 퇴계가 우리나라의 도학을 창도해 밝혔다는 것으로 요약된다. 17세기 우암(尤庵) 송시열(宋時烈, 1607~1689)도 "우리나라 인재는 선조 조에 이르러 가장 성대했다. 도학으로는 퇴계·남명·한강·율곡·우계·중봉이다."[2]라고 하였다. 여기서 주목할 점이 퇴계와 남

---

1) 金誠一, 『鶴峯先生文集』 권3, 「招諭一道士民文 壬辰」. "且以近事言之, 退溪 南冥兩先生, 並生一世, 倡明道學, 以淑人心扶人紀爲己任, 士子之薰陶漸染, 興起私淑者, 多矣."

명을 우리나라 최초의 도학자로 보고 있는 것이며, 그 다음으로 한강(寒岡) 정구(鄭逑, 1543~1620), 율곡(栗谷) 이이(李珥, 1536~1584), 우계(牛溪) 성혼(成渾, 1535~1598), 중봉(重峯) 조헌(趙憲, 1544~1592) 등을 일컫고 있는 것이다. 이러한 견해는 기호학파의 시각을 다분히 드러내고 있지만, 남명과 퇴계에 의해 우리나라 도학이 창도되었다고 보는 시각은 김성일의 견해와 다르지 않다.

조선후기 실학자 성호(星湖) 이익(李瀷, 1681~1763)은 조선중기 남명과 퇴계에 의해 비로소 우리나라의 문명이 높은 수준에 이르렀다고 하면서 다음과 같이 논하였다.

> 가) 퇴계는 소백산 아래에서 태어나고, 남명은 두류산 동쪽에서 태어났는데, 모두 영남 지역이다. 상도는 인(仁)을 숭상하고 하도는 의(義)를 주로 하였다. 그리하여 유교의 교화와 기절(氣節)이 바다처럼 넓고 산처럼 높게 되었다. 이에 우리나라의 문명이 이 두 분에 이르러 지극하게 되었다.[3]
> 나) 중세에 퇴계·남명 두 선생이 영남에서 태어나 여러 학생들을 인도하고 교화하였다. 퇴계는 문교를 돈독히 하고, 남명은 명검(名檢)을 숭상하였다. 그래서 사람들이 본성을 인(仁)하게 하여 그것을 편안히 여겼고, 처신을 의(義)롭게 하여 정의를 일으켰다. 사람들이 지금까지 그 가르침을 따라 잃지 않고 있다.[4]

---

2) 宋時烈, 『宋子大全』 부록 권14, 語錄, 崔愼錄下. "我國人才, 至宣廟朝最盛, 道學則退溪南冥寒岡栗谷牛溪重峯."
3) 李瀷, 『星湖僿說』 권1, 天地門, 「東方人文」. "退溪生於小白之下, 南冥生於頭流之東, 皆嶺南之地. 上道尙仁, 下道主義, 儒化氣節, 如海闊山高. 於是乎, 文明之極矣."
4) 李瀷, 『星湖先生全集』 권52, 「耕魯齋序」. "中世退溪南冥兩夫子, 生於其間, 導化羣生, 退溪敦文敎, 南冥尙名檢, 仁而安之, 義而作之, 人至今遵而不失也."

명검(名檢)은 명분을 중히 여기고 예로써 자신을 단속하는 것을 말한다. 이 두 자료를 보면, 남명과 퇴계에 이르러 우리나라 유교문화가 높은 수준에 이르렀다는 것이니, 이는 이 두 분이 비로소 도학을 앞장서서 인도하고 밝혔다는 말이나 다름없다.

이익의 문인으로 근기지방에 살던 순암(順庵) 안정복(安鼎福, 1712~1791)은 영남지방의 문화를 논하면서, 남명과 퇴계의 교화가 널리 퍼진 점에 주목하여 다음과 같이 말하였다.

> 영남의 산수는 웅장하고 수려하다. 산수의 맑고 깨끗한 기운이 사람에게 모여 영특하고 준걸한 사인들이 태어났다. 신라·고려 시대로부터 우리 조선조에 이르기까지 손가락을 꼽아가며 헤아려도 다 헤아릴 수 없을 정도로 많다. 그러니 지령(地靈)은 인걸(人傑)이라는 말이 과연 거짓말이 아니구나. 우리 조선조 중세에 문화가 극성하여 한(漢)나라·당(唐)나라 때 문화를 초월하여 삼대(三代)의 문화를 앞지를 수 있었다. 이때에 퇴계·남명 두 선생과 같은 분이 태어나 영남지역에 교화를 퍼셨다. 그 문하에 나아간 사인들은 출사하면 민첩하게 일을 하여 세상에 필요한 사람이 되었고, 퇴처(退處)하면 자벌레처럼 은거하여 독선기신(獨善其身)하는 사람이 되었다. 그 유풍과 유훈이 실로 사람들의 마음을 감동시켜 흥기하게 하는 점이 있다.[5]

안정복은 조선중기 남명과 퇴계에 의해 우리나라 문명이 한나라와 당나라를 능가하여 하(夏)·은(殷)·주(周) 초기 성왕이 다스리던 시대의 문

---

[5] 安鼎福, 『順菴集』 권18, 「浮查集序」. "嶺中山水, 雄拔秀麗, 淸淑之氣鍾于人, 而爲英俊之士, 由羅麗至聖朝, 指不勝屈. 地靈人傑, 果不誣矣. 中明之際, 文化之盛, 可以超漢唐而軼三代. 于時, 有若退溪南冥二先生, 施敎於嶺南, 及門之士, 出而龍驤, 爲需世之用, 處而蠖屈, 爲獨善之人, 流風遺韻, 實有感發而興起者焉."

화보다 더 낮게 되었다고 하였다. 이는 조선의 문명에 대한 대단한 자긍심이다. 그런데 이 땅의 문화를 그런 높은 경지로 끌어올린 분이 바로 남명과 퇴계라는 것이다. 우리는 지금 아무도 그렇게 생각하지 않을 것이다. 그러나 불과 2백여 년 전의 대학자는 우리나라의 문명을 중국 삼대의 문화보다 더 높은 수준이라고 자부하였다. 기실 필자의 견해로도 조선시대 사대부 문화의 정수는 중국 전성기의 문화보다 못하지 않다. 아니 오히려 어떤 측면에서는 그들의 문화보다 더 높은 수준을 이룩한 것이 있다. 그런 문화가 중국인의 눈에 띄어 동방예의지국(東方禮儀之國)으로 일컬어지기까지 하였던 것이다. 요컨대 우리나라가 동방예의지국이 된 것은 그 교화의 근원을 거슬러 올라가면 남명과 퇴계가 있는 것이다.

위 인용문에 보이듯이, 세상에 나아가 벼슬하면 민첩하게 일을 하여 세상에 필요한 사람이 되고, 물러나 은거하면 심신수양을 하고 자연에 동화를 삶을 지향하여 홀로 자신을 선하게 하는 사람으로 산다는 것은 대단히 품격 높은 지식인의 삶이다. 요즘처럼 돈과 권력을 쫓아다니는 사이비 지식인이 아니다. 이런 삶을 19세기 후반 김해부사로 내려온 성재(性齋) 허전(許傳, 1797~1886)은 그곳에서 김의순(金義淳)이라는 사람을 만났는데, 그의 사람됨을 다음과 같이 그려놓았다.

　　화곡(花谷)에 사는 김군(金君)은 이름이 의순(義淳), 자는 사신(士信)이다. 가락국 수로왕의 후손으로 본관은 김해이다.……김군은 퇴계·남명 두 선생을 존모하여 그분들의 글을 읽으며 침식을 잊을 정도였다. 매일 아침 새벽에 일어나 심의를 입고 꼿꼿하게 앉아서 절대로 게으른 생각이 없었다.6)

---

6) 許傳, 『性齋先生文集』 권20, 「花谷金君墓誌」. "花谷金君, 諱義淳字士信, 駕

여기서 우리는 또 중요한 사실을 인지하게 된다. 19세기 후반에도 남명과 퇴계의 교화가 영남에 그대로 전해져 김해에 사는 김의순이라는 젊은 학자는 남명과 퇴계를 존모하며 그 가르침에 따라 살아가고 있다는 사실이다. 허전은 주로 한양에 살던 성호학파의 대학자인데, 이런 모습을 보고 감명을 받은 듯하다. 이런 것이 바로 문화이다. 그래서 퇴계처럼 살고자 하고, 남명처럼 살고자 한 것이다. 아니 남명이 학문의 대전환을 맞이하고 나서 안회처럼 살고자 한 것도 이와 다르지 않다. 이는 곧 성인이 되고자 하는 것이며, 그것이 그 어떤 인생의 가치보다 소중하다고 여기는 삶이다.

구한말의 격동기를 산 경상우도 출신 면우(俛宇) 곽종석(郭鍾錫, 1846~1919)은 남명과 퇴계에 대해 다음과 같이 평하였다.

> 옛날 우리 유학의 도가 없어지지 않았을 적엔, 퇴계 선생 같은 분을 하늘이 강좌(江左)에 내리시고, 남명 선생을 강우(江右)에 우뚝 서게 하셨지요. 나이도 동갑에 정신적으로 교유하셨는데, 성대한 도와 후중한 덕이 모두 같았지요. 그 연원이 바다 밖으로 수수(洙水)·사수(泗水)에 닿았고, 산남으로는 멀리 낙양(洛陽)·민중(閩中)까지 뻗혔었지요.[7]

경상우도 지역은 진주를 중심으로 한 남명학파의 본거지였다. 그런데 1623년 인조반정으로 남명학파가 정치적으로 패퇴한 뒤, 17~18세기 약 2백 년 동안 사기가 위축되고 학파가 와해되었다. 그러다가 19세기 중반

洛首露王之後裔,　因貫籍金海.……尊慕退溪南冥兩先生,　讀其文至忘寢食, 每晨興深衣危坐, 絶無怠慢意."

7) 郭鍾錫, 『俛宇集』 권1, 「入德門賦」. "夫昔者斯文之未喪也, 有若陶山夫子天降於江之左, 南冥先生壁立乎嶺之右, 年同庚交同神, 道同盛德同厚, 洙泗乎海外, 閩洛乎山南者否."

이후 비로소 다시 학문이 울흥하여 학자들이 대거 나타났는데, 이 시기 학자들은 지역에서 전승된 남명학을 정신적 기반으로 하면서, 가학적 전통을 계승하거나 퇴계학파 또는 율곡학파의 학통에 나아가 배우는 경우가 많았다. 그리하여 타 지역 학파에서 학맥의 연원을 중시하는 것과는 달리, 개방적이고 융합적인 성향이 나타난다. 특히 영남 남인의 당색을 갖고 경상우도 지역에 살면서 퇴계학맥에 나아가 배운 학자들은 남명과 퇴계를 동등하게 존숭하는 의식을 갖고 두 선생을 함께 추숭하는 태도를 취하였다. 곽종석도 그런 성향을 가진 대표적인 인물 중 한 사람이다.

위 인용문은 시사하는 바가 크다. 우선 남명과 퇴계가 나이도 같고, 도도 같고, 덕도 같다고 한 점이다. 나이는 우연히 같을 수 있지만, 도와 덕이 같다고 한 점은 그 전에 잘 찾아보지 못하던 견해이다. 대체로 학통이 나뉘면 자기가 스승으로 삼은 학자의 사설(師說)만을 고수하는 것이 일반적인 성향이다. 그런데 곽종석은 그런 사고에서 벗어나 도와 덕이 같다고 하였다. 그리고 두 선생의 연원도 동일하게 주자를 거쳐 정자(程子)로 올라가 공자에게 닿았다고 하였다. 이는 남명이나 퇴계나 정주학(程朱學)의 학통에 있다는 말이다. 이러한 언급은 남명의 학문에 대해 퇴계가 순수하지 못하다고 지적한 것이나, 노장사상이 섞여 있다고 비판하는 것을 불식시키고 남명은 순수한 도학자라는 점을 강조한 것이다.

김성일·송시열로부터 곽종석에 이르는 남명과 퇴계에 대한 평을 보면, 조선시대 대학자들이 전혀 다른 목소리를 내지 않고 있음을 알 수 있다. 즉 남인이나 서인이나 생각이 서로 다르지 않았다는 것이다. 이런 점에서 우리는 조선의 유학이, 성리학이, 도학이 남명과 퇴계에 의해 비로소 높은 수준에 이르렀다는 사실을 다시 인식해야 할 것이다. 우리는 그동안 영남학파와 기호학파, 퇴계학파와 율곡학파가 성리설 논쟁을 한 것만을 가지고 조선시대 문화는 퇴계와 율곡이 주도한 줄 아는데, 이는 그렇지 않다. 남명과 퇴계에 의해 도학이 보편화 되고, 그 덕화에 의해 다음 시대 정구(鄭逑)·김우옹(金宇顒)·최영경(崔永慶)·정인홍(鄭仁弘)·김성일(金誠一)·유성룡(柳成龍)·이이(李珥)·성혼(成渾)·조헌(趙憲) 등이 나온 것이다.

2) 현대 학자들의 평

오늘날 학자들은 대체로 퇴계는 조선 최고의 성리학자이며, 도학자라고 평한다. 이러한 견해에는 이견이 별로 없다. 그런데 남명에 대해서는 평이 다르다. 특히 남명학, 남명사상에 대해서는 학자들 사이에 견해가 상당히 엇갈린다. 어떤 사람은 남명학을 원시유학(原始儒學)에 가깝다고 하고, 어떤 사람은 남명학을 양명학(陽明學)에 가깝다고 하고, 어떤 사람은 남명학에 노장사상이 섞여 있다고 하고, 어떤 사람은 남명학을 조선 성리학(朝鮮性理學)에 넣어야 한다고 한다.

이러한 주장에 대해 필자는 다음과 같이 생각한다.

남명을 원시유학에 가깝다고 하는 설은, 역사성을 고려하지 않은 것이다. 남명은 조선시대 성리학이 활짝 꽃피는 16세기 인물인데, 어떻게 원시유학을 혼자 주장할 수 있겠는가? 이 주장은 역사를 무시한 것이다. 이 세상에 그 어떤 학자도 그가 살던 시대, 그가 살던 공간을 초월하여 사유하지 않는다.

남명학이 양명학이라는 설은 남명의 글에 심성수양에 관한 언급이 많은 것을 보고서 주장하는 것이다. 특히 일본에서 양명학을 공부한 사람들이 이런 설을 주장한다. 그러나 심성수양은 양명학에서만 주장한 것이 아니고, 주자학에서도 보편적으로 나타나는 사상이다. 그런데다 이들은 조선성리학을 공부하지 않아 조선성리학이 어떻게 유입되었고, 그 당시 성향이 어떠했는지에 대해서는 무지하기 때문에 그런 주장을 하는 것이다.

조선성리학은 고려 중기 원나라 북경을 통해 유입된 정주학(程朱學)을 바탕으로 하는데 그 속에는 심학적(心學的) 성향이 다분히 들어 있다. 그것은 원나라 때 수도 북경에 있던 학자들이 주자학을 주로 하면서도 육구연(陸九淵)의 심학을 일정하게 받아들여 겸하는 성향을 가졌던 학자들이 많았던 데에서 기인한다.

또 남명학을 양명학이라고 주장하는 것은 남명이 살던 16세기 조선의 역사적 상황을 간과하기 때문이다. 16세기 조선의 사인들은 사화를 경험하면서 심성수양의 실천을 중시하는 성향을 갖게 되는데, 이런 성향이 양명학과 유사하다고 해서 양명학이라 하는 것은 잘못된 판단이다. 남명학을 양명학이라고 하려면 적어도 양명학의 삼대설이라고 하는 치양지설(致良知說), 격물치지설(格物致知說), 지행합일설(知行合一說)이 구체적으로 드러나야 한다. 그런데 남명학을 양명학이라고 하는 사람들의 설을 보면, 대체로 지행합일의 실천을 강조한 것을 근거로 남명학을 양명학이라 주장을 하고 있으니, 이는 문제가 없지 않다. 지행합일을 주장하면 다 양명학일까? 필자는 전혀 그렇지 않다고 본다.

남명학에 노장사상이 개입되었다고 하는 설은 남명의 글에 산견되는 노장 관련 문자를 두고서 그렇게 주장하는 것이다. 이는 사소한 부분을 전체적인 것으로 확대한 견해로, 나뭇가지만 보고 숲을 보지 못한 소견이나 다름없다. 이는 학문의 순정성이나 박학성·개방성을 논할 적에 유의미한 것이지, 학문과 사상의 특징을 전체적으로 거론할 적에는 편린에 불과하여 근본이나 줄기가 아니다. 남명학을 노장사상에 물든 학문이라고 하는 주장은 퇴계로부터 비롯되었는데, 이는 학문이 주자학만을 토대로 하지 않았다는 순수성의 문제를 거론한 것이지, 남명사상을 노장사상이라고 말한 것은 아니다.

3) 진정한 도학, 진정한 도학자

필자는 진정한 도학이란 무엇일까? 진정한 조선의 도학자는 누구일까를 나름대로 고심한 적이 있다. 그래서 중국에서 '도학'이라는 용어를 어떻게 정의하고 있는지를 찾아보았고, 어떤 부류의 사람들을 도학자라고 불렀는지를 찾아보았다. 그리고 조선시대 학자들이 도학, 또는 도학자라고 일컫는 것에 대해 조사를 해 보았다. 그리고 내린 결론은 '남명과 퇴계는 조선을 대표하는 도학자'라는 것이다. 그것은 다음과 같은 몇 가지 이유에서이다.

첫째, 위에서 살펴본 김성일·송시열·이익·안정복·허전·곽종석 등 조선시대 학자들의 논평에서 이 점을 충분히 확인할 수 있다. 이런 논평을 무시하고 현대인이 자기의 소견으로 한 작은 문제점을 가지고 전체적인 성격으로 단정하는 것은 남명학의 본질을 훼손하는 것이다.

둘째, 남명학이 성리학이며 조선도학이라는 명확한 증거는 남명의 독서기인 『학기류편』을 통해 알 수 있다. 『학기류편』은 전체 900여 항목으로 되어 있는데, 그 가운데 주자의 언설이 350항목, 정이천(程伊川 : 程頤)의 언설이 200항목, 정명도(程明道 : 程顥)의 언설이 100항목으로 이 세 학자의 설이 전체의 3분의 2가 넘는다.[8] 이를 보면 남명학은 정주학

---

8) 許捲洙, 「이론의 탐구보다는 실천을 걱정해야 한다」, 『사람의 길, 배움의 길-학기

에 근간을 두고 있으며, 남명은 정주학을 위주로 한 도학자라는 사실을 의심할 여지가 없다. 다만 그는 정주학만을 존신하지 않고 여타 사상을 수용하는 개방적 성향을 지향하여 정주학만을 존신하는 학자들에게 비판을 받은 것이다.

셋째, 송나라 때 사람들이 말한 도학(道學)의 개념에 비추어볼 때, 조선의 진정한 도학자는 누구일까?『송사』「도학열전(道學列傳)」에는 주자의 도학에 대해 '격물치지(格物致知)를 우선으로 하고, 명선(明善)과 성신(誠身)으로 학문의 요점을 삼았다.'고 하였다.9) 한편『송사기사본말(宋史紀事本末)』에는 주자 시대 도학자들에 대해 '신독(愼獨)으로 능함을 삼고, 실천[踐履]으로 고상함을 삼으며, 정심(正心)·성의(誠意)·극기복례(克己復禮)로 일을 삼는 사람들이다.'라고 하였다.10) 전자는 주자학의 선지후행(先知後行)의 논리를 갖고 있으며, 후자는 지(知)보다는 행(行)에 초점을 둔 시각이다. 특히 성리학의 존양(存養) - 성찰(省察) - 극치(克治)의 심성수양론으로 보면, 마음이 발하고 난 뒤의 성찰 - 극치에 중점을 두고 있다. 이는 실천을 중시하는 사고를 반영한 것이다. 그렇다면 조선시대 학자들은 어떻게 생각하였을까?

이이(李珥)는 도학에 대해 "도학이란 격물치지하여 선을 밝히고, 성의

류편』, 한길사, 2002, 13쪽 참조.
9)『宋史』권427, 列傳 186,「道學一」. "迄宋南渡, 新安朱熹得程氏正傳, 其學加親切焉. 大抵以格物致知爲先, 明善誠身爲要. 凡詩書六藝之文, 與夫孔孟之遺言, 顚錯於秦火, 支離於漢儒, 幽沉於魏晉六朝者, 至是皆煥然而大明, 秩然而各得其所. 此宋儒之學, 所以度越諸子, 而上接孟氏者歟."
10)『宋史紀事本末』권21,「道學崇詘」(四庫全書 제353책). "臣伏見, 近世士大夫有所謂道學者, 其說, 以謹獨爲能, 以踐履爲高, 以正心誠意克己復禮爲事, 若此之類, 皆學者所共學也. 而其徒乃謂己獨能之, 夷考其所爲, 則又大不然, 不幾於假其名以濟其僞者耶."

정심하여 자기 몸을 닦아서 자기 몸에 덕을 온축하면 천덕(天德)이 되고, 정치에 그것을 베풀면 왕도(王道)가 되는 것이다."11)라고 하였다. 격물치지는 지(知)이고, 성의정심은 행(行)이니, 전자는 지도(知道)이고, 후자는 행도(行道)를 말한다. 이러한 이이의 도학에 대한 인식은, 앞에서 살펴본 「도학열전」에서 말한 것과 비슷하고, 「송사기사본말」의 도학과는 차이가 있다.

이이는 우리나라 도통(道統)을 논하면서, 포은(圃隱) 정몽주(鄭夢周)를 도학의 시조로 보는 시각에 반론을 제기하고, 우리나라 최초의 도학자는 정암(靜庵) 조광조(趙光祖)라고 하였다. 이이는 조광조가 도학을 창명(倡明)하여 임금을 요순으로 만들고 백성을 요순시대 백성으로 만드는 것을 자기 임무로 삼았기 때문에 도학자로서의 요건을 갖추었다고 보았는데,12) 이는 행도(行道)의 측면에서 도학자로 인정한 것이다. 그리고 퇴계에 대해서는, 주자가 만든 법을 몸소 행하고 마음으로 터득하여 후생의 본보기가 되었다는 점에서 도학자로 인정하였는데,13) 이는 지도(知道)의 측면에서 도학자로 인정한 것이다.

이처럼 이이는 지도와 행도의 관점에서 정암과 퇴계만을 우리나라 도학자로 인정하고, 그 외의 이언적(李彦迪)과 남명은 도학자로 인정하지 않았다. 이언적에 대해서는 사람됨이 충효하고 독서와 저술을 했지만

---

11) 李珥, 『栗谷先生全書』 권15, 雜著 2, 「東湖問答」 己巳 ○月課.(한국문집총간 제44책). "客曰, 自漢以後, 非無讀書之人也. 所謂道學者, 何學耶. 主人曰, 陋哉, 子言. 夫道學者, 格致以明乎善, 誠正以修其身, 蘊諸躬則爲天德, 施之政則爲王道. 彼讀書者, 格致中一事耳. 讀書而無實踐, 有何異於鸚鵡之能言耶. 如梁元帝讀書萬卷, 竟爲魏俘, 此亦可謂道學乎."

12) 李珥, 『율곡선생전서』 권34, 附錄二, 年譜下(한국문집총간 제45책). "吾東方能倡明道學, 以堯舜君民爲己任者, 無如靜菴."

13) 上同. "謹守朱門成法, 躬行心得, 可爲後生矜式者, 無如退溪."

행도의 측면이 부족하다고 하여 도학자로 추중하지 않았고,[14] 남명에 대해서는 그의 문인들이 도학자로 추중하는 것은 실상에서 지나치다고 하면서 '한 시대의 일민(逸民)' 또는 '처사(處士)'로 평하였다.[15] 이는 지도와 행도의 측면에서 모두 인정하지 않은 것이다.

　그런데 이러한 이이의 견해를 『송사기사본말』의 '신독으로 능함을 삼고, 실천[踐履]으로 고상함을 삼으며, 정심·성의·극기복례로 일을 삼는 자'라고 한 도학자의 개념과 비교해 보면, 이이가 말하는 행도는 행(行)이 아니라, 추행(推行)에 해당한다. 『대학』 팔조목 가운데 격물(格物)·치지(致知)는 진리탐구인 지(知), 성의(誠意)·정심(正心)·수신(修身)은 자기실천인 행(行), 제가(齊家)·치국(治國)·평천하(平天下)는 사회적으로 미루어나가는 추행(推行)으로 보는데, 이이가 조광조를 도학자로 인정한 것은 행(行)이 아니라 추행을 말한 것이다. 다시 말해 이는 자신의 덕성을 함양하는 천덕이 아니라, 사회적으로 펴는 왕도를 말한 것이다. 또 『송사기사본말』의 '신독(愼獨)·천리(踐履)·성의정심·극기복례'는 모두 천덕에 합하는 행(行)의 측면에서 말한 것으로, 율곡이 말하는 지도의 측면은 애초 들어 있지 않다.

----

14) 李珥, 『石潭日記』 卷上, 隆慶元年丁卯. "若李文元, 則只是忠孝之人, 多讀古書善於著述耳. 觀其居家, 不能遠不正之色, 立朝, 不能任行道之責. 乙巳之難, 不能直言抗節, 乃至累作推官參錄僞勳, 雖竟得罪, 顙亦泚矣, 烏可以道學推之耶. 噫, 文元雖不可當道學之名, 而其賢則世不可多得, 斯人之不容於世, 豈不可痛惜哉."

15) 上同, 隆慶六年壬申. "謹按, 曺植遯世獨立, 志行峻潔, 眞是一代之逸民也. 第見其所論著, 則於學問無實見, 所上疏章亦非經濟之策, 雖使行乎世, 有所施設, 未可必能成治道也. 門人推重, 至謂植道學君子, 則誠過其實矣., 雖然, 近代所謂處士者, 終始完節, 壁立千仞, 如植比無幾. 星官南師古嘗語人曰, 今歲處士星無光, 不久而植沒, 植可謂應世非常之士哉."

한편 남명의 문인 정인홍(鄭仁弘)은 남명을 도학자로 보면서 다음과
같이 말했다.

> 선생께서 아시는 바는 옛 사람의 말과 고인의 행실이었고, 선생께서 급
> 히 여기셨던 것은 내면을 향하는 것과 실천[踐履]하는 것이었다. 하루 또
> 하루 처음부터 끝까지 조금의 틈도 보이지 않으셨다. 선생의 함양하는 힘
> 과 도달한 조예의 공은 헤아릴 수 없는 점이 있다. 더구나 사림이 화를 당
> 한 뒤 사습(士習)이 무너지고 의식이 혼몽해져서 사람들은 도학(道學)을
> 보기를 큰 도시 상점의 천자가 쓰는 평천관(平天冠)처럼 피할 뿐만이 아
> 니었다. 그런데 선생께서는 분발하여 일어나 그런 풍속을 돌아보지 않고
> 만 길의 우뚝한 정신을 수립하였다. 그래서 무너진 사풍(士風)을 점점 새
> 롭게 하였고, 없어진 도학을 다시 밝게 하였다. 그러니 무너진 것을 다시
> 일으켜 세운 공이 우리나라에서 아직까지 없었던 일이다.16)

정인홍은 남명에 대해, 기묘사화 이후 사습이 무너진 시대에 도학을
다시 밝힌 점, 남명의 공부가 존양하고 성찰하는 실천을 위주로 했다는
점을 말했다. 후자는 남명의 도학에 대한 성향을 말하고, 전자는 도학이
없어진 시대에 도학을 다시 밝혔다는 것이다. 이런 정인홍이 생각하는
도학은, 유교의 도를 몸으로 실천하여 세도를 부지하는 것을 말한다. 이
는 『송사기사본말』에서 '신독·실천·성의정심·극기복례'를 도학으로 보
는 정신과 맥락을 같이 한다. 이런 점에서 보면, 남명은 행도의 측면에
서 그 누구보다 철저했으니, 조선 도학에 있어 행도를 대표하는 도학자

---

16) 조식, 『남명집』, 鄭仁弘 撰 「南冥先生文集序」. "所識者, 前言也, 往行也, 所
急者, 向裏也, 踐履也. 日復一日, 終始無間, 其涵養之力, 造詣之功, 蓋有不
可量者, 而當士林斬伐之餘, 士習偸靡, 醉夢成風, 人視道學, 不啻如大市中
平天冠, 而先生奮起不顧, 竪立萬仞, 使士風旣偸而稍新, 道學旣蝕而復明,
扶頹拯溺之功, 在我東國, 宜亦未有也."

라고 하겠다.

2. 남명과 퇴계의 학문적 지향과 개성

1) 독서의 측면

남명과 퇴계는 모두 사서삼경과 성리서를 즐겨 읽었다. 그런데 퇴계는 43세 때『주자전서』[17]를 보고 주자학으로 경도되었다.[18] 만년에『주자서절요』를 편찬할 정도로 주자학에 전적으로 의거하였다. 반면 남명은 30세 이후 시골에 살았기 때문에 널리 보급되지 않았던『주자대전』을 접하지 못하여『성리대전』을 통해 폭넓게 송학을 받아들였다. 요컨대 퇴계는『주자대전』을 본 뒤 주자학으로 사상적 토대를 삼았고, 남명은『주자대전』을 보지 못해『성리대전』에 실린 여러 학자들의 설을 폭넓게 수용하는 성향을 갖게 되었다.

『주자대전』은 1476년(성종 7) 5월 사은사 정효상(鄭孝常)·박양신(朴良信)이『주자어류』와 함께 북경에서 처음 들여왔으며,[19] 1543년(중종 38) 6월 권벌(權橃)에게 한 질을 하사하였고,[20] 1544년 권벌이 교정을 하여

---

17) 여기서 말하는『朱子全書』는『朱子大全』을 가리킨다. 동일한 책인데, 간혹 '주자전서'로도 일컬어졌다.

18) 이황,『퇴계집』「연보」권3,「言行總錄」. "嘗得朱子全書, 讀而喜之, 自是閉門靜居, 終日危坐, 專精致志, 俯讀仰思, 要以眞知實得爲務, 而其信之篤悅之深, 無異於耳承面受."

19)『성종실록』성종 7년 5월 13일(을묘). "謝恩使鄭孝常朴良信, 回自京師復命……仍進朱子語類大全二十卷, 曰此書, 近來所撰, 故進之."

20) 權橃,『沖齋集』「年譜」, '二十二年 癸卯'. "六月, 宣賜朱子大全."

예문관에서 인출해 신료들에게만 반포하였다.[21] 퇴계는 1543년 비로소 『주자대전』이 있는 줄 알았고, 홍문관으로 하여금 교정을 하여 인출하기를 계청(啓請)하였다. 그러나 정밀한 교정을 하지 못한 채 그 다음해 인출해서 조정의 신하들에게만 내려주었다. 퇴계는 이로부터 『주자대전』을 숙독하면서 오류를 교정하였다. 『주자대전』은 선조대인 1573년에 유희춘(柳希春)이 다시 교정하여 105질을 인출하였다.[22] 퇴계와 남명의 학문의 길도 퇴계가 1543년 『주자대전』을 보면서 성향이 달라진 점을 유의해 볼 필요가 있다.

2) 학문 성향의 측면

『조선왕조실록』에 실린 졸기(卒記)를 보면, 남명과 퇴계의 학문 성향이 서로 다른 점을 확인할 수 있다.

- 퇴계의 졸기 : 오로지 성리의 학문에 전념하다가 『주자전서』를 얻어 읽고서 기뻐하여 한결같이 그 가르침을 따랐다. 진지(眞知)·실천(實踐)을 위주로 하여 제가중설(諸家衆說)의 동이득실에 대해 모두 널리 통달하고 상세히 드러내 주자의 설에 따라 절충해 의리가 정미해져 도의 대원(大源)을 통찰하였다.[23]
- 남명의 졸기 : 하루는 글을 읽다가 허노재(許魯齋 : 許衡)가 "이윤

---

21) 上同. '二十三年 乙巳'. "春, 考校朱子大全. -朱子大全, 始自中朝領下本國, 上命芸館印出頒賜臣僚. 先生始得見, 逐卷校正, 有小識."
22) 『선조실록』 선조 6년 1월 29일(경술)조 기사 참조.
23) 『선조수정실록』 선조 3년 12월 1일(갑오). "專精性理之學, 得朱子全書, 讀而喜之, 一遵其訓. 以眞知實踐爲務, 諸家衆說之同異得失, 皆旁通曲暢, 而折衷於朱子, 義理精微, 洞見大原. 道成德立, 愈執謙虛, 從遊講學者, 四方而至, 達官貴人, 亦傾心向慕. 多以講學飭躬爲事, 士風爲之丕變."

(伊尹)의 뜻에 뜻을 두거나, 안연(顏淵)의 학문을 배운다.[志伊尹之志 學顏淵之學]"고 말한 문구를 보고서, 이제까지의 학문이 옳지 못하였다는 것을 비로소 깨달았다. 그래서 성현의 학문에 마음을 두고 용맹하게 곧장 실천해 나가며 다시는 세속의 학문에 동요되지 않았다.24) / 남명이 학문을 한 것은 마음으로 터득하는 것을 귀히 여기고, 치용(致用)과 실천(實踐)을 급무로 여겼다. 강론하거나 변석하는 말을 하기를 기뻐하지 않아 학도를 위해 경서를 담론하거나 해설한 적이 없었으며, 자신에게 돌이켜 구해 스스로 그 뜻을 터득하게 하였다. 그 정신과 기풍이 사람을 경동시키는 점이 있었다.25)

퇴계와 남명 모두 성현의 학문에 뜻을 두었지만 그 방법은 달랐다. 퇴계는 진지(眞知)와 실천을 위주로 하였고, 남명은 자득(自得)을 통한 치용(致用)과 실천을 급무로 하였다. 그리하여 퇴계는 제가의 설을 분석해 의리를 정밀히 드러내는 방법을 택하였고, 남명은 강론과 변석을 하지 않고 용맹하게 실천해 나가는 방법을 택하였다. 교육방법도 퇴계는 강론과 변석을 위주로 하여 정밀한 이치를 탐구한 반면, 남명은 자신에게 돌이켜 자득하도록 하였다.

실제로 퇴계는 60세 때 문인 기대승(奇大升)과 사단칠정에 대해 여러 차례 편지를 왕복하며 논쟁을 하였다. 그뿐만 아니라 54세 때에는 노수신(盧守愼)과 「숙흥야매잠주해(夙興夜寐箴註解)」을 논변하였고, 70세에도 기대승과 「심통성정도(心統性情圖)」에 대해 논변하였다. 이를 보면

---

24) 『선조실록』 선조 5년 2월 8일(을미). "及長, 於書無不通, 尤好左柳文字, 製作好奇高, 不拘程式.……一日讀書, 得許魯齋志伊尹之志學顏淵之學等語, 始悟舊學不是, 刻意聖賢之學, 勇猛直前, 不復爲俗學所撓."

25) 『선조수정실록』 선조 5년 1월 1일(무오). "植之爲學, 以得之於心爲貴, 致用踐實爲急, 而不喜爲講論辨釋之言, 未嘗爲學徒談經說書, 只令反求而自得之. 其精神風力, 有竦動人處, 故從學者 多所啓發."

퇴계는 학술을 논변하는 성향이 다분히 있다. 반면 남명은 성리설 또는 경설(經說)에 대해 논변한 것이 없으며, 성리에 대해 문도들과 논변하는 것을 달갑게 여기지 않았다.

3) 학문 규모의 측면

퇴계의 학문의 규모를 단적으로 말해주는 것은 「성학십도(聖學十圖)」이다. 「성학십도」는 「태극도(太極圖)」로부터 「숙흥야매잠도(夙興夜寐箴圖)」에 이르는 10개의 도설로 성인이 되는 학문을 체계적으로 정리해 놓은 것이다.

퇴계의 경학적 특징은 「성학십도」에 잘 나타나는데, 「제3소학도」와 「제4대학도」를 중심에 두고 있다. 즉 『소학』과 『대학』을 불가분의 관계로 보아 성시성종(成始成終)으로 파악하였다. 또 『소학』은 집터에, 『대학』은 그 위에 지은 큰 집에 비유하였고, 여타 경서는 그 집을 수식하고 장식하는 것으로 보았다. 또 그는 『대학』을 해석하면서 추행(推行)에 해당하는 제도문장보다는 지(知)·행(行)에 해당하는 존심출치(存心出治)에 중점을 두었다. 그런데 그의 경학이 주자학에 근거하고 있기 때문에 주자의 선지후행설에 입각해 보면 행도(行道)보다 지도(知道)를 더 우선시한 것이라 할 수 있다.

남명의 경학은 『대학』의 지·행·추행의 논리로 볼 때, 행(行)에 중점을 둔 것이 특징이다. 남명은 행에 중점을 두어 심성을 수양해 도덕적 주체를 확립하는 것을 목표로 하였기 때문에 이론보다는 실천을, 분석보다는 요약을 강조하였다. 그리하여 궁리도 격물치지보다 의리강명(義理講明)을 강조했고, 인도를 닦아 천도에 합하는 『중용』의 성(誠)을 추구하였다. 이런 점에서 남명의 경학적 특징은 『학기류편』에 실린 「성도(誠

圖)」·「역서학용어맹일도도(易書學庸語孟一道圖)」 및 문집의 「무진봉사」
에서 찾을 수 있다. 「무진봉사」는 『중용』의 명선(明善)·성신(誠身)에 논
리적 근거를 둔 글로, 퇴계의 「성학십도」와 경학적 논거의 차이가 발견
되는 부분이다. 「성도」는 『중용』의 대지인 성(誠)에 초점을 맞추고 『대
학』·『주역』 등의 관련 문구를 뽑아 그린 그림으로 진실무망(眞實無妄)
의 성(誠)을 추구하는 심성수양을 말한 것이다. 「역서학용어맹일도도」
는 이 성(誠)을 얻기 위해 『서경』·『주역』·사서에서 관련 문구를 뽑아
그린 그림이다. 이렇게 보면, 남명의 경학적 특징은 『중용』의 성(誠)을
추구하는 데 그 핵심이 있다고 하겠다.

퇴계의 경학은 「성학십도」에 보이듯 『소학』과 『대학』을 중심에 두고
있으며, 추행보다 지·행에 중점을 둔 것이 특징이다. 반면 남명의 경학
은 「성도」·「역서학용어맹일도도」에 보이듯 인도를 닦아 천도인 성(誠)
에 합하는 것을 근간으로 하고 있다. 퇴계의 경학은 지도·행도의 측면을
겸하고 있지만, 남명의 경학은 행도의 측면만을 중시하고 있다. 퇴계의
경학은 『소학』과 『대학』을 소의경서(所依經書)로 하고 있는 반면, 남명
의 경학은 『중용』을 소의경서로 하면서 사서·『주역』·『서경』을 통합하
는 관점을 보이고 있다.

4) 학문 방법의 측면

퇴계는 경서를 읽으면서 본지를 정밀하게 이해하는 것을 위주로 하였
다. 아래 인용문은 이 점을 잘 보여준다.

여러 경서의 은미한 말과 오묘한 본지에 대해서는 깊은 연못을 더듬어
구슬을 찾는 듯, 바다에 들어가 용을 보는 듯이 하였다. 자신이 이미 알고

있는 것을 인하여 그 정밀함을 더욱 극진히 하였으며, 자신의 미진한 점을 미루어 그 나머지를 통달하였다. 그 핵심이 되는 중요한 부분에 대해서는 모두 하나하나 분석하고 가려내어 매우 깊이 그 기미를 연구하였다. 탐구하다가 터득하지 못하면 남들에게 자문하기도 하였으며, 남들에게서 그 뜻을 얻어들으면 반드시 마음속으로 합치되기를 구하였다. 그래서 전에 이해하지 못하던 것을 지금에는 다 환히 풀이하시게 되었다.[26]

이러한 퇴계의 학문방법은 매우 변별적이고 분석적이다. 그래서 정밀하고 상세함을 극도로 추구한다. 퇴계는 이런 방법으로 경서를 해석하였다. 이런 방법에 대해 선조가 승지를 보내 제사를 지내게 한 치제문(致祭文)에는 "정자·주자의 격언과 공자·맹자의 은미한 말씀에 대해 정밀한 뜻을 연구하고 생각을 깊이 하여 겉으로부터 이면까지 궁구하였네."[27]라고 하였다. 이를 보면 퇴계는 성현의 도를 밝히는 명도(明道)의 길을 걸었다고 하겠다.

남명의 학문 방법에 대해서는 절친 성운(成運)이 지은 「묘비문」을 통해 짐작할 수 있다.

공은 어느 날 독서하다 허노재(許魯齋 : 許衡)의 말에 "이윤의 지향에 뜻을 두거나, 안연의 학문을 배워야 한다."라고 것을 보고서 뭉클하게 깨닫고 발분하여 의지를 분발해 육경·사서 및 주자(周子 : 周敦頤)·정자(程子)·장자(張子 : 張載)·주자의 글을 강론하고 송독하였는데, 온 종일 공부

---

26) 이황, 『퇴계집』「退溪先生年譜」권3, 附錄, 「言行總錄」. "於諸經微詞奧旨, 如探淵探珠, 入海觀龍. 因其所已知, 益致其精, 推其所未盡, 以達其餘. 盤錯肯綮之處, 悉皆爬梳剔抉, 極深研幾. 求之未得, 則或諮於人, 得之於人, 必求於心. 昔所未解者, 今悉融釋."

27) 이황, 『퇴계집』부록 권3, 祭文, 「遣承旨致祭文」. "程朱格言, 鄒魯微旨, 研精覃思, 自表究裏"

하고 또 밤늦도록 계속하였다. 정력을 다해 연구하고 탐색하여 학문은 지
경(持敬)보다 더 긴요한 것이 없다고 생각했기 때문에 주일(主一)에 공력
을 쏟았다. 또 마음을 항상 혼매하지 않고 깨어있게 하며 심신을 수렴하여
학문은 과욕(寡欲)보다 더 선한 것이 없다고 생각했기 때문에 극기(克己)
에 힘을 기울였다.28)

　이를 통해 볼 때, 남명은 성현의 도를 구하겠다는 의지를 굳건히 하였
는데, 특히 주일공부(主一工夫)를 통한 지경(持敬)과 극기공부(克己工夫)
를 통한 과욕(寡欲)을 목표로 삼은 것을 알 수 있다. 이는 모두 심성수양
에 관한 실천적 내용이다. 곧 남명은 성현의 도를 몸소 체득하고 구현하
는 데 공부의 목표를 둔 것이다. 이 점에서 남명은 도를 행하는 행도(行
道)의 길을 걸었다고 하겠다.

　남명의 독서법은 퇴계처럼 정밀하게 분석적으로 해석하는 방식이 아
니었고, 어디까지나 대지(大旨)를 꿰뚫어 보는 데 있었다. 김우옹이 「행
장」에서 "번다한 것을 수렴해 간략한 데로 나아가고, 자기 몸에게 돌이켜
자신을 단속하는 데로 나아가 스스로 일가의 학문을 이루었다."29)라고 한
것이 그것이다. 요컨대 남명은 행도에 중점을 둔 길을 택한 것이다.

　도학을 거론할 적에 지도(知道)·명도(明道)의 측면과 행도(行道)의 측
면으로 나누어 본다. 퇴계와 남명의 도학을 논하면서 단정적으로 이 두
영역에 나누어 소속시키는 어렵다. 그것은 이들의 도학이 이 두 측면을

---

28) 成運, 『大谷集』 권하, 「南溟先生墓碣」. "公一日讀書, 得魯齋許氏之言曰, 志
　　伊尹之志, 學顏淵之學, 惕然覺悟, 發憤勵志, 講誦六經四書及周程張朱遺籍,
　　旣窮日力, 又繼以夜. 苦力弊精, 研窮探索, 以爲學莫要於持敬, 故用工於主
　　一. 惺惺不昧, 收斂身心, 以爲學莫善於寡欲, 故致力於克己."
29) 조식, 『남명집』 권4, 補遺, 金宇顒 撰 「行狀」. "斂繁就簡, 反躬造約, 而自成一
　　家之學."

모두 겸하고 있기 때문이다. 그러나 굳이 그들의 특장을 논하자면, 퇴계
는 지도·명도의 측면에, 남명은 행도의 측면에 중점을 둘 수 있다. 이런
관점에서 남명을 실천주의 학자라고 일컫는 것이다.

3. 남명과 퇴계의 은거공간에 투영된 정신세계

1) 퇴계의 은거 공간에 담긴 의미

퇴계는 정치권에서 물러나 은거하며 장수(藏修)하는 곳을 물색하던
중 도산에 터를 잡고 1557년부터 공사를 시작하여 1561년에 도산서당을
완공하였다. 도산서당은 정만 3칸의 건물인데, 중간의 거처 공간은 완락
재(玩樂齋)이고, 동쪽의 다락은 암서헌(巖棲軒)이며, 서쪽 1칸은 서가와
부엌으로 구성되어 있다. 또한 학생들이 기숙하던 공간인 농운정사(隴雲
精舍)는 중간의 지숙료(止宿寮)와 동쪽의 시습재(時習齋), 서쪽의 관란헌
(觀瀾軒)으로 구성되어 있다. 퇴계는 도산서당을 지으면서 이처럼 건축
물에 이름을 붙이고, 주변의 우물, 나무, 문, 바위, 못, 대(臺) 등에도 모두
이름을 붙였다. 이러한 명칭에는 퇴계의 정신지향이 그대로 투영되어
있다. 이 가운데 핵심이 되는 것만 거론해 보기로 한다.

도선서당의 완락재는 주자의 「명당실기(名堂室記)」에서 취한 것이다.
「명당실기」는 주자가 자양서당(紫陽書堂)의 당(堂)·실(室)의 이름에 대
해 그 유래 및 의미를 기록한 글인데, 자신의 독서공간에 『주역』의 '경
이직내(敬以直內) 의이방외(義以方外)'에서 취해 경재(敬齋)·의재(義齋)
라 명명하고서 종신토록 그 의미를 완색하며 즐기고자 하는 의지를 드

러낸 것이다. 퇴계가 자신이 거처하는 방의 이름을 완락재라 한 것은
경·의를 완색하고 실천하려는 지향을 드러낸 것이다. 다음과 같은 「도
산잡영(陶山雜詠) ‒ 완락재(玩樂齋)」를 보면 그런 지향을 알 수 있다.

주경(主敬)은 집의(集義) 공부를 필요로 하니,　　　　主敬還須集義功
잊지 않고 조장하지 않으면 점차 융회관통하리.　　　非忘非助漸融通
주렴계 태극도설의 묘한 경지에 정히 이르면,　　　　恰臻太極濂溪妙
천년 뒤에도 그 즐거움 같으리라 비로소 믿네.　　　　始信千年此樂同

　　주경공부는 『주역』의 경이직내(敬以直內)를 염두에 둔 것이고, 집의
공부는 의이방외(義以方外)를 염두에 둔 것이다. 결국 퇴계는 완락재에
서 주자가 「명당실기」에서 언급한 공부의 의미를 음미하고 즐기며 살겠
다는 지향을 드러낸 것이다.
　　도산서당의 암서헌이란 이름은 퇴계가 주자의 「운곡이십육영(雲谷二
十六詠)」 중 한 수인 「회암(晦庵)」에서 취한 것이다.

생각나는구나, 그 옛날 병산옹께서,　　　　憶昔屛山翁
나에게 일러주신 한 마디 그 가르침.　　　示我一言敎
오래 그 가르침 자신할 수 없었는데,　　　自信久未能
이제 바위틈에 깃들어 작은 효험 바라네.　　巖棲冀微效30)

　　'병산옹(屛山翁)'은 주자의 스승 유자휘(劉子翬)를 가리킨다. 그는 주
자에게 '원회(元晦)'라는 자(字)를 지어주었는데, 그 자사(字詞)에 "나무
는 뿌리에 영양분을 간직하여 봄이 되면 그 모습 영화롭게 피어나네. 사

───────────

30) 주희, 『회암집』 권6, 「雲谷二十六詠-晦庵」.

람은 몸에 덕을 축적해야 신명이 내면에서 넉넉해지리.[木晦於根 春容曄
敷 人晦於身 神明內腴]"라고 하였다. 나무가 뿌리에 정기를 간직해야 봄
날 화창하게 피어나듯, 사람도 은거해 덕을 닦아야 정신이 내면에서 충
만해진다는 의미이다. 주자는 이런 스승의 가르침을 젊어서 실천하지
못했다. 그러다 40세가 넘어 그 가르침을 따르기 위해 회암(晦庵)을 짓고
은거하며 위와 같이 노래한 것이다. 이것이 주자가 산림에 은거하여 심
성을 수양해 성명을 온전히 하고자 한 정신이다. 그리고 퇴계는 그 정신
을 그대로 따라 실천하고자 암서헌이란 이름을 붙인 것이다.

퇴계가 만년에 은거한 도산서당은 주자학적 세계관은 은거공간에 그
대로 구현한 것으로, 주자학을 체득하고자 하는 정신을 살필 수 있다.
그런 정신을 떠 보여주는 것이 농운정사(隴雲精舍)의 관란헌(觀瀾軒)이라
는 명칭이다. 퇴계는 「도산잡영－관란헌」에서 다음과 같이 노래하였다.

천리는 광대하고 심원하니 그 이치 어찌 보리,　　　浩浩洋洋理若何
일찍이 공자께서 '이와 같구나'라고 탄식하셨지.　　如斯曾發聖咨嗟
다행히도 도체는 이 물을 통해서 볼 수 있으니,　　幸然道體因玆見
공부를 하면서 끊어짐이 많게 하지 말아야 하리.　　莫使工夫間斷多[31]

제2구의 '이와 같구나'는 공자가 흘러가는 시냇물을 보고서 탄식한
'서자여사부(逝者如斯夫)'를 가리킨다. 앞의 2구에서 천리(天理)는 감각
기관으로 지각할 수 있는 것이 아님을 말하고, 뒤의 2구에서는 눈에 보
이는 시냇물을 통해 그 근원에 해당하는 도체(道體)를 인식해 도체와 하
나가 되기를 다짐하고 정서를 노래하였다. 이러한 시상은 『맹자』의 '물
을 보는 데 방법이 있으니, 반드시 그 여울을 보아야 한다.[觀水有術 必

---

31) 이황, 『퇴계집』 권3, 「陶山雜詠幷記-觀瀾軒」.

觀其瀾]'에서 취한 것으로, 눈에 보이는 현상을 통해 눈에 보이지 않는 본체를 인지하는 사유이다. '그 여울을 보아야 한다.'는 말은 하얀 물결이 일어 눈에 잘 보이는 현상을 보라는 말이다. 그런데 물을 보는 데 방법이 있다는 말은 눈에 잘 보이는 여울 같은 현상을 통해 그 근원을 보라는 말이다.

이처럼 퇴계는 서당 앞에 흐르는 시냇물을 통해 사물의 근원을 살피려 하였다. 그뿐만 아니라, 그는 도산서당 앞 왼쪽 바위 벼랑은 천연대(天淵臺)라 하고, 동쪽 바위 언덕은 천광운영대(天光雲影臺)라 명명하여, 공맹(孔孟)으로부터 내려온 산수인식의 전통을 한 자리에서 모두 관찰하고자 하였다. 천연대는 『중용』의 '연비려천(鳶飛戾天) 어약우연(魚躍于淵)'에서 취한 것으로, 허공에 떠 있는 솔개와 연못의 물고기를 통해 천리를 살피고자 하는 사유를 드러낸 것인데, 퇴계는 「도산잡영－천연대」에서 다음과 같이 노래하였다.

솔개 날고 물고기 뛰노는 것 누가 그렇게 시켰는가,　縱翼揚鱗孰使然
천지에 활발히 유행하는 이치 하늘과 못에 묘하구나.　流行活潑妙天淵
강가 언덕에서 온종일 마음의 눈을 열어놓고 보며,　江臺盡日開心眼
명성(明誠)을 말한 『중용』 한 편을 두서너 번　　　三復明誠一巨編[32)]
외워보네.

이 시에 보이는 '솔개'와 '물고기'는 『중용』 제12장(費隱章)에 보이는 것으로, '솔개는 날아서 허공에 떠 있고, 물고기는 물속에서 자유롭게 헤엄친다.'는 내용이다. 이는 솔개가 허공에서 추락하지 않고 떠 있는 이치, 물고기가 물속에서 빠져죽지 않고 자유롭게 헤엄치는 이치를 말하

---

32) 이황, 『퇴계집』 권3, 「陶山雜詠幷記-天淵臺」.

기 위해 눈에 잘 보이는 현상의 사물을 인용한 것이다.

또 '명성(明誠)'은 『중용』 제20장(哀公問政章)에 보이는 '명선(明善)'과 '성신(誠身)'을 말한다. 명선은 선을 밝히는 것으로 진리탐구를 의미하고, 성신은 그것을 통해 자신의 마음을 진실무망(眞實無妄)하게 하는 수신을 말한다. 명선을 말미암아 성신하는 것[自明而誠]이 학자의 길이니, 이는 인도의 입장에서 천도에 합하는 공부를 말한 것이다. 『중용』은 공자의 도가 없어질 것을 염려한 자사(子思)가 지은 책으로, 그 핵심은 인도를 닦아 천도에 합하는 천인합일(天人合一)에 있다.

천광운영대(天光雲影臺)는 주자의 「관서유감(觀書有感)」에 보이는 '천광운영(天光雲影)'을 취해 명명한 것으로, 퇴계는 「도산잡영 – 천광운영대」에서 다음과 같이 노래하였다.

근원에서 활수 흘러내려 천광운영이 못에 비추니,　活水天雲鑑影光
책을 보다가 깊은 깨달음이 네모난 못에 있었다네.　觀書深喩在方塘
내 이제 맑은 연못가에서 그 뜻을 터득하였으니,　我今得在淸潭上
주자께서 그 당시 길이 감탄하신 것과 흡사하구나.　恰似當年感歎長[33]

천광(天光)·운영(雲影)처럼 눈으로 볼 수 있는 현상을 통해 도체를 지각하고자 하는 사유를 드러낸 것이다. 그러니까 퇴계는 도산서당을 지으면서 왼쪽 천연대는 자사의 연비어약(鳶飛魚躍)을 체찰(體察)하는 공간으로, 오른쪽 천광운영대는 주자의 천광운영을 천리를 체찰하는 공간으로 설정하여, 일상에서 천리를 체찰해 천인합일의 경지를 추구한 것이다.

---

33) 이황, 『퇴계집』 권3, 「陶山雜詠幷記-天光雲影臺」.

2) 남명의 은거 공간에 담긴 의미

남명은『근사록』·『성리대전』등을 통해 성리학을 수용하면서 퇴계처럼『주자대전』을 보고 주자학으로 경도되지 않았기 때문에 은거공간의 이름에 주자를 그대로 본받고 따르려는 의식이 뚜렷하게 나타나지 않는다. 다만 그는 심성수양의 실천을 통해 도덕성을 제고하여 기강을 부지하는 것을 학문의 목표로 삼았기 때문에 은거공간에 붙인 명칭이 매우 독특하다.

남명이 30세부터 45세까지 은거한 김해 산해정사(山海精舍)는 후대 산해정(山海亭)으로 불렸고, 신산서원(新山書院)으로 승격되었다. 남명은 25세 때『성리대전』에 실린 허형(許衡)의 글을 보고 이윤(伊尹)의 길이 아닌 안회(顔回)의 길을 걷기로 결심을 하였는데, 은거 공간을 처음 마련한 곳이 바로 산해정사이다. 산해정사에는 거처하는 방의 이름을 계명실(繼明室)이라 하였는데, 이는『주역』「이괘(離卦)」의 "대인은 이 괘의 뜻으로써 덕을 이어 밝혀 사방에 비춘다.[大人 以 繼明 照于四方]"에서 취한 것으로 성현의 도를 계승해 밝혀 사방에 널리 비춘다는 뜻이다. 곧 성현의 도를 구해 어두운 세상을 밝히겠다는 자기 다짐을 드러낸 것이다.

남명은 산해정사 계명실에 "항상 언행을 신실(信實)하고 삼가서, 사악한 마음을 막고 진실한 마음을 보존하라. 산처럼 우뚝하게 서고 연못처럼 깊숙하면, 환하게 빛나 봄날처럼 영화로우리라.[庸信庸謹 閑邪存誠 岳立淵沖 燁燁春榮]"라고 써 붙였는데, 이는 진실무망의 성(誠)을 보존하여 태산처럼 우뚝 서고 연못처럼 깊이 학문에 침잠하고자 하는 의지를 드러낸 것이다. 비록 주자처럼 산수를 말하지는 않았지만, 산수 속에 은거하여 성(誠)을 추구하겠다는 의도는 분명하다.

남명은 45세 때 모친상을 당하여 삼년상을 치른 뒤 김해의 산해정으로 가지 않고 고향 삼가에 뇌룡정사(雷龍精舍)를 짓고 은거하였다. '뇌룡(雷龍)'이라는 말은 『장자』의 '시동처럼 가만히 있다가도 용처럼 신묘하게 나타나고, 연못처럼 침묵을 지키다가도 우레처럼 소리를 친다.[尸居而龍見 淵默而雷聲]'에서 취한 것으로, 평소에는 시동처럼 가만히 연못처럼 고요히 침잠해 있다가도 어떤 일에 대응할 적에는 용처럼 신비한 조화를 드러내고 우레처럼 우렁찬 소리를 낸다는 뜻이다. 즉 극도의 정적인 상태에서 심성을 수양하고 한 점 티끌도 없이 정화를 한 뒤 현실문제에 당당하게 대응하겠다는 자세이다.

남명은 평소 정적인 공부를 위주로 하였다. 그가 뇌룡정 옆에 지은 거주 공간의 이름을 계부당(鷄伏堂)이라 한 데에서 이런 정신을 읽을 수 있다. 계부당은 암탉이 알을 품고 부화할 때의 마음으로 깊숙이 은거하여 도를 구하고자 하는 마음을 드러낸 것이다.

남명은 61세 때 자신의 학문을 완성하기 위해 지리산 천왕봉이 보이는 덕산(德山)으로 이주하였다. 남명은 젊어서부터 지리산에 은거하기 위해 여러 곳을 물색하였는데, 이 시기에 비로소 실행에 옮긴 것이다. 그런데 깊은 산속에 은거하기 위한 오랜 숙원을 결행한 측면도 없지 않지만, 천왕봉을 도반으로 삼아 자신의 도덕을 천도의 경지까지 끌어올리기 위해 은거한 것이다. 그것은 집의 이름을 산천재(山天齋)라 하고, 이주한 뒤 지은 「덕산복거(德山卜居)」라는 시를 통해 확인할 수 있다. 산천재라는 이름은 『주역』「대축괘(大畜卦 : 山☶ 天☰)」의 "마음을 강건하고 독실하고 빛나게 해서 날마다 그 덕을 새롭게 한다.[剛健 篤實 輝光 日新其德]"에서 취한 것으로 '일신기덕(日新其德)'을 목표로 한 것이다. 또한 「덕산복거」에 "봄 산 어느 곳엔들 향기로운 풀이 없겠는가마

는, 내가 이곳으로 이사를 한 까닭은 단지 천왕봉이 상제가 사는 곳에
가까운 것을 사랑하기 때문.[春山底處無芳草 只愛天王近帝居]"이라 하였
으니, 하늘에 맞닿은 천왕봉을 사랑하기 때문에 덕산에 터를 잡고 이사
를 한 것이다. '천왕봉을 사랑한다.'는 것은 자신의 덕을 갈고 닦아 천도
에 합하는 천인합일을 의미한다. 마치 공자가 젊어서 북쪽으로 태산을
늘 우러르며 그 정상에 서기를 꿈꾼 것과 같은 것이다.

남명은 산천재에 거처하던 만년에 방안이 벽에다 크게 경(敬)·의(義)
두 자를 써 붙여놓고 늘 자신을 돌아보았다고 한다. 또한 언제부터인지
는 명확하지 않지만 남명은 '안으로 마음을 밝게 하는 것은 경이고, 밖
으로 일을 결단하는 것은 의이다.[內明者敬 外斷者義]'라고 새긴 경의검
을 몸에 지니고 다니며 자신의 마음속에서 수시로 일어나는 사욕을 베
려 하였으며, 성성자(惺惺子)라는 쇠방울을 허리춤에 타고 다니며 혼몽
한 마음을 경각시켜 또렷이 깨어있게 하였다.

이러한 남명의 은거공간에 붙인 정신은 퇴계가 주자를 본받아 도산서
당 공간에 수도의 의미를 붙인 것과는 다르지만, 극기복례를 통해 진실
무망의 성(誠)의 경지를 추구하여 천인합일을 지향한 점에서는 동일하
다고 하겠다.

4. 영남이 추로지향(鄒魯之鄉)으로 거듭 나길

추로지향(鄒魯之鄉)은 공자가 살던 노나라 및 맹자가 살던 추나라와
같은 유교문화의 본산을 의미하는 말로, 유교문화의 메카(중심지)를 상
징하는 말이다. 불교가 인도에서 발생하여 티베트·네팔·부탄·미얀마·

라오스·태국 및 중국·한국·일본 등지에서 그 풍토에 맞는 독특한 불교 문화를 꽃피웠듯이, 유교도 중국 주나라 때 발생하여 동북아시아 전역에 전파되어 유교문화를 꽃피웠다. 특히 우리나라 조선시대에 발달한 성리학을 바탕으로 한 유교문화는 수신을 통한 인격완성을 중시하였다. 그래서 마음을 늘 공경한 상태에 두고 이치를 궁구하는 거경궁리(居敬窮理)와 마음을 늘 공경한 상태에 두고 의리를 실천하는 거경행의(居敬行義)를 삶의 지표로 삼았다.

퇴계학의 특징이 거경궁리에 있다면 남명학의 특징은 거경행의에 있다. 그런데 이 가운데 어느 하나만 존재한다고 가정해 볼 때와 이 둘이 함께 공존한다고 가정해 볼 때, 그 문화의 넓이와 깊이는 다를 수 있다. 우리는 다행스럽게도 이 두 사상이 공존하는 곳에 살고 있다. 퇴계가 없었다면 영남의 문화가 행의(行義)를 강조하여 지적 바탕이 부족할 터이고, 남명이 없었다면 영남의 문화는 궁리(窮理)를 강조하여 실천이 부족하였을 것이다. 이 얼마나 다행스러운 일인가.

그러므로 일찍이 18세기 의령에 살던 의암(宜庵) 안덕문(安德文, 1747~1811)은 영남을 추로지향으로 만든 분으로 회재(晦齋) 이언적(李彦迪), 퇴계 이황, 남명 조식 세 선생을 지목하여 공자와 주자로부터 흘러내린 정맥(正脈)으로 보아 함께 나란히 추숭할 것을 제의하였다. 그리하여 그는 화공을 시켜 삼산서원도(三山書院圖)를 그리게 하여 집에 나란히 걸어놓고 숭배하였다. 또한 그는 「산산도명(三山圖銘)」과 「삼산도지서(三山圖誌序)」을 지었으며, 삼산서원을 유람하면서 서원을 노래하는 시를 지었다.

안덕문이 삼산서원을 유람하며 지은 시에 이동급(李東汲, 1738~1811)이 서문을 지었는데, 그 서문에 다음과 같이 말하고 있다.

생각건대 우리나라 옥산서원·도산서원·덕산서원 삼산서원은 회재선
생·퇴계선생·남명선생이 도를 강론하시던 곳으로, 곧 우리나라 무이서원
(武夷書院)에 해당한다. 숲과 골짜기가 그윽하고 깊으며, 수석이 밝고 수
려하여 세상에 산수가 아름다운 곳으로 이름이 났다. 세상의 유학자로 행
세하는 사람들 중에 그 누가 이 세 선생의 도를 흠모해 추앙하고 이 세
선생의 사당에 우러러 배알하지 않겠는가마는, 마음을 전일하게 하여 추
향하고 존모하는 마음이 지성에서 나온 사람은 다시 몇 명이나 되겠는
가.34)

이동급은 경북 칠곡에 살던 학자로 산수유람을 즐긴 분인데, 안덕문
이 진정성을 갖고 세 선생을 존모함을 드러내었다. 그런데 위 인용문 중
옥산서원·도산서원·덕산서원을 주자가 은거하여 도를 강론하던 무이서
원에 비유한 말에 주목해 볼 필요가 있다. 이는 회재·퇴계·남명 세 선생
이 모두 주자학에서 연원하였음을 드러낼 뿐만이 아니라, 이 세 선생이
곧 우리나라의 주자라는 말이다.

성호학통을 계승한 허전(許傳, 1797~1886)은 1864년 김해부사로 내려
왔는데, 그는 안덕문의 『삼산록(三山錄)』에 발문을 지어주었다. 그 발문
에 다음과 같은 내용이 있다.

사마천은 산천을 두루 유람하여 천하의 기이한 이야기와 장대한 경관
을 모두 구경하였다. 그런데 오직 제나라·노나라의 수도에 이르러서는 학
문을 강론하였는데 공자의 유풍을 관람할 적에는 고개를 숙이고 되돌아보
며 차마 떠나질 못하였다. 그러니 사마천의 유람은 산천을 구경하는 데만

---

34) 李東汲, 『晩覺齋先生文集』권3, 「三山院詩序」. "惟我玉山陶山德山三院, 即
晦齋退溪南冥三先生講道之所, 而即吾東之武夷書院也. 林壑幽邃, 水石明
麗, 以山水之勝名於世, 世之冠儒服儒者, 孰不欽仰三先生之道, 瞻謁三先生
之廟, 而其專心向慕出於至誠者, 復幾人哉."

있지 않았던 것이다. 영남은 제나라·노나라처럼 우리나라의 유교문화 본
산지이다. 이곳의 옥산·도산·덕산 삼산은 회재·퇴계·남명 세 선생이 사시
던 고을이다. 의암 안덕문 공은 사마천처럼 산천을 유람하였는데, 그가 삼
산을 유람하고 남긴 『삼산록』과 『삼산도』는 사마천이 제나라·노나라에서
고개를 숙이고 차마 떠나질 못했던 것보다 더 낫다.[35]

허전은 안덕문의 저술을 보고서 그가 회재·퇴계·남명 세 선생을 진정
으로 존모한 점을 높이 평가하였다. 그런데 허전도 영남을 제나라·노나
라처럼 추로지향임을 천명하면서 그런 유교문화의 뿌린 내린 장본인이
바로 회재·퇴계·남명 세 선생이라 하고 있다.

앞에서 언급했듯이, 성호 이익은 우리나라의 문명이 퇴계·남명에 이
르러 극에 달하였다고 하였다. 이런 언급들을 통해 볼 때, 영남이 추로
지향으로 불리고, 유교문화가 다른 지역에 비해 견고하게 뿌리를 내린
것은 퇴계와 남명의 영향이 지대했기 때문임을 부인할 수 없을 것이다.
이 두 분 외에도 영남에는 훌륭한 인물이 많이 배출되었지만, 조선 성리
학, 조선 도학이 성립되는 시점에 이 두 분의 역할이 그 누구보다 지대
했기 때문에 이런 인식이 지금까지도 전해지고 있는 것이다.

과거의 영남은 이처럼 우리나라의 추로지향으로 문물이 가장 성대했
던 곳이다. 그런데 1896년 경상도가 분할되어 경상북도와 경상남도로 나
뉘었고, 다시 부산시·대구시·울산시가 광역시로 분할되어 옛날의 경상
도가 5개 시·도로 분할되었다. 그러다 보니 각기 자기 지역의 정체성을

---

35) 許傳, 『性齋先生文集-續編』 권4, 「書三山錄後」. "司馬子長周遊山川, 盡天
下奇聞壯觀, 而惟講學於齊魯之都, 觀孔子遺風, 低回不能去, 子長之遊, 不
專在山川也. 嶺南左海之齊魯也, 三山, 玉山陶山德山, 三夫子晦齋退溪南冥
之闕里也. 宜庵, 安公德文, 子長之遊也. 三山錄三山圖, 過於子長之低回不
去也."

내세우게 되어 남명과 퇴계를 존모하고 배우려는 정신이 흐릿해졌다. 이런 시점에서 우리는 18세기 안덕문이 회재·퇴계·남명을 함께 추앙하여 영남의 보편적 문화를 다시 만들고자 했던 정신을 되돌아보지 않을 수 없다. 지역이기주의·개인이기주의를 극복하기 위해서는 안덕문의 정신을 계승하는 것이 매우 유효할 것이다.

또한 일찍이 경상북도에서 『경상도칠백년사』와 『경상도문화재대관』 등을 만들어 영남의 문화를 하나로 묶어낸 것에 대해 경의를 표하지 않을 수 없다. 이는 지금의 5개 광역 시·도가 각자 펴낸 시사·도사의 차원을 넘어 경상도의 역사와 문화를 하나로 통합하는 매우 의미 있는 일이라고 생각한다. 이것이 문화를 선도하는 일이다.

우리는 우리의 선생이 더 잘났다고 우열을 비교하기보다는, 안덕문처럼 세 선생을 함께 추숭하는 생각을 가질 때 더 풍부하고 다양한 학문과 사상을 접하게 될 것이다. 다른 것은 틀린 것이 아니다. 나와 다른 생각을 한다고 해서 상대를 틀렸다고 하는 것은 잘못된 생각이다. 우리는 각기 다른 개성을 인정할 줄 알아야 한다. 그리고 나아가 서로 같은 것을 찾아 공통점·동질성·공감대를 만들어야 나가야 한다. 그래야 하나의 영남, 하나의 대한민국을 만들 수 있다.

스포츠만을 통해서 하나의 영남, 하나의 대한민국을 만들어가는 것은 아니다. 학문과 사상을 통해서도 얼마든지 그렇게 만들 수 있다. 앞에서 살펴보았듯이, 퇴계와 남명은 학문적 지향도 다르고, 현실인식도 다르고, 시대정신도 달랐다. 그러나 그 분들은 조선시대 우리나라 학문을 대표하는 학자들이다. 예컨대 퇴계는 주자에 버금가는 학자이며, 남명은 안회에 버금가는 학자이다. 이 두 분 가운데 한 분만 있는 것과 두 분이 함께 있는 것, 어느 것이 더 우리나라 사상을 풍부하게 하겠는가. 그래서 이 분들의 장점을 겸하여 모두 취하면 한국의 정신문화가 최고의 수준에 오를 수 있다.

우리는 백범 김구 선생이 원하는 바와 같이 군사강국·경제대국보다는 문화강국을 만들어야 한다. 그래야 열강의 틈바구니 속에서 우리의 자존을 세우고 독립을 유지할 수 있다. 우리 역사를 돌아보면, 설총·원효·최치원 같은 분들이 살던 통일신라시대, 회재·퇴계·남명 선생이 살던 16세기 후반, 정조·정약용·박지원 같은 분들이 살던 18세기 후반이 문화융성기였다. 그리고 지금 우리는 다시 새로운 문화융성기를 만들어야 하는데, 그 토대는 추로지향의 문화를 만든 남명학과 퇴계학으로 초석을 놓아야 할 것이다.

찾아보기

최석기(崔錫起)

1954년 강원도 원주 출생
성균관대학교 한문교육과 졸업
동 대학교 대학원 한문학과 석사 및 박사
한국고전번역원 연수부 및 상임연구원 졸업
한국고전번역원 국역실 전문위원 역임
한국경학학회장 역임
현 경상대학교 한문학과 교수

남명학의 본질과 특색

2019년 07월 22일 초판 인쇄
2019년 07월 31일 초판 발행

지 은 이   최석기
발 행 인   한정희
발 행 처   경인문화사
편 집 부   한명진 김지선 유지혜
마 케 팅   전병관 하재일 유인순
출 판 신 고   제406-1973-000003호
주   소   파주시 회동길 445-1 경인빌딩 B동 4층
대 표 전 화   031-955-9300   팩 스   031-955-9310
홈 페 이 지   http://www.kyunginp.co.kr
이 메 일   kyungin@kyunginp.co.kr

ISBN 978-89-499-4825-6   93910
값 32,000원